Giordano Bruno Guerri

Benito

Storia di un italiano

Rizzoli

Pubblicato per

Rizzoli

da Mondadori Libri S.p.A.

Published by arrangement with Agenzia Santachiara

ISBN 978-88-17-18486-1

Prima edizione: ottobre 2024
Seconda edizione: novembre 2024
Terza edizione: gennaio 2025

Realizzazione editoriale: Francesco Sanesi/Bstudio e Margherita Macrì

Benito

Introduzione

LA PRESENZA DEL FANTASMA

Durante il regime fascista gli italiani, parlando di Benito Mussolini – fra loro, in casa – lo chiamavano «Benito», non con il cognome, né «il duce», tanto era una presenza familiare nelle loro vite, detestata o più spesso amata. Da qui bisogna partire, per capire quell'epoca.

Oltre alla violenza, alla mancanza di democrazia e libertà, le caratteristiche del fascismo che oggi ci colpiscono più sgradevolmente sono l'enfasi, la retorica, il fanatismo quasi mistico con i quali il regime e moltissimi italiani consideravano il duce, il fascismo stesso. Facciamo fatica a credere che fossero stati d'animo sinceri: provoca un fastidio estetico, prima che intellettuale, immaginare gli italiani esaltarsi irrazionalmente per un uomo e un fenomeno del quale oggi sono chiari quasi a tutti gli enormi limiti e i grandi difetti. Inoltre decenni di antifascismo – per il quale tutto ciò che riguardava il fascismo era sbagliato, malvagio, ridicolo – sono stati determinanti nel fare accettare l'idea del regime fascista e di Mussolini come caricature degne solo di essere irrise, dopo la condanna. Questo stato d'animo rende pressoché impossibile capire cosa fu davvero il regime, cosa rappresentò il duce, e perché esercitarono tanta influenza sugli italiani.

«Benito» era una figura vicina, semplice, simile, eppure tanto più forte, qualcuno in cui era facile e bello identificarsi. Occorre dunque compiere lo sforzo retrospettivo di vedere quegli anni con la mentalità dell'epoca, per poterli equamente e ragionevolmente giudicare. A partire da un uomo che – a circa ottant'anni dalla morte – è ancora un problema nella storia d'Italia e nel dibattito politico.

Ancora oggi, quando si parla di malvagità, errori, benemerenze del fascismo, si intendono quelle di Mussolini, benché il regime sia stato un fenomeno tutt'altro che monolitico: c'era un fascismo di sinistra, di destra, corporativo di varie tendenze ecc., ma dominò il mussolinismo. Non si realizzò il fascismo ideale, teorico, oligarchico – pur sempre un'inaccettabile dittatura – immaginato da Giovanni Gentile, Giuseppe Bottai e altri intellettuali, si ebbe il mussolinismo.

Il 24 giugno 1943 il duce disse «Venti anni di fascismo non sono passati invano nella vita italiana ed è umanamente impossibile cancellarli». È vero che quei vent'anni di mussolinismo hanno lasciato tracce incancellabili – e non delle migliori – nella nostra cultura, nel nostro modo di vivere. Del resto lo stesso Mussolini, il 23 dicembre 1940, nel pieno del disastro della guerra alla Grecia, parlando con Ciano aveva pronunciato una frase terribile: «Gli italiani del 1914 erano migliori di questi di oggi. Non è un bel risultato per il Regime, ma è così».

Nella pagina successiva: 25 ottobre 1932. Discorso del duce Benito Mussolini a Milano in piazza del Duomo. (Giancarlo Costa/Bridgeman Images/Mondadori Portfolio)

Parte prima

IL FIGLIO DEL FABBRO

Nel 1931, Benito ricevette un telegramma dalla figlia Edda, che aveva vent'anni e stava a Shanghai, sposata con il console generale d'Italia Galeazzo Ciano. Edda gli comunicava di aspettare un bambino, il primo nipote del duce. Lui – felicissimo, come ogni buon nonno – rispose: «Guido e Giorgio sono nomi forti e semplici»; i genitori, invece, avevano scelto Fabrizio, meno semplice, meno popolare. Benito abbozzò, puntiglioso, con un telegramma: «Sì, ma con due b, affinché si ricordi che è nipote di un fabbro ferraio». Fece diffondere quelle parole ai giornali insieme al divieto assoluto di definirlo nonno, che richiamava l'idea di anziano (allora si diceva «vecchio»). Aveva avuto l'ultima figlia, Anna Maria, appena due anni prima.

Per Mussolini il fascismo era un movimento di giovani che avevano opposto alla senilità spirituale degli antichi politici la freschezza rivoluzionaria e l'attivismo delle nuove generazioni. I giovani erano la spina dorsale del regime: nel passato, gli squadristi della prima ora che avevano spazzato via il decrepito sistema parlamentare; nel presente, gli uomini nuovi che stavano edificando una grande e rinnovata civiltà sociale, culturale, spirituale; nel futuro, le leve educate nelle organizzazioni del regime, nelle scuole e nei gruppi universitari.

Non era vecchio, il duce. Nato il 29 luglio 1883, il 31 ottobre 1922 era diventato il più giovane capo del governo della storia italiana. (È stato battuto per una cinquantina di giorni da Matteo Renzi, presidente del Consiglio nel 2014 a trentanove anni e un mese.) Alla nascita di Fabrizio aveva appena quarantotto anni. Per l'anagrafe non era più giovanissimo, ma tale voleva apparire per spirito, volontà, obiettivi. Altro che nonno.

Teneva molto a ricordare di avere avuto un padre che viveva del lavoro delle proprie mani, e non a caso usava spesso un verbo tipico del mestiere: «forgiare». La sua volontà era forgiare gli italiani e la loro patria. Forgiare. Solo a metà degli anni Trenta sostituì il verbo con un più artistico e intellettuale plasmare. La tendenza, tuttavia, continuò a essere quella di forgiare gli italiani a colpi di martello sull'incudine.

In vita sua scrisse due autobiografie, una nel 1912 – in prigione –, poi un'altra nel 1928, solo per il mercato americano, dove vendette centomila copie. Inizia così: «Sono nato il 29 luglio 1883 a Varano di Costa. È una vecchia frazione su una collina, le case sono di pietra e la luce del sole e le ombre danno a questi muri e a questi tetti un colore variegato che ricordo bene. La frazione, dove l'aria è pura e si gode una buona vista, domina il paese di Dovia, e Dovia si trova nel comune di Predappio nell'Italia nordorientale. Erano le due di una domenica pomeriggio, quando sono venuto al mondo, nella ricorrenza della festa del Santo patrono della chiesa e della parrocchia delle Caminate, la vecchia torre che domina orgogliosamente e solennemente l'intera piana di Forlì». Dunque le origini di Mussolini si perdono in una geografia comune a ogni italiano nato in provincia.

Nel 1923, una sottoscrizione raccolse oltre cinquecentotrentamila lire – tanto – e la «casa natale», in pietra, fu donata a Benito assieme alla Rocca delle Caminate. Della seconda fece la sua residenza estiva, della prima, restaurata negli esterni e riallestita negli interni, fece un minuscolo museo diventato un luogo di culto nell'Italia fascista, persino il re andò a rendere omaggio alla «casa natale». Ora è sede di piccole mostre che il comune dedica a vicende e arti del Novecento. La Rocca è una meta turistica, ospita rassegne medievali (falcone-

Nella pagina precedente: Roma, 11 aprile 1915. Benito Mussolini tenta di opporsi all'arresto durante una manifestazione interventista (dettaglio). (Darchivio/opale.photo/Mondadori Portfolio)

ria, tiro con l'arco), corse automobilistiche e, si prevede, una sede universitaria.

Nel 1925 «l'illustre figlio» fece costruire una nuova Predappio intorno alla sua frazioncina, e già all'epoca circolava una pasquinata mormorata con prudenza tra persone fidate: «Non vengo da Piacenza per piacervi / né da Lodi per lodarvi / vengo da Predappio per predarvi». All'inizio di questo millennio, amministrazioni di sinistra hanno progettato di trasformare l'imponente edificio della Casa del Fascio, in stato di abbandono, nell'unico museo del fascismo italiano. Era una buona idea, per musealizzare il fascismo invece di tenerlo vivo nelle polemiche quotidiane, ma non è stata realizzata, e a Predappio prosegue lo *status quo*, fatto di molti negozi specializzati nella vendita di nostalgie del duce, dagli accendini con la sua immagine ai manganelli neri con la scritta «ME NE FREGO», dalle stravaganze ancora più kitsch a riedizioni di oggetti più dignitosi. L'attrazione del luogo, meta di pellegrinaggio, è la tomba del duce, nel cimitero comunale. La ritroveremo alla fine di questo percorso nella memoria.

***

Negli anni in cui fu rivoluzionario socialista, Benito usava spesso lo pseudonimo «*l'homme qui cherche*», e da dittatore si definirà talvolta «un camminante». Secondo Renzo De Felice, cui rendiamo subito omaggio come al suo più importante studioso, «l'essere arrivato al potere non lo aveva fatto cessare di essere l'*homme qui cherche*; era rimasto l'uomo del giorno per il giorno, l'uomo delle soluzioni "nei fatti" e a breve termine. [...] Mussolini non ebbe mai la tempra del realizzatore, non diciamo di una nuova società, ma neppure di un nuovo Stato». Eppure provò a formare il nuovo italiano. Gli si nega il ruolo di «uomo di Stato», perché l'espressione ha assunto un significato benevolo, come fosse un merito. In realtà significa avere un grande progetto per lo Stato, buono o cattivo che sia: anche Hitler e Stalin erano uomini di Stato. Mussolini impegnò le sue energie in un progetto a lunga scadenza, puntò sulle nuove generazioni per trasformare il paese e le caratteristiche del suo popolo.

***

Un ispettore di pubblica sicurezza, il commissario Giovanni Gasti, nel giugno 1919 – appena tre mesi dopo la fondazione dei Fasci di combattimento – scrisse una relazione di eccezionale acutezza sul «sovversivo Mussolini», «di forte costituzione fisica sebbene sia affetto da sifilide». (Benito aveva preso la malattia, molto diffusa all'inizio del secolo, in una delle sue scorribande amorose: secondo una leggenda altrettanto diffusa gli tarlò il cervello fino a condurlo alla pazzia. Non era vero, come hanno provato le autopsie, nonché gli esami minuziosi a cui fu sottoposto il cervello dagli americani.) «Questa sua robustezza gli permette un continuo lavoro. È un sensuale, e ciò è dimostrato dalle varie relazioni contratte con donne» continua Gasti. «È un emotivo ed un impulsivo, e questi caratteri lo rendono nei suoi discorsi suggestivo e persuasivo [...] È, in fondo, un sentimentale e ciò gli attira molte simpatie ed amicizie. È disinteressato, prodigo dei denari che maneggia e ciò gli ha formato una reputazione di altruismo e di filantropia. È molto intelligente, accorto, misurato, riflessivo, buon conoscitore degli uomini e delle loro qualità e manchevolezze. Facile alle pronte simpatie ed antipatie, capace di sacrificio per gli amici e tenace nelle inimicizie e negli odi». Dopo avere notato che «è coraggioso ed audace», Gasti rasenta il vaticinio: «ha qualità organizzatrici; è capace di determinazioni pronte; ma non altrettanto tenace nelle convinzioni e nei propositi. È ambiziosissimo, è animato dalla convinzione di rappresentare una notevole forza nei destini d'Italia ed è deciso a farla valere. È un uomo che non si rassegna a posti di second'ordine. Vuole primeggiare e dominare». Se servisse una conferma, un giorno Benito – adolescente, studiava a Forlimpopoli in collegio – scrisse sulla lavagna: «La più nobile aspirazione dell'uomo è di essere un capo, chi vi è negato finisce servo indegno della libertà».

«Nel socialismo ufficiale salì rapidamente da oscure origini a posizione eminente», prosegue Gasti: «Qualcuno dei suoi antichi compagni ed ammiratori confessa ancora che nessuno meglio di lui seppe comprendere ed interpretare l'anima del proletariato il quale vide con dolore la sua apostasia». Non solo il proletariato vide «con dolore» il suo abbandono; secondo una narrazione in voga già all'epoca, nel 1920 Lenin e Trockij fecero sapere ai socialisti italiani che con l'espulsione di Mussolini dal partito avevano perso l'unico uomo che poteva fare la rivoluzione in Italia.

Gasti conclude: «Uomo di pensiero e di azione, scrittore efficace ed incisivo, oratore persuasivo e vivace potrebbe diventare un condottiero, un *meneur* temibile».

***

Il commissario non era tenuto a scrivere in quale ambiente e in quale Italia fosse cresciuto Benito, ma noi dobbiamo rendercene conto se vogliamo conoscere lui e capire il popolo che ne fu soggiogato. Nell'Italia di fine Ottocento un individuo su due era analfabeta, sei su dieci erano contadini impegnati a mantenere famiglie troppo numerose, con terre grame e sfruttate male. Le cifre e le statistiche ci rimandano un popolo che sembra lontanissimo nel tempo e nello spazio, invece siamo noi appena ieri. Noi oltre otto centimetri più bassi, per esempio: la povertà alimentare era come una mano schiacciata sulle teste degli italiani a impedirne la crescita. Si mangiava poco pane di frumento, sostituito dal granturco, il consumo di carne era circa un sesto di quello di oggi. La vita media, incredibile, era di 17 anni, comprese le morti infantili; se si escludono quelle, arrivava a 60, oltre venti meno di adesso. Chi nonostante tutto voglia tenersi cara l'idea di un'Italia della *belle époque* galante e romantica, tutta slanci e allegrie, consideri che nel decennio 1890-1900, con una popolazione che era metà di quella attuale, gli omicidi volontari furono quasi quattromila all'anno contro i millequattrocento di un secolo dopo, 22 volte più che in Gran Bretagna, 6 volte più che in Francia. I fatti di sangue, fra il 1890 e il 1911, raggiunsero l'inammissibile cifra di 2 milioni. Alla voce rapine, estorsioni e sequestri di persona, i registri della polizia riportano dati superiori a oggi di circa un quarto.

In quella fine di secolo gli infarti erano scarsi, rari i tumori, micidiali le malattie infettive: duecentomila morti l'anno, oggi sono meno di diecimila. Altre ottantamila persone se ne andavano per malattie mentali e del sistema nervoso – così diagnosticate – contro le cinquemila di oggi. Ai contadini erano fatali la dissenteria, il catarro intestinale, la scrofola, ovvero la scrofolosi dovuta alla povertà del cibo e al pane di granturco. Il pericolo maggiore però era la malaria, una specie di ghigliottina che incombeva sugli italiani.

È normale che in simili condizioni, aggravate dallo sfruttamento pesantissimo sia nelle campagne sia nelle fabbriche, si fossero formati movimenti socialisti – rivoluzionari, sindacalisti, riformisti – per il progresso delle masse, se non per la conquista del potere. Lo Stato reagì duramente prima di provvedere alle riforme di inizio Novecento con i governi di Giovanni Giolitti.

Anche nella grande città si soffriva la fame.

I genitori di Benito. Suo padre Alessandro era un fabbro socialista, sua madre Rosa Maltoni era un'insegnante devotamente cattolica. (Universal History Archive/Universal Images Group via Getty Images)

Nel 1898 – Benito, 15 anni, era già sensibile ai fatti della vita pubblica –, il generale Fiorenzo Bava-Beccaris prese a cannonate la popolazione di Milano che protestava per l'aumento del prezzo del pane, quasi raddoppiato. La versione ufficiale sostenne che ci furono 80 morti, i sindacati parlarono di 300, studi più recenti ne valutano circa 400. C'è da stupirsi che oggi, in piena affermazione della *cancel culture* (opinabile vanto), si onori ancora Bava-Beccaris. A Milano, addirittura con una via accanto a piazza del Duomo.

Fra il 1877 e il 1886, negli anni in cui nacque Benito, il Parlamento istituì una commissione per indagare sulle condizioni dei contadini. L'Inchiesta Jacini, dal nome del suo organizzatore, ci permette di avvicinarci al figlio del fabbro. Riguardo alla Romagna si legge: «Le risse, i delitti nelle campagne sono frequenti e numerosi campagnoli popolano le carceri. Delle risse e dei delitti ora è spesso cagione anche la passione e il partito politico. Il lavoratore non si nutre bene, pane, pan misto polenta senza vino né condimento. Per gli agiati grano e carne, pei poveri granturco e poco». A Fiumana, un paese a 5 chilometri da Predappio, gli analfabeti erano il 75-80 per cento. Sulle condizioni igienico-sanitarie del forlivese, provincia dei Mussolini, «in discreto numero si contano pleuroneumoniti, la tisi polmonare, reumatismi articolari, vizi organici del cuore ed enteriti, si notavano pellagrosi». Nel 1921-1922, il municipio di Predappio distribuiva tessere per l'acquisto gratuito del sale ai pellagrosi iscritti nelle liste dei poveri assistiti. Risentimento e rabbia politica erano radicati: «Verso il governo i pubblici ufficia-

Casa natale di Mussolini a Predappio. (akg-images/Mondadori Portfolio)

li hanno malanimo non portando loro né stima né affetto non altro rappresentando essi che origine di gravezza».

Terra di forti passioni politiche – da lì Garibaldi aveva sempre avuto volontari che accorrevano fucile alla mano per le sue battaglie – la regione non si era mai rassegnata alla soluzione moderata, centralista e monarchica raggiunta con l'Unità. Il socialismo romagnolo era violento, rivoluzionario, e mal sopportava la pazienza dei riformisti. Uno dei socialisti più irruenti e decisi era Alessandro Mussolini, il fabbro. È lui che ispirò Benito.

Nato a Predappio nel 1854 da piccoli possidenti agrari caduti in rovina, esercitava il mestiere con risultati mediocri, preferiva due passioni importanti: la politica e l'osteria. In una nota di polizia degli anni Settanta dell'Ottocento viene definito «pericoloso alla società e alla pubblica sicurezza». Nonostante le esperienze in consiglio comunale, rimase fedele a una concezione anarchica del socialismo, contro la borghesia, i preti, la monarchia, l'esercito, insomma contro il potere. In un articolo di Alessandro intitolato *Che cos'è il socialismo*, troviamo le prime radici politiche di Benito: «È la ribellione aperta, violenta e morale, contro l'inumano ordine di cose attualmente costituite. È la scienza e l'excelsior che illumina il mondo. È la ragione che s'impone alla fede. È il libero pensiero che si ribella al pregiudizio. È il libero amore che subentra al contratto legale. È il libero patto fra gli uomini tutti per vivere una vita veramente civile. È la giustizia vera che si asside sovrana sulla terra. Secondo noi il socialismo è una sublime armonia di concetti, di pensieri e d'azione che precede il carro dell'umano progresso nella sua marcia trionfale verso la gran meta del bello del giusto e del vero».

Questi erano i discorsi che Benito sentiva in casa, compresa la retorica ottocentesca che poi fece sua, modernizzandola. Dal padre prese anche la capacità di contraddirsi. Alessandro, contrario al matrimonio, incontrata una brava ragazza cattolica la sposò in chiesa, nel gennaio 1882. L'anno dopo nacque Benito, chiamato per intero Benito Amilcare Andrea, in onore di Benito Pablo Juárez, rivoluzionario messicano, di Amilcare Cipriani, patriota anarchico, e di Andrea Costa, socialista rivoluzionario amico di Alessandro finché «tradì», moderando le sue posizioni una volta arrivato in Parlamento.

Rosa Maltoni, la mamma del futuro duce, era nata vicino a Forlì nel 1858, da una contadina e da un veterinario empirico, cioè da un maneggione che si occupava di animali. Però poté studiare, diventò maestra elementare, a fine Ottocento una professione ambìta e di prestigio. Ma Rosa non ebbe una vita felice, il marito e il figlio davano più di una preoccupazione. Benito la ricorda «tormentata da cento triboli», spesso «non poteva dormire e la udivo scendere dal letto... alla mattina si alzava spossata. E bisognava far scuola!». Non stupisce che, come molte donne della società tradizionale, trovasse conforto nella religione.

Dopo Benito nacquero Arnaldo, nel 1885, e Edvige nel 1888. La sorella non uscì dai confini della Romagna e da quelli che la società aveva disposto per lei: un «buon» matrimonio con abbondante figliolanza, una vita trascorsa inoltrando raccomandazioni e suppliche ai potenti fratelli e – caduto il regime – difendendone la memoria fino alla morte, nel 1952. Non fu rilevante per il duce.

Fu importante Arnaldo, il consigliere più fidato, chiamato così in onore dell'eretico Arnaldo da Brescia. Simile a Benito nel fisico, più molle nel viso, nel carattere Arnaldo somigliava alla madre quanto il fratello aveva preso dal padre. Fu il suo primo compagno di avventure, «infinitamente più tranquillo di me... mi tratteneva, mi consigliava, mi aiutava, poi, a rimettermi a posto, per presentarmi al babbo senza pericolo di buscarne». Diplomato in agraria, insegnante e segretario socialista del comune di Predappio, dopo la Prima guerra mondiale Arnaldo iniziò a collaborare con il fratello e nel 1922 Benito, arrivato al potere, gli cedette la direzione del suo giornale, «Il Popolo d'Italia». Mite cattolico come la madre, sospinse il fratello verso il Concordato con il Vaticano e cercò di moderare le sue ire, la sua tendenza a essere troppo impetuoso nelle decisioni. Tanto che numerosi storici (anch'io) sono convinti che la morte di Arnaldo abbia inciso nella storia d'Italia: morì per infarto nel 1931, a 46 anni, e da quel periodo iniziò la trasformazione in senso militaresco e totalitario del regime.

***

Benito trascorse i primi nove anni di vita a Dovia, nella piccola casa paterna, due stanze. Benito e Arnaldo dormivano nella cucina, in un letto di ferro costruito dal padre, con un sacco riempito di foglie di granturco a fare da materasso. Accanto alla casa c'era la scuola elementare di Rosa.

La loro era una vita di ristrettezze, se non proprio di miseria. L'attività di Alessandro non rendeva, distratto com'era dalla politica e dall'osteria. Il pranzo consisteva per tutta la settimana, ricorda Benito, «in una minestra di verdura a mezzogiorno e in un piatto di radicchio di campo la sera, mangiati nello stesso piatto comune. Solo la domenica la mensa si arricchiva di un mezzo chilo di carne di pecora per il brodo, che bisognava continuamente schiumare». Esagerava, lo stipendio di Rosa, per quanto basso, consentiva un'alimentazione migliore. Inoltre la famiglia aveva a disposizione un aiuto domestico, della terra intorno al casolare, animali da cortile e una piccola vigna poco distante. Di certo li circondava un mondo dove «ci si prestava il pane, l'olio, il sale», racconta sempre Benito, evocando la profonda impressione alla partenza di alcuni compaesani, emigranti in Brasile «con le spalle cariche di grandi sacchi, mentre i parenti dalla ringhiera continuavano a gridare i loro addii».

Fino a tre anni il grande oratore che con i suoi discorsi sedurrà gli italiani non parlò, emetteva suoni inarticolati. Forse il ritardo era dovuto al clima pesante che si respirava in famiglia, lasciò intendere Benito: «Chi mi ha dato della tenerezza? Nessuno. Povera, povera casa la mia!». Il problema venne superato e, grazie al lavoro di Rosa, quella era una delle poche case dove si parlava l'italiano oltre al dialetto. Fu un vantaggio, per il resto Benito crebbe come un contadino, nei campi. Renzo De Felice scrive: «Di carattere chiuso, improvvisamente sentiva il bisogno di isolarsi, faceva lunghe passeggiate da solo fra i campi o passava ore seduto melanconicamente sulle colline. Oppure cercava la compagnia di strani adulti, un vecchio contadino, Filippone, che lo lasciava zappare per ore e ore in silenzio; Giovanna, una vecchia fattucchiera, "strana e imperiosa che metteva paura agli altri". Aveva poi una vera passione – rara nei bambini della sua età e della sua condizione sociale – per gli animali e amava la musica». La campagna diventerà parte integrante della mitologia politica di Mussolini.

Era uno scalmanato, un bambino rissoso e violento, un capopopolo. In paese ricordavano: «Non parlava, picchiava». Lui racconta, nell'autobiografia scritta a 28 anni: «Ero un monello irrequieto e manesco. Più volte tornavo a casa con la testa rotta da una sassata, ma sapevo vendicarmi. Ero un audacissimo ladro campestre. Trascinavo a malaffari parecchi miei coetanei. Ero il capo di una piccola banda di monelli che imperversava lungo le strade e i corsi d'acqua e attraverso i campi». Sembra quasi di sentire raccontare lo squadrismo. Durante il regime Yvon De Begnac, compiacente intervistatore e biografo (qualcuno ha sospettato che fosse un suo figlio illegittimo), delineò un sintetico ritratto giovanile del capo: «Cerca la lotta e sempre vuol dominare, e quando vince vuole più del pattuito, e quando perde non vuol pagare la posta in gioco».

Ai nove anni del primogenito, Rosa disse al marito «Ci si può cavare qualcosa. Promette bene». Insistette per mandarlo in una scuola dove avrebbe imparato meglio e sarebbe stato lontano dalle risse, dalle sassate, dai furti nei campi. Forse voleva anche allontanarlo dalle mani di Alessandro, che dopo le ore di lezione cercava di insegnargli il suo mestiere facendo largo uso della cinghiata correttiva. Convinta da una vicina, Rosa ebbe l'ardire di proporre al marito anticlericale – per il bene del piccolo – di farlo entrare in seminario. Alessandro capitolò, probabilmente prevedendo che, lì, Benito sarebbe divenuto più anticlericale di lui.

***

Dopo quasi millecinquecento anni di predominio della Chiesa, in Italia l'anticlericalismo era cresciuto. Vi si aggiunsero gli strascichi delle polemiche risorgimentali, i progressi delle scienze, del materialismo, del positivismo, del socialismo, della massoneria. Finalmente era possibile parlare male dei preti senza subire sanzioni, che nel passato andavano dall'isolamento sociale al rogo. A fine Ottocento i sacerdoti erano, in proporzione, il quadruplo di oggi, una presenza insopportabile per chi individuava in loro i campioni della reazione, del parassitismo, dell'ipocrisia. C'è da aggiungere che quel clero non era più all'altezza del proprio compito. Se, fino al Settecento, la Chiesa deteneva il monopolio – o quasi – della cultura, e il parroco di campagna era spesso l'unica persona capace di leggere, la sua educazione antilluminista, antiscientista, antimodernista lo aveva lasciato in un mondo che non esisteva più. Inoltre la nuova attenzione – arcigna – sulle attività del clero portava alla luce malefatte parecchio sgradevoli che non avevano mai potuto avere risonanza pubblica. I giornali anticlericali davano un risalto esagerato alle notizie di abusi sessuali, atti contro la morale o altri delitti del clero o dei cattolici.

Il Partito socialista si impegnava a non irritare troppo i sentimenti popolari, e badava a non calcare la mano sulla lotta alla religione, definendola «una questione di coscienza», ma non andava per il sottile nel gettare fango addosso ai «corvi», ai «neri», alle «locuste», così venivano chiamati i preti, «nemici del popolo». Erano anticlericali pure i repubblicani, i radicali, mentre buona parte della classe dirigente liberale manifestava rispetto alla religione, non ai suoi rappresentanti, avversari della patria e del progresso: si inauguravano monumenti e lapidi per Arnaldo da Brescia, Giordano Bruno e Paolo Sarpi.

Tutto ciò conquistava chi era già orientato verso posizioni irreligiose, ma aveva l'effetto opposto di rafforzare i credenti nella fede. L'anticlericalismo socialista finì per smorzare l'anticlericalismo dei borghesi, che temevano il comunismo più di quanto detestavano i sacerdoti: la storia si sarebbe ripetuta nella seconda metà del Novecento, con la Democrazia cristiana trionfante grazie alla paura del comunismo.

***

Per il bambino Benito il seminario significò passare dalla libertà quasi assoluta alla disciplina dei salesiani, che a fine Ottocento era pesante, specie verso i poveri, con un sistema punitivo che gli faceva rimpiangere le cinghiate di Alessandro. Trovava intollerabile il diverso trattamento sociale cui erano sottoposti i ragazzi a seconda del loro *status*. Quarant'anni dopo ne parlava ancora, con sdegno, al giornalista tedesco Emil Ludwig, che gli fece una lunga intervista poi diventata un libro famoso, *Colloqui con Mussolini*: «A tavola noi ragazzi sedevamo in tre reparti, io dovevo sempre sedere in fondo e mangiare coi più poveri. Potrei forse dimenticare le formiche nel pane della terza classe, ma che noi bambini fossimo divisi in classi mi brucia ancora nell'anima». Da qui ebbe origine il suo anticlericalismo successivo, e da subito l'indisciplina e lo spirito di ribellione che gli procurarono punizioni a iosa.

Si deve far risalire proprio a quel periodo, fra i 9 e gli 11 anni, la difficoltà a stringere amicizia, legame che non ebbe neppure con i suoi gerarchi. Questa caratteristica personale venne enfatizzata nelle relazioni internazionali, durante il regime, con la frase: «Noi siamo forti perché non abbiamo amici». E Benito dichiarò: «Io non posso avere amici. Io non ne ho, primo per il mio temperamento poi per il mio concetto degli uomini. Perciò non sento la mancanza né di intimità né di discussione». Il figlio Vittorio conferma: «Riunioni di amici, pacche sulla schiena, scherzi e lazzi non lo interessavano: a volte non sembrava nemmeno un romagnolo o un latino, ma piuttosto un anglosassone».

Un episodio giovanile ha poco di anglosassone: durante un litigio tirò fuori un temperino e ferì a una mano un compagno di collegio. Dopo otto giorni di isolamento, in classe dovette stare all'angolo fino al termine dell'anno, venne privato della pietanza (il piatto principale) e – pena poi non applicata – condannato alla retrocessione dalla quarta alla seconda elementare, manco fosse al servizio militare.

Trascorse l'estate in famiglia, di nuovo nei campi, di nuovo nell'officina del fabbro, di nuovo alle cinghiate del padre e alle cure della madre, che insistette per rimandarlo a scuola. Alla fine Rosa ottenne una raccomandazione per un collegio laico destinato ai figli degli insegnanti. Era il Giosue Carducci di Forlimpopoli, tanto piccolo da non ospitare più di trenta ragazzi e diretto da Valfredo Carducci, fratello del poeta e insegnante stimato che del ragazzo apprezzerà la vivacità dell'intelligenza, la capacità di afferrare il nocciolo delle questioni.

Lì Benito passò l'adolescenza, dal 1894 al 1901, uscendone con la licenza di maestro elementare, non a pieni voti. In quell'ambiente senza discriminazioni e con insegnanti più attenti, ebbe risultati migliori, anche se non fu mai uno studente modello e più di una volta dovette riparare qualche materia a ottobre. Riusciva bene in storia, geografia, italiano e pedagogia, però rimaneva un irrequieto, oggi si direbbe un caratteriale, capace di azioni stravaganti. Un giorno l'insegnante assegnò un tema, *Il tempo è denaro*. Dopo un minuto scarso Benito consegnò il compito. Aveva scritto: «Il tempo è moneta, perciò vado a studiare la geometria avvicinandosi l'esame, non le pare più logico?».

Come da tradizione, la sera della licenza ci fu una festa a base di Sangiovese, il vino rosso rubino della zona. Benito fu riportato a casa su un carroccio, ubriaco. Da giovane beveva forte, aveva preso dal padre. Troppo spesso tornava ubriaco o veniva trovato sbronzo da qualche parte. I compaesani lo definivano «e' matt», il matto. Pallido, pensoso, la barba scura, si aggirava per le strade con il cappello floscio, malvestito, dei libri sottobraccio. Stava ore sulla panchina della piazza (è tipico di chi non ha un centesimo e niente da fare), lì si teneva la testa fra le mani, parlottava fra sé, rumoreggiava, bestemmiava, inneggiava alla rivoluzione.

***

Oltre a Bacco e tabacco – fumava tanto – non si faceva mancare Venere, frequentando donne «di facili costumi». A Forlimpopoli aveva avuto la prima esperienza in un bordello, così si usava allora e per molto tempo ancora: «Fu una domenica, non mi costò che 50 centesimi. Uscii da quella casa a testa bassa e vacillante come un ubriaco, mi pareva di aver commesso un delitto. L'improvvisa rivelazione del godimento sessuale mi turbò». Fino a qui sembra un pentimento, un dispiacere per avere fatto qualcosa di brutto. Era il contrario, infatti continua: «La donna nuda entrò nella mia vita, nei miei sogni, nelle mie cupidigie. Svestivo con gli occhi le fanciulle che incontravo, le concupivo violentemente con il pensiero».

Non solo col pensiero. Fin da giovane ebbe una concezione della donna centrata sul rapporto conquistatore-preda e sul godimento sessuale da raggiungere in modo sbrigativo e brusco. Nelle memorie giovanili si vanta di avere praticamente stuprato una ragazza sul pianerottolo di casa, con un racconto che sa di millanteria. «Si rialzò piangente e avvilita tra le lagrime mi insultava. Diceva che le avevo "rubato l'onore". Non lo escludo. Ma di quale onore si parla?». Con il maschilismo rozzo dell'epoca – non lontano da quello di oggi, sebbene meno manifesto –, fu solo il primo episodio di cui il futuro duce si vanterà: sesso consumato con giovani contadine, alzando più o meno di forza le gonne in mezzo ai campi di grano, dietro gli alberi, tra il fieno.

Margherita Sarfatti, l'unica intellettuale con cui ebbe una relazione duratura (oltre che amante gli fu ispiratrice, ideologa, consulente, autrice-ombra) dichiara nel suo vendutissimo *Dux*, del 1926, che «Mussolini non è femminista. La donna gli appare sempre in funzione di persona bella e destinata a piacere»; per confermarlo, riporta quanto Benito avrebbe dichiarato a una suffragetta britannica: «Piacere è il primo diritto di queste creature adorabili [...] e se la creatura non piace e lo sa, è malinconica e diventa nervosa, a ragione». Un secolo fa si potevano dire parole del genere senza dare scandalo, anzi.

Negli anni Trenta, all'apice della popolarità, Mussolini riceveva delle fortunate che si onoravano di passare un'ora o mezz'ora o un quarto d'ora con lui, centro e simbolo di un regime superomista, maschilista. La voce si diffuse, contribuendo a renderlo il simbolo fallico del regime, l'instancabile e supremo rappresentante della razza italica e fascista, che aveva il diritto e il dovere di dare l'esempio alla nazione. Quinto Navarra, il suo cameriere governativo, vide sfilare nell'anticamera tante donne – spesso ricevendone confidenze – e definì quei passaggi «variazioni del suo dannunzianesimo amoroso». La variazione era basata sulla rapidità. Mussolini poteva rifiutare le offerte plateali di fanciulle dall'infinita avvenenza e ironizzare sulla corte che gli facevano miriadi di dame aristocratiche in gara per contendersi il prezioso appuntamento, ma consumava sempre in fretta i rapporti.

A volte, in piedi, a Palazzo Venezia, prendeva due piccioni con una fava (mi rendo conto che possa sembrare un'allusione volgare, la lascio nel rispetto della ricchezza di sfumature semantiche della nostra lingua). Nella sala del Mappamondo, il suo studio, ci sono dei grandi finestroni. Le donne si inginocchiavano sul gradone con il viso verso l'esterno e lui dietro, senza sfilarsi pantaloni e stivali, provvedeva alle necessità della situazione, spesso guardando il vigile – il pizzardone – addetto al traffico. Nell'Archivio centrale dello Stato, ci sono pacchi di documenti, suoi appunti, per il comandante dei vigili urbani di Roma: «Oggi il vigile alle ore 13 ha sbagliato una manovra», «Il vigile di oggi era disattento e nervoso» e «Il vigile di oggi era assolutamente troppo categorico e rigido nelle manovre del traffico». Facendo sesso, continuava a lavorare, lavorando faceva sesso.

Anche senza il corollario del sesso, ogni tanto si alzava dalla scrivania per controllare il lavoro dei vigili. Una mattina lo si sentì urlare: «Chiacchierano invece di regolare il traffico!». Un altro giorno vide che non ce n'erano, subito mandò a chiamare il responsabile. L'uomo arrivò spaventato, possiamo immaginare l'apprensione e, sentito quale fosse il problema, rispose che la gente si era abituata a camminare sulle strisce, che le automobili non erano poi tante e che non c'era più bisogno di vigili in quel punto. «Non è vero», rispose il duce infuriato, lo portò alla finestra e gli gridò: «Guardate voi stesso! Vedete che non sanno camminare, vanno sotto le automobili!».

Voleva occuparsi di tutto, una mania. Probabilmente non c'è stato nella storia un altro uomo così potente che si sia disperso in attività tanto minuscole. Sulla scrivania, come cosa preziosa, ostentava certe cartellette contenenti rapporti di polizia, lettere anonime, ritagli di giornale: un dossier personale cui dava spesso più rilevanza che ai documenti ufficiali. Buona parte del suo tempo se ne andava per seguire dettagli, impicciarsi di tutto, leggere tutto, decidere ogni cosa. Si arrivò a stabilire che occorreva chiedere a lui il permesso di anticipare la divisa invernale per i vigili urbani di Roma, ancora loro.

Sempre nell'Archivio centrale dello stato sono conservate decine di migliaia di ordini scritti, di tutti i tipi, dati da Benito in vent'anni. Ne prendiamo uno come esempio. Il 27 settembre 1930 sentì il bisogno di scrivere al prefetto di Terni: «Gli stemmi posti sulle Case Popolari di cui il mio precedente telegramma sono superridicoli. Sembrano due francobolli da un centesimo. Poiché la inventiva ternana non è brillante prendete a modello i fasci del Campo Sportivo del Lit-

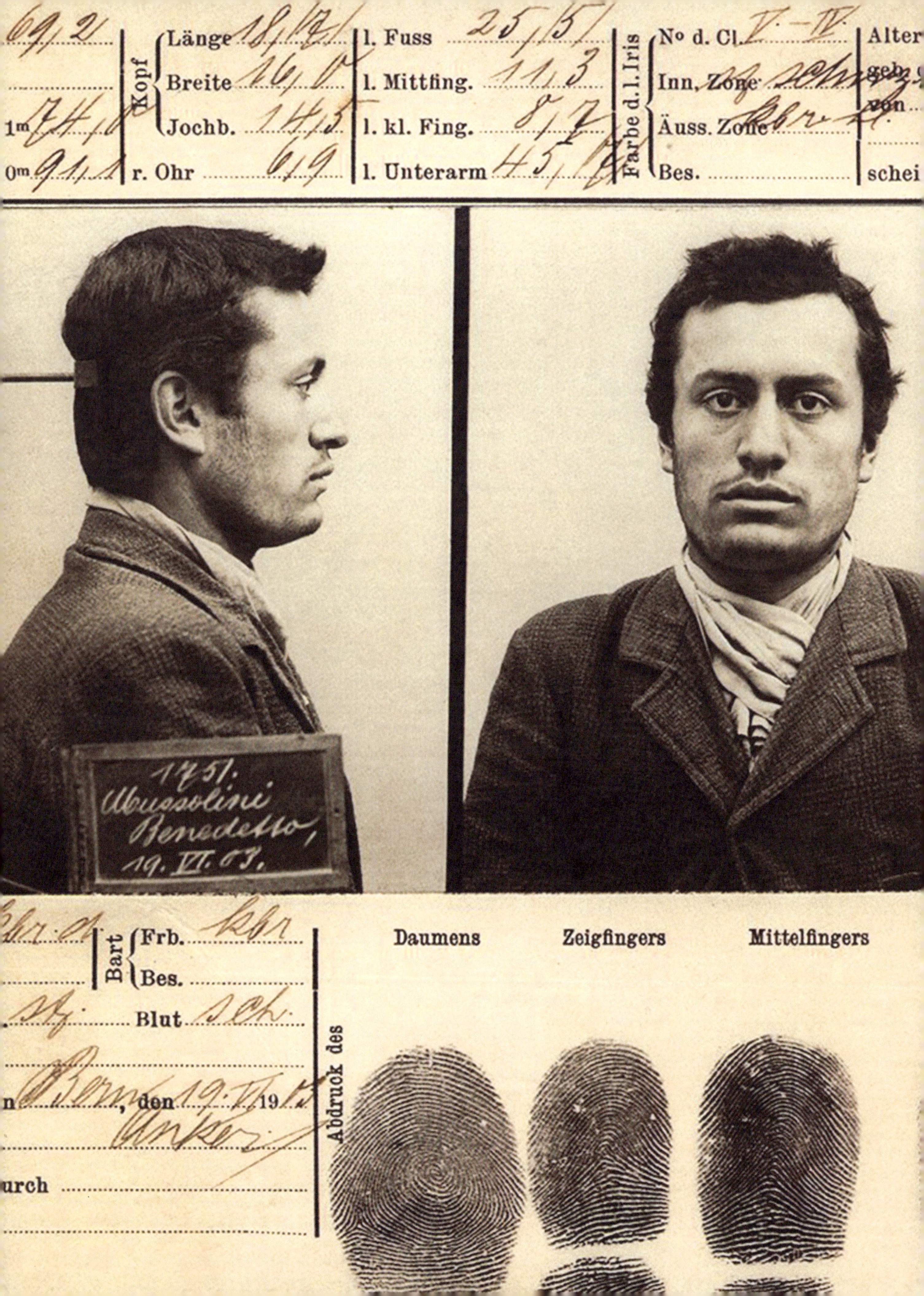

69,2

1m 74,8

0m 91,1

Kopf: Länge 18,4 / Breite 16,0 / Jochb. 14,5

r. Ohr 6,9

l. Fuss 25,5

l. Mittfing. 11,3

l. kl. Fing. 8,7

l. Unterarm 45,6

Farbe d. l. Iris: No d. Cl. V–IV / Inn. Zone / Äuss. Zone / Bes.

Alter / geb. / von / schei

1751.
Mussolini
Benedetto,
19. VI. 03.

Bart: Frb. / Bes.

Blut

n Bern, den 19. VI. 1903

urch

Abdruck des Daumens / Zeigfingers / Mittelfingers

torio e mettetene uno a destra e a sinistra dei portoni con relativo Anno VII E.F».

***

Da giovane, come più tardi, in lui la dolcezza si alternava alla durezza. Era eccessivo in tutto. Spendeva in regalini per le ragazze i pochi soldi che gli restavano, rinunciando persino all'acquisto dei giornali, per lui vitali. Amava la musica da ballo, e ancora di più l'atmosfera delle balere, dove poteva sedurre, però diventava geloso, irascibile e manesco fino alla rissa se qualcuno occhieggiava la sua donna.

L'altra passione era la lettura. Iniziò con la piccola biblioteca di Alessandro, *Il capitale*, gli opuscoli politici di Costa, dell'anarchico Carlo Cafiero e di altri rivoluzionari. C'erano giornali che si chiamavano «Rivendicazioni» e «Il risveglio», a volte arrivava l'«Avanti!» Pare che il suo primo romanzo sia stato *I miserabili* di Victor Hugo e che si fosse appassionato ai romanzi sociali francesi. Anno dopo anno il ritmo delle letture si fece più intenso, libri d'avventure, poemi cavallereschi, poesie di Manzoni e Carducci, *La Divina Commedia*. Cominciò a prendere i libri in prestito alla biblioteca di Forlì, o a farseli prendere dalla madre. Lesse, e ne fu influenzato, Roberto Ardigò, un sacerdote divenuto ateo, il *Manuale di storia della filosofia* di Francesco Fiorentino, che era stato deputato della Sinistra. Girava con giornali, ritagli, appunti che gli spuntavano dalle tasche, accrescendo la fama di matto in un'epoca e in un paese in cui la lettura era un accessorio stravagante. Studiava musica, suonava il violino, pare piuttosto male, scriveva prose, poesie che sono andate perdute – purtroppo per la storia, forse bene per la poesia. Si firmava con pseudonimi carichi di significati, Folco, Cimosco, Euno, lo schiavo siciliano che guidò la prima ribellione contro i proprietari romani.

Ai primi di marzo 1902 arrivò la nomina a maestro supplementare, per la seconda e terza classe, nella scuola maschile di Pieve Saliceto, nel comune di Gualtieri, il primo «rosso» d'Italia, in provincia di Reggio Emilia. Può darsi che Alessandro abbia raccomandato il giovane socialista rivoluzionario, ma l'incarico durò poco. Quel lavoro non gli piaceva, ne conosceva la fatica dall'esperienza della madre. Benito sostenne di non avere ottenuto la riconferma perché i suoi pensieri andavano ben oltre la politica rossa del primo comune rosso. Questo può avere influito, ma il motivo fu un altro e in seguito lo ammise, vantandosene: aveva una relazione con la coetanea Giulia, il cui marito era sotto le armi, uno scandalo che all'inizio del Novecento non poteva piacere neanche in quel comune. I due non nascondevano la relazione, andavano a ballare, si allontanavano per i campi. Scrivendo a un amico, Benito confidò: «Tutte le sere la andavo a trovare da loro e ci giocavamo in campagna e ci baciavamo sui prati lungo le rive del Po». Nella sua prima autobiografia è più mussoliniano: «L'abituai al mio amore esclusivista e tirannico. Mi obbediva ciecamente. Disponevo di lei a mio piacere». Quando dovette andarsene da Gualtieri, non se ne curò più di tanto.

Disoccupato, la prospettiva di trovare un altro posto da insegnante non lo attirava affatto, e nel maggio 1902 decise di emigrare. Era un destino comune per tantissimi italiani, all'inizio del secolo, con punte di seicentomila persone l'anno. Lui, però, non era costretto, lo voleva, ne aveva bisogno. Nel 1901, ancora studente, aveva confidato a un

Nella pagina accanto: 19 giugno 1903. Foto segnaletica di Mussolini, schedato con il numero 1751 e, curiosamente, il nome «Benedetto». Fu arrestato come agitatore durante un violento sciopero generale. (Mondadori Portfolio/Archivio GBB)

compagno: «Altri patisce la nostalgia della parete e del lembo di terra, io patisco nell'aspirazione avversa». Non andò nelle Americhe, lontano. A un altro amico scrisse, il 6 giugno 1902: «Piuttosto che riedere a pitoccare dalla famiglia – decisi di andare in Isvizzera dove un amico mi ha trovato un posto qual magazziniere di una ditta di ferrareccie». Fa sorridere l'esibizione di parole già allora desuete, «riedere» per tornare, «ferrarecce» per ferramenta. «Ho una leggera scorta di denaro, frutto di sudati risparmi e di campali battaglie contro il "per me soave licor di Bacco"», un'autodenuncia sul consumo di vino, «ed un amico – romagnolo egli pure – mi fornirà di quattrini. La città dove vado è Ginevra. Il mio posto è sicuro». Mente, in realtà va all'avventura.

Partendo, evitò il servizio militare (era uno dei suoi scopi) e si procurò futuri guai.

***

Lasciata Gualtieri il 9 luglio 1902, la sera stessa era a Chiasso, e lì seppe dell'arresto del padre. A Predappio c'erano state le elezioni e i socialisti, per impedire la vittoria certa degli avversari, avevano fracassato le urne.

Nemmeno lui scherzava, a Ginevra attaccò la repubblica che lo ospitava, incitò i compagni alla violenza, sempre presente nei suoi discorsi, negli scritti, nelle faccende amorose e amicali. Provocava, cercava ogni occasione per menare le mani, non usciva mai senza il coltello e il pugno di ferro.

Per vivere fece di tutto, il garzone, il cameriere, il macellaio, il rigattiere, l'insegnante di italiano e di francese, che peraltro non sapeva benissimo. Iniziò come manovale nella costruzione di una fabbrica: «Il lunedì mattina, alle 6, entrai nel cantiere. Io non avevo mai lavorato e dopo poche ore le mani mi si gonfiarono e screpolarono. Quella fatica era per me una tortura. L'orario era sfibrante. Ben dodici ore al giorno! V'era un orologio sopra al cantiere. Io avevo di continuo gli occhi fissi su le frecce, che, a mio avviso, non si muovevano mai. Alla sera, schiantato, colle ossa rotte, mi gettavo sopra un giaciglio di paglia e cercavo invano il sonno. Durai una settimana e poi mi congedai. E alla domenica mattina... presi il treno per Losanna». Dove non trovò lavoro, presto dovette dormire sotto un ponte, dentro una cassa. Arrestato per vagabondaggio, venne rilasciato dopo tre giorni – in mezzo alla strada – perché aveva i documenti in regola.

Un muratore lo introdusse al ristorante cooperativo in cui si riunivano gli attivisti italiani. Tra loro c'era Giacinto Menotti Serrati, che qualche anno dopo avrebbe guidato in Italia la frangia massimalista del Partito socialista e che era in cerca di giovani compagni «puri» e dalla buona favella. «Dimmi se hai già cenato», furono le sue prime parole al nuovo arrivato, «non vergognarti, son tutti compagni». Oltre a procurargli vitto e alloggio, Serrati lo raccomandò alle sezioni dei dintorni, dove Benito ascoltò discussioni tra gente più preparata. L'incontro con l'elegante esponente socialista fu decisivo perché lo persuase a raffinarsi puntando sui contenuti, sulla scrittura, l'immagine, l'oratoria.

A Losanna frequentò la prima donna importante della sua vita: Angelica Balabanoff, battagliera socialista di origine ucraina, ebrea benestante, di cinque anni più grande. Laureata in Lettere e filosofia, particolare non consueto all'epoca, Angelica aveva già vissuto in Svizzera, Belgio, Germania. A Roma, nel 1900, si era iscritta al Partito socialista e, tornata in Svizzera, si batteva a favore degli operai italiani. Piuttosto sgraziata, affidava al talento e al fascino della rivoluzionaria la fama di seduttrice.

Balabanoff, Serrati e gli altri dirigenti socialisti furono fondamentali anche per un aspetto più nascosto ma centrale dell'«enigma Mussolini»: in quei mesi Benito apprese l'arte di essere cangiante, camaleontico o – per usare un termine in voga nella letteratura psicologica di allora – proteiforme. Gli intellettuali e gli attivisti che circondavano Balabanoff e Serrati erano diversi dai capipopolo romagnoli con cui aveva avuto a che fare. Erano lettori e oratori poliglotti, in contatto con le correnti del socialismo europeo, in cui uomini e donne parlavano alla pari, discutendo di sindacalismo, riformismo, massimalismo, estremismo. Benito osservò le pose, i gesti, le strategie dei diversi contesti, dai circoli degli operai a quelli dei politicanti. Dove era necessario apparire «figlio della terra» dosava giovialità, sorrisi, frasi dialettali, strette di mano vigorose. Apprese l'arte, fondamentale in futuro, dell'ascolto e dell'attesa. Acquisì e affinò le strategie per tacere e apparire sofisticato, per cercare, selezionare e sintetizzare le informazioni utili. Imparò a evitare il confronto e la discussione con chi ne sa di più, traendone invece linfa per argomenti e architetture retoriche di cui divenne maestro. Con compiacimento lasciava che amanti e amici sussurrassero della sua sessualità insaziabile e selvatica.

***

Il 2 agosto 1902 scrisse il primo articolo sull'«Avvenire del lavoratore», organo del Partito socialista italiano in Svizzera. Il giovane Mussolini svettò immediatamente sugli altri, che avevano una concezione del partito e del sindacato più assistenziale che rivoluzionaria. Si iscrisse al sindacato e divenne segretario della sezione locale, per un minimo compenso e le consumazioni gratis durante le assemblee. Però non aveva ancora scelto la politica e alla fine del 1902 prese in considerazione la possibilità di emigrare in Madagascar, dove era già stato Serrati e dove alcune società francesi stavano avviando delle piantagioni. Se la storia dell'Italia sarebbe stata di certo diversa, forse sarebbe cambiata pure quella del Madagascar, all'epoca protettorato francese in piena ribellione.

Preferì restare e fece il commesso, il muratore. La politica si impose per gradi, con i successi crescenti. Nel frattempo attirò l'attenzione della polizia elvetica, come agitatore, e nel 1903 venne di nuovo arrestato: «Rimasi in prigione dodici giorni, durante i quali non uscii mai di cella. Fui sottoposto per due ore alle umilianti ed esasperanti misurazioni antropometriche. Fui fotografato di prospettiva e di profilo e la mia immagine, numerata con 1751, passò agli archivi della polizia incaricata del servizio di sorveglianza sugli individui pericolosi». C'è del compiacimento. Espulso e accompagnato al confine, aspettò poche ore e rientrò in Svizzera, come accade talvolta da noi, oggi, con gli extracomunitari.

Tornato a Losanna, trovò altri lavori saltuari – garzone di un vinaio, di un macellaio – continuando a fare il propagandista. Ebbe una storia con Eleonora, polacca, studentessa in medicina. Non se ne sa molto. Il 27 ottobre 1903 arrivò la notizia che la madre era malata, grave; tornò a Dovia e si fermò finché Rosa guarì. Scrive: «Il movimento è divenuto un bisogno per me; fermo, crepo». A parte le ubbie esistenziali, pende sempre sul suo capo il richiamo alla leva. Il 2 agosto 1904 il tribunale militare territoriale di Bologna lo condannò a un anno di reclusione militare per «diserzione semplice». Benito però era a Losanna, si occupava nientemeno che di Dio.

Tenne un dibattito alla Casa del Popolo con Alfredo Taglialatela, un pastore evangelico con il quale aveva già avuto alcuni confronti sul tema *L'uomo e la divinità*, il suo primo scritto di una certa importanza. Qualcuno sostiene che allo scontro oratorio abbia assistito Lenin, un'idea suggestiva quanto improbabile. Di certo Mussolini iniziò il suo intervento in un modo clamoroso. Chiese un orologio, non tutti ne possedevano uno a quei tempi, lo pose sul tavolo e disse che dava dieci minuti di tempo a Dio per fulminarlo: se non lo avesse fatto, ecco la prova della sua inesistenza. (Possiamo facilmente immaginarlo con le mani sui fianchi, in aria di sfida, proprio come il 10 giugno 1940, quando dal balcone di Palazzo Venezia annunciò di avere dichiarato guerra a Francia e Inghilterra.) Poi cominciò a trattare argomenti antireligiosi con un discorso da autodidatta ma non superficiale. Passati i dieci minuti, dichiarò di avere vinto, Dio non si era fatto vivo.

Alla scadenza del permesso di residenza in Svizzera, trovò una soluzione semplice come la confutazione dell'esistenza di un Creatore: falsificò il documento cambiando la data dal 1903 al 1905. Venne scoperto, di nuovo arrestato e minacciato di espulsione, però le autorità della pacifica Svizzera non si decidevano a dare seguito perché in Italia lo aspettava la condanna per diserzione; i socialisti organizzarono manifestazioni per difenderlo, e poté rimanere ancora alcuni mesi. Frequentò la facoltà di Scienze sociali, in particolare i corsi tenuti da Vilfredo Pareto, sociologo e insegnante di economia politica che descriveva un mondo diviso in dotati e inferiori, in aristocratici e popolo, in menti e braccia. Era una teoria ben poco socialista che rimase fissa nella mente di Mussolini, unita alle idee di Nietzsche: lo studiava sforzandosi di leggerlo in tedesco e convincendosi di conoscere la lingua, una convinzione che, abbinata a dosi abbondanti di presunzione, provocò guai molti anni più tardi, perché – diventato duce – volle parlare senza traduttori con Hitler e i gerarchi nazisti. Conversazioni e trattative non ne guadagnarono.

Nel 1924, dichiarò a un intervistatore americano che le opere di Nietzsche «mi hanno guarito dal mio socialismo; mi hanno aperto gli occhi sul gergo ipocrita degli uomini di Stato, che parlano di "consenso dei governati", e sul valore intrinseco del Parlamento e del suffragio universale. Mi ha fatto particolare impressione la frase: "vivete pericolosamente"». La visione nicciana e le teorie di Pareto, vive e forti durante il fascismo, durante il periodo socialista emersero solo per una personale libidine di potere. Nel frattempo Mussolini si indirizzava sempre più verso il sindacalismo rivoluzionario, all'epoca componente estrema del socialismo. Il fascismo delle origini, quello del 1919, ne risentì parecchio, come la Repubblica sociale degli ultimi anni: per Benito era lo strumento migliore per battere la prudente ala riformista del partito, che cresceva per voti e iscritti ma non sembrava in grado di conquistare rapidamente il potere.

Per la classe dirigente socialista l'industrializzazione aveva due effetti perversi, da un lato toglieva posti di lavoro, dall'altro richiamava enormi masse di contadini nelle città. Molti giovani – come Benito – erano invece affascinati dalla modernità, dalla velocità del «mostro più bello della Venere di Samotracia», come scrisse poi Filippo Tommaso Marinetti nel Manifesto del Futurismo. La macchina era davvero rivoluzionaria perché permetteva di spazzare via il passato. Non a caso il primo fascismo ebbe un naturale incontro con il Futurismo. Questi giovani, dunque, definendosi socialisti aggiungevano l'aggettivo «rivoluzionari» per prendere le distanze dalle linee ufficiali del partito. Cercavano nuove soluzioni in atmosfere anarcoidi, e Benito si formò in quella confusa cornice ideologica. Nel suo socialismo il rancore verso le ingiustizie sociali diventava un classismo grezzo, di segno rovesciato: odiava i ricchi più di quanto amasse i poveri; e la borghesia, che mira a diventare ricca, lo disgustava.

Negò la legittimità dell'istituzione parlamentare, accettata dal partito, in favore della rivoluzione come atto eroico e creatore di storia. Bisogna tenere conto di questo aspetto, perché poi gli verrà addossata la fama di traditore del socialismo. In realtà il suo avvicinamento alla creazione di un proprio movimento politico e di una propria ideologia – il fascismo – fu lento, costante e contraddittorio fin da questi anni. Per esempio, proprio in Svizzera tradusse e amò l'opuscolo del comunista svizzero Fritz Brupbacher *Meno figli, meno schiavi*: esattamente l'opposto del futuro «Fate figli, italiani, il numero è potenza!». Però non ha senso rinfacciare cambiamenti di idee a un uomo che ambisce al potere. Ha senso – caso mai – rimproverargli di ambire al potere. Su tutto e tutti.

Benito dette più volte prova di opportunismo. Alla fine del 1904 decise di tornare in Italia e fare il servizio militare, perché la nascita dell'erede al trono Umberto aveva portato un'amnistia anche per il reato di diserzione semplice. D'altra parte aveva capito che dalla Svizzera non poteva trarre più niente, che il suo terreno di combattimento politico era in Italia.

Dopo una breve visita a Dovia si presentò al distretto militare di Forlì e venne assegnato al reggimento bersaglieri di stanza a Verona, che raggiunse nei primi giorni del 1905. Il suo fascicolo militare lo descrive «di altezza inferiore alla media, volto allungato, grande naso, mento prominente e occhi scuri sotto una fronte bassa». Tenuto sotto stretta sorveglianza, con quei precedenti, fu un soldato modello. Decenni dopo disse a De Begnac: «Perché un buon soldato non potrebbe essere allo stesso tempo un combattente di classe? Del resto bisogna imparare ad obbedire prima di comandare». Lascio al lettore il giudizio sulla sincerità – o l'opportunismo – di queste parole e delle prossime, scritte al suo comandante di compagnia durante una licenza. «È bene ricordare, commemorare gli eroi che col loro sangue han cementato l'unità della Patria, ma è meglio ancora prepararci onde non esser discendenti ignavi ed opporre invece valido baluardo di petti qualora i barbari del Nord tentassero di ridurre l'Italia a "un'espressione geografica"». Sono posizioni inaccettabili per un rivoluzionario socialista, sembrano già quelle del duce. Però nei dieci anni successivi Benito continuò a essere e a proclamarsi antimilitarista, basti leggere alcuni suoi scritti del 1909: in uno parla del patriottismo come di un feticcio destinato a scomparire, perché il proletariato è antipatriottico per definizione e necessità; in un altro proclama: «Il militarismo! Ecco la mostruosa piovra dai mille viscidi tentacoli che succhiano senza tregua il sangue e le migliori energie dei popoli! Ecco uno scopo della nostra lotta! Demolire questo avanzo di barbarie, gridare che l'esercito oggi è una scuola organizzata della criminalità e che serve unicamente a proteggere i capitali e le rendite della borghesia».

***

Una mattina ricevette un telegramma del padre: «Mamma aggravatissima vieni!». Partì subito, percorse quasi correndo – non c'erano tanti mezzi – i 15 chilometri che separano Forlì da Dovia e arrivò quando Rosa era appena spirata. Ricordò questo momento come uno dei più dolorosi della sua vita.

Nel 1906 finì il servizio militare e si trovò di nuovo nella necessità di lavorare e guadagnare. Ricevette l'incarico di una supplenza a Tolmezzo, a nord di Udine, che confermò quanto non gli piacesse l'insegnamento. Gli era stata assegnata una seconda classe elementare di quaranta alunni, li definì pericolosi e incorreggibili, nelle relazioni scrisse addirittura che di alcuni aveva paura.

Ricominciò a bere, aveva smesso durante il servizio militare. Spesso si aggirava sbronzo per le strade, avvolto in un mantello nero, i cittadini di Tolmezzo lo chiamavano «l'uomo nero». A volte il mattino veniva trovato addormentato da qualche parte, si alzava e così conciato andava a fare lezione. Gli alunni approfittavano di un maestro che appariva più svogliato di loro e che tentava di zittirli distribuendo caramelle. Fu richiamato dal consiglio scolastico e denunciato da alcuni genitori, pare che gli scappassero delle bestemmie durante le lezioni. Aveva preso anche la curiosa abitudine, ogni tanto, di andare di notte nel cimitero a declamare versi. Né mancò di dare scandalo, come a Gualtieri, avendo una relazione culminata a cazzotti con il marito della donna.

Fare il maestro non era proprio il suo mestiere e decise di prepararsi agli esami per l'insegnamento del francese nella scuola secondaria, magari gli alunni più grandi sarebbero stati meno spaventosi. Sbruffone (aveva imparato il francese in Svizzera), si presentò davanti alla commissione esaminatrice con la sigaretta in bocca, fumando e sbuffando. Superò l'esame e nel marzo 1908 ottenne un incarico, questa volta in Liguria, a Oneglia. Lì si trovò bene nonostante i contrasti con le autorità scolastiche cattoliche.

Lo appoggiava il consiglio comunale, socialista, e ottenne di dirigere un giornale locale, «La lima», che stava per chiudere. Il discorso di insediamento alla minuscola redazione segnò la nascita di un capo – l'anarchia non faceva per lui – più che quella di un direttore. «Ho accettato il mandato della Sezione. Badate però che intendo esercitarlo severamente. Il giornale non deve più essere aperto ad una collaborazione irregolare per cui chi arriva prima in tipografia consegna e fa pubblicare il suo manoscritto, qualunque sia l'argomento e il contenuto. L'indirizzo e il tono del giornale saranno di mia sola competenza. Ognuno di voi avrà un suo incarico ben preciso, una rubrica ben definita, e tutti gli scritti passeranno al mio vaglio. Se accettate, bene, diversamente declino la nomina e non ne parliamo più».

La sua linea era sanguigna, attaccava con violenza il governo liberale di Giolitti, il capo socialista Filippo Turati, riformista, il Vaticano, i suoi dogmi, i suoi officianti. Erano gli anni del modernismo, il movimento di alcuni sacerdoti colti che cercavano di rinnovare la Chiesa, di metterla a confronto con le scienze moderne, soprattutto quelle storiche. Pio X aveva da poco pubblicato l'enciclica *Pascendi*, che decretava la loro persecuzione. Benito prese posizioni estreme, scriveva che i Vangeli non erano autentici, che Cristo non era esistito, che i preti erano gendarmi neri al servizio del capitalismo. Si firmava Vero Eretico.

Nel periodo della «Lima» il pensiero di Nietzsche segnò il suo passaggio – lento e costante – dal socialismo a quello che chiamerà fascismo. Nel 1908 scrisse un piccolo saggio, *Filosofia della forza*: «Verrà una nuova specie di "liberi spiriti" fortificati nella guerra, nella solitudine, nel grande pericolo, spiriti che conosceranno il vento, i ghiacci, le nevi delle alte montagne e sapranno misurare con occhio sereno tutte la profondità degli abissi [...], spiriti che ci libereranno dall'amore del prossimo, dalla volontà del nulla, ridonando [...] agli uomini le loro speranze – spiriti nuovi, liberi, molto liberi che trionferanno su Dio e sul Nulla!». Non sono più pensieri di un socialista, sono pensieri di un uomo che parla del popolo come di una plebe bisognosa del Superuomo.

***

Finito l'anno scolastico, il contratto non gli venne rinnovato e tornò a Dovia. Era estate e c'erano forti agitazioni di braccianti, scioperi, manifestazioni che si risolvevano in uno scontro fra poverissimi e poveri:

i braccianti lottavano contro i mezzadri, lasciando in pace i padroni. Benito – in una sorta di apprendistato per tentativi – cercò di capeggiare le rivolte, con poco esito, anzi finì nei guai. Un giorno, mentre andava in bicicletta con un bastone in mano, incontrò un gerente di macchine trebbiatrici e lo minacciò: «Ti svirgolo!», poi passò oltre senza svirgolarlo, ma l'altro lo denunciò. Venne arrestato, portato nel carcere di Forlì, processato per direttissima e condannato a tre mesi di reclusione. In appello la pena fu ridotta a una multa e a dodici giorni di prigione, già scontati. Forse fu l'esperienza in carcere a fargli capire che poteva svirgolare meglio scrivendo, piuttosto che bastonando. Sarebbe diventato un giornalista professionista, ne aveva la capacità e la voglia.

C'era pure, come già accennato, una novità importante in famiglia. Nel 1905 era morta Rosa, per meningite, a soli 46 anni. Benito ne soffrì molto. Alessandro, rimasto vedovo, non voleva più fare il fabbro. Lasciò Dovia e aprì un'osteria vicino alla stazione di Forlì, in società – anche amorosa – con Anna Lombardi, vedova Guidi, una donna del popolo, vedova e madre di una ragazza di 15 anni. Nell'Italia fascista diventerà «Donna Rachele», la moglie del duce.

Formosa, piccola, bionda, occhi azzurri, belle gambe, la caratteristica che più piaceva a Benito insieme al seno tanto e tondo. Era pure risoluta, Rachele, le sue quattro sorelle la chiamavano «paura di niente», una ragazza dei paesi suoi che fino a allora aveva fatto la guardiana di capre e la domestica a Forlì, un ciuccio da fatica. Benito la scelse (un po' è come dire che se ne innamorò). Lei, e non era la sola, lo ammirava per la vita avventurosa, per l'impegno, per la cultura. Accettò il corteggiamento, però tenendogli testa sin dall'inizio, e ne aveva ben donde. Passionale quanto brutale, non in linea con gli ideali socialisti, Benito confermò una personalità gelosa e possessiva: pretese che Rachele tagliasse i ponti con gli altri corteggiatori, che bruciasse le loro lettere, che non andasse a ballare senza di lui (una tortura già allora, per un'adolescente romagnola), arrivò al punto di servire i clienti al posto suo.

Anna Guidi e Alessandro Mussolini osteggiavano la relazione tra i figli, e dopo l'ennesima discussione Anna dette un *ultimatum* a Benito: «Se voi continuate a tormentarla vi denuncio e vi faccio mettere in carcere». Per tutta risposta, lui tornò con una pistola: «Se non me la date, qui ci sono sei colpi: uno per lei e cinque per me». Megalomane e insensato, non si capisce perché avrebbe dovuto uccidersi con cinque colpi.

La chiamava Rachelina. Durante una passeggiata, mentre attraversavano un ponte, minacciò, furbetto, romantico e matto: «Se non mi vuoi sposare, mi butto di sotto!». Un altro giorno, mentre la accompagnava a casa, le disse all'improvviso, sul serio: «Vuoi venire con me? Andiamo». Rachelina era pronta, salì in casa e fece la valigia. Andarono a Forlì, in albergo per una notte, poi si sistemarono in via Merenda. Il loro primo nido d'amore era meno che modesto, due stanze in subaffitto a 15 lire, un letto, due sedie, un tavolo e un fornelletto a carbone.

La praticità e la concretezza di Rachele saranno sempre un elemento di equilibrio per Benito, non di aiuto intellettuale e politico. Lei considerava gli affari del governo, dello Stato, come faccende di famiglia, senza alcuna strategia politica. In privato Mussolini sosteneva che le donne devono badare alla casa, fare figli e portare le corna, tre attività che Rachele esercitò in abbondanza, da questo punto di vista fu una brava moglie.

A un giudice disattento, o superficiale, una donna simile può sembrare inadeguata al demiurgo cui tutto è permesso tranne accontentarsi. Infatti Benito non si accontentava, né da spiantato né da duce. Gli italiani trovarono normale – quando lo scoprirono, dopo la caduta del regime – che da anni avesse un'amante giovane e bella, Clara Petacci, la consueta storia di un uomo maturo e potente che raccoglie l'entusiasmo di una ragazza innamorata del suo mito. Meglio, e ancora più semplicemente, la classica divisione tra moglie e amante.

***

All'inizio furono tempi non facili, specialmente per Rachele. Come non capirla? Benito si fermava al caffè della piazza fino alle 4 o alle 5 di mattina, per discutere con gli amici. Ogni tanto prendeva delle belle sbornie e lo trovavano all'alba, addormentato in un prato. Dopo poco le comunicò di avere trovato lavoro a Trento, che faceva ancora parte dell'Impero austroungarico. La piccola fama di giornalista rivoluzionario gli aveva conquistato i ruoli di segretario della Camera del lavoro e direttore del settimanale «L'Avvenire del Lavoratore». Durante la festicciola organizzata prima della partenza, prese da parte la ragazza: «Domani parto, ma al mio ritorno diventerai mia moglie. Devi aspettarmi». Nei mesi che passò in terra austroungarica, fece in tempo a conoscere una certa Ida Dalser, che tornerà in questa storia, e a mettere incinta Fernanda Oss Facchinelli, che gli partorì il primo dei tanti discendenti, sopravvissuto pochi mesi senza avere avuto il riconoscimento del padre.

Arrivò a Trento, «irredenta», nel febbraio 1909. Sull'«Avvenire del Lavoratore» venne presentato come un fervente propagandista, versato in materia di anticlericalismo. Fece onore subito a questa fama, in un articolo definì la Chiesa «un grande cadavere», il Vaticano «il covo dell'intolleranza e di una banda di rapinatori», la teologia «un insieme di assurdi mostruosi». Vent'anni dopo, con il Concordato, interruppe la tradizione liberale della separazione tra Chiesa e Stato, riconsegnando l'Italia alla Chiesa.

Il caso volle che a Trento, piccola città, ci fossero altri due personaggi destinati a diventare importanti nella storia d'Italia, Cesare Battisti e Alcide De Gasperi. Anche loro dirigevano un giornale, De Gasperi «Il Trentino», cattolico, Battisti «Il Popolo», socialista e alleato naturale di Mussolini, il quale attaccò con furore De Gasperi, definendolo «pennivendolo senza idee» e «uomo senza coraggio che soffre di stitichezza intellettuale». Lontanissimo dal pensare che, quarant'anni dopo, quel giovane cattolico sarebbe diventato il suo successore alla guida dell'Italia, lo accusava di interesse privato e linguaggio politico contorto: un giorno molti italiani avrebbero pensato lo stesso della Democrazia cristiana.

Benito era talmente polemico da attirare l'attenzione della magistratura: multe, brevi periodi di prigionia, sequestri della rivista, quasi sempre per oltraggio a sacerdoti collaboratori di De Gasperi. Uno era «un pezzo d'asino sgrammaticato chiercuto e prete dalla mentalità piccina». L'altro una «povera bertuccia non si sa come fuggita alla colonia residua di Gibilterra», sulla quale minacciò di lasciare il segno «non facilmente delebile delle mie mani». Un terzo era un «povero scemo», un «lurido personaggio», «prete idrofobo». Quando, vent'anni dopo, Pio XI definì Mussolini «l'uomo che la Provvidenza ci ha fatto incontrare», quei sacerdoti devono avere pensato che la Provvidenza aveva lavorato davvero parecchio per trasformarlo così.

In settembre fu espulso dal Trentino, ma continuò a collaborare con il giornale di Battisti, pubblicando persino, in cinquantasette puntate, un romanzo anticlericale, *L'amante del cardinale. Claudia Particella*. Il *feuilleton* si ispirava alle vicende avvenute nel Trentino seicentesco alla corte del principe-vescovo Emanuele Madruzzo. Da quanto racconta

Margherita Sarfatti, Mussolini ebbe a discutere con Battisti per questioni simili a quelle che agitano gli sceneggiatori delle serie televisive e cinematografiche odierne: quando il direttore sospettava che si avvicinasse la morte della protagonista, raccomandava «Non me l'ammazzare per carità! È il momento di rinnovare gli abbonamenti!». L'esausto e truculento autore iniziò così a sfogarsi sui personaggi secondari, aggiunse la componente sociale e socialista, si dilungò sullo sfruttamento del popolo da parte di un clero parassitario e in preda «ai furori di un erotismo coartato». Benché avesse successo, l'opera era meno che mediocre, più tardi lo stesso Mussolini la definì un romanzo «da sartine» e un «orribile libraccio». Tuttavia dette il permesso di pubblicarlo all'estero, mai in Italia.

***

Nel 1909 Benito era di nuovo inquieto e senza un lavoro sicuro. Confidò a un amico: «Sono stanco di stare in Romagna, sono stanco di stare in Italia, sono stanco di stare al mondo (intendi, l'antico, non la *lacrimarum* valle). Voglio andarmene nel nuovo, mi seguirai se farò, come spero, fortuna». Sta pensando di emigrare a New York, e l'avrebbe fatto davvero se i socialisti di Forlì non avessero apprezzato la sua meritata fama di abile e duro direttore, oltre che di rivoluzionario. Venne nominato segretario della federazione locale e direttore del periodico «L'idea socialista», che ribattezzò «La lotta di classe». Non si parlò più di New York. Né della stanchezza di stare al mondo.

Siccome è bello fantasticare su realtà parallele, chissà cosa sarebbe successo se fosse andato in America. Escludendo – altrimenti il gioco non funziona – una sua scomparsa dalla storia, se avesse cavalcato la democrazia americana sarebbe potuto diventare sindaco di New York, addolcito e amato come un altro italiano, Fiorello La Guardia. Oppure chissà, un gangster come Al Capone. Aveva la personalità e gli strumenti per entrambi i ruoli. Coesistenza non semplice di potenzialità tanto contrapposte, contraddittorie.

Con i nuovi incarichi, all'inizio degli anni Dieci sperimentò la condizione di capofamiglia quasi benestante. Portava a casa centoventi lire al mese: tolte le venti per il partito e quindici di affitto, restava abbastanza per garantirsi stabilità e un certo prestigio. Rachele rimase incinta, Benito – da buon socialista – non volle sentir parlare di matrimonio.

Edda nacque la mattina del primo settembre 1910 in via Merenda. Da tre mesi la aspettava una culla di legno, Benito l'aveva comperata perché non dovesse dormire schiacciata fra i genitori, come accadeva nelle famiglie povere. La «figlia della povertà», così fu definita, non venne battezzata ma un impiegato comunale sparse la voce che la bambina avesse ricevuto il sacramento, per danneggiare l'immagine del capopopolo socialista. Mussolini si precipitò in municipio e lo costrinse – con due schiaffi – a confessare la menzogna. Nonno Alessandro fece in tempo a vedere la prima discendente, morì due mesi dopo. Non vide invece l'ascesa del figlio che – come capita nei momenti più importanti della vita a chiunque abbia perso i genitori – se ne rammaricherà più volte. «Ah, se ci fosse il babbo...», disse al fratello quando gli venne assegnato il governo. Oltre alla rivalsa, avrebbe voluto davvero rendere orgoglioso il padre.

Benito volle assistere al parto, svenne e per sei anni non ebbero altri figli. Sarebbe curioso sapere se fu per l'impressione. Nel settembre 1916 nacque Vittorio; nel 1918 Bruno, poi Romano nel 1927 e Anna Maria nel 1929. Su cinque, quattro nacquero a settembre, uno a ottobre, si vede che i mesi più freddi giovavano alla coppia.

Direttore e padre, in questo periodo Benito acquisì abitudini che mantenne, con le dovute variazioni, per il resto della vita. Si alzava presto, in venti minuti sbrigava toeletta e colazione con caffellatte e pane. Era più vorace la rassegna stampa gratuita concessa dall'edicolante di piazza Saffi: i commenti del «professore» attiravano crocchi di clienti. Poi iniziava il lavoro d'ufficio, interrotto solo per il pranzo rigorosamente in famiglia. Da giovane (come da duce) mangiava in fretta, e la cattiva abitudine contribuì al bruciore cronico allo stomaco che lo tormenterà negli anni successivi. La dieta «ascetica» imposta dalle magre sostanze e dalle usanze paesane un po' lo aiutava: per tutta la settimana si mangiava in prevalenza pane con minestra e verdura, solo la domenica si faceva festa con carne bollita.

Anche a casa, anche a tavola, era quasi sempre alle prese con le bozze e gli appunti. Si distraeva solo – incredibile per chi non lo conosceva bene – coccolando la sua bambina. «La mamma mi avrà abbracciato due, tre volte in vita sua», ricorderà Edda da vecchia, «papà era più affettuoso, ogni tanto mi baciava. Ma neppure lui era molto espansivo». Però la bambina si addormentava cullata dalle note di violino del padre, che poi talvolta la svegliava per giocarci: una simile stranezza (quale genitore non è contento se il figlioletto dorme?) fa credere che ne traesse più piacere lui della bambina. A tre anni la portava con sé al giornale, la esibiva. Impose che imparasse a leggere e scrivere anzitempo, naturalmente da lui. Qualche anno più tardi la volle volitiva, magra, sportiva, detestava vederla piangere e glielo proibì, la costrinse a tagliare i capelli. Edda doveva essere la sua fedele riproduzione femminile, animata dal fuoco sacro della rivolta. Ho ragione di credere che sia stata l'unica donna che abbia amato davvero, e per questo avrà importanza nella nostra storia (quella raccontata qui e un poco anche nella storia dell'Italia).

Tutt'altro che casa e bottega, la sera Benito si spostava al centralissimo Caffè Macaron, dove le arringhe del «professore» erano attese dai compagni socialisti, e non solo. C'erano riformisti ansiosi di dirne quattro a quell'estremista, frequentatori abituali, qualcuno chiedeva ripetizioni per i figli, gente dei dintorni, contadini curiosi. Chi immagina bicchieri sempre pieni fa bene. Le serate degeneravano talvolta in alterchi con tanto di «pugilato», come annotavano le guardie. Rachele ricorderà che non era raro aspettarlo fino alle prime luci e vederselo apparire sudato e acciaccato, con l'unica giacca da lavare e rammendare.

Non pensiamola mogliettina in apprensione, appena rincasato in quelle condizioni l'arruffapopoli non trovava la pace, era una scenata dietro l'altra. Una volta rientrò all'alba, tenuto in piedi a braccia, lo sguardo perso, mentre Rachele lo pensava in guardina o all'obitorio. Quando restarono soli, cercò di scuoterlo – possiamo immaginare con poco garbo – scatenando una crisi isterica dell'ubriaco, che fracassò sedie e piatti. Al risveglio, il giorno dopo, ricevette un *ultimatum*: «Se torni ancora in questo stato ti ammazzo». Benito giurò (sulla testa della figlia) e da allora, era la fine del 1910, non toccò più alcolici se non in occasioni ufficiali, da duce, assaggiando il vino per onorare – diceva – «la bevanda nazionale». Fu una bella prova di volontà e di autocontrollo, come quando decise di non fumare più, ma non si creda che sia stato per la minaccia di Rachele. Aveva trovato la sua strada e capito che il vino non lo avrebbe aiutato a percorrerla

Nella pagina accanto: Milano 1916. Ritratto di famiglia nella casa di via Castelmorrone, dove i Mussolini si sono trasferiti grazie allo stipendio di Benito, direttore dell'«Avanti!». La piccola Edda, seienne, rivela tutta la somiglianza con il padre, accentuata dalla posa e dall'espressione. (Mondadori Portfolio/Fototeca Gilardi)

in quel momento guidava i repubblicani di Romagna. Anni dopo delineò un ritratto di Mussolini socialista che vale anche per Mussolini fascista: «Plebeo era e pareva volesse restare, ma senza amore per le plebi. Negli operai ai quali parlava non vedeva dei fratelli, ma una forza, un mezzo del quale potrebbe servirsi per rovesciare il mondo». C'era lui e c'era il mondo, di cui assumere la guida.

Lo sciopero, il 27 settembre, fu un mezzo fallimento, tranne che in Emilia Romagna. Benito poté così vantare l'importanza e il successo della sua strategia, accusando gli altri di indecisione e spirito di lumaca. Però il 14 ottobre lui e Nenni, capi dello sciopero locale, vennero arrestati con l'accusa di resistenza alla forza pubblica, danneggiamento di linee ferroviarie, telefoniche e telegrafiche, violazione della libertà delle reclute e degli esercenti perché avevano impedito ai soldati e ai commercianti di fare il loro lavoro. Al processo entrambi furono condannati a un anno di reclusione. In appello – la giustizia procedeva spedita – Nenni ebbe una riduzione di pena a sette mesi e mezzo, Mussolini a cinque mesi e mezzo.

La sua popolarità in Romagna, e in Italia, crebbe parecchio e crebbe la sua fiducia in sé stesso, tanto che approfittò di quei mesi per scrivere un'autobiografia, compiaciuta, a 28 anni. Sono significative le parole che rivolse alla Corte prima della sentenza: «Ebbene, io vi dico, signori del tribunale, che se mi assolverete, mi farete piacere, perché mi restituirete al mio lavoro, alla società. Ma se mi condannerete mi farete onore, perché voi vi trovate in presenza non di un malfattore, di un delinquente volgare, ma di un assertore di idee, di un agitatore di coscienze, di un milite di una fede, che s'impone al vostro rispetto, perché reca in sé i presentimenti dell'avvenire e la forza grande della verità». Uscì dalla galera il 12 marzo 1912, con le stigmate del martirio e l'aria di un condottiero.

Adesso era fra i vertici nazionali della corrente rivoluzionaria del Psi. Gli altri non avevano la sua cultura, per quanto abborracciata, la sua dimestichezza con la violenza, la sua determinazione: per cui, tempo alcune settimane: e diventò la guida non ufficiale dei rivoluzionari di area socialista. Seppe sfruttare la posizione nel luglio 1912, al congresso nazionale di Reggio Emilia, dove andò deciso a conquistare una fetta di potere. La guerra aveva rafforzato la sua corrente, e Mussolini aveva fatto rientrare la federazione forlivese nel partito, per riprovare a trasformarlo dall'interno.

Una tradizione storiografica superficiale, forse fondata inconsapevolmente sulle agiografie fasciste, vuole che il futuro duce abbia affascinato soltanto con l'oratoria una platea che non lo conosceva. Invece era già noto nel mondo socialista. Ciò non toglie che il suo intervento – di cui abbiamo il resoconto stenografico – sia stato efficace. Fra discorsi enfatici e politicamente contorti, la sua durezza e la sua immediatezza andarono a segno; fra oratori poco scenografici, il suo atteggiamento teatrale fece effetto.

> Le mille pecore sbandate sono oggi sotto la ferula di pochi pastori, ma sono sempre pecore. L'unione per se stessa non fa la forza. È tempo di rivedere questo cliché e di toglierlo dalla circolazione. L'unione diventa la forza, quando l'unione è cosciente. Altrimenti no. L'operaio semplicemente organizzato è divenuto un piccolo borghese che non obbedisce che alla voce degli interessi. Ogni richiamo ideale lo trova sordo.

Il riformista Cesare Sarfatti lo descrisse come un «meraviglioso giovane magro, dall'eloquenza a scatti» – già notata dal «Giornale d'Italia» nel 1910 come «secca, focosa, originale» – e sostenne che «sarà il dominatore futuro del partito». Lo scrisse alla moglie Margherita, non immaginando che ne sarebbe stata affascinata e che proprio lei avrebbe contribuito a trasformarlo nel dominatore dello Stato, dopo il partito.

Le parole e i modi impressionarono l'assemblea, ma non sarebbero bastati, Benito vinse con abili manovre dietro le quinte, con riunioni, con accordi sotterranei. Vinse dimostrando di essere un politico abile. Aveva preparato il terreno, e ottenne l'ingresso nella direzione nazionale.

Il suo ordine del giorno – approvato a grande maggioranza – chiedeva nientemeno che l'espulsione di Bissolati e di altri riformisti. Subito dopo iniziò la manovra per diventare direttore dell'«Avanti!», quotidiano nazionale del Partito socialista. La spuntò, favorito dal fatto che esponenti più prestigiosi – Salvemini e Serrati – non vollero compromettersi in una tribuna così delicata. Proponendolo alla direzione, il nuovo segretario del partito Costantino Lazzari disse: «Non abbiamo scelta, del resto la nomina è provvisoria. Voi mi direte che Mussolini è giovane, privo di esperienza; ma io vi ripeto che dobbiamo incoraggiare i giovani. Del resto, appunto perché è giovane, potremo più facilmente guidarlo, controllarlo». Un errore in cui dieci anni dopo caddero anche politici di raffinata esperienza e astuzia come Giolitti.

Consapevole che la nomina a direttore poteva essere un'arma a doppio taglio, Benito pose la condizione che Angelica Balabanoff fosse viceredattore capo; oltre a sfruttarne esperienza e prestigio, all'occorrenza avrebbe potuto scaricare su di lei, almeno in parte, la responsabilità della linea editoriale.

***

Alla fine del 1912 partì per Milano, assieme alla «tribù domestica», Rachele, la figlia di due anni e la suocera. Rachele continuava a considerare fumisterie le passioni della politica, strade senza sbocco; le urgenze della vita quotidiana le consigliavano tutt'altre richieste: sicurezza e denaro. Visto però che l'incarico di direttore garantiva un assegno mensile abbastanza alto, non le dispiacque il trasferimento al numero 19 di via Castelmorrone, a quei tempi in periferia. I ricordi di Edda – spesso idealizzati, certo – iniziano in una via Gluck che anticipa Celentano di oltre mezzo secolo, in un condominio circondato da campi, animato da tanti bambini dai padri bizzarri, anche se «il mio era il più straordinario, misterioso, affascinante»: «C'era e non c'era... era un papà che arrivava di corsa e mi portava a pranzo in Galleria e poi alla Scala, e poi al giornale».

Benito aveva rifiutato lo stipendio di 700 lire mensili che gli veniva offerto, ne voleva soltanto 500 (occorre dire che Rachele la prese male?). Si è sempre sostenuto che non fosse interessato al denaro. È vero, però non significa che non ci facesse attenzione. Dal 1928 al 1943 rinunciò allo stipendio di capo del governo, di ministro, eccetera, ma era proprietario del «Popolo d'Italia» e del mensile «Gerarchia», che rendevano; si faceva pagare molto bene libri, raccolte di articoli e di discorsi, interviste a giornali stranieri. La sua seconda autobiografia, pubblicata nel 1928 all'estero, gli fruttò soltanto nei primi due anni un milione di lire.

Allora come oggi un affitto a Milano, ancorché in periferia, si faceva sentire. Appena arrivato dovette prendere denaro in prestito, comunque già dopo poche settimane lo *status* di direttore influì sulle sue abitudini, lo si vedeva spesso a teatro per inviti alle prime, appuntamenti con colleghi, riunioni di lavoro in coda a rappresentazioni o eventi mondani.

Senza dimenticare le vecchie pose da scrittore *bohémien* di provincia, infastidito per una recitazione goffa o da un testo noioso, dal palchetto ostentava il suo disappunto con sbuffi, commenti a voce alta, fischi. Pensava che nessuno avesse il diritto di anno-

iare il pubblico con lavori scadenti. Anche quando verrà esaltato come uomo geniale non cambierà la predilezione per spettacoli brillanti e brevi: se non lo erano, lavorava confabulando con i collaboratori oppure chiudendo gli occhi per tutto il tempo. (Concentrazione o pisolino?)

Nei primi anni a Milano volle che Edda imparasse a suonare il violino, le fece dare lezioni private da un'orchestrale della Scala. Una sera la portò a vedere un balletto e quando tornando a casa lei espresse il desiderio di fare la ballerina, la prima ballerina, s'infiammò. «Una ragazza di buona famiglia, sia pure socialista, non poteva calcare un palcoscenico» ricorda Edda. Negli anni del regime, il duce permetterà ai suoi maschi di coltivare le arti, Vittorio il cinema, Romano il jazz.

Mentre il figlio del fabbro iniziava a investire tempo e denaro per fare sì che i suoi discendenti assumessero i rituali della classe dirigente, non abbandonò le vecchie abitudini. Ritrovò Ida Dalser, estetista ventitreenne conosciuta a Trento, che aveva aperto un salone di bellezza a Milano: era innamorata a tal punto che nel 1915 venderà il salone per aiutarlo a fondare «Il Popolo d'Italia». Proprio nel novembre 1915, all'uscita del giornale, Ida mise al mondo un figlio, Benito Albino, che Mussolini fu obbligato a riconoscere ma per il quale non pagò mai il mantenimento. Ida si presentava come l'autentica moglie di Benito, il «suo» uomo; si appostava, faceva scenate, si azzuffò con Rachele. Denunciata da Benito per quel che oggi definiamo *stalking*, verrà sorvegliata dalla polizia come «nevrastenica», anche durante il regime continuerà a lottare per essere riconosciuta. A occuparsi dell'affare segreto fu Arnaldo: Ida, internata in manicomio, morì nel 1937; Benito Albino – molto somigliante al padre – crebbe tra tutori e collegi, e dopo una breve esperienza come marinaio, finì anche lui in manicomio, dove morì nel 1942, a 28 anni, in circostanze mai chiarite.

Più discreta, ma decisiva nella vita di Benito, fu la relazione con Margherita Grassini Sarfatti, che aveva tre anni più di lui. Originaria di una sofisticata famiglia ebraica veneziana, era una brillante intellettuale socialista, ammirata da Turati e da Kuliscioff. Non era una bellezza classica, ma l'ex popolano aveva un debole per le intellettuali, le signore da cui veniva irretito vantavano solide letture, potente corredo culturale, entusiasmi politici. Margherita, attivissima, curava – tra il resto – la rubrica d'arte dell'«Avanti!», e sembra che il primo dialogo con il nuovo direttore sia stato un litigio, spesso segno di futura intesa. In discussioni e riunioni, tra la fine pensatrice e il rude *parvenu* crebbe un rapporto di interdipendenza prima intellettuale, poi sentimentale e sessuale.

Il legame si rafforzò durante la Grande guerra, quando lei perse il figlio – volontario non ancora diciottenne – e trasferì le sue energie in un incessante impegno come ideologa e autrice ombra di Benito. Nel 1921, fondarono insieme il mensile politico «Gerarchia», e lui le affidò la vicedirezione, in realtà una direzione effettiva. Ne fece così la donna più seguita e di potere della politica italiana. Ma non andiamo troppo avanti: prima della guerra passavano insieme pressoché ogni momento della giornata, in redazione e nell'appartamento di lei, dove Margherita riuniva artisti, scrittori e politici. Oltre a prescrivergli nuove letture, lo introdusse al mondo della cultura (gli presentò fra gli altri Carlo Carrà e Giuseppe Ungaretti) e alle famiglie lombarde che potevano servire; Benito lo apprezzò, in particolare

Nella pagina accanto: Benito in una fotografia degli anni Venti che fu stampata anche su cartoline di propaganda. (Mondadori Portfolio/Courtesy Everett Collection)

Roma, 11 aprile 1915. Mussolini, ormai convinto interventista, oppone resistenza alle forze dell'ordine durante una manifestazione per chiedere l'entrata in guerra dell'Italia. (Darchivio/opale.photo/Mondadori Portfolio)

alle labbra. La voce del proletariato di tutta Italia pareva urlasse intorno a lui. [...] Tutte le volte che faceva per parlare prorompeva il dispotismo collettivo... Mussolini lasciava passare la bufera e poi riprendeva. C'erano momenti in cui egli dava l'impressione che non provasse nulla come protagonista della grande scena». Riuscì a dire poche parole: «Voi credete di perdermi. Voi vi illudete. Voi mi odiate perché mi amate ancora. Sono e rimarrò un socialista [...] Ma vi dico fin da questo momento che non avrò pietà e remissione per tutti i reticenti, per tutti gli ipocriti, per tutti i vili! [...] Non crediate che io mi separi gaiamente da questa tessera. Strappatemela pure: ma non mi impedirete di essere in prima fila per la causa del socialismo. Viva il socialismo! Viva la rivoluzione!».

Il giorno dopo Prezzolini mandò al futuro duce, con altri scrittori della «Voce», un tele-

Benito, con sguardo fiero, viene tratto in arresto dopo la colluttazione. (Mondadori Portfolio/Fototeca Gilardi)

gramma che sarebbe divenuto famoso: «Partito socialista ti espelle. Italia ti accoglie». (Dopo le iniziali simpatie per il fascismo, nel 1924 Prezzolini preferì trasferirsi negli Stati Uniti piuttosto che averci a che fare.)

Sul «Popolo d'Italia» Benito si rivolse agli ex compagni con un editoriale-anatema: «Il caso Mussolini non è finito, come voi pensate. Incomincia. Si complica, assume proporzioni più vaste. Io innalzo apertamente la bandiera dello scisma». Non ci fu la scissione, ma nei mesi seguenti migliaia di attivisti e di quadri abbandonarono alla spicciolata la linea del Psi per schierarsi con quella di Mussolini, privando il partito di molti dei suoi elementi più attivi. L'espulsione ne aveva fatto il campione acclamato delle élite rivoluzionarie: soprattutto sindacalisti soreliani e intellettuali scontenti di un'Italia modesta e tranquilla, rappresentanti di un'Italia inquieta e ansiosa di rinnovarsi. In definitiva, si realizzò l'idea politica che Benito covava da anni: rivolgersi più agli «eletti» che alle masse.

A meno di trentadue anni era un personaggio di fama nazionale, un giornalista seguito e un politico temuto, amato, odiato. Nessuno però – neppure lui – poteva pensare che dopo otto anni appena sarebbe diventato capo del governo, dopo undici, dittatore. Costretto a spingersi verso territori di frontiera, seguendo sentieri non battuti, Mussolini trovò, inventò, il fascismo.

***

Sul «Popolo d'Italia» tempestava per l'intervento. L'8 aprile 1915 minacciò la monarchia, che «avrà – nelle more della neutralità – tessuto il suo lenzuolo funebre». Quando Prezzolini gli chiese un articolo su Giovanni Giolitti, rispose, «Io vorrei somministrargli cinque palle di revolver allo stomaco». Giolitti era contrario alla guerra, ma il nuovo capo del governo Antonio Salandra ottenne dal Parlamento la decisione di entrare nel conflitto contro l'Austria-Ungheria, il 24 maggio.

Benito in uniforme durante la Grande guerra. (Mondadori Portfolio/Archivio GBB)

Fatta subito la domanda di arruolamento, Mussolini venne richiamato come bersagliere il 31 agosto. In novembre, com'era suo diritto, chiese di frequentare il corso allievi ufficiali. Lo stato maggiore, contrario, si rivolse alla presidenza del Consiglio: «Per quanto il recente atteggiamento patriottico di Mussolini abbia attenuato alquanto l'importanza dei suoi deplorevoli precedenti, occorre anche tener presente che egli ha ripetutamente affermato che la sua solidarietà col governo si sarebbe limitata alla durata della guerra, salvo a riprendere poi il suo posto di combattimento come socialista». Benito dovette fare la guerra come soldato semplice, e – noto interventista – venne spesso maltrattato dai compagni che quella guerra proprio non la volevano fare.

Fu un buon soldato, come tanti, sempre badando a mettersi in luce. Una relazione della pubblica sicurezza, nel dopoguerra, annota che la promozione a caporale «fu motivata dall'attività sua esemplare, dalle qualità battagliere, dalla serenità di mente, dalla incuranza ai disagi, dallo zelo, dalla regolarità nell'adempimento dei suoi doveri, essendo sempre il primo in ogni impresa di lavoro e di ardimento».

Non smise di essere giornalista, tenne sul «Popolo d'Italia» la rubrica *Giornale di guerra*, e i quindici articoli furono raccolti nel vo-

Mussolini in trincea condivide il vino con i commilitoni. Arruolato nei Bersaglieri come soldato semplice, sarà congedato con il grado di sergente e medaglia di bronzo al valor militare. (akg-images/Mondadori Portfolio)

lume *Il mio diario di guerra*, niente di eccezionale. Scriveva a casa, inviava alla sua bambina letterine corredate da fiori di montagna. Già in dicembre si ammalò di tifo. Rachele e Edda andarono a trovarlo a Cividale del Friuli, dove era ricoverato, dopo un viaggio angoscioso in una Pianura Padana sconvolta e attraversata da convogli militari, spesso stracolmi di feriti. Fu per quella visione della morte che Rachele pretese il matrimonio civile, celebrato il 16 dicembre 1915, per procura perché il funzionario comunale non poteva o non voleva andare in ospedale.

In quell'inverno Benito comparve a casa, a sorpresa, per una licenza, e venne concepito il secondogenito, chiamato Vittorio come augurio per l'esito della guerra. Il bambino nacque il 27 settembre 1916 – Benito era al fronte – e fu un trauma per Edda, che dovette lasciare il posto di reginetta della casa: da anziana confessò di avere tentato di uccidere il fratello, facendo cadere da una sedia la nonna mentre lo teneva in braccio.

La guerra di Benito durò poco, il 23 febbraio 1917 fu ferito dallo scoppio di un lanciamine che gli lasciò nel corpo più di 40 schegge, argomento privilegiato di tutte le agiografie successive. I chirurghi ne estrassero il massimo che poterono, quelle rimaste si fecero sentire per il resto della vita.

Venne ricoverato nell'ospedale militare di Ronchi, la cittadina nei pressi del fronte dove trentacinque anni prima era stato arrestato Guglielmo Oberdan. Il 27 febbraio 1917 fu teatro di un altro evento: il primo incontro tra Benito e Vittorio Emanuele III. Per il sovrano era una delle tante visite in un ospedale da campo, finché gli fu indicato il letto del celebre giornalista-soldato in lotta contro la cancrena. Il loro dialogo fu ricostruito in seguito con sfumature agiografiche ma plausibili, nella sua semplicità. «Come va, Mussolini?» «Non troppo bene, Maestà.» «Mi hanno parlato molto bene di lei.» «Ho cercato sempre di fare il mio dovere.» Nel 1919 Ronchi vedrà la partenza dei primi legionari di Gabriele d'Annunzio alla conquista di Fiume, nel 1943 il primo episodio di resistenza armata al nazifascismo. Oggi è in provincia di Gorizia, si chiama Ronchi dei Legionari e – nell'immancabile polemica toponomastica italiana – c'è chi vorrebbe ribattezzarla Ronchi dei Partigiani.

Cessato il rischio di cancrena, Benito fu trasferito all'ospedale Maggiore di Milano. Edda lo accolse con un entusiasmo pieno di risa e senza lacrime, provava per lui il sentimento ineffabile che suscita l'eroe; da grande ricordò che «sulla tibia l'osso era scoperto, infatti aveva uno stivale speciale. Non si è mai saputo, si vedeva addirittura l'osso». Un giorno Ida Dalser piombò in corsia e Rachele fece una scenata tale da trascinarla di peso giù per le scale. A un'altra scenata di una Rachele furiosa – contro Clara Petacci – assisteremo alla fine di questa storia.

Nell'agosto 1917 Benito venne congedato onorevolmente, decorato con medaglia di bronzo e il grado di sergente. Dovette usare a lungo le stampelle, ma l'incidente fu per lui una specie di benedizione, perché nei due anni della sua assenza, «Il Popolo d'Italia» aveva perso forza, lettori, finanziamenti. I costi, invece, erano aumentati parecchio, soprattutto quelli della carta. Mussolini riassestò la situazione grazie a nuovi finanziamenti, pubblicità e alla linea politica, vero punto di forza.

Poté tornare a occuparsi anche della famiglia. La gelosia di Edda per Vittorio l'aveva resa ancora più scatenata, per competizione e per farsi notare. Non lontano da via Castelmorrone si era trasferita una carovana di zingari che la affascinavano con le loro storie esotiche e bizzarre. Spesso rincasava ammaccata o ferita. Benito l'aveva abituata a non avere paura di niente, a non piangere mai e a non farsi mettere i piedi in testa da chicchessia. Da lui riceveva imposizioni che Edda accoglieva senza l'avversione riservata a Rachele. Per esempio, visto che aveva paura delle rane, il padre la costrinse a stringerne in mano una viva e palpitante. Erano sfide, dimostrazioni di carattere. «Non era possibile che la figlia di Mussolini avesse paura di qualche cosa» ricordò Edda. Una volta, durante una discussione, Benito accettò senza reagire che la bambina – faceva le elementari – gli desse uno schiaffo. La educò a seguire l'istinto, a rifuggire dalla misura e dal contegno borghese. Non l'avrebbe neppure mandata a scuola, l'ex maestro, se non fosse stato per un'impuntatura della moglie. Con la sua fantasia tanto più banale, Rachele le imponeva di lavarsi tutta quando si annunciavano i rari, modesti bombardamenti diretti allo scalo ferroviario vicino, anche con il lento e solenne Zeppelin. Sosteneva che non si deve morire sporchi.

Benito portava Edda tra le macchine fragorose della tipografia e tra i combattivi giornalisti del «Popolo d'Italia». Le tre stanze erano zeppe di fumo e di armi. Sul tavolo del direttore c'era una rivoltella, che la incantava. Non le dispiaceva che il padre la tenesse sveglia in redazione fino alle tre, alle quattro del mattino. «Poi dicevano che io scambiavo la notte per il giorno» buttò

Benito Mussolini con le stampelle a seguito del ferimento per lo scoppio di un lanciamine il 23 febbraio 1917. Ricoverato prima a Ronchi e poi trasferito a Milano, venne curato da Ambrogio Binda. (Mondadori Portfolio/CSU Archives/Everett Collection)

là settant'anni dopo per spiegare – non per giustificare, non le importava di farlo – le notti insonni, dovute a tutt'altri motivi, della sua vita adulta.

Da bambina era abbagliata da quell'uomo diverso dagli altri, ora assorto in riflessioni misteriose, ora pronto a fare guerra al mondo intero e a vincerla. Sentiva che il nome del padre era sempre più spesso oggetto di entusiasmi e accuse. Per lei erano prove dell'audacia e della genialità paterna.

***

«Il Popolo d'Italia», insieme ai socialisti, salutò con entusiasmo la Rivoluzione sovietica come annuncio di quel che doveva avvenire anche in Italia. Ma era su posizioni simili a quelle dei nazionalisti sulle rivendicazioni territoriali da ottenere a guerra finita. Meno di due anni dopo anche i Fasci di combattimento, appena nati, si muoveranno in due direzioni opposte: volevano scalzare a destra i nazionalisti esacerbando le richieste territoriali per la «vittoria mutilata», e volevano superare a sinistra il Partito socialista appoggiando le richieste popolari.

Caporetto, lo sfacelo dell'ottobre 1917, ebbe conseguenze militari gravissime, con l'arretramento del fronte, e ancora più gravi sul morale nazionale. All'indomani della disfatta, il generale in capo Luigi Cadorna aveva accusato i soldati di essersi vigliaccamente arresi al nemico senza combattere. Il generale sbagliava e aveva ragione allo stesso tempo: sbagliava perché gli italiani avevano combattuto ma aveva ragione perché alla fine la stanchezza aveva prevalso. Una celebre tesi di Curzio Malaparte – in un libro che chiamò *Viva Caporetto!*, titolo scandaloso, uscito nel dopoguerra – sosteneva che Caporetto non fu una sconfitta, che furono i nostri fanti a invadere l'Italia: per ribellione alla cattiva gestione della guerra, alle violenze subite all'interno dell'esercito, alle notizie di stenti che venivano da casa. Per non parlare degli errori dei comandanti, del loro mandare a morte migliaia di soldati, spesso per niente.

Eppure, anche gli italiani che erano stati contrari all'intervento capirono che erano in gioco la vita e il destino di tutti. Si accese un amore di patria quale mai prima, con una sola eccezione: il Partito socialista, che ripeté l'errore suicida del 1914. Non pensò di approfittare del disastro per tentare un'insurrezione, non accorse al capezzale dell'Italia in pericolo e non capì che i reduci borghesi sarebbero tornati alla vita civile con uno spirito completamente diverso. Benito invece intuì che l'Italia non sarebbe stata più divisa soltanto in classi o in destra e sinistra, ma pure fra chi aveva voluto la guerra e chi non l'aveva voluta, in chi l'aveva combattuta con entusiasmo e chi malvolentieri: senza dubbio la forza più determinata e attiva sarebbe stata quella dei primi.

Dopo il trauma di Caporetto si colgono negli scritti del futuro duce passaggi che richiamano più il periodo fascista che quello socialista. Il 16 dicembre 1917 scrisse che «La condotta democratica della guerra è la più sublime delle stupidità umane». Propose provocatoriamente che i giornali venissero sospesi e che il governo ne pubblicasse uno solo, con tutte le censure e tutto il dirigismo possibili. La guerra, in poche parole, giustificava la dittatura: il fascismo verrà inteso da Benito proprio come una guerra perenne contro i nemici esterni e quelli interni, per cui la dittatura era necessaria. Nel febbraio 1918, dichiarò in un discorso: «Non è il tempo degli angeli in questa guerra demoniaca. Io chiedo uomini feroci. Chiedo un uomo feroce che abbia della energia, l'energia di spezzare, la inflessibilità di punire, di colpire senza esitazione, e tanto meglio, quanto più il colpevole è in alto».

Regio Esercito Italiano
11° REGGIMENTO BERSAGLIERI
COMANDO

Il Sergente
Mussolini Benito fu Alessandro
del suddetto Corpo
al N. di matricola 1.467
è autorizzato a fregiarsi del distintivo istituito
col R. Decreto 21 maggio 1916, N. 641.

Zona di guerra, 1 Maggio 1918
IL COLONNELLO
COMANDANTE IL REGGIMENTO

11° REGGIMENTO BERSAGLIERI COMANDO

Documento del 1918 che autorizza il sergente Mussolini a «fregiarsi» del distintivo per i feriti e mutilati nella Grande guerra. (Universal History Archive/UIG/Mondadori Portfolio)

Senza poterlo ammettere, sognava di essere lui quell'uomo.

Il primo agosto 1918 dalla testata del «Popolo d'Italia» scomparve il sottotitolo «Quotidiano socialista», sostituito da «Quotidiano dei combattenti e dei produttori». La stessa immagine di Benito rifletteva la svolta, non si vestiva più con la disinvolta noncuranza del *bohémien*, era più austero, più direttore. Lo stesso anno nacque Bruno (chiamato così in onore a Giordano Bruno), e i Mussolini si trasferirono in un elegante appartamento in via Foro Buonaparte 38, all'ultimo piano di un edificio adatto a una famiglia che, dopo tanti sacrifici, aveva un ruolo sociale nuovo e meritava quel premio. Mai più – sperava Rachele – finestre senza tende, tappezzerie incollate alla bell'e meglio, intonaci ingialliti, mobili sgangherati, letti scomodi. Tra i condomini c'era persino chi aveva l'automobile. Nel 1920 l'acquistò anche Benito, una Bianchi Torpedo, e poco dopo non si fece mancare nemmeno l'autista. «Non c'era più niente che ci potesse distinguere dagli altri borghesi di Milano» si compiaceva Rachele.

Ora Benito viveva in mezzo a quella classe che nel profondo disprezzava e che fu una sua preziosa alleata. Non indicava più nel padrone un aguzzino, era un operatore economico necessario alla nazione quanto gli operai e i contadini. La distinzione non era fra sfruttati e sfruttatori, ma fra parassiti e chi produce per il bene comune: «Produrre, produrre con metodo, con diligenza, con pazienza, con passione, con esasperazione è soprattutto nell'interesse dei cosiddetti proletari». L'interesse della nazione e del popolo coincidono.

Prezzolini osservò acutamente che Mussolini non era tanto un prodotto della Romagna, se non nell'irruenza della passione politica, era un prodotto della società industriale, di quella milanese in particolare. E che gli anni di Milano – in cui poté comandare, guidare, dirigere, produrre – furono quelli decisivi per la svolta. È vero: lo spirito milanese divenne una caratteristica della sua personalità.

Il linguaggio di Benito e i suoi temi erano ormai vicinissimi a quelli del futuro duce. Un brano del 3 luglio 1918 potrebbe essere un discorso del 1938: «Combattere oggi e nello stesso tempo lavorare, navigare, produrre, volare: conquistare la terra, i mari, i cieli ecco l'Italia grande che va, sicura dei suoi destini, incontro all'avvenire». Mussolini da quattro anni era un padrone, con «Il Popolo d'Italia» creava lavoro e ricchezza e non ci trovava niente di vergognoso, anzi ne era fiero. «L'essenziale è "produrre". Questo è il "cominciamento" [...], bisogna esaltare i produttori, quelli che lavorano, quelli che costruiscono, quelli che aumentano la ricchezza e quindi il benessere generale» scrive ancora nel 1918.

Gestire un'azienda aveva contribuito a livellare gli alti e bassi del suo carattere, a renderlo più accorto. Adesso era un capo, sapeva di esserlo e voleva esserlo di più, sebbene sembrasse ai margini dei grandi giochi: i socialisti lo disprezzavano, i moderati non lo avevano in simpatia e la destra lo considerava un corpo estraneo sospetto, un ex socialista forse nemmeno ex.

***

Il 1919 fu l'anno della grande svolta, per tutti. La guerra appena finita aveva impiegato contingenti enormi di truppe, aveva messo a ferro e fuoco aree immense, si erano usate armi terribili, dal cielo, a ripetizione, chimiche. I trattati di pace avevano portato altri problemi. Sebbene vincitrice, l'Italia – divisa, come aveva previsto Mussolini, anche tra interventisti e non interventisti – era sconvolta, disfatta e desolata in una crisi economica inimmaginabile. L'Europa aveva creduto a un'idea del progresso scientifico e tecnologico per cui le macchine avrebbero assicurato una vita sempre migliore. Le macchine, invece, avevano portato a morti più violente.

La rivoluzione bolscevica apriva una minacciosa possibilità di cambiamenti simili nel resto del mondo. In Italia le strutture obsolete e lente dello Stato liberale erano inadeguate a affrontare i problemi dell'epoca, in particolare quello dei reduci. Oltre alle centinaia di migliaia di morti, i mutilati erano settecentomila: inabili al lavoro e costretti a vivere con una pensione modesta che lo Stato stentava a concedere. Come se non bastasse, arrivò la Spagnola, un'epidemia influenzale che colpiva soprattutto i giovani. In realtà veniva dalla Cina e fece nel mondo milioni di vittime, forse più della guerra: solo in Italia uccise quattrocentomila persone. Un'intera generazione fu stroncata due volte, prima dalla guerra, poi dalla malattia.

Chi non era mutilato nel fisico spesso lo era nello spirito. Gli ex combattenti, uomini dai 18 ai 55 anni, avevano ricevuto promesse di un futuro migliore in un paese migliore. Si ritrovavano in un paese peggiore, in condizioni incerte. L'Italia si riscopriva lacerata fra un Sud agricolo, arretrato, e un Nord più moderno, industrializzato; città con i benefici della modernità, della luce, dei mezzi pubblici, e campagne dove si tirava a campare come all'inizio dell'Ottocento. La vita di un operaio lombardo e di un contadino siciliano erano lontanissime. L'unico tratto che univa i reduci era il passato al fronte, la loro rabbia, la consapevolezza di essere stati traditi, e però di essere un gruppo, un nucleo forte e nuovo, proprio come diceva Mussolini. Che cominciava a mettere a fuoco il possibile futuro.

I proletari, che erano stati trascinati in trincea senza essere interessati alle questioni dell'irredentismo, spesso non parlavano nemmeno l'italiano. Alla guerra erano ostili prima e – tanto più – dopo averla fatta. Anche chi era rimasto a casa era cambiato. Molti che vivevano nelle campagne ora avevano la tuta da operaio. Fra i contadini qualcuno, sfruttando la crisi e le incertezze post belliche, era riuscito a comprare a poco prezzo le terre che prima lavorava in affitto, ma i più avevano subito l'aumento dei prezzi degli acquisti e la diminuzione di quelli delle vendite, si erano indebitati come non mai.

Tanti che avrebbero potuto evitare di andare in guerra, dopo il primo anno si erano arruolati come volontari, per dare da mangiare alla famiglia e in vista delle promesse ricevute: sgravi fiscali, terre, aiuti di ogni genere. Durante le giornate di Caporetto erano state fatte promesse a ogni categoria, il governo si era impegnato con relative proposte di legge, senza esito. Il presidente del Consiglio Vittorio Emanuele Orlando proferiva pompose celebrazioni neorisorgimentali, piuttosto che lavorare sulle ponderose riforme annunciate che non poteva realizzare, perché avrebbero scatenato le ire dei conservatori e della destra estrema. Alcuni provvedimenti tampone si rivelarono insufficienti in un paese afflitto dalla miseria e dalla paura.

Filippo Turati, socialista colto e amante delle metafore, chiedeva: «Il marinaio largo di voti e di propositi nell'ora della tempesta, li ricorderà egli una volta approdato nel porto tranquillo?». I violenti scioperi e gli improvvisi moti popolari che esplosero nel marzo 1919 dimostrarono che il marinaio aveva la memoria corta. I contadini del Sud occuparono le terre, gli operai del Nord le fabbriche, gli effetti furono immediati: la produzione crollò, l'inflazione ebbe un'impennata, i generi di prima necessità cominciarono a scarseggiare. La borsa nera colpiva specialmente i più poveri.

Reduci e lavoratori si sentivano traditi dai politici a favore dei «pescicani», cioè chi aveva fatto affari d'oro grazie alla guerra: industriali, grandi commercianti, proprietari terrieri ne avevano approfittato per alzare all'inverosimile prezzi e guadagni. Non occorreva essere grandi e neppure piccoli economisti per capire che proprio lo Stato aveva favorito simili utili, fra l'altro assegnando alle aziende impegnate nelle commesse di guerra operai esonerati dal servizio militare, ma che dovevano lavorare con orari e disciplina come se fossero al fronte.

I ceti medi videro aumentare enormemente la distanza dall'alta borghesia, mentre si avvicinava lo spettro del proletariato. I borghesi, soprattutto i piccolo-borghesi – impiegati, tecnici, artigiani, proprietari di imprese a conduzione familiare, locandieri, commercianti, insegnanti – erano stati gli eletti, i promossi sul campo, spesso diventati ufficiali senza alcun corso, addetti a comandare milioni di operai e di contadini divenuti fanti. Erano stati loro a trasmettere gli ordini di ammucchiarsi nelle trincee, di conquistare posizioni più o meno necessarie, mandando al macello con la baionetta uomini che spesso avevano dietro di sé una fila di carabinieri con il fucile puntato e l'ordine di sparare alla schiena di chi non avanzava. A questi borghesi avevano lasciato credere che il loro coraggio fosse invincibile e la loro cultura superiore, che la loro tenacia, la loro abnegazione fosse l'unica cosa di cui l'Italia aveva bisogno. Che la vittoria dipendeva da loro.

Era naturale che non potessero riabituarsi alla vita normale, chiusa nella routine, e che volessero un premio per la vittoria. Questa massa di ufficiali improvvisati si sentiva tradita, abbandonata e impotente, non credeva più che il mondo si potesse cambiare con le teorie e con i programmi, tanto meno con la lenta mediazione politica liberale. Scoperta la sovranità della violenza, erano convinti che soltanto con quella si potessero risolvere i problemi, in guerra come nella politica e nella società. I piccolo-borghesi tornati alla pace cominciarono a sognare un'altra nazione, un altro tempo eroico per riaffermare i privilegi che avevano perduto e che adesso pretendevano.

Fu la classe media che aveva fornito gli ufficiali di complemento a costituire la prima forza del fascismo, non composto soltanto dagli sbandati, dai nostalgici della guerra vogliosi di menare le mani, come recita una vecchissima teoria. Non era neanche, non del tutto, gente diventata fascista perché pagata da agrari e industriali, secondo una tesi altrettanto vecchia. Non era neppure solo l'idealizzazione politica nata nei ceti emergenti, come sostiene un'ipotesi più recente. Tutte e tre le tesi contribuiscono a delineare il quadro, ma non bastano a spiegare la nascita del fascismo. Occorre un più vasto sguardo d'insieme, per ricostruire come nacque quel grande, terribile, fenomeno storico. E Benito, in questa ricostruzione, è centrale.

***

Gli scioperi tormentarono l'autunno e l'inverno del 1919-1920, la stampa lo definì l'«Inverno rosso». Specialmente in Umbria, in Emilia Romagna, in Lombardia e in Toscana, la popolazione – o, come si diceva, la plebe – si sollevò invocando la rivoluzione. Eccitate dall'incalzare degli avvenimenti in Russia, le sinistre occidentali pensarono che il momento fosse giunto, come aveva predetto Marx, che l'ordine capitalistico borghese sarebbe stato rapidamente sovvertito. Fu un'illusione, i rivoluzionari europei e italiani non capirono che in Russia era accaduto quello che era accaduto per la mancanza della borghesia, per l'enorme disparità fra la nobiltà e la gleba, per la vastità dell'impero, per ulteriori diversi motivi non replicabili.

Il Partito socialista appoggiò i disordini. Gli industriali si spaventarono perché si videro per la prima volta minacciati sul serio, e risposero nel modo meno impegnativo, cedendo alle richieste di aumenti salariali, senza risolvere i problemi di fondo: ogni conquista veniva annullata dall'inflazione, il reddito medio pro capite precipitò rispetto all'anteguerra. In campagna le retribuzioni scesero di più perché non c'era mercato per i contadini, che tentarono di battersi con scioperi drammatici per lunghezza e per le conseguenze non solo sulle loro famiglie: mucche che non venivano munte, animali che non venivano nutriti, raccolti che andavano perduti.

Nemmeno gli ex ufficiali si riconoscevano più in quell'Italia, gli accordi di pace di Versailles – la cosiddetta «vittoria mutilata» – non avevano portato alle grandi espansioni territoriali e coloniali attese. Secondo loro, il governo e il Parlamento non avevano fatto gli interessi della nazione, e in parte avevano ragione. Gli accordi di Versailles furono condotti con debolezza, e portarono meno di quello che avrebbero potuto. Interventisti e antinterventisti, alla fine, si trovarono contro il governo, ma da parti contrapposte. L'internazionalismo e l'antinazionalismo della sinistra agli altri sembrava sacrilego, non era possibile nessun dialogo.

Tutti erano sperduti alla ricerca di una strada, dichiarò Mussolini, vent'anni dopo, a Yvon De Begnac: «Poteva indicarla il mio "Popolo d'Italia"? Io stesso non osavo confessarlo a me medesimo. Ma l'azienda c'era e bisognava portarla avanti». Una frase curiosa da parte del duce di un fascismo imperante, come se il fascismo fosse nato per portare avanti l'azienda di famiglia. Certo, quella fu una molla: Benito capì che poteva raccogliere grande parte dei reduci intorno al suo giornale. Occorreva trovare la strada sulla quale avviarli. Inizialmente la individuò in una sinistra che non aspirasse a rovesciare lo Stato, ma che lo trasformasse con strumenti più rivoluzionari di quelli del socialismo riformista. Il fascismo fu un movimento di sinistra, prima di virare verso la destra.

Il 23 marzo 1919, in una sala affittata in piazza San Sepolcro, nel centro di Milano, Benito fondò i Fasci italiani di combattimento. Quel giorno venne enfatizzato, quasi fosse la fondazione di Roma, dal regime e dalla storiografia fascista. Invece neppure Benito attribuiva grande importanza al nuovo movimento. Anche il nome Fasci, che adesso sembra un'invenzione, era usatissimo: c'erano fasci di tutti i tipi, operai, sindacali, di tranvieri, di netturbini, eccetera. Benito non credeva di poter costituire un partito, pensava che il miglior modo di fare politica fosse attraverso il suo giornale. I Fasci di combattimento erano un'iniziativa come tante altre che nascevano in quei giorni, nei suoi progetti dovevano servire a tenere legato il gruppo disomogeneo dei sostenitori e dei seguaci. Scrisse: «Il 23 marzo sarà creato l'antipartito, sorgeranno cioè i Fasci di combattimento, che saranno fronte contro due pericoli: quello misoneista di destra e quello distruttivo di sinistra. [...] Noi vogliamo l'elevazione materiale e spirituale dei cittadini italiani, non soltanto di quelli che si chiamano proletari [...] e la grandezza del nostro popolo nel mondo». Aggiunse una frase significativa: «Quanto ai mezzi, noi non abbiamo pregiudiziali: accettiamo quelli che si renderanno necessari: i legali e i cosiddetti illegali».

Non dettero grande importanza alla riunione neanche i suoi seguaci, vi parteciparono da cento a trecento persone, la prima cifra è più realistica. C'è chi ha calcolato in 103 il numero esatto. A fascismo imperante i «sansepolcristi» si moltiplicarono più dei pani e dei pesci, diventando migliaia. Il distintivo di sansepolcrista era il più ambito e ci fu chi fece davvero carte false per averlo.

Erano presenti interventisti, rivoluzionari di sinistra, futuristi, repubblicani, esponenti della rivoluzionaria Unione socialista italiana, di cui faceva parte Roberto Farinacci, uno dei nomi legati al fascismo rimasti nella memoria collettiva, e non per il meglio. Un altro nome celebre – per fortuna di più – è Filippo Tommaso Marinetti, creatore del Futurismo. L'assemblea era presieduta dal capitano Ferruccio Vecchi, un famoso ardito.

Una componente essenziale del fascismo delle origini fu proprio quella degli arditi. Erano truppe d'assalto volontarie, costituite nel 1917, addette alle azioni più spericolate: assaltatori, guastatori, oggi forse si direbbe «teste di cuoio», ma senza l'addestramento odierno. Erano stati indicati alla nazione come esempio supremo di spirito guerriero. Avevano un pugnale per il corpo a corpo, spesso venivano usati per azioni quasi suicide, di conseguenza si consideravano un'aristocrazia guerriera cui tutto era dovuto, anche perché di tutto erano capaci. Il generale Enrico Caviglia aveva scritto nel suo diario di guerra che «l'ardito vive lanciando fucilate e bombe a destra e a sinistra, allegramente. Quando ritornano dall'azione, i soldati dicono tra loro, ne ho ammazzati sei, otto, dieci. Ognuno vanta il suo colpo di coltello e si esperimenta il migliore per togliere di mezzo l'avversario». Tutto ciò va benissimo per la guerra, commentava Caviglia, «ma per la pace? Ahimè, io vedo già cosa potrà fare questa gente che non conosce più il valore della vita umana».

Alla fine del conflitto, c'erano in circolazione fra i venticinquemila e i trentamila arditi, tanti. Il loro comune denominatore era il coraggio fisico, con il disprezzo della morte e l'insofferenza per la disciplina, in un individualismo anarchicheggiante, ma non erano tutti bruti omicidi. Fra gli arditi c'era, per esempio, Giuseppe Bottai, il più sofisticato e colto politico fascista. C'era pure Italo Balbo, che fu, sì, il capo dello squadrismo ferrarese, il più duro, ma fu poi capace di imprese civili notevoli, le trasvolate atlantiche e la colonizzazione della Libia. Gli arditi erano una moltitudine variegata, tant'è che all'inizio degli anni Venti si divisero fra fascisti, dannunziani e arditi del popolo, di sinistra, che si scontrarono – sia pure in netta minoranza – con i loro ex compagni di guerra divenuti fascisti.

Benito aveva mostrato simpatia per gli arditi fin dalla loro istituzione. Durante una manifestazione per celebrare l'anniversario della vittoria, nel novembre 1919, a Milano, salì sul loro carro e da lì tenne un discorso: «Il baleno dei vostri pugnali o lo scrosciare delle vostre bombe farà giustizia di tutti i miserabili che vorrebbero impedire il cam-

Milano 1919. Insieme ai suoi seguaci dopo l'assemblea del 23 marzo, in cui furono fondati i Fasci di combattimento. A destra Michele Bianchi, che sarà il primo segretario del Partito nazionale fascista. (Mondadori Portfolio/Fototeca Gilardi)

mino della più grande Italia! Essa è vostra! Voi la difenderete! La difenderemo insieme!». A noi, più di un secolo dopo, sembra un'enfasi forzata, teatrale, ma così si parlava nei discorsi pubblici, specialmente in quelli politici. Mussolini non rappresentava affatto una stravaganza, anzi era più moderno, secco, asciutto di tanti oratori dell'epoca.

L'altra componente compatta e forte dei primi Fasci era costituita dai futuristi, movimento di avanguardia artistica nella cultura mondiale, l'unico originale creato in Italia dal Barocco in poi. Per decenni, anche dopo la caduta del fascismo, lo si è svalutato proprio a causa del suo legame con il regime. Già dopo Caporetto, Filippo Tommaso Marinetti, il geniale fondatore, aveva anticipato Mussolini creando i Fasci politici futuristi. Per alcuni aspetti il Futurismo era congeniale al primo fascismo, ma mancava di un capo con capacità politiche, che Marinetti non aveva.

Il manifesto politico futurista conteneva tendenze repubblicane, socialisteggianti, anarcoidi, anticlericali, insieme a una vena enorme di superomismo e al culto per la modernità, la macchina, la velocità. Molti punti programmatici erano visionari, per l'epoca: Parlamento composto da tecnici, voto alle donne, espropriazione di terre incolte, socializzazione della terra, nazionalizzazione delle acque e delle miniere, tassazione progressiva, abolizione dell'esercito, massima libertà di sciopero, otto ore lavorative per tutti, introduzione del divorzio. I futuristi dettero al fascismo un'iniziale dignità culturale e alcuni miti adottati dal regime, la mistica dell'azione, il dinamismo, il vivere pericolosamente e il «largo ai giovani».

Benito si impegnò poco nel movimento appena fondato, solo in giugno venne elaborato il documento che è passato alla storia come il programma di San Sepolcro. Prevedeva: suffragio universale allargato alle donne e ai diciottenni; assemblea nazionale per scegliere fra monarchia e repubblica; abolizione del Senato; giornata lavorativa di otto ore; minimi salariali di Stato; affidamento dei trasporti alle organizzazioni proletarie; totale libertà di pensiero, di parola, di associazione, di stampa; sequestro dei beni delle congregazioni religiose; abolizione dei titoli nobiliari; imposta progressiva sul patrimonio; revisione di tutti i contratti delle forniture belliche; nazionalizzazione delle industrie di guerra e istituzione di una milizia nazionale.

Era un programma rivoluzionario di sinistra, anche più di quello futurista, ma i pochi che aderirono non erano uniti tanto dal programma quanto dalla volontà della violenza contro i «nemici della patria». Nell'estate del 1919, a pochi mesi dalla fondazione, i Fasci davvero attivi erano pochissimi, nel 1920 erano 88, con più di ventimila iscritti, alla fine del 1921 erano 834, con duecentocinquantamila iscritti e alla fine del 1922 erano 3424, con trecentomila iscritti. Una crescita straordinaria e imprevedibile, dovuta all'abilità di Mussolini nel cambiare le caratteristiche del movimento, in corsa.

Salirono alla ribalta nazionale, la prima volta, per un'azione violenta. Il 15 aprile 1919 a Milano ci fu uno scontro fra nazionalisti e scioperanti socialisti, i fascisti attaccarono la sede dell'«Avanti!», provocando danni gravissimi alla redazione e alla tipografia e scavando un solco insuperabile fra socialisti e fascisti. Benito volle assumersene la responsabilità, definendolo «Il primo episodio della guerra civile»: «Noi dei Fasci non abbiamo preparato l'attacco al giornale socialista, ma accettiamo tutta la responsabilità morale dell'episodio». Negli anni successivi adottò sempre la strategia di rivendicare fatti anche più gravi, compresi quelli nei quali non aveva responsabilità dirette, per ribadire che il capo del fascismo era lui.

***

Il 12 settembre 1919, Gabriele d'Annunzio, con duemilacinquecento soldati – che rischiavano la fucilazione per ribellione e diserzione – occupò Fiume, città contesa fra Jugoslavia e Italia. Il poeta, dopo le sue imprese di guerra, era l'uomo più popolare d'Italia e l'italiano più conosciuto nel mondo. Per lui, Mussolini era uno dei tanti che dovevano appoggiarlo nell'impresa. Significativo è il tono di comando con cui si rivolse al «compagno giornalista», per coinvolgere il «Popolo d'Italia» e il movimento dei Fasci. Benito accettò con entusiasmo, ma dopo poco ricevette una lettera infiammata in cui il Comandante – così adesso preferiva essere chiamato il Vate – lo accusava di stare dalla sua parte solo a chiacchiere. «Il Popolo d'Italia» la pubblicherà il 20 settembre, eliminando i passaggi più compromettenti, alcuni addirittura offensivi, qui evidenziati in corsivo e fra parentesi quadre. La lettera integrale dimostra la scarsa considerazione, e il sentimento di superiorità, di d'Annunzio verso Benito.

> Mio caro Mussolini,
> [*mi stupisco di voi e del popolo italiano.*]
> Io ho rischiato tutto, ho fatto tutto, ho avuto tutto. Sono padrone di Fiume, del territorio, d'una parte della linea d'armistizio, delle navi; e dei soldati che non vogliono obbedire

se non a me. Non c'è nulla da fare contro di me. Nessuno può togliermi di qui. Ho Fiume; tengo Fiume finché vivo, inoppugnabilmente. [*E voi tremate di paura! Voi vi lasciate mettere sul collo il piede porcino del più abbietto truffatore che abbia mai illustrato la storia del canagliume universale. Qualunque altro paese – anche la Lapponia – avrebbe rovesciato quell'uomo, quegli uomini. E voi state lì a cianciare, mentre noi*] lottiamo d'attimo in attimo, con un'energia che fa di quest'impresa la più bella dopo la dipartita dei Mille. [*Dove sono i combattenti, gli arditi, i volontari, i futuristi?*]
Io ho tutti soldati qui, tutti soldati in uniforme, di tutte le armi. È un'impresa di regolari. [*E non ci aiutate neppure con sottoscrizioni e collette.*] Dobbiamo fare tutto da noi, con la nostra povertà. [*Svegliatevi! E vergognatevi anche.*]
Se almeno mezza Italia somigliasse ai Fiumani, avremmo il dominio del mondo. Ma Fiume non è se non una cima solitaria dell'eroismo, dove sarà dolce morire ricevendo un ultimo sorso della sua acqua.
[*Non c'è proprio nulla da sperare? E le vostre promesse? Bucate almeno la pancia che vi opprime, e sgonfiatela. Altrimenti verrò io quando avrò consolidato qui il mio potere. Ma non vi guarderò in faccia.*]
Su! Scotetevi, [*pigri nell'eterna siesta.*] Io non dormo da sei notti; e la febbre mi divora. Ma sto in piedi. E domandate come, a chi m'ha visto. Alalà.

Per non perdere l'appoggio del «Popolo d'Italia» e dei fascisti, d'Annunzio non denunciò la mistificazione, che venne scoperta soltanto nel 1954. Fu un grave errore da parte sua, e la prima prova che Benito era un politico più abile – cinico e capace di strategia – del Vate. Il futuro duce considerava Fiume solo un passaggio del suo più ampio disegno sovversivo, che contemplava un unico protagonista. Per ora doveva fare buon viso, e rispose ai rimproveri promuovendo sul giornale una sottoscrizione per Fiume, che fruttò quasi tre milioni di lire: d'Annunzio commise un altro errore lasciandoli in gran parte a Mussolini per organizzare i Fasci, contando di poterli controllare.

Il 7 ottobre Benito andò a Fiume con un aereo legionario che gli avevano messo a disposizione. Per quanto fosse piuttosto noto, nessuno fece caso a lui, era uno dei tanti che si proponevano al Comandante. Oggi appare surreale immaginarlo in attesa di essere ricevuto dal «duce» – all'epoca era Gabriele d'Annunzio il «duce» – nell'anticamera affollata di ufficiali, con l'abito sgualcito e impolverato, la valigetta e il cappello a visiera sulle ginocchia. Era in soggezione. Per quanto da giovane socialista potesse avere detestato d'Annunzio, il poeta-seduttore era stato il mito inarrivabile di tre generazioni, compresa la sua: ora eccolo anche eroe, conquistatore di città e rivoluzionario. Benito osserva ogni dettaglio dell'atmosfera marziale e solenne che rivela lo stile dannunziano: la gravità delle giovani sentinelle sulle porte, l'affaccendarsi dei segretari in uniforme, l'attendente che scompare oltre la soglia per annunciare l'ospite, la sua voce che si perde nell'eco della stanza, l'ingresso nello studio ignoto e affascinante. Il Vate, a capo scoperto e in divisa, seduto alla scrivania. Sono tutti particolari scenografici che d'Annunzio aveva saccheggiato, adattandoseli, a Giulio Cesare e a Napoleone, e che Mussolini registrò per ricrearli attorno a sé pochi anni dopo, a Palazzo Venezia.

Al contrario di Gabriele, Benito guardava lucidamente la situazione da politico, non credeva che l'azione di Fiume avrebbe dato inizio – come non dette inizio – a una rivoluzione nazionalista contro il governo liberale. Così si barcamenò tra un appoggio

Nella pagina precedente: Firenze, 9-10 ottobre 1919, nei giorni del primo congresso nazionale dei Fasci di combattimento. Alla destra di Mussolini, Michele Bianchi, allora membro del comitato centrale, commissione per la propaganda e la stampa. (Mondadori Portfolio/Zuma Press)

formale all'impresa e un distacco sostanziale che d'Annunzio non gli perdonerà mai, benché i due abbiano dovuto coesistere fino alla morte del Vate, nel 1938. Non sappiamo cosa si dissero, di certo il piccolo duce rinnovò la propria disponibilità al grande duce.

***

Nel novembre 1919 si tennero le elezioni, le prime con il nuovo metodo proporzionale e il diritto di voto per tutti i maschi sopra i 21 anni. I risultati furono tragici per Mussolini e problematici per il paese. Fondato da don Luigi Sturzo, il neonato Partito popolare, cattolico e antibellicista, tolse ai liberali buona parte dell'elettorato, ottenendo 100 seggi; i socialisti passarono da 48 a 156 e sembravano ogni giorno sul punto di impadronirsi del potere con i violenti moti di piazza, gli scioperi, le occupazioni di fabbriche e di terre sempre più incontrollabili. Socialisti e popolari, insieme, avevano ottenuto la maggioranza dei voti (54,1 per cento) e dei deputati (256 su 508), ma difficilmente avrebbero potuto allearsi. La vecchia classe dirigente liberale era di fatto in minoranza e divisa fra ex interventisti che facevano capo a Francesco Saverio Nitti e ex neutralisti riuniti intorno a Giolitti. Non era in condizioni migliori la sinistra interventista: nel 1913 repubblicani, indipendenti, sindacalisti rivoluzionari e riformisti avevano, sommando i voti, il 21,3 per cento, nel 1919 passarono al 9,1. Insomma, gli elettori avevano premiato i gruppi e i partiti meno favorevoli alla guerra.

La lista fascista presentata a Milano subì una disfatta: nonostante la presenza di nomi illustri come Marinetti, Vecchi, Arturo Toscanini e lo stesso Mussolini, ottenne 4.657 voti su circa duecentosettantamila votanti, nessun fascista venne eletto. Benito ebbe 2427 preferenze (più 1987 di elettori che però avevano votato altre liste). La batosta provocò un crollo del movimento. Mussolini – che per lo sconforto pensò persino di vendere il giornale, adesso quasi privo di finanziamenti – era perseguitato dai socialisti, che lo deridevano persino sotto casa con striscioni e finti funerali.

Capì che doveva cambiare strategia, non chiedendo il potere ma appoggiandosi dove il potere stava. Così, senza rinnegare la sinistra, iniziò a spostare a destra i Fasci di combattimento, su posizioni più gradite alla borghesia e al «palazzo», si direbbe oggi. Nella primavera del 1920 se ne andarono molti degli originari aderenti della sinistra interventista, anche i futuristi (che rientreranno), mentre cominciarono a affluire denaro e iscritti da destra. I Fasci ripresero slancio.

All'inizio del 1920 Benito teneva il movimento aperto a tutto; scrisse, per esempio: «Non abbiamo la pregiudiziale repubblicana, non quella monarchica. Non abbiamo la pregiudiziale cattolica o anticattolica, socialista o antisocialista». In realtà stava per rinunciare a essere repubblicano, anticattolico, socialista.

È impossibile dire quanto la sua libidine di potere fosse fine a se stessa. E quanto credesse davvero che per la nazione fosse un bene avere lui al comando. Certamente le due cose si confondevano e si mischiavano, come è certo che da quel momento iniziarono i compromessi che lo portarono al potere. Se finora lo si poteva considerare un idealista, d'ora in poi è un politico: ci sono idealisti anche fra i politici, ma sono rarissimi gli idealisti potenti.

Iniziò facendo cadere la richiesta di abolire il Senato, di nomina regia, e quella di sequestrare una quota dei profitti di guerra. Nel congresso che si tenne a Milano nel maggio 1920 vennero eletti nel comitato centrale dei Fasci numerosi rappresentanti degli agrari, irrinunciabili. In seguito Benito tenne la barra mettendosi al centro del movimento e controllandolo da quella posizione mediana. Scegliamo la frase fatta che vogliamo, un colpo al cerchio e uno alla botte oppure tenere il piede in due scarpe, fatto sta che al tempo stesso elogiava la borghesia produttiva, si diceva con il proletariato ma contro il Partito socialista; smise di schierarsi contro la monarchia e, quanto al papato, disse: «Io sono, oggi, completamente al di fuori di ogni religione, ma i problemi politici sono problemi politici. Nessuno in Italia, se non vuole scatenare la guerra religiosa, può attentare a questa sovranità spirituale». Nella sua strategia di potere, scrive De Felice: «fu veramente maestro; nessuno riuscì a stargli alla pari, né i nazionalisti e la destra che credettero di aver trovato in lui l'esecutore dei loro piani, né l'abilissimo Giolitti che gli diede cittadinanza nella politica italiana sicuro di poterlo trasformare cammin facendo e di travasarlo svuotandolo nel sistema, né gli industriali che credettero di potersene servire come "guardia bianca" da licenziare a lavoro finito».

L'anziano Giolitti, caduto il governo Nitti, era tornato al potere il 15 giugno 1920. Si occupò soprattutto di risanare l'economia, anche con provvedimenti fiscali che gravavano sulle classi più agiate, e riuscì a far tornare gli investimenti stranieri, a far scendere l'inflazione, a migliorare i salari. I popolari entrarono nel governo, i socialisti attenuarono gli scioperi, i capitalisti accettarono l'aumentata pressione fiscale. La manovra di Giolitti però fallì, perché la crisi economica che gravava sull'Europa fece di nuovo diminuire gli investimenti esteri, il movimento dei capitali, le esportazioni. Le fabbriche ricominciarono a tagliare i salari e a licenziare, spesso a chiudere. Ripresero gli scioperi, ancora più violenti e incontrollabili di prima, e a questo punto entrarono in gioco i proprietari agrari, danneggiati dalla politica doganale di Giolitti, che favoriva gli industriali. Gli agrari presero a finanziare le squadre fasciste, nemiche sia del governo sia dei socialisti.

A quel punto Mussolini dette il via libera allo squadrismo, che del resto se la sarebbe data comunque. Però lui sapeva che gli agrari avevano interessi esclusivamente economici e che, se il fascismo fosse stato solo il loro braccio armato, sarebbe durato poco. Così continuò a proporlo come un movimento rivoluzionario a favore del popolo: quando i metallurgici occuparono le fabbriche, nel settembre 1920, ne appoggiò le rivendicazioni salariali senza unirsi al coro di chi rimproverava al governo di non usare la forza.

***

La svolta decisiva è legata alle sorti di Fiume. d'Annunzio aveva progettato, nella prima metà del 1920, una «marcia su Roma»: i suoi legionari sarebbero sbarcati nelle Marche, con l'aiuto di parte della Marina militare; a quel punto i sostenitori del Vate e i fascisti avrebbero occupato questure, prefetture, centri di potere, fino a ottenere il controllo del paese e, dal re, il governo. Benito rispose a d'Annunzio che era troppo presto, le forze non erano sufficienti, occorreva rimandare al 1921. In realtà la marcia su Roma voleva farla lui, sull'idea di d'Annunzio, non voleva essere il secondo del poeta. Informò Giolitti delle intenzioni del Vate, in incontri segreti con il prefetto di Milano Alfredo Lusignoli, e alla fine del 1920 non contrastò affatto la decisione di Giolitti di risolvere militarmente la questione di Fiume. Per questo motivo, anche a destra si cominciò a accusarlo di tradimento, stavolta non a torto.

Una visione romantica della politica – una visione da ardito, da rivoluzionario – voleva che intervenisse in favore del Vate. Benito, però, ragionava da politico, nell'interesse suo e del proprio partito: nel maggio del 1921 ci sarebbero state le elezioni e i borghesi si dovevano convincere che il fascismo era soprattutto un movimento patriottico.

L'ufficio (il «covo») di Mussolini in via Paolo da Cannobio a Milano, prima sede del giornale «Il Popolo d'Italia». (Mondadori Portfolio/Archivio GBB)

Alla fine del 1920, il progetto che appena un anno prima sembrava naufragato era a buon punto. Con d'Annunzio fuori gioco, l'eredità del nazionalismo era stata raccolta dai fascisti, che nel frattempo stavano vincendo nelle campagne dove avevano sempre dominato cattolici e socialisti. Dopo la fallita occupazione delle fabbriche, il morale delle sinistre era a terra, stentavano a ricompattarsi. Le squadre fasciste, invece, iniziarono una guerriglia condotta con le tecniche e le tattiche dell'arditismo. Incalzavano l'avversario con assalti improvvisi, si facevano beffe della legge e dello Stato con la pistola, con il manganello, con l'olio di ricino.

A questo punto occorre una riflessione sullo squadrismo, sulla violenza applicata alla politica: la nostra condanna è unanime e senza attenuanti, ma per capire bisogna pensare con lo spirito dell'epoca. Si usciva da una guerra combattuta con la baionetta, col pugnale, con l'uccisione dell'avversario nel corpo a corpo. La violenza non era una prerogativa esclusiva dei fascisti, era condivisa e adottata da tutti i movimenti che volevano trascinare le masse nella vita politica. Nazionalisti, comunisti, fascisti, socialisti e anarchici avevano come metodo comune la forza per sostituire le strutture dello Stato liberale, che continuava a tenere la maggior parte della popolazione al di fuori delle decisioni nazionali: le elezioni, oltre a non consentire il voto alle donne, si svolgevano in un sistema politico che oggi si direbbe blindato, per sostenere i governi liberali. Lo Stato rispondeva usando volentieri l'esercito e i fucili contro i manifestanti. Diventava inevitabile lo scontro fisico per affermare i propri diritti, per ottenere qualcosa, per dimostrare almeno la propria esistenza, la drammaticità e l'urgenza dei propri bisogni. Di questa situazione i fascisti approfittarono abbondantemente.

Come per l'erba, non si può fare di tutti i fascisti un fascio. C'erano gli idealisti e i sognatori, che pensavano di fare il bene della patria, messa in pericolo dalle sinistre e dal governo «inetto». Antonio Gramsci, anni dopo, dal carcere dove l'aveva voluto Mussolini, dovette riconoscere che il fascismo non era soltanto «un organo di combattimento della borghesia», era anche «un movimento sociale». C'erano i criminali, i teppisti, gli assassini, che nello squadrismo sfogavano il gusto della sopraffazione e trovavano un buon mezzo per campare. Grazie ai finanziamenti dei proprietari agrari ricevevano un compenso che poteva essere tre volte superiore alla paga giornaliera di un bracciante, una volta e mezzo quella di un impiegato statale, niente male in un periodo di grave disoccupazione.

Non si vuole giustificare lo squadrismo, fenomeno ripugnante come ogni atto di violenza, di più se applicato alla politica e in modo organizzato. Tuttavia bisogna distinguere fra una prima e una seconda fase, e a questo proposito lasciamo parlare uno storico sul cui antifascismo non ci possono essere dubbi. Gaetano Salvemini scrisse nel 1928:

> Gli stessi atti di violenza che i fascisti commisero durante i primi mesi della loro controffensiva possono essere riguardati con una certa indulgenza. Dato che polizia e magistratura erano incapaci di difendere i cittadini dallo strapotere capriccioso e tracotante delle organizzazioni sindacali, questi stessi cittadini potevano ben cercare di difendersi per mezzo di metodi illegali. Un fascista, in questo primo periodo, doveva esser fornito di un certo grado di coraggio, fisico e morale. Egli doveva affrontare l'impopolarità, era esposto alla violenza fisica delle folle, rischiava di essere ferito od ucciso, rischio che non era così grande come vorrebbe farci credere la propaganda fascista, ma che era abbastanza concreto da far sbollire gli ardori di un uomo comune.

Ecco il giudizio di un altro illustre antifascista, Alcide De Gasperi, alla fine del 1921: «Noi non condividiamo il parere di coloro i quali intendono condannare ogni azione fascista sotto la generica condanna della violenza. Ci sono azioni in cui la violenza, anche se assume l'apparenza di una aggressione, è in realtà una violenza difensiva, cioè legittima».

Fra le giustificazioni che già allora venivano fornite circa le ragioni della violenza fascista ebbe più efficacia quella che vedeva lo squadrismo come «risposta alla violenza rossa» delle leghe e delle cooperative nella Pianura Padana, e come «controrivoluzione preventiva» per soffocare sul nascere la minaccia bolscevica. È una spiegazione – rileva Roberto Vivarelli nel lavoro conclusivo della sua monumentale *Storia delle origini del fascismo* – che si fonda su presupposti reali, ovvero la presenza di forti organizzazioni socialiste nella bassa padana e di una generale mobilitazione antinazionalista esplosa dopo la fine delle leggi di guerra. Ciò detto, è necessario sottolineare che la «controrivoluzione preventiva» è un mito che sopravvive da un secolo perché giustifica tanto i fascisti quanto i moderati che non fecero abbastanza per fermarli.

La mobilitazione fascista assunse proporzioni e obiettivi che andavano ben oltre il neutralizzare gli avversari. Ogni organizzazione socialista fu decapitata e messa in condizioni di non potersi risollevare, con una campagna di tipo militare condotta da reparti di veterani e volontari in pieno assetto da guerra. Non erano armati solo del «santo manganello» – come li mostra una vulgata compiacente già durante il regime – ma anche di pugnali, revolver, fucili, granate, mitragliatrici pesanti. Le armi e le pratiche di uccisione o umiliazione pubblica dell'avversario non erano considerate un mezzo bensì un fine, parte integrante di una nuova antropologia della virilità e della violenza. Lo leggiamo pure sui volantini e sugli articoli pubblicati dal «Popolo d'Italia»: la violenza, necessaria a debellare i sovversivi, è l'at-

Roma, 7-10 novembre 1921, Teatro Augusteo. Durante questo congresso dei Fasci di combattimento fu fondato il Partito nazionale fascista. (Mondadori Portfolio/Archivio GBB)

to di nascita di un italiano nuovo forgiato dalla guerra.

Ricordiamo Benito che a dieci anni ferisce con un temperino il compagno, e che in Svizzera gira con il pugno di ferro. Ecco, quel Mussolini lo ritroviamo qui, senza orrore o fastidio per la violenza, tutt'altro. E a questo proposito incontriamo il primo fascista che ebbe un ruolo importante nella sua vita.

***

Italo Balbo era nato vicino a Ferrara, nel 1896, in una famiglia della piccola borghesia. Fin dai primi anni si dimostrò irrequieto, ribelle, fece studi irregolari, si accostò al giornalismo per caso e per caso nel 1915 conobbe Mussolini, senza peraltro averne una grande impressione. Nello stesso anno si arruolò volontario e nel 1917 passò fra gli arditi. Tornò dalla guerra carico di medaglie e di consapevolezza. La trincea gli aveva rivelato un lato del suo carattere che non conosceva, l'attitudine al comando. Era diventato più disciplinato, si mise a studiare, si laureò a Firenze in Scienze sociali.

Apprezzava la tavola, il vino, le donne, le battute salaci, gli scherzi, cercava la lite, dove giganteggiava. Nel 1920 imboccò la strada del fascismo, sia per reazione al livellamento socialista e alla moderazione liberale sia per la rabbia e la frustrazione di un'Italia dove i meriti dei combattenti non venivano riconosciuti. Il fascismo non era per lui un'ideologia politica, piuttosto ener-

La folla sovrasta Mussolini dopo un comizio in via Arenula a Roma nel luglio 1920. (Mondadori Portfolio)

gia, movimento, voglia di azzerare un passato mediocre. In più riceveva – dai generosi finanziamenti degli agrari – 1500 lire al mese, uno stipendio leggendario per un dottore in Scienze sociali di 25 anni. Quello stipendio Balbo se lo guadagnava, come capo e uomo d'azione fu decisivo per la vittoria del fascismo.

Nella rossissima Ferrara cominciò a raccogliere uomini e li organizzò in una squadra chiamata Celibano, storpiatura dialettale del Cherry Brandy, un liquore di moda. All'inizio, allegria e goliardia da strapaese si fondevano con la severità e la disciplina di un ordine militare. In tanti lo seguirono rapiti, altri interessati.

A Ferrara, come in molte altre zone dell'Italia centrale e settentrionale, c'era una forma di illegalità di segno opposto. Il Partito socialista aveva il totale controllo del comune; la Camera del lavoro e le Leghe contadine, sempre socialiste, facevano il bello e il cattivo tempo. Otteneva lavoro solo chi era gradito alle Leghe, che decretavano – potevano farlo – la morte civile per chi non vi aderiva. Posti che dovevano essere assegnati per concorso venivano attribuiti soltanto a membri del partito; denaro che doveva andare a orfani e vedove di guerra veniva versato agli uffici del lavoro, che lo distribuivano a loro arbitrio. Persino le spese per la propaganda del partito venivano accollate

Roma, luglio 1920. Benito Mussolini tiene un comizio in via Sant'Elena, alla sua sinistra Giuseppe Bottai, alla destra Aldo Finzi. (Mondadori Portfolio)

all'amministrazione pubblica. Era violenta l'intimidazione contro i proprietari, incendi dolosi, distruzione dei raccolti, mutilazione e uccisione di animali.

Essere uno squadrista a Ferrara nel 1920 – come in altri luoghi dell'Italia centro-settentrionale – non era né comodo né facile. Il dato più attendibile è quello del ministero degli Interni, secondo il quale fra il primo gennaio e il 7 aprile 1921, nel paese, ci furono 25 morti fascisti e 41 socialisti; i feriti furono rispettivamente 108 e 123. Non si tratta di fare una macabra contabilità del sangue, ma di stabilire che i fascisti avevano a che fare con un avversario né debole né mite, e che all'inizio non potevano approfittare del favore sfacciato delle forze dell'ordine e delle autorità. Poi il socialismo e il sindacalismo decisero di affidarsi agli strumenti legali dello Stato e la lotta armata al fascismo rimase confinata a singoli gruppi che non riuscirono quasi mai a far fronte comune: già a metà del 1921 lo squadrismo perse quel che aveva di ardimentoso e diventò un gioco al massacro, la violenza del più forte contro il più debole. Braccio armato del potere.

Fu Balbo a ideare lo stile di combattimento dello squadrismo, non più scontri in piccoli gruppi ma – secondo un concetto basico di tattica militare – attacchi in forze per ottenere il massimo risultato con il minimo pericolo. Le spedizioni erano composte quasi sempre da almeno cento squadristi che attaccavano con metodo, divisi in plotoni e compagnie. In più, i contadini che non si dimostravano ostili venivano aiutati. Così, fra il bastone e la carota, già nell'aprile 1921 Balbo fece trovare a Mussolini, in visita a Ferrara, l'incredibile folla di ventimila persone osannanti, con settanta bandiere strappate al nemico. Fu la prima adunata oceanica organizzata per l'esterrefatto Benito.

Senza l'azione e la volontà di Balbo, il duce non sarebbe andato al potere, di certo non in quel modo e non nel 1922. Anticipando un po' i tempi del nostro racconto, quando nel luglio 1922 trattava per entrare pacificamente in un governo Facta, liberale, Balbo glielo impedì mettendo a ferro e fuoco la Romagna e bloccando così il proseguimento delle trattative. Quanto alla marcia su Roma, secondo un altro gerarca altrettanto importante, Dino Grandi: «Senza Balbo non vi sarebbe stata [...]. A lui si deve l'organizzazione militaresca del partito ed esclusivamente sua fu l'iniziativa delle spettacolari adunate squadristiche del 1922». Nel momento culminante della marcia, quando gli altri capi Emilio De Bono e Cesare Maria De Vecchi, spaventati, erano pronti a cedere alle pressioni che venivano da ogni parte affinché i fascisti aderissero a un governo liberale, Balbo impose di continuare l'azione militare.

Oltre Mussolini, era l'unico che avesse il fascino del capo, capace di sentire le folle, di incantarle quanto di esserne attratto. Era l'unico a non avere un complesso di inferiorità verso il duce, cui dava del tu anche in pubblico, come nessun altro si permetteva. Un aneddoto chiarisce i rapporti fra i due: Benito non metteva sedie davanti alla scrivania, il duce dell'Italia fascista riceveva seduto e chi veniva ricevuto doveva stare in piedi – gerarchi, ministri, segretari del Fascio – a meno che non si trattasse di ambasciatori o simili. Balbo risolveva il problema sedendosi sulla scrivania.

Mussolini non stimava i suoi gerarchi. Pensava che erano diventati qualcosa grazie a lui, sapeva che lo temevano, che molti avevano usato il potere per arricchirsi, avere belle amanti, autorità e gloria. Era sicuro, lo fu fino al 25 luglio 1943, che mai avrebbero osato andargli contro. Di conseguenza li disprezzava e li usava per i lavori, diciamo così, umili. Non è vero che nell'Italia fascista solo a lui fosse consentito pensare, è vero che solo a lui spettava la decisione finale. Si arrivò così a quella che Giuseppe Bottai definì la «dittatura sulla punta di uno spillo».

Bottai fu una figura esemplare non tanto di gerarca, quanto di fascista. Scrisse: «M'incontrai con Mussolini e la mia vita fu decisa con quella di una intera generazione. Un che di pletorico, di straripante, di scoppiante. Una vitalità non contenuta, che imprimeva ai suoi gesti più semplici e ordinari [...] un'ampiezza smisurata. Vi s'avvertiva una mancanza di misura, che insorgeva dal profondo, da quella zona oscura del nostro essere dove gl'istinti fisiologici precipitano in atteggiamenti morali. Anche volendo, si sentiva, l'uomo non avrebbe potuto fare altrimenti». L'amore di Bottai per Mussolini sembra inconcepibile, essendo intellettualmente e culturalmente ben più attrezzato. Ma era l'adorazione verso il demiurgo, il bisogno di un capo che illuminasse e guidasse le forze del paese. In Bottai c'erano l'ammirazione e la gratitudine verso il capo che – anche con il suo fascino – ha messo una generazione in grado di compiere quella che avrebbe dovuto essere una rivoluzione. La critica si fece pesante soltanto negli ultimi anni. Ecco un brano del suo diario, nel 1942: «È errato credere che il comando d'un solo, prolungato al di là dei limiti consentibili a una dittatura, distrugga i valori individuali a favore dei collettivi. Distrugge gli uni e gli altri». Alla fine Bottai arrivò a una sintetica, amara, definizione di Mussolini: «Una centrale elettrica che accende una sola lampadina».

Degli altri grandi gerarchi basti dire che erano comunque versati all'obbedienza, che ebbero la fortuna di incanalarsi in un movimento vittorioso e che ne furono grati. Benito seppe dominare su tutti, mai considerandoli colleghi né amici né veri compagni di una rivoluzione. Fu una fra le cause del fallimento del regime fascista.

***

Consolidato il successo nelle campagne, arrivarono i finanziamenti degli industriali. Il fascismo iniziò a sfondare nelle grandi città del Nord. Gli squadristi avevano un discreto fascino sui piccolo-borghesi. Promettevano un futuro «radioso» e una potenza nazionale mai raggiunta, mostravano che il pericolo rosso – i borghesi lo temevano più di qualsiasi cosa – poteva essere neutralizzato. L'abilità di Benito, gli errori dei socialisti e dei liberali fecero il resto.

L'ambizione fatale della classe dirigente liberale era la volontà anacronistica di riportare la situazione politica alle condizioni precedenti la guerra. Giolitti voleva sfruttare la violenza fascista per abbattere la forza crescente dei due partiti di massa, socialista e cattolico, che stavano erodendo la forza dei liberali. Nella sua visione, errata, i Fasci erano un forte e ottuso animale da lavoro che, una volta terminato il compito assegnato, si sarebbe lasciato ricondurre nelle stalle. Per questo dispose, attraverso prefetti e questori, che si chiudesse un occhio sulle azioni degli squadristi. Le forze dell'ordine, peraltro, li chiudevano entrambi volentieri. Con questo trattamento, i fascisti erano incontrollabili e a quel punto era pericoloso tentare di domarli con la forza, impossibile riassorbirli allettandoli con progetti moderati.

I socialisti non erano in grado di resistere alle violenze fasciste e d'altra parte il partito non aveva più nessuno slancio rivoluzionario. Fu anche per questo che nel gennaio 1921 si arrivò alla scissione di Livorno e alla nascita del Partito comunista, mentre Giolitti sperava in una scissione a destra del Psi, come aveva sperato, sempre invano, di controllare i popolari di don Sturzo. Fu così che decise di formare i «blocchi nazionali», alleanza elettorale con la destra, i fascisti e i nazionalisti.

Siamo alle decisive elezioni del 15 maggio 1921. La campagna elettorale era stata insanguinata da scontri tra squadristi, socialisti e comunisti. Durante il voto ci furono altre illegalità – tollerate dallo Stato – che però non falsarono il risultato delle urne. La Camera dei deputati fu stravolta: a sinistra c'erano 122 socialisti e 16 comunisti; al centro, 107 popolari, 26 socialisti riformisti, 41 democratici sociali, 24 democratici liberali, 36 democratici italiani riuniti intorno al liberale Nitti, 42 democratici sostenitori di Giolitti; a destra c'erano 21 liberali salandriani, 11 nazionalisti, 23 agrari e, attenzione, 35 fascisti: Benito, che due anni prima aveva ottenuto poco più di quattromila voti, ne ebbe 194.670. Giolitti, sconfitto, si dimise.

Il nuovo, debole, governo liberale venne affidato a Ivanoe Bonomi, che riguardo ai Fasci proseguì la politica di Giolitti. Continuarono le violenze contro un avversario quasi inerte. Mussolini, entrato in Parlamento, capì che era giunto il momento di riqualificare il fascismo, adesso la borghesia – rassicurata – voleva che finisse il tempo dei disordini.

La prima abile mossa di Benito fu cercare di evitare il pericolo maggiore, per lui: l'alleanza tra popolari e socialisti avrebbe eliminato liberali e fascisti da qualsiasi ipotesi di governo. Alla fine di giugno 1921 avviò trattative segrete con le due forze per un «patto di pacificazione». Lo si seppe, grande parte degli squadristi si ribellò, con la pace non avrebbero avuto ragione di esistere. Scarseggiando ormai le organizzazioni socialiste, aggredirono i popolari: Mussolini considerava l'accordo fondamentale e lo impose ai Fasci. Il patto – firmato il 3 agosto solo con i socialisti, perché i popolari non si erano fidati – prevedeva che cessasse ogni azione illegale da entrambe le parti. Da quel momento le polemiche interne nei Fasci si fecero accesissime, Benito rischiava di perdere la guida del partito, aveva contro personaggi come Dino Grandi e Italo Balbo.

Grandi – che ventidue anni dopo scriverà l'ordine del giorno che determinò la caduta di Mussolini – fece un tentativo segreto piuttosto ingenuo; insieme a Balbo andò al Vittoriale per convincere il Vate a prendere il posto del duce. d'Annunzio non amava il fascismo, e in più era cosciente che Mussolini aveva, se non il controllo totale del partito, la maggioranza dei fascisti con sé. Non li ricevette neanche.

Per capire quanto Benito fosse pronto a qualsiasi compromesso e gioco politico, basti dire che nel giro di tre mesi definì il patto prima una svolta storica, poi un accordo temporaneo, infine un episodio retrospettivo, come se niente fosse. Allo stesso tempo decise di trasformare il movimento in Partito nazionale fascista per controllarlo meglio, per normalizzarlo agli occhi dell'opinione pubblica e per dargli un nuovo programma, più aderente alla situazione. Le nuove linee furono pubblicate sul «Popolo d'Italia» l'8 ottobre 1921, parlavano di ripresa dell'economia nazionale, valorizzazione dello Stato, incremento delle attività produttive, specialmente agricole, necessità di un sindacato unico, linea dura contro il socialismo. Non rimaneva niente della spinta rivoluzionaria, ma non fu per questo che l'ipotesi di trasformare i Fasci in un partito veniva ostacolata dai capi locali, detti «ras», una parola etiope equivalente ai nostri feudatari: tutti capirono che il partito avrebbe avuto un solo capo.

Il duce sfidò l'opposizione presentandosi dimissionario dalla giunta esecutiva – che in teoria guidava il movimento – e dichiarando che sarebbe tornato a fare il semplice gregario. Nessuno era in grado di sostituirlo, e lo sapeva. Infatti le dimissioni vennero respinte. Durante il congresso, il 7 novembre 1921, annunciò i tre punti fondamentali del suo programma: 1) un irriducibile antisocialismo; 2) il rifiuto di adottare come base costituzionale la Carta del Carnaro di d'Annunzio – democratica, moderna, basata sul sindacalismo rivoluzionario, quello stesso che un giorno Mussolini aveva amato; 3) l'apertura verso la Chiesa.

Era stato risolto con facilità anche il problema della monarchia. Il programma repubblicano di San Sepolcro cozzava contro il sentimento della borghesia, che a parte esigue minoranze era monarchica, come moltissimi fascisti. Così Benito il 20 settembre, in un discorso a Udine, sostenne che la monarchia non aveva interesse a osteggiare il fascismo, quindi il fascismo non aveva interesse a destituire la monarchia, unica «continuità storica» dell'Italia. «Noi» concluse «siamo repubblicani perché vediamo un monarca non sufficientemente monarca». Sembrava un gioco di parole, invece era un *ultimatum* al re: se non avesse affidato il potere a chi si era dimostrato in grado di gestirlo, un altro re avrebbe potuto presentarsi sulla scena, magari il silenzioso duca d'Aosta, che non nascondeva simpatie fasciste.

Non era facile per i contemporanei intuire cosa avesse in mente Mussolini, e creare incertezza fu una delle sue armi. Nel corso del 1921 applicò metodicamente le tattiche camaleontiche apprese nel periodo svizzero. Le testimonianze di chi lo frequentò sono concordi: nel triennio 1920-22, più il movimento dispiegava la forza, più Benito assumeva contorni sfumati, evanescenti. In ogni occasione indossava una «maschera» diversa, e ogni maschera aveva mimica facciale, gestualità, vocabolario, vestiti e persino idee proprie. Nei colloqui con Lusignoli, prefetto di Milano, appariva come una talpa delle istituzioni nel ribollente mondo combattentista; nel congresso fascista del 1921 come l'unico che avesse a cuore le sorti della rivoluzione nazionale. Nelle fotografie di questo periodo – in un'assemblea di politicanti o in un'adunata di scherani armati – ostentava braccia conserte, espressioni accigliate, sorrisi stiracchiati, quasi volesse suscitare curiosità intorno a ciò che stava per fare o per dire. Il suo studiato trasformismo è stato sottovalutato, ma ebbe un grande peso sui contemporanei, perché tenne alte le loro aspettative e vivo il loro immaginario.

***

Vista la debolezza – o la complicità – dello Stato, i fascisti sostituirono alla tecnica delle piccole squadre quella ispirata da Balbo di concentrare migliaia di uomini e occupare città intere, distruggendo con metodo sezioni di partiti avversari, cooperative, Camere del lavoro. Mussolini adesso incoraggiava queste azioni per alzare il prezzo di un'eventuale partecipazione dei fascisti al governo.

Il primo agosto 1922 le sinistre commisero un errore grave proclamando uno sciopero a tempo indeterminato contro il fascismo. La decisione spaventò la borghesia, timorosa del ritorno alle agitazioni che due anni prima avevano bloccato il paese. Molti lavoratori, fra i quali ormai c'erano parecchi fascisti, non aderirono. Le camicie nere riuscirono a far funzionare l'essenziale, si misero alla guida di treni, di tram, a fare gli spazzini, beffando le sinistre e allo stesso tempo esibendo il loro senso civico. Intanto l'organizzazione armata devastò le sedi operaie e occupò grandi municipi amministrati dai socialisti, come Milano. Lo sciopero fu annullato dopo appena due giorni, e Benito si ripresentò come il paladino della borghesia.

Adesso rimaneva da scansare – nemmeno abbattere – Luigi Facta, presidente del Consiglio, pallida ombra di Giolitti. Lo stesso Facta, in ottobre, offrì a Mussolini di partecipare a un nuovo governo, suo oppure guidato da Giolitti o Salandra. Il duce rifiutò – rischiando – per arrivare lui al governo. Sembrava impossibile, perché aveva appena 35 deputati, una minima parte dei parlamentari, invece ci riuscì giocando la carta sottratta a d'Annunzio: la marcia su Roma. Idea farraginosa, epica e romantica quanto vincente.

Il 25 ottobre si tenne un congresso a Napoli. Mussolini inaugurò i lavori al Teatro San Carlo. Un'impressionante adunata in piazza del Plebiscito mostrò che lo squadrismo meridionale rappresentava una formidabile forza d'urto. Se il fascismo settentrionale era di tendenze repubblicane, le invocazioni al re dei fascisti napoletani fecero storcere il naso a molti, e gongolare il monarchico e nobile De Vecchi, che osservava la scena dall'alto del palco, accanto a un Mussolini silenzioso.

«Grida anche tu Viva il re!» intimò al duce, scuotendogli il braccio.

«No» rispose Benito.

«Gridalo!»

«No, finiscila!»

«Perché?»

«Basta che gridino loro, basta e avanza» mormorò Mussolini.

Il dialogo, riportato nelle memorie di De Vecchi, è degno di una sceneggiatura e lascia emergere l'abilità mussoliniana. Alla vigilia della mobilitazione voleva che il fascismo apparisse come una forza lealista, conservatrice, «sana» agli occhi delle uniche due entità che ora potevano fermarlo: il re e le forze armate. Ma lui si teneva aperta ogni possibilità.

A Napoli nessuno faceva mistero che la marcia sulla capitale era nell'aria. Michele Bianchi, primo segretario del Partito nazionale fascista, concluse l'intervento dicendo: «Camerati, cosa ci stiamo a fare a Napoli? A Napoli ci piove!». Lo stesso 25 ottobre, dopo una specie di *ultimatum* allo Stato, Benito affidò il comando militare a quattro uomini di diversa estrazione. Balbo, il maggiore rappresentante dello squadrismo; Bianchi, ex sindacalista che gli era vicino da anni, fidatissimo; De Bono, per la sua qualità di generale dell'esercito; infine De Vecchi. Gli ultimi due nomi davano un segnale di buona volontà all'esercito e alla monarchia.

La mobilitazione sarebbe cominciata il 27, il 28 la vera e propria azione militare in tutta Italia, occupando centri strategici e nevralgici, questure, prefetture. Era un piano militarmente ridicolo, perché supponeva di sconfiggere l'esercito, se fosse intervenuto, ma si partiva dall'idea che quell'intervento non ci sarebbe stato: poche migliaia di soldati avrebbero potuto fermare i fascisti, se soltanto ne avessero ricevuto l'ordine. L'importante era che quell'ordine non venisse dato.

La storiografia fascista tramandò che intorno a Roma, pronti al combattimento, c'erano da cinquantamila a settantamila fascisti. Invece erano meno di diecimila, di cui solo la metà in grado di avanzare, gli altri erano bloccati dalle interruzioni ferroviarie. Avevano mitragliatrici e armi leggere contro un esercito che disponeva di cannoni e aerei. Benito non puntava sulle armi, conosceva l'incertezza cronica dei vecchi politici, la paura che li paralizzava, la spocchia aristocratica dei liberali e della monarchia, che continuavano a considerarlo poco più di un giornalista politicante. Da un anno lavorava senza sosta per mettere in scacco lo Stato, ora era pronto a chiudere la trappola.

Benito fece la rivoluzione per telefono, disse Balbo in uno scatto d'ira appena capì che il duce considerava l'aspetto militare poco più di una parata. In quelle ore trattò con Salandra, Giolitti, Nitti, Orlando, Facta, rassicurandoli. Intrattenne rapporti con l'esercito e la massoneria, incoraggiò i più decisi fra i suoi sulla via dell'azione armata, allo stesso tempo lasciò che De Vecchi e l'ammiraglio eroe di guerra Costanzo Ciano conducessero un doppio gioco con la monarchia.

Il 28 ottobre Facta presentò le dimissioni a Vittorio Emanuele III, che le respinse credendo fosse ancora possibile mantenere l'ordine. A quel punto il governo dichiarò lo stato d'assedio, prefetti e autorità militari si dovevano opporre con la forza alle squadre. Il re decise di non firmare il provvedimento, Mussolini lo aveva messo nella condizione di affidare a lui il governo o di prendersi la responsabilità di scatenare una guerra civile. Il 30 ottobre il re gli conferì ufficialmente l'incarico.

Il maestro di Dovia, l'anarchico emigrato in Svizzera, il giornalista socialista, l'uomo che veniva trovato ubriaco la mattina sul marciapiede aveva agitato e fustigato il paese per mesi e mesi, e allo stesso tempo aveva convinto moltissimi che solo lui poteva riportare la pace. Aveva sconfitto i compagni socialisti che non lo avevano seguito. Aveva diviso le posizioni della Chiesa da quella del Partito popolare di don Sturzo e iniziato a ottenere dal Vaticano la neutralità che gli era indispensabile. Senza bisogno di giustificazioni elettorali, aveva dato dignità e potere a un movimento cresciuto nel sangue, e aveva fatto diventare legale un colpo di Stato: un miracolo di abilità politica.

Benito arrivò a Roma in un vagone letto, tranquillo. Il viaggio da Milano durava più di otto ore allora, e possiamo immaginare che si addormentò con un sorriso, compiaciuto o beffardo che fosse.

***

Vittorio Emanuele III era una strana miscela di snobismo, mentalità borghese, anticlericalismo, timidezza e arroganza, un uomo dal carattere ottocentesco. Non credeva nel Parlamento odiava i socialisti, non sopportava i popolari, disprezzava anche Mussolini, sia chiaro: era troppo greve e truculento per lui, come il fascismo d'altronde. Ma quell'uomo gli faceva paura e lo affascinava allo stesso tempo. Così, vista la disfatta politica dei liberali, lo mise alla prova. Al pari dell'ultimo piccolo-borghese, credette che fosse la soluzione migliore ai problemi dell'Italia. Eppure, alla monarchia non si deve rimproverare tanto di avergli dato il governo, quanto di avere approvato, condiviso, sostenuto le sue decisioni successive, anche le più gravi.

Comunque, dal primo novembre 1922, tanti italiani tirarono un sospiro di sollievo. Finalmente non si sarebbe più combattuto per le strade. A eccezione dei socialisti e dei comunisti, tutti parevano convinti che il pericolo civile rappresentato dal fascismo fosse terminato nella legalità, proprio l'immagine che il nuovo presidente del Consiglio voleva dare. La realtà era più complessa: ora Benito era al vertice delle istituzioni e responsabile dell'ordine pubblico; restava tuttavia alla guida di un movimento che intendeva cambiare il paese con la forza. La contraddizione fu palpabile fin dalle prime ore che seguirono la marcia su Roma: la nomina di Mussolini non fermò, anzi moltiplicò le violenze fasciste contro individui, organizzazioni o persino quartieri ritenuti avversari. Nei primi mesi il duce richiamava rabbiosamente i gregari più fanatici a operare una repressione «mirata» e «contenuta», poi – quando veniva messa in atto – il presidente del Consiglio curava che non vi fossero interferenze da parte delle forze dell'ordine, né conseguenze legali per gli squadristi. Nel dicembre 1922, dopo un attacco sanguinoso contro i comunisti di Torino, dichiarò: «Come capo del fascismo mi dolgo che non ne abbiano ammazzati di più; come capo del governo debbo ordinare il rilascio dei comunisti arrestati». Voleva mostrarsi magnanimo e le intemperanze dello squadrismo che «sfugge al suo controllo» gli permettevano di tanto in tanto atti plateali per esibire benevolenza verso coloro che voleva inglobare, come quando trattenne gli squadristi dal compiere una spedizione punitiva ai danni di Nitti.

Conosceva bene la maggior parte del suo «pubblico», l'ampia zona grigia costituita dalla media e alta borghesia che, semplicemente e colpevolmente, decise di stare a vedere. Gli osservatori dell'epoca coniarono per loro l'aggettivo «afascista». Stanca e insoddisfatta della vecchia classe dirigente liberale, al potere da sessant'anni, quella fetta dell'opinione pubblica aspettò con curiosità di vedere se i fascisti avrebbero saputo amministrare bene lo Stato come avevano amministrato abilmente la loro lotta vittoriosa.

Il duce ebbe l'accortezza di non voler stravincere, cercò di realizzare un governo «aperto agli uomini di buona volontà», disse, con fascisti, nazionalisti, democratici, popolari e liberali. Provò – invano – a allettare un socialista, prese le prime decisioni seguendo i criteri legalitari e costituzionali.

Nella pagina successiva: Mussolini è tra Italo Balbo, Michele Bianchi e Cesare Maria De Vecchi (con i baffi). Dietro De Vecchi, con una mano tra i capelli, Giuseppe Bottai. In primo piano, con il bastone, Aurelio Padovani, capo del fascismo napoletano. Per ultimo Achille Starace. Foto colorata a mano, si noti l'errore alla scarpa di sinistra di Benito. (akg-images/Mondadori Portfolio)

Sembrò a tutti che miracolosamente si fosse realizzato il vecchio piano giolittiano, riassorbire la scheggia impazzita.

Non era così. Alla fine del 1922 Sturzo tentò, in funzione antifascista, un avvicinamento ai socialisti, perché il socialismo, disse, trae origine dalla medesima scuola cristiano-sociale. L'idea non piacque alla Santa Sede, e Benito poté prendere il diavolo per le corna, se così si può dire parlando di don Sturzo: escluse i popolari dal governo risolvendo il problema della loro incerta partecipazione.

***

Mussolini si era presentato al re vestito da capo del governo vecchio stile, addirittura con le ghette – una specie di guaina bianca da abbottonare sopra le scarpe, un vezzo antiquato già allora e che strideva su un uomo che aveva sostenuto la necessità di una rivoluzione socialista e che fra poco avrebbe teorizzato una rivoluzione fascista, entrambe nemiche delle ghette e di tutto ciò che simboleggiavano. Con un leggero inchino che tentava di non essere un inchino, disse a Vittorio Emanuele III – lo stesso re che aveva odiato da socialista e che odiò ancora di più da fascista – «Maestà, vi porto l'Italia di Vittorio Veneto», cioè l'Italia che aveva vinto la guerra.

Non era vero, Mussolini portava al re, un omino piccolo di statura e di mente, l'Italia di sempre. L'Italia ancora più divisa in bianchi e neri, l'Italia della doppia morale fra Vaticano e religione, l'Italia che si piega a un potere disprezzato con l'intento e la convinzione di fregarlo. L'Italia trita e ritrita dei furbi. Ancora oggi il primo e forse più importante insegnamento che un padre dà al figlio è «fatti furbo». È, probabilmente, lo stesso che dava a Benito il fabbro rivoluzionario dal quale siamo partiti. Alessandro Mussolini sarebbe stato fiero del figlio che aveva fatto tanta strada, non importa con quali scopi e mezzi.

Oltretutto, il nuovo presidente del Consiglio era giovanissimo, specialmente per l'epoca, 39 anni. Ma non deluse chi si aspettava di vederlo affrontare il ruolo con una fermezza e un'energia fino a allora ignote. Di lì a poco – sicuro di possedere la verità, e di essere superiore a chiunque – decise persino di diventare il padre degli italiani, dei nuovi italiani che lui stesso avrebbe forgiato a colpi di incudine, nel giro di una generazione. In questa impresa assurda, perché impossibile, mise genio e follia, idee nuove e la zotica ignoranza di chi crede di capire tutto. Fece tanto, e tantissimo distrusse. Nei successivi vent'anni scatenò terremoti legislativi e sociali, invase nazioni inermi, partecipò a una guerra civile altrui e, infine, strinse un patto d'acciaio che trascinò l'Italia in un conflitto distruttivo.

Interpretò un sogno che gli italiani non avevano il coraggio di ammettere: essere un popolo di dominatori, conseguenza della mai sopita convinzione di essere i migliori, o almeno i più furbi. Stiamo per vedere quanto.

Nella pagina accanto: Roma, 31 ottobre 1922. Benito Mussolini firma il primo documento ufficiale dopo essere stato nominato capo del Governo. (Mondadori Portfolio)

Nella pagina successiva: Roma, 4 novembre 1922. Dopo avere prestato giuramento, i ministri del nuovo Governo attraversano piazza Venezia per raggiungere la Tomba del milite ignoto. Da sinistra, Gabriello Carnazza (Lavori pubblici); il generale Armando Diaz (Guerra); Luigi Federzoni (Affari coloniali); Giuseppe De Capitani d'Arzago (Agricoltura), e l'ammiraglio Paolo Thaon di Revel (Marina). (akg-images/Mondadori Portfolio)

Parte seconda

IL DUCE HA SEMPRE RAGIONE

La prima novità del potere raggiunto, notò subito, era che tutti si sforzavano di anticipare i desideri del capo. Piacevole. C'erano anche cambiamenti curiosi, cui non aveva pensato. Gli avevano assegnato un giovane diplomatico, elegantissimo, con l'incarico di occuparsi del suo aspetto e del suo comportamento nella vita pubblica. Gli sceglieva le cravatte e le scarpe, gli insegnava come stare a tavola, come salutare. Lo stesso Benito consigliava ai fascisti più vicini di vestirsi ammodo, per darsi un tono più ortodosso. Scoprì il cilindro, il colletto a farfalla, portò perfino la bombetta finché si accorse dai film americani – li amava, specialmente quelli comici – che era un segno distintivo di Stanlio e Ollio.

L'apparato di gesti, attenzioni, movenze gli servì a interagire non tanto con il re – che aveva abbastanza nobiltà e sangue piemontese per pretendere un'eleganza fondata più sulla sintesi e l'austerità che su ghingheri o salamelecchi – quanto con la folla dei funzionari, dei cortigiani, del bel mondo romano che faceva a gomitate per incontrare il giovane presidente. Seguiva quelle regole per dimostrare che il fascismo non intendeva sovvertire niente, si impegnò per tranquillizzare gli italiani sul loro presente e sul futuro, luminoso, che li attendeva. Benché avesse già in mente i tratti essenziali della profonda trasformazione che desiderava per l'Italia e il suo popolo.

La prima residenza romana fu il lussuoso Grand Hotel (ora è il St. Regis di via Vittorio Emanuele Orlando). All'inizio del 1923, un aristocratico gli procurò uno sfarzoso appartamento all'ultimo piano di Palazzo Grimani Tittoni, al numero 155 di via Rasella, strada diventata celebre vent'anni dopo per l'attentato partigiano che scatenò l'atroce rappresaglia nazista delle Fosse Ardeatine. Era vicino di casa del re, il Quirinale dista solo pochi isolati, ma più di un visitatore notò la mancanza di gusto, l'arredamento banale. Oggi le sale del palazzo seicentesco vengono affittate per eventi, conferenze, convegni.

Per oltre due anni l'attico vide un viavai di funzionari, ragazze e personaggi più o meno raccomandabili. Ospitò persino una leonessa cucciola, dono gradito di un circense; con poca – o troppa – fantasia, Benito la battezzò Italia e si compiacque di mostrarsi mentre giocava con la belvetta lasciandosi mordere e graffiare per poi mostrare le mani agli astanti: «Sanno di leone». Erano gli anni Venti, iconograficamente più ingenui dei nostri, e si fece fotografare con Italia finché, cresciuta, gli dette una zampatina non amichevole e venne donata allo zoo. Ernest Hemingway osservò che gli uomini coraggiosi non hanno bisogno di posare per i fotografi con un leone. (D'altronde Malaparte scrisse di Hemingway che gli uomini veramente coraggiosi non hanno bisogno di andare a fare caccia grossa. Do ragione a Malaparte.)

Il duce si faceva mandare dei pasti modesti da una trattoria. Se di giorno recitava la parte del settentrionale intransigente e scandalizzato per i ritmi romani, di sera e di notte si lasciava sedurre dalla mondanità capitolina. I camerati dell'alta borghesia e dell'aristocrazia – ormai non erano pochi – lo introdussero nelle dimore patrizie e nei ristoranti di lusso. Per la prima volta rivisse la condizione *bohémien* della giovinezza, ma prima si faceva ascoltare nei circoli fumosi, ora nei palazzi del potere; prima terminava la notte nei postriboli, ora sui divani delle aristocratiche. «Quando abitavo in via Rasella ero un gran chiavatore» raccontò a Clara Petacci «avevo quattordici donne, il pensiero di essere di una sola mi era incon-

Nella pagina precedente: la campagna di trebbiatura del grano a Sabaudia nel 1934 (dettaglio). (Darchivio/opale.photo/Mondadori Portfolio)

Mussolini in una foto del 1922. Con lui, ultimo a destra, Giacomo Acerbo, sottosegretario alla presidenza del Consiglio dei ministri. (Memento/Mondadori Portfolio)

cepibile. C'è stato un periodo che ne prendevo tre-quattro per sera, una dopo l'altra». Sospetto che millantasse sulle prestazioni serali, ma era serio quando, parlando con un giornalista straniero, disse che, se prima rischiava di «finire dentro», ora «a metterli dentro sono io».

Rachele rimase a Milano, all'epoca non era consuetudine portare con sé la *first lady*, diremmo oggi. Aveva mantenuto l'atteggiamento di contadina romagnola e anche in seguito non comparve quasi mai in occasioni pubbliche, badava alla casa e ai figli. Come raccontò Vittorio, la madre non aveva intenzione di muoversi: per il pregiudizio – diffuso e fondato già allora – circa la sporcizia e la mollezza che regnavano a Roma, e perché nel capoluogo lombardo stava benone. Faceva la vita da *sciura*, si muoveva con l'autista per andare al mercato a discutere sul prezzo della verdura e a incontrare le amiche. La lontananza le permetteva di sopportare l'ingombrante infedeltà di lui.

Il peggio toccò a Edda, che aveva dodici anni e doveva imparare le buone maniere. In famiglia era chiamata la cavallina matta. Abituata a giocare con i monelli, a fare a sassate, doveva diventare una donna adatta al suo rango. Venne mandata a Poggio Imperiale, a Firenze, il collegio femminile più elegante d'Italia, si trovò malissimo e dopo poco bisognò ritirarla.

***

Mussolini con Italia, la leonessa cucciola con cui amava giocare e farsi fotografare. (akg-images/Mondadori Portfolio)

La mitografia fascista abbonda di aneddoti più o meno immaginari sui primi giorni di Mussolini al potere, tutti orbitanti intorno al nuovo clima portato dal giovane capo nell'ambiente ministeriale vetusto, molle e corrotto. Uno dei più diffusi riguarda un fantomatico sottufficiale dei carabinieri che chiese udienza per portargli in dono il manganello con cui anni addietro l'aveva malmenato durante una manifestazione; un altro classico racconta del funzionario sorpreso «in pausa» che mandò a quel paese il nuovo presidente, senza riconoscerlo. Entrambi i casi, naturalmente, hanno a che fare con la «redenzione» di fronte all'uomo nuovo. In seguito divennero centinaia gli antichi amici o benefattori, in decine si vantavano di averlo portato in salvo quando era stato ferito in guerra.

In quelle settimane Benito temeva di compiere passi falsi e si circondò di gente preparata e ben radicata nel «sistema». Più avanti, la sua tendenza a restare zitto quando non pronto o a dare ragione all'ultimo – o al più autorevole – degli interlocutori venne smascherata dai suoi collaboratori di lungo corso.

Da poco al governo, spiegò a un giornalista straniero il segreto del successo in politica, «fare del proprio cuore un deserto»: amicizia, cordialità, fedeltà non potevano che allontanare dal senso del comando. Ammise di sentire fortemente il bisogno di piegare le persone alla propria volontà, ri-

Nella pagina accanto: 1922. Il duce durante un comizio. Alle sue spalle, con gli occhiali, il fratello Arnaldo. (akg-images/Mondadori Portfolio)

petendo più volte la parola, «piegare». Iniziò presto a rendere il potere a sua misura con decisioni in apparenza banali. Per esempio trasferì la sede del ministero degli Esteri – che tenne per sé – dalla Consulta a Palazzo Chigi, perché la Consulta era troppo vicina al Quirinale, sede del re, e non disponeva della piazza e del balcone che poi Benito trovò felicemente a Palazzo Venezia.

Già allora durante i discorsi pubblici spalancava e roteava gli occhi, gesticolava in eccesso. Erano pose studiate per dare l'impressione della forza, dell'autorità, dell'imponenza. In mancanza della televisione e dei primi piani, le espressioni e i gesti dovevano essere più marcati che in teatro. Usava pure la voce come un attore teatrale, per rendere incisiva un'oratoria già abile e comunicativa. La perizia declamatoria veniva dalla vecchia scuola repubblicana – la stessa che produsse altri grandi oratori, come Pietro Nenni – e poi dalla magistrale lezione impartita tra il 1915 e il 1921 da Gabriele d'Annunzio, che a sua volta aveva carpito segreti e tecniche da Eleonora Duse, il vertice mondiale dell'arte scenica.

Anche Benito aveva la sua Duse, la sua musa, e definirla un asso nella manica sarebbe riduttivo. Margherita Sarfatti era ospite frequente a Palazzo Grimani Tittoni, e sopportava stoicamente la moquette resa fetida dagli escrementi della leoncina. Continuare a offrire al capo, oltre al corpo, la propria sfaccettata conoscenza era un piacere per lei, per lui una fonte di sapere cui attingere quando era necessario fare sfoggio di cultura. In questo periodo il rapporto tra i due raggiunse l'acme, Margherita si galvanizzava all'idea di averlo portato dov'era. Alcune sue lettere al neopresidente – rese pubbliche solo di recente – trasudano un legame sempre meno razionale e sempre più passionale, quasi patologico. Il primo gennaio 1923 gli scrisse: «Benito, mio amore, mio amante, mio adorato! Sono, mi proclamo, mi glorio di essere appassionatamente, interamente, devotamente, perdutamente Tua. [...] Iddio ti benedica, Amore in quest'anno della tua inenarrabile passione, del tuo duro travaglio, del tuo sacrificio, ma anche della tua santa gloria». Si dichiarava «tua amica, tua donna, tua sposa», e pazienza per Rachele che, lontana, non poteva nuocere. Mussolini però aveva la mente altrove, e alle altre che trovò nella capitale. Si serviva di lei per tutto quel che riguardava la propria immagine pubblica, e prese a ignorarne le effusioni. «Sono stanca di amarti» sbottò Margherita nello stesso anno «tu sei un uomo estremamente sensitivo, ma fortissimo e, come tutti gli impetuosi, "dai furori" e dopo ti passa. Io no». Iniziò persino a criticare la sua goffaggine quando provava a passare da intellettuale: «Bella figura idiota ci hai fatto ad andare in pompa magna da quell'idiota di Bettinelli, il più falso, cretino retorico pittore di Milano».

Nel 1924 Margherita perdette il marito, Benito continuò a frequentarla controvoglia. Confesserà a Clara Petacci: «Non l'ho amata: è stata una cosa puramente sessuale. Due anni ha durato l'effetto. Dopo abbiamo continuato così, senza amore. Forse lei mi amava: io no. E poi faceva troppo la presidente: mi imitava». Forse era questo, a urtarlo di più. O forse lui l'aveva imitata e a quel punto avere uno specchio costantemente davanti agli occhi era intollerabile. Lei, fin quando poté, coltivò la propria fama e la propria carriera non facendo mistero del legame con il capo del fascismo e del governo. Tra la seconda metà degli anni Venti e il 1932 accettò persino di frequentarlo assieme alla figlia adolescente Fiammetta, innamoratissima del duce, che non mancò di togliersi lo sfizio

Nella pagina accanto: Margherita Sarfatti. Fu amante di Benito Mussolini dal 1912 al 1932. (Mondadori Portfolio/Fototeca Gilardi)

quasi sotto gli occhi della madre, invecchiata precocemente.

Torniamo al Benito dei primi anni romani e alla costruzione del suo personaggio. Se si pensa a Mussolini neofita del potere non ci si deve figurare il robusto e calvo istrione in divisa incastonato nell'immaginario mondiale dai cinegiornali degli anni Trenta. Il duce al balcone di Palazzo Venezia, per intenderci, fu l'ennesima maschera di Benito, messa a punto per le cineprese e i microfoni, per un pubblico – come vedremo – ormai abituato all'estetica barocca e kitsch del culto littorio plasmato da Achille Starace. Ma su questo aspetto, almeno fino alla seconda metà degli anni Venti, non vi fu una differenza così vistosa tra il Mussolini privato e le sue varie versioni pubbliche.

Era più piccolo di quanto sembrasse nelle foto ufficiali, che dunque lo riprendevano dal basso, e ovviamente non amava i fotografi stranieri, che non avevano un simile riguardo. Sulla parte posteriore del collo, a sinistra, aveva una ciste evidente, quindi bisognava inquadrarlo in modo da non mostrarla, oppure occorreva ritoccare le immagini. Portò i capelli corti finché – per apparire ancora più virile alla sua immagine, e perché li stava perdendo palesemente – decise di rasarsi a zero. Provvedeva uno dei suoi poliziotti di scorta, non si fidava di nessun altro con un rasoio in mano.

Nel luglio 1923 compì 40 anni. E si consolidò, oltre al suo potere sugli italiani, una certa dose di adipe che dette al busto la conformazione massiccia e «rustica» su cui poi insistettero tanto gli adepti quanto i detrattori. L'immagine pubblica che s'impose negli anni Trenta impedì di notare come, a partire dalla guerra d'Etiopia, fosse tornato di corporatura piuttosto normale. Il dimagrimento era dovuto allo sport, che praticava mosso dalla paura di imbolsirsi – la tendenza in famiglia c'era – e soprattutto alla dieta rigida imposta dall'ulcera cronica. A partire dal 1943, il dimagrimento divenne deperimento. Sotto gli occhi di tutti.

La sua salute era buona, benché nel 1925 abbia avuto una grave emorragia interna e nel 1929 un'altra, sempre per via dell'ulcera. Veniva curato con antiacidi e antispasmodici. Non c'erano medicine adeguate, allora, e doveva nutrirsi principalmente di liquidi. L'uomo che aveva tanto ecceduto in alcol, era diventato uno dei maggiori consumatori di latte, ne beveva tre litri al giorno e mangiava almeno sei porzioni di frutta, però i dolori ricomparivano spesso.

***

Nel governo volle alcuni tecnici, si direbbe oggi, il maresciallo Diaz alla Guerra, alla Marina l'ammiraglio Paolo Thaon di Revel, alla Pubblica istruzione Giovanni Gentile, filosofo con simpatie per il fascismo. Dopo l'*interim* agli Interni e agli Esteri, in seguito Benito prese l'abitudine di avocare a sé altri ministeri e funzioni istituzionali, in periodi speciali: una pratica che alimentava l'immagine di capo onnipresente e onnisciente, di fatto possibile solo perché gli autentici gestori del ministero erano i sottosegretari di Stato, e che comunque portò non pochi problemi nella pubblica amministrazione. I fascisti assunsero tre ministeri fondamentali: Giustizia, Finanza e Terre liberate, le province conquistate con la guerra, che comportavano un notevole impegno organizzativo e di spesa. Altri ministeri vennero concessi a nazionalisti e liberali, quattro ai popolari. Sottosegretario all'Industria era il popolare Giovanni Gronchi, futuro presidente democristiano della Repubblica italiana.

Nella pagina accanto: Roma 1924. A cavallo in piazza di Siena, Villa Borghese. (Mondadori Portfolio/Archivio GBB)

Cartolina commemorativa fatta stampare nel 1922 dall'editore milanese Alberto Traldi per il primo Consiglio dei ministri presieduto da Mussolini. (Mondadori Portfolio/Fototeca Gilardi)

Il 16 dicembre, nella seduta di presentazione del governo alla Camera, Mussolini tenne il famoso *Discorso del bivacco*: disse che avrebbe potuto fare «di questa Aula sorda e grigia un bivacco di manipoli: potevo sprangare il Parlamento e costituire un governo esclusivamente di fascisti. Potevo, ma non ho, almeno in questo primo tempo, voluto». Ripetendo un errore di prospettiva, molti furono tranquillizzati da queste parole, pensarono che sarebbe stato un normale capo del governo, anche se aveva dichiarato «Nessuno [...] si illuda sulla brevità del nostro passaggio al potere». Ottenne la fiducia con 306 voti favorevoli contro 116 contrari, socialisti e comunisti. Votarono a favore De Gasperi, Giolitti, Gronchi, Orlando e Salandra.

Con una legge apposita, si assicurò potere totale in materia economica, per un anno. Dopo la guerra l'Italia aveva seri problemi finanziari e il programma fascista puntava alla riduzione dell'intervento statale, come avevano sempre voluto i liberali: oggi si parlerebbe di privatizzazione. Luigi Einaudi, altro futuro presidente della Repubblica e importante economista, lodò il programma con parole solenni.

Ora a Mussolini si imponeva con urgenza il rafforzamento di un partito che continuava a rimanere minoritario nel paese rispetto alle masse cattoliche e socialiste. Duplicò alcune strutture e funzioni portanti dello Stato con la creazione di organismi suoi: il Gran consiglio del fascismo (una specie di governo senza poteri, che però dopo vent'anni esatti dette il colpo d'inizio alla sua rovina) e la Milizia volontaria per la sicurezza nazionale (Mvsn), un corpo militare omologo all'esercito, che dopo gli stessi vent'anni fu incapace di sparare un solo colpo per difenderlo.

Il figlio del fabbro, con un potere immenso, si impossessò della macchina dello Stato, gli piaceva studiare l'amministrazione pubblica, gli piaceva scegliere gli uomini – spesso sbagliando – e centralizzare il comando su di sé, oltre a dividere gli avversari e gli stessi fascisti, per controllarli meglio. Grazie al parere degli esperti, nei primi anni il governo eliminò il disavanzo statale con una politica rigidissima di contenimento delle spese, aumentò la produttività e il reddito nazionale. In compenso il valore dei salari scese. Quello dei salari è un tema dibattuto riguardo alla storia del regime fascista, perché – la statistica lo dimostra – diminuirono costantemente negli anni, quindi i lavoratori furono penalizzati; ma poterono godere di benefici – per esempio sulle bollette, sulle spese sanitarie – e la riduzione del salario venne compensata.

D'altra parte, col doppio intento di consolidarsi al potere e risanare l'economia, Mussolini non esitò a favorire sfacciatamente gli imprenditori con una serie di leggi, mentre ebbe la mano pesante con alcune categorie di lavoratori: furono licenziati ben trentaseimila ferrovieri, eppure si riuscì – si diceva con orgoglio, i nostalgici lo dicono ancora – a far arrivare i treni in orario.

Già dal 1923 venne stabilito il principio delle otto ore lavorative, che però furono applicate solo dieci anni dopo. I sindacati fascisti si accordarono con i rappresentanti degli industriali per rinunciare allo sciopero, affidando al governo ogni mediazione. Fu un primo passaggio verso il corporativismo. In quell'anno Benito volle «stare vicino al popolo», soprattutto agli operai, e prese a girare l'Italia. Un episodio curioso indica sia il suo rapporto con le masse sia la gestione del potere. Visitando la fabbrica della Perugina e parlando alle maestranze, proclamò dal podio: «Io vi dico, e vi autorizzo a ripeterlo, che il vostro cioccolato è veramente squisito!», applausi eccetera. Passò una settimana e l'ultima pagina del «Corriere della Sera» fu occupata dalla pubblicità della Perugina con la frase: «...vi dico, e vi autorizzo a ripeterlo, che il vostro cioccolato è veramente squisito!» firmato Mussolini. Il giornale venne sequestrato.

Sempre nel 1923 dichiarò ai giornalisti stranieri: «Che bisogno c'è che un deputato mi venga a ripetere in Parlamento quello che ho già letto sui giornali? Che mi dica quello che potrebbe scrivere su un giornale?». Paradossalmente, però, il suo vero problema non era il Parlamento, bensì il fascismo. Doveva liberarsi dell'opposizione interna, soprattutto quella dei ras, che avevano il controllo delle loro squadre e non volevano piegarsi alla sua autorità. Benito doveva riscattare quel potere, e allo stesso tempo far sentire ai ras che erano la classe dirigente della rivoluzione. A questo bisogno rispondeva la Milizia: un esercito di partito a spese dello Stato. All'ultimo punto, il decalogo del milite recitava: «Mussolini ha sempre ragione». Già nel giugno 1923, in un discorso a Cremona, Benito disse: «Il fascismo è un fenomeno religioso». Ci torneremo, perché la sua impresa più audace fu proprio trasformare la politica in una fede. Intanto gli italiani dovevano avere fede in lui.

Simboli e rituali fascisti vennero sovrapposti alla tradizione simbolica e liturgica esistente, come il fascio littorio al posto dei leoni sabaudi nello stemma nazionale. Il fascio aveva due caratteristiche fondamentali: face-

Pubblicità che riporta la frase pronunciata dal duce in visita alla fabbrica della Perugina nel 1923. (Album/Collection Im/Kharbine-Tapabor/Mondadori Portfolio)

va eco linguistica, semantica e iconica con il partito e ricordava i fasti della romanità; era allo stesso tempo simbolo di storia, di forza, di unione. Divenne l'emblema di una nuova epoca, mentalità, dimensione nazionale: andava diffuso il più possibile. Venne impiantata una quantità inimmaginabile di fasci, alcuni li vediamo ancora, più spesso i segni delle scalpellature dove è stato possibile toglierli.

Nel marzo 1923 Benito scrisse per la prima volta – su un registro, fra le firme dei soci di un'associazione musicale qualsiasi – «Anno Primo della Nuova Era». Dette inizio così al conteggio degli anni a partire dal 28 ottobre 1922. Nel 1925 ordinò alle questure di impedire che gli ex combattenti non fascisti celebrassero l'anniversario della vittoria della Grande guerra, il 4 novembre: solo i fascisti avevano combattuto, solo loro potevano avere il culto della patria, perché il fascismo era la patria. La Prima guerra mondiale non venne più definita «Quarta guerra d'Indipendenza» o «conclusione del Risorgimento», fu indicata come l'origine del fascismo. La vicinanza del 4 novembre con il 28 ottobre favorì la sovrapposizione; in pochi anni, i «martiri della rivoluzione» fascisti e i caduti della guerra divennero tutt'uno e furono festeggiati insieme.

***

Per liberarsi di un'organizzazione che non poteva controllare, nel 1923 Mussolini dichiarò l'incompatibilità fra fascismo e massoneria, sapendo fra l'altro che alcuni ras importanti erano massoni, anche Balbo. Poi ottenne che il Partito nazionalista confluisse nel Pnf. Molti nazionalisti erano uomini di rilievo, apprezzati fra i combattenti, gli intellettuali, nell'aristocrazia e a corte. Erano più moderati dei fascisti, ma il loro ingresso nel partito non provocò mutamenti, se non in peggio, perché portarono in dote un conservatorismo snobistico. Imborghesirono il fascismo, per usare un termine caro al duce, spazzando via genuinità, tendenze socialiste e spirito individualistico.

In Vaticano piacque moltissimo la riforma della scuola realizzata nel 1923 da Giovanni Gentile per volontà di Mussolini, che la definì «la più fascista di tutte le riforme». Aveva il pregio di stimolare lo studio elementare, ma rendeva più difficilmente accessibile – alzando le tasse – l'accesso agli studi superiori, e soffriva di una misoginia ottocentesca. Però reintroduceva, dopo decenni, l'insegnamento della religione nelle scuole primarie. Erano imminenti le elezioni dell'aprile 1924, che Benito attendeva, e la Santa Sede si dichiarò al di fuori e al di sopra di tutti i partiti, ma centocinquanta fra le personalità cattoliche di maggiore rilievo firmarono un manifesto contro i popolari – e in favore del fascismo – che venne affisso in quasi tutte le chiese: il governo aveva «mostrato di essere pronto a realizzare le più vive aspirazioni dei cattolici e di voler diffondere nel nostro paese un'atmosfera di spiritualismo e di libertà religiosa», sosteneva.

Secondo la riforma elettorale voluta dal duce, chi avesse superato il 25 per cento dei voti avrebbe preso tre quarti dei seggi, la maggioranza assoluta. Non occorreva un esperto di politica per capire che se i fascisti si fossero alleati con i liberali più destrorsi, avrebbero ottenuto oltre il 25 per cento. Far passare la legge significava dunque consegnare loro la Camera, e fu la stessa Camera a suicidarsi. Il risultato delle votazioni segrete – 223 voti a favore contro 123 – venne proclamato solennemente dal presidente Enrico De Nicola: dopo Einaudi e Gronchi, è il terzo futuro presidente della Repubblica italiana che incontriamo in queste vicende di debole opposizione al duce, per dirla con un eufemismo.

Ma Mussolini nel 1924 aveva ancora problemi con i fascisti. Oltre alla divisione fra una sinistra rivoluzionaria a tutti i costi e una destra normalizzatrice, benché di tendenze fortemente illiberali, i ras rafforzavano la polemica contro il nuovo fascismo romano, centralizzato e burocratizzato. Il cremonese Roberto Farinacci, uno dei più violenti, definiva Roma «troiaio» e proponeva una seconda ondata che spazzasse via tutti i nemici. Il duce era determinato a usare entrambe le ali del partito, con una minacciava gli italiani, con l'altra li tranquillizzava. Così appariva – era – l'unico uomo che potesse tenere sotto controllo il fascismo, dilagante. Non è una moda recente correre in soccorso dei vincitori. Se prima della marcia su Roma gli iscritti al partito erano trecentomila, all'inizio del 1923 erano quasi ottocentomila.

Benito doveva vedersela anche con una terza ala del partito, quella detta dei revisionisti, che si battevano sia contro l'illegalismo fascista della rivoluzione fatta con le armi sia contro la normalizzazione. Chiedevano una legalità nuova, una rivoluzione legislativa, politica e sociale. Mussolini li temeva perché politicamente più preparati, quindi meno manovrabili. A parte Bottai, cito qualche nome che è stato dimenticato dalla storia: Ottavio Corgini, Cesare Forni, Alfredo Misuri, Massimo Rocca, Raimondo Sala. Non sono ricordati perché furono espulsi o messi in condizione di andarsene, pagando – spesso a suon di botte ordinate dallo stesso Benito – la «colpa» di ragionare politicamente: il fascismo al potere bastonava e rigettava il fascismo pensante. Le conseguenze furono gravissime, come scrisse Bottai, si arrivò a una classe dirigente dove «non si può colpire in nessun punto, perché se si colpisce, si colpisce al centro», ovvero il duce.

Provvedeva alle bastonature un gruppo, appena costituito, di collaboratori segreti (ma non tanto, a Roma si sapeva tutto). Veniva chiamato Ceka, come la Čeka bolscevica, conferendogli una fama assassina. I suoi membri in genere evitavano di uccidere, si *limitavano* a una forte violenza fisica, per stroncare la resistenza psicologica dell'avversario. Erano tipacci senza scrupoli, ex combattenti, spesso ex arditi, incaricati di «dare una lezione» agli oppositori, specialmente quelli interni. Tutti si facevano onore di avere compiuto numerosi delitti durante lo squadrismo, in particolare Amerigo Dumini, personaggio noto per l'attitudine alla violenza. L'organizzatore della Ceka era nientemeno che il segretario amministrativo del partito, Giovanni Marinelli, che ovviamente aveva un contatto stretto con il vertice.

***

Per le elezioni del 6 aprile 1924 Benito formò il «listone», fascisti più liberali, fra cui De Nicola e Orlando, e pretese che tutto si svolgesse regolarmente. Era suo interesse che i buoni borghesi andassero alle urne, avrebbero votato per lui. Però ordinò ai suoi di agire contro i fascisti dissidenti che avevano presentato liste proprie. Gli squadristi non fecero tante distinzioni fra oppositori esterni e interni, la mano fu pesante. Comizi impediti, oratori picchiati, sezioni avversarie distrutte, sedi di giornali incendiate. Ci scappò qualche morto, fra cui un candidato socialista. Lo stesso Giolitti, che pure continuava a predicare pazienza nei confronti del fascismo, definì la vicenda elettorale una «torbida avventura» condotta con metodi «indegni di un paese civile». È vero, ma Mussolini vinse con un tale margine di vantaggio da far credere che avrebbe vinto comunque. Ebbe in totale il 66,3 per cento dei voti validi.

Alle urne era andato il 63,8 per cento degli elettori, più che nelle elezioni del 1921: la disaffezione al voto non è un problema di oggi. Benito aveva come oppositori i socialisti, con meno dell'11 per cento e il 3,8 per cento di comunisti, mentre i fascisti dissidenti avevano avuto appena lo 0,2 per cento. Dal milione e ottocentomila voti del 1921, le sinistre si erano ridotte a un milione.

Gli oppositori trovarono un capo in Giacomo Matteotti, deputato socialista neanche quarantenne che non aveva dubbi sulla necessità di combattere a oltranza il fascismo. Quando si riaprì la Camera, il 31 maggio 1924, denunciò con minuzia le violenze avvenute e propose l'annullamento delle elezioni. Naturalmente, con la nuova maggioranza, l'idea non passò. Farinacci rispose che «se domani ci vorrete davvero provocare, non ci potremo limitare più a un semplice scambio di pugni». Matteotti non si fece intimidire e nella seduta del 3 giugno polemizzò ancora, direttamente contro Mussolini, che il 7 giugno riaffermò la validità dei risultati elettorali e assicurò che da quel momento il paese sarebbe tornato alla normalità. Tre giorni dopo Matteotti venne rapito mentre usciva da casa sul lungotevere, portato in macchina e ucciso subito, durante una colluttazione.

Diversi studi attendibili hanno sollevato il dubbio che l'omicidio non sia avvenuto solo per ragioni politiche. Matteotti era membro della commissione bilancio della Camera e aveva scoperto un disavanzo di due miliardi, oltre a sospette tangenti concordate tra la compagnia petrolifera americana Sinclair Oil e diversi gerarchi, tra cui Arnaldo Mussolini.

La responsabilità morale del delitto fu del duce e del clima di violenza che aveva incoraggiato pur di raggiungere il potere e mantenerlo, ma non è mai stato dimostrato che abbia dato l'ordine di rapire e uccidere Matteotti, e non è credibile che lo abbia fatto. Quella morte costituì un danno immenso per il fascismo e per lui. Benito era troppo accorto per compiere un errore così clamoroso, e in un discorso alla Camera dichiarò: «Solo un mio nemico, che da lunghe notti avesse pensato a qualche cosa di diabolico, poteva effettuare questo delitto». Una delle ipotesi sostiene che il crimine sia stato organizzato da estremisti fascisti contro Mussolini: è quasi certo che dopo le elezioni il duce volesse tentare di nuovo la strada della pacificazione come nel 1921, portando al governo alcuni socialisti riformisti. La morte di Matteotti lo impedì e il duce dovette scegliere prima del tempo la strada della dittatura, alla quale per logica di cose sarebbe giunto, ma con tempi più lunghi e con traumi minori.

D'altra parte è appurato che dopo il discorso di Matteotti del 31 maggio, in uno scatto d'ira, Mussolini disse ai suoi collaboratori: «Cosa fa questa Ceka? Cosa fa Dumini? Quell'uomo dopo quel discorso non dovrebbe più circolare». Marinelli e Dumini, zelanti e ottusi, presero lo sfogo per un ordine e organizzarono il rapimento. Il 13 giugno si seppe che gli autori del delitto erano fascisti e un'ondata di sdegno collettivo – quale mai fino allora e mai più dopo – colpì il governo. Molti iscritti gettarono i distintivi e restituirono la tessera, fra giugno e dicembre la tiratura del «Popolo d'Italia» si ridusse di un terzo. In seguito il regime considerò le iscrizioni dell'estate del 1924 meritorie quanto quelle precedenti la marcia su Roma.

Nei giorni successivi al delitto, Benito permise l'arresto di alcuni suoi collaboratori e rinunciò al portafogli degli Interni per dimostrare che non avrebbe interferito nelle indagini. Appariva turbato, quasi impaurito, mai come adesso sentiva il peso del potere, dubitava delle proprie forze. Sarebbe stato il momento giusto per un'insurrezione popolare guidata dall'opposizione, ma gli oppositori non seppero fare altro che ritirarsi sull'Aventino: il 27 giugno decisero di abbandonare il Parlamento fino a quando la Milizia non fosse stata soppressa e la legalità ristabilita. L'Aventino però ottenne soltanto l'appoggio dei giornali, e il duce fece promulgare il decreto per il controllo della libertà di stam-

Tra i panni stesi di un quartiere popolare, lo striscione del comitato elettorale del Partito nazionale fascista per le elezioni del 6 aprile 1924. (akg-images/Mondadori Portfolio)

pa che il re gli aveva firmato in bianco un anno prima. L'opposizione presentò le prove dell'illegalità fascista, propose lo scioglimento della Camera e chiese nuove elezioni. Ancora una volta il re pensò che il fascismo fosse un pericolo minore di quello «rosso». Quasi fosse un premio, Mussolini ordinò che da quell'anno la Milizia prestasse giuramento anche al re, il 28 ottobre.

Pure il papa decise che era meglio tenersi il fascismo: il primo luglio Filippo Turati dichiarò che i socialisti erano pronti a unirsi con i popolari. De Gasperi, a sua volta, si disse aperto a un'unione che si realizzerà solo quarant'anni dopo. Nel 1924 al Vaticano l'accordo sembrò del tutto innaturale, e la possibilità di intesa sfumò: avrebbe tolto al fascismo il ruolo principale presso i benpensanti, quello di guardia armata contro la sovversione di sinistra. La Camera venne riaperta il 12 novembre ma c'erano soltanto i fascisti, i loro alleati e i comunisti, che avevano deciso di riprendere la lotta in Parlamento. Molti furono bastonati.

Alla fine del 1924 due fatti nuovi accelerarono la Storia. «Il Popolo», quotidiano del Partito popolare, denunziò all'Alta corte di giustizia il capo della polizia De Bono perché coinvolto nel delitto Matteotti (era vero, venne appurato). Il 27 dicembre Giovanni Amendola, direttore del «Mondo», pubblicò un memoriale di Cesare Rossi, strettissimo collaboratore di Mussolini, il quale scriveva, fra l'altro: «Tutto quanto è successo è avvenuto sempre per la volontà diretta o per la complicità del duce». Il memoriale provocò un'altra ondata di sdegno e di nuovo la crisi sembrò irreparabile, ma il 31 dicembre arrivò la svolta. Trentatré consoli della Milizia, ispirati e guidati da Balbo, si presenta-

Roma, 3 gennaio 1925, Camera dei deputati. Celebre discorso del duce che instaura la dittatura (Mondadori Portfolio/ Archivio GBB Mondadori Portfolio/Archivio GBB)

rono a Benito dicendogli che o si decideva a stroncare le opposizioni o avrebbero pensato loro a guidare il paese. Benito temeva quegli uomini più delle opposizioni, sapeva cosa potevano fare. Anche se non fossero riusciti a rovesciarlo, avrebbero potuto creare un clima di violenza tale da travolgerlo. D'altra parte, se si fosse dimesso, li avrebbe avuti ugualmente contro, e le opposizioni avrebbero avuto gioco facile nell'addossargli tutte le colpe, forse sarebbe stato processato.

Si trattava di decidere. Già il primo dicembre 1921, quando era ancora lontano dal prendere il potere, aveva detto in un discorso alla Camera: «La carta della dittatura è una carta grossa, che si gioca una volta sola, che impone dei rischi terribili, e, giocata una volta, non si gioca più». Era venuto il momento di giocarla. Promise ai consoli della Milizia che il 3 gennaio 1925, dopo la sospensione natalizia del Parlamento, avrebbe risolto il problema. Quel giorno iniziò così il suo discorso: «L'articolo 47 dello Statuto dice: "la Camera dei deputati ha il diritto di accusare i ministri del re e di tradurli dinanzi all'Alta corte di giustizia". Domando formalmente se in questa Camera, o fuori di questa Camera, c'è qualcuno che si voglia valere dell'articolo 47». Passarono lunghi secondi di silenzio, l'opposizione taceva e a mano a mano crescevano le acclamazioni fasciste, così Mussolini poté concludere: «State certi che nelle 48 ore successive a questo mio discorso la soluzione sarà chiarita su tutta l'area».

Erano le 16 e 10, nella notte partirono i telegrammi ai prefetti con un lungo elenco di misure repressive. Nei giorni seguenti furono chiusi circa quattrocento circoli, gruppi, esercizi pubblici considerati ostili, vennero arrestati 111 «sovversivi». Non fu un'instaurazione fulminea della dittatura, fu una morsa progressiva, accorta: entro la fine del 1926 furono emanate tutte le leggi liberticide e sciolti gli altri partiti. Scrisse lo stesso

Lungotevere Arnaldo da Brescia (Roma), 27 giugno 1924. I deputati socialisti Gino Baldesi, Alessandro Bocconi, Antonio Priolo, Arturo Labriola, Camillo Prampolini, Bruno Cassinelli, Enrico Gonzales, in raccoglimento sul luogo in cui era stato rapito Giacomo Matteotti. (Tallandier/Bridgeman Images/Mondadori)

Località Quartarella (Roma), 16 agosto 1924. Dopo il ritrovamento in un bosco alle porte della città, la salma di Matteotti fu ricomposta in una cassa per essere trasferita a Fratta Polesine, luogo d'origine del deputato. (SZ Photo/Scherl/Bridgeman Images)

Benito: «Il colpo fu vibrato al tempo giusto ed è stato mortale. Tutto quello che è accaduto – da allora in poi – nel nostro e nell'altrui campo – ha un riferimento a quella data fatale e fatidica».

Un mese dopo prese una decisione impensabile prima: mise a capo del partito Roberto Farinacci. Era l'uomo adatto a controllare gli estremisti fascisti, essendone uno dei capi, e Benito arrivò all'arroganza – Farinacci era avvocato, aveva ottenuto la laurea in modo dubbio – di affidargli la difesa nel processo contro gli accusati del delitto Matteotti, che si concluse con condanne risibili.

***

Abbiamo lasciato Rachele a Milano, città che alla fine abbandonò per la campagna. Accettava le distrazioni romane e l'attività politica che portava il marito lontano centinaia di chilometri, ma non sopportava che quando saliva al nord, piuttosto che stare con la famiglia preferisse alloggiare al Grand Hotel et de Milan, dove spesso andava a trovarlo Margherita Sarfatti. Rachele da qualche tempo riceveva da lui un assegno mensile che in un certo senso sanciva la loro separazione. Superato il limite, o raggiunta una cifra bastante, smontò tutto e si rifugiò con i figli in un casale romagnolo, vicino a quella che divenne la residenza campagnola dei Mussolini, Villa Carpena. Da allora, appena possibile, Rachele comperava un pezzo di terra là, un casale da restaurare qua, insomma cose solide da donna solida. Anche quando Benito divenne il fondatore dell'impero, lei non dimenticò che tutto poteva finire da un momento all'altro.

Si deve a Arnaldo la decisione di Benito di troncare la relazione con la Sarfatti. Il fratello mite e saggio convinse il duce anche a sposarsi religiosamente, per opportunità politica. Rachele, rassicurata a tal punto, tornò a Milano e prese alloggio in un elegante caseggiato in via Pagano: sei stanze grandi e luminose dove – le abitudini sono tali perché non cambiano – il marito andava a trovarla di rado. Nell'estate del 1925 si volle pure impartire a Edda e ai fratelli, nella cappella di una villa a Camaldoli, la prima comunione e la cresima: stavolta non con rito carbonaro di prete ignoto, bensì con una cerimonia solenne tenuta dal cardinale Vincenzo Vannutelli. In dicembre si celebrò, in una stanza dell'appartamento di via Pagano, il rito delle nozze cattoliche tra Benito Mussolini e Rachele Guidi. Al termine della funzione monsignor Giuseppe Magnaghi, rettore di San Pietro in Sala, prese da parte il novello marito e gli disse con curiale rudezza: «Abbiamo finito o no di sposarci? Adesso, spero, sarai finalmente tranquillo».

Soltanto nel 1989, in un'intervista casalinga rilasciata a un amico, Edda parlò della possibilità – più di una possibilità – che Rachele abbia avuto un amante, almeno uno in tutta la vita: «Ne ero convinta, e lo pensavano anche altri. C'era sempre questo signore fra i piedi, e a me dava fastidio, perché papà poteva fare quello che voleva, su questo non si discuteva, ma mia madre no! Non poteva avere un amante!». Non si trattava soltanto del papà-duce, sarebbe stato lo stesso in qualsiasi famiglia, al marito era concesso tutto, alla moglie, niente.

La relazione risalirebbe al 1923-24, prima a Milano, poi in Romagna: «Si occupava delle terre, dei poderi». L'audace consolato-

Nella pagina precedente: la famiglia Mussolini. Rachele ha in braccio Anna Maria (1929-1968) mentre in braccio a Benito c'è Romano (1927-2006). In primo piano, accanto al padre, Bruno (1918-1941) e Vittorio (1916-1997), dietro a Bruno, Edda (1910-1995). (Mondadori Portfolio/Archivio GBB)

re era romagnolo, continua Edda: «Bell'uomo, tra parentesi, anche lui». Anche lui. Benito ne ebbe sentore, e in famiglia ci furono liti più furenti del solito. «Mia madre santa donna qui, santa donna là» polemizza Edda «ma io che ci ho vissuto vicino penso che non fosse poi questa santa donna. Onestamente credo di avere ragione». Un giorno Benito disse «Basta con questa storia» e l'intruso scomparve dalla scena. Stessa fine ignota – forse in una solitaria stazione del Sud o della Sardegna – toccò al nipote dell'uomo, un giovane ferroviere di nome Arrigo, amico di Edda, e a due suoi fratelli. Da allora Rachele venne «protetta» dalla vigilanza fascista e nel 1928 Benito fece trasferire a Roma tutta la famiglia.

In casa e con gli altri, Rachele lo chiamava «il duce». Si pensava – e non si diceva – che Benito temesse le interminabili sgridate della moglie e ne subisse i condizionamenti. Può essere vero, capita nelle coppie, di certo era infastidito dai suggerimenti spicci (stai attento a questo e a quello), perché Rachele vedeva il mondo come un intrigo destinato a danneggiare il duce, non come politico, ma come capo della sua famiglia. Tuttavia non è credibile che ne subisse gli influssi politici: le idee di Rachele in proposito erano assai modeste. Se fra loro c'era rispetto e affetto, la differenza culturale era eccessiva.

A lei spettava la cura dei figli, che il padre sgridava solo quando non poteva evitarlo. Specialmente con i maschi, lasciava l'ingrato ruolo a Rachele: pure con i sottoposti e i collaboratori utilizzava un intermediario per segnalare disappunto o punire.

All'epoca il capo del governo si era già trasferito nella sua abitazione più celebre, Villa Torlonia, un altro omaggio dell'aristocrazia romana. Il palazzo neoclassico e il suo parco, incastonati sull'elegante via Nomentana, gli vennero ceduti dal principe Giovanni Torlonia, si dice per la cifra simbolica di una lira all'anno, ma non è mai stato realmente verificato. Il presidente traslocò nel luglio 1925, tre anni dopo arrivarono moglie e figli. La vita familiare era diventata doverosa per l'uomo fascista.

Rachele accettò il trasferimento perché, in quel microcosmo ai margini del centro, poteva fare la vita da signora di campagna che le era congeniale. Quando però mise piede per la prima volta nel palazzo, pieno di sale e dai mobili pesanti, scoppiarono le discussioni con Benito. Lei voleva buttare all'aria tutto e arredare sobriamente, lui si opponeva, un po' perché abituato all'incuranza domestica dello scapolo, un po' perché non voleva sfigurare davanti al principe Torlonia. Alla fine Rachele la spuntò e in poco più di due mesi, servendosi di personale rigorosamente romagnolo, trasformò la villa in una grande casa borghese moderna, avendo cura di lasciare affreschi, lampadari di Murano e mobili particolarmente pregiati.

I locali, ampi e luminosi, si dividevano su tre piani. Il pianterreno era disseminato di salottini e ospitava il vasto salone da ricevimento; al primo piano c'erano la sala da pranzo e gli appartamenti di Benito (nell'ala destra) e di Rachele (nell'ala sinistra), beninteso comunicanti; al secondo e ultimo piano le stanze dei figli, dei domestici e il guardaroba. C'erano poi un grande sottotetto e vari edifici attigui, tra cui un villino in stile medievale che venne messo a disposizione di Vittorio dopo il matrimonio, e un palazzetto che fu concesso alla vedova di Bruno. Quando i figli erano piccoli, nessuno veniva invitato a casa, perché un capo – sosteneva Benito – non deve aprire il sipario sulla propria vita intima, il mondo ne deve avere soltanto l'immagine ufficiale.

Anche lì la vita dei Mussolini era sobria, frugale, come frugale può essere la vita di una famiglia d'origine modesta che si trovi a disposizione legioni di postulanti ai più alti

Nettuno, 20 luglio 1925. Mussolini è a Forte Sangallo per la stipula della convenzione con la Jugoslavia che regola le condizioni degli Italiani in Dalmazia. (Mondadori Portfolio)

livelli pronti a soddisfare ogni sfizio in cambio di favori o «visibilità». Se è vero che il clan del duce adottò generalmente uno stile di vita piuttosto modesto rispetto a satrapi di ieri e di oggi, va detto che i suoi membri – soprattutto i giovani – vollero godere dei privilegi non facendosi mancare nulla.

Rachele definiva il parco «la mia piccola Romagna»: vi aveva fatto costruire un forno per cuocere il pane, l'orto era ben coltivato, c'erano il pollaio con centinaia di galline, tacchini e conigli e il recinto con un paio di maiali. Oltre a allevare animali, amava cacciarli: sparava agli storni sia nel parco sia nella tenuta di Castelporziano. Fu lei – non il *pater familias* – a trasmettere ai rampolli Vittorio e Bruno una passione che sfogheranno in Africa.

I Mussolini trasformarono la limonaia (oggi un bar-ristorante) in un cinema privato, con tanto di riscaldamento. Più sere alla settimana vi venivano proiettati in anteprima i nuovi film, o tutto ciò che la famiglia richiedeva, con un gruppo di tecnici inviati dall'Istituto Luce. Il personale di servizio poteva godere delle proiezioni, beninteso in fondo alla sala. Quando i figli crebbero, la platea si arricchì delle loro personali corti di amici o aspiranti tali.

Qualche volta, se non era troppo stanco, appariva pure lui. Evitava i film intellettuali o drammatici, come capita a chi «non stacca mai» e comunque non vuole altri rovelli. Guardava volentieri i film comici. Gli piacevano Stanlio e Ollio (bombetta a parte), Chaplin, Ridolini. Vittorio – che più di tutti approfittò di quel privilegio faraonico – sostenne che, qualsiasi fosse il film, il padre si fermava al primo tempo. Quel che gli interessava davvero erano i cinegiornali Luce, li criticava aspramente, e berciava: «Tagliate quella scena! Ma dovrei fare pure il regista!». Richiedeva cinegiornali britannici e americani, e più avanti – naturalmente – tedeschi.

Apprezzava il jazz, lo trovava divertente, una passione che trasmise al figlio Romano, poi diventato un buon pianista jazz. Soprattutto, cito dal libro di Romano Mussolini: «Gli piaceva la musica lirica e gioiosa, il lirismo guerriero e passionale di Verdi e di Wagner e la giocondità di Rossini».

Al personale ereditato dalla famiglia Torlonia, impiegato prevalentemente nel parco, si sommarono con il tempo i domestici romagnoli portati da Rachele e dominati da Cesira Carocci, umbra, donna di fiero temperamento che cucinava e governava la casa, Benito compreso. Entrò presto in conflitto con Rachele, convinta – a ragione – che coprisse i tradimenti del marito e che a volte ne fosse addirittura protagonista. Venne licenziata nel 1934. Non era semplice essere domestici di casa Mussolini, dal momento che la signora aveva occhi ovunque, lavorava in cucina, in lavanderia, dappertutto, e nessuno lo faceva bene come lei. Perfetta moglie del marito, si può azzardare. Rachele non voleva donne sposate, quelle che convolavano potevano considerarsi congedate, ma allo stesso tempo era restìa a ingaggiare delle giovani, per ragioni facili da immaginare.

Poi c'era Camillo Ridolfi, maestro di scherma e stalliere, con lui Benito andava a cavallo nel parco tutte le mattine. L'equitazione divenne un rito e fu uno dei suoi passatempi preferiti. A inizio giornata, un drappello di militari al comando di un ufficiale gli portava i cavalli da una caserma vicina. Quando si impratichì con il salto a ostacoli permise a fotografi e cineprese di riprenderlo, immortalando talvolta capitomboli colossali rimasti per decenni nascosti in archivio. Ridolfi gli faceva da maggiordomo quando era in viaggio e godeva di uno stipendio eccellente come generale della Milizia, funzione che evidentemente non esercitava.

Nella villa non si vedeva gente armata, sebbene ce ne fosse. Oltre alla sorveglianza degli accessi e sul perimetro del parco, c'era un complicato programma di ronde di agenti in borghese, talvolta infiltrati come visitatori, dipendenti, operai, senza contare chi doveva tenersi pronto a seguire a debita distanza i membri della famiglia ogni volta che lasciavano la villa. La sicurezza del clan era affidata a uno specifico corpo di polizia, detto «la presidenziale». I cinquecento agenti scelti, ripartiti equamente tra poliziotti, carabinieri e Milizia, costituivano l'invisibile cordone che circondava ogni movimento del capo; una buona parte si dedicava ai familiari e alle amanti di Benito.

Quando trasferì l'ufficio a Palazzo Venezia, nel settembre 1929, il suo collaboratore principale divenne Quinto Navarra; un po' usciere, un po' segretario privato, arrivava la mattina alle 8 e per oltre vent'anni lo vide più di chiunque altro. Navarra affermò in seguito di non essere stato fascista, e in effetti Benito non lo aveva scelto, lo aveva ereditato alla presidenza del Consiglio, trovandolo così bravo da tenerlo. Il segretario particolare era Alessandro Chiavolini, ufficiale della Milizia che aveva lavorato come giornalista al «Popolo d'Italia». Infine l'autista Ercole Boratto, pure ereditato: stette con lui per vent'anni e Benito disse che non avevano mai scambiato una parola.

Gli piaceva guidare, aveva una passione per le automobili. Per il gusto di correre usava un'Alfa Romeo, sfrecciava da Roma a Ostia e ritorno. Prese il brevetto di pilota. Alcuni suoi biografi hanno calcolato che abbia volato per diciassettemila ore, una cifra incredibile, eccessiva. Amava tirare di scherma, giocava a tennis e a calcio con i figli. Quando andava a Riccione in vacanza le grandi nuotate erano d'obbligo, per mostrare una forma fisica prestante. Però aveva bisogno degli occhiali, che non mostrava in pubblico: una macchina per scrivere speciale batteva caratteri abbastanza grandi da permettergli di leggere a occhi nudi. Ci teneva a farsi vedere giovane, ci mancherebbe, e a mano a mano che invecchiava proibì ai giornali italiani – tentò anche con quelli stranieri – di scrivere la sua età.

Salvo non poche eccezioni, la sua giornata cambiò assai poco nei quasi vent'anni in cui abitò a Villa Torlonia. La cameriera Irma aveva il compito di svegliarlo alle 7, aprendo la finestra. Per lui era già pronto del succo di frutta, che beveva d'un fiato prima di farsi la barba e cimentarsi in alcuni movimenti per sciogliere i muscoli. Dopo dieci minuti eccolo in tenuta sportiva nel parco, dove Ridolfi e i militari di turno lo attendevano con i cavalli. Sceglieva la cavalcatura e il percorso, quindi scompariva al galoppo per mezz'ora. Seguivano doccia, massaggio con acqua di colonia e vestizione. Il giovedì aveva appuntamento fisso con la manicure, considerava le mani un dettaglio fondamentale.

Con buona pace dell'iconografia abituale, quindi voluta o approvata dal duce stesso, vestiva in giacca e cravatta per gran parte delle sue giornate, fatte di lavoro d'ufficio e colloqui privati. Oltre agli abiti civili, aveva almeno cinquanta uniformi e un numero indefinito di cordoncini e decorazioni. Non poteva sbagliare, dal momento che a volte portava l'uniforme anche durante il lavoro d'ufficio e indossava una combinazione di distintivi secondo le riunioni da presiedere. Per gli eventi pubblici il vestiario era appannaggio dei funzionari addetti, che la sera istruivano la cameriera. Aveva qualche interesse solo per gli accessori, scarpe, guanti di pelle e cappelli, che al di fuori delle occasioni ufficiali combinava estrosamente. Gli piaceva sperimentare indumenti «tecnici», come gli stivali con chiusura a cerniera.

Consumava la prima colazione – caffelatte, pane integrale e frutta – in sala da pranzo. Di solito mangiava da solo, perché Rachele era già sveglia da tempo. Alle 8 in punto l'autista gli apriva la portiera e partiva alla volta di Palazzo Venezia. L'auto del presidente e della scorta trovavano un'«onda verde» predisposta dai vigili per evitare soste lungo la strada, dopo che nel 1926 vi furono due tentativi di ucciderlo mentre si trovava in auto.

Giunto in pochi minuti a Palazzo Venezia si dirigeva al suo vastissimo ufficio. Sulla scrivania erano pronti i rapporti del ministero dell'Interno e del partito, li scorreva prima degli appuntamenti fissi con i ministri dell'Interno e degli Esteri, con il capo della polizia. Il resto della mattinata era per gli altri incontri istituzionali. Solo lunedì e giovedì la giornata lavorativa iniziava più tardi, alle 10 in punto, perché era lui a fare rapporto al re.

Alle 14 tornava a Villa Torlonia per il pranzo. Appena l'auto varcava il cancello, il portinaio premeva un pulsante che allertava domestici e familiari. Una guardia scendeva all'ingresso per aprire la portiera e prendere la valigetta del duce. Di norma moglie e figli avevano già pranzato, ma affollavano comunque la sala mentre Benito sfogliava la stampa del giorno, che lo attendeva intonsa. La sua rassegna era sistematica e veloce, secondo il metodo affinato in anni di mestiere giornalistico: inforcava gli occhiali, impugnava la matita rossa-blu e, accigliato, scorreva i quotidiani: iniziava dal suo, poi passava ai nazionali e alla principale stampa straniera, infine quella locale. Teneva le pagine e i ritagli che lo interessavano, il resto veniva gettato a destra della poltrona, a disposizione dei familiari.

Servito da un cameriere romagnolo mangiava velocemente, pessima abitudine ereditata dall'adolescenza. Secondo lui non si

Roma 1926. Mussolini incontra il ministro degli Esteri jugoslavo Momčilo Ninčić. Foto scattata durante un pranzo ufficiale al Circolo della Caccia a Palazzo Borghese. (Mondadori Portfolio/Archivio GBB)

doveva stare a tavola più di dieci minuti al giorno e i suoi pasti non duravano mai, sosteneva, più di tre minuti. La malattia, però, lo obbligava a una dieta che oggi definiremmo «salutista», fondata su proteine e fibre. Beveva acqua e pretendeva di rimanere leggero: piccoli piatti di pasta (a dispetto di quanto imposto ai bimbi del popolo dai nutrizionisti di regime) e grandi insalatiere di verdura fresca accompagnate da carne bianca o uova. Forse già nei primi anni romani apprese il segreto di chi ha molti eventi mondani, ingozzarsi di insalata e fibre «sane» prima di ogni banchetto ufficiale, un rito che detestava: oltre a essere costretto a conversazioni senza scampo, il pasto solenne lo tentava – tra grassi e alcol – nonostante fosse più forte il desiderio di mostrarsi sano e ascetico.

Dopo pranzo si concedeva una lunga pausa che investiva nella pennichella. Quando i figli maschi crebbero, buona parte del tempo durante e dopo il pranzo lo passava con loro, discutendo o giocando a calcio, biliardo, ping-pong e tennis. Talvolta, tuttavia, era il momento della giornata in cui Rachele lo pretendeva solo per sé: si incontravano nel giardino, sotto un grande fico, per confidarsi e parlare di tutto. Così, almeno, lascia intendere lei in memorie pubblicate molti anni dopo – come *Mussolini privato*, del 1973 – quasi a prendere una rivincita postuma tramandando l'immagine di una famiglia unita, fedele a sé stessa, tipicamente italiana, una rappresentazione dell'ideale che aveva sempre sognato. Il quadro che Benito descrisse a Clara l'8 gennaio 1938 – e che l'amante trascrisse con compiacimento – è radicalmente diverso: «Oggi ho avuto una lite feroce con mia moglie ed io non posso inquietarmi a tavola mangiando, mi fa male. Mi sono in.....to in una maniera incredibile. [*La censura è di Claretta*] È inutile, non ci prendiamo, è una stupida. Vuole occuparsi di politica, figurati. Le fesserie che dice, cosa ne può capire lei, di cosa si immischia. Sono fuori di me. Ho avuto la discussione a tavola, e per di più davanti ai ragazzi, fra cui i bambini, che naturalmente erano con gli orecchi puntati. Ho dato un pugno tale sul tavolo che per poco spacco tutto. [*Rachele è*] una donna che non si è mai interessata minimamente di me, di nulla, che è stupida, non sa quel che si dice e ogni volta che parla mi fa prendere inquietezza, io la odio, stupida, la odio. Potrebbe uscire, prendersi delle soddisfazioni. [*Invece sta*] tutto il giorno in casa con le cameriere, a discutere con loro. È incredibile la vita idiota che fa. E mi trascura nel modo più vergognoso, di me non si occupa affatto. Sono stanco, mando all'aria tutto, se va avanti così spezzerò i ponti a questo inutile ridicolo legame». Anche a queste parole occorre fare la tara: per quanto ci sia del vero, le dice all'amante il marito traditore della moglie, figurerebbero bene in una commedia all'italiana con Alberto Sordi, Vittorio Gassman o Nino Manfredi. Benito non avrebbe mai lasciato Rachele, la madre dei suoi figli, il porto sicuro, né infatti la lasciò mai.

Alle 16 tornava a Palazzo Venezia. La sessione di lavoro pomeridiana era più rilassata. A volte faceva non proprio una siesta, si addormentava per qualche minuto con le braccia incrociate sulla scrivania, come i bambini a scuola. Sfrondati gli impegni istituzionali, si dedicava agli affari leggeri, riceveva i visitatori «comuni», postulanti, delegazioni, comitive o viaggiatori di riguardo, faceva sesso godendosi la vista su piazza Venezia. Di solito era in questo momento della giornata che accoglieva ragazze e signore procurate da Cesira. Quando alla segreteria del duce si presentava una postulante o un'ammiratrice particolarmente avvenente era presto condotta da lei, che con garbo e discrezione organizzava ogni aspetto dell'incontro. Oltre a scegliere luoghi, orari e modalità, vestiva, profumava e istruiva l'amante prima di introdurla da Benito. Talvolta forse, lo abbiamo anticipato rendendo conto dei sospetti di Rachele, provvedeva personalmente a soddisfare l'irrequieto padrone. Tuttavia sono solo congetture rese plausibili dalla gelosia di Rachele, dall'attitudine di Benito a approfittare delle donne che gli erano vicine, dell'intimità quotidiana che aveva acquisito con quella bella donna umbra. I pettegolezzi, però correvano, e Cesira – ruspante anche nel nome – avrebbe fatto ciò che la ribattezzata Aélis, al secolo Amélie Mazoyer, faceva al Vittoriale per d'Annunzio; il poeta-soldato era così compiaciuto che il duce si ispirasse a lui pure in questo da coniare per Cesira il soprannome «Suor Salutevole».

A volte era l'incavo dei finestroni a ospitare le amanti abituali. Una era Ina De Spuches, moglie di un ufficiale della Milizia: nel 1927 ebbe da lui un figlio che chiamò Benito. Il giovane – non riconosciuto – crebbe fervente fascista, al punto che morì in combattimento nel periodo di Salò. Nei primi anni Trenta il duce venne ossessionato dalla scrittrice romana Cornelia Tanzi, che si divertiva a eccitarlo e a estenuarlo accampando un orgasmo difficile. Quando lui si spazientì (non a torto) e la bandì da Roma, lo tempestò di lettere al punto che il segretario smise di consegnarle.

Nella seconda metà degli anni Trenta Benito si godeva la fama all'estero, in quel momento allo zenit. La seducente giornalista francese Madeleine Coraboeuf arrivò a Roma per intervistarlo, nel 1936: «Era folle di me» raccontò compiaciuto alla gelosissima Petacci «le ruppi le mutandine: sentii un crac e vidi lei con il suo tono perfetto e la sua magnifica giovinezza». Si vede che voleva proprio fare ingelosire Claretta: le parlava di una donna di 31 anni quando lei ne aveva meno. La francese, nota anche come Magda Fontanges, ebbe una vita avventurosa; durante la Seconda guerra mondiale, drogata e alcolizzata, fece la spia dei tedeschi: a guerra finita venne condannata a 15 anni di prigione, liberata anzitempo, chiusa in manicomio. Morì suicida nel 1960.

Se in famiglia Benito appariva schivo, pronto a assecondare la moglie, in quello squarcio di pomeriggio era volitivo, possessivo, a tratti violento, e dette sfogo al suo patologico senso del possesso: «Oggi devono venire *Tizia* e *Caia*... non fatele incontrare» diceva talvolta al maggiordomo Navarra. Possiamo immaginare dialoghi simili con gli agenti di polizia che metteva alle calcagna delle amanti, alle quali poi scriveva, o sbottava: «Ditemi, signora, chi è il signor Luciano Antonietti? E chi è il signor Roberto Rossi? E il signor Massimo Giorgetti morto, pare, in ospedale invocando il vostro nome!?».

Fece seguire dalla polizia anche Magda Brard – pianista francese conosciuta nel 1926 – persino quando andava alle prove, ai concerti o per negozi. Nel dicembre 1927, dopo una discussione, la stampa ricevette l'ordine di passare sotto silenzio i suoi concerti. Solo la velata minaccia di riparare in Francia indusse Benito ad annullare la disposizione. Il loro rapporto, tra alti, bassi e due figli sospetti, durò fino alla morte di lui.

Nel tipico pomeriggio lavorativo amava fare il funzionario o il redattore, per esempio correggendo comunicati, articoli e persino sceneggiature. Accettava inviti a visite o «comparsate» propagandistiche per fare una gita, magari nelle campagne bonificate. Oppure investiva tempo in iniziative che avevano del grottesco, come quella del marciapiede a senso unico. Era uno degli innumerevoli «dettagli» che seguiva con acribia pensando non tanto a come la città veniva vissuta ma soprattutto a come veniva percepita. Lo dimostra l'articolo che il giornalista francese Émile Servan-Schreiber scrisse per l'«Illustration» del 3 settembre 1932: lodò l'ordine che aveva trovato nella capitale, dove «il senso unico è organizzato dappertutto [...]. Oggi i pedoni stessi in alcune strade di Roma sono invitati dagli agenti [...] a prendere il marciapiede di destra o quello di sinistra secondo la direzione del loro cammino».

Uno dei tantissimi aspetti – in realtà mai imposti – dell'ossessione di Benito per Roma, che aveva sempre disprezzato come simbolo della decadenza politica italiana e che ora intendeva trasformare in una capitale imperiale. A distrarre il suo lavoro d'ufficio aveva un immenso cantiere proprio davanti Palazzo Venezia. Le demolizioni e i nuovi scavi nel centro di Roma erano stati avviati già nei primi mesi dopo la presa del potere. Benito recuperò i vecchi piani di risanamento e li ampliò radicalmente per isolare le grandi moli monumentali e architettoniche della Roma repubblicana: i dettagli, i problemi, le scelte imposte da questo lento, eterno cantiere lo impegnarono a lungo. All'inizio degli anni Trenta cominciò il grande sventramento dei quartieri medievali-rinascimentali tra il Campidoglio e il Colosseo.

Dovette anche farsi valere, di volta in volta, su archeologi e urbanisti «filologici» che intendevano preservare almeno una parte dei quartieri medievali o i siti archeologici che lui riteneva «scenograficamente» superflui. Nel settembre 1931 il senatore Pietro Fedele – celebre accademico medievista che era stato ministro dell'Istruzione dal 1925 al 1928 – propose di salvare almeno «l'unico esempio rimastoci di casa popolare della Roma medioevale» e Benito scrisse al governatore di Roma: «Continui a demolire e se necessario demoliremo anche le melanconie del senatore Fedele, che si commuove ridicolmente, per un mucchio di latrine».

La Roma di Benito doveva esaltare le vestigia di una antichità grandiosa e connetterle direttamente con un ancor più grandioso presente: alle prospettive rinascimentali e ottocentesche si dovevano aggiungere architetture razionaliste e metafisiche in marmo, acciaio, cemento. Parte della nuova città mussoliniana sorse e sopravvive brillantemente ancora oggi, come il complesso del Foro Italico e il quartiere dell'Eur.

Lui doveva essere il demiurgo capace di passare dalle grandi questioni mondiali alle difficoltà del borgo più sperduto. Eppure la realtà dei fatti era diversa. Non pochi problemi alla macchina statale vennero dalla mania del capo di collezionare incarichi e di rimandare le decisioni fino a quando, nella migliore delle ipotesi, organizzava una riunione di tecnici; nella peggiore prendeva una decisione facendosi influenzare dall'interlocutore di turno.

Nell'intervista a Ludwig, spiegò il segreto della sua «onniscienza» con la disciplina affinata ai tempi in cui facevano lo stesso mestiere: «La mia scrivania era nella mia redazione altrettanto divisa in settori come qui, e già allora la mia giornata era suddivisa in centinaia di piccole parti per potervi mettere dentro il più possibile». Nel 1945 uno dei primi a dissacrare – in eccesso – il mito della giornata di lavoro mussoliniana fu Alberto Albertini, fratello di Luigi Albertini direttore del «Corriere della Sera»: «Invece di pensare a governare, egli passò il tempo essenzialmente a concionare e a polemizzare. Molti si sono ingannati su questo punto. Pareva l'onniveggente e l'onnipotente, [...] e invece le sue giornate erano perlopiù praticamente oziose. Le questioni più ardue, che avrebbero richiesto studio, informazioni e meditazione, egli le risolveva in quattro e quattr'otto, burbanzosamente, senza riflettere un minuto».

Nel 1932, lo stesso Benito smentì la leggenda secondo cui «Il duce non dorme mai!», dichiarando a Ludwig: «Sin dal principio ho evitato le distrazioni della società perché dopo aver lavorato tutto il giorno [...] non posso sacrificare né la sera, in cui lavoro, né la notte, in cui ho assolutamente bisogno di dormire. L'ordine e la diligenza che regolano il mio lavoro hanno sempre regnato intorno a me».

I tempi e il menu della cena erano più o meno gli stessi del pranzo, solo che a tavola c'era l'intera famiglia. La minestrina calda era di rigore. Dopo si intratteneva con i figli o il personale e, se non era prevista una proiezione alla limonaia, l'Istituto Luce gli metteva a disposizione uno schermo e un proiettore al piano terra. In ogni caso restava per un cinegiornale e il solito primo tempo di un film, poi si ritirava nella sua stanza. Lì indossava la camicia da notte (odiava il pigiama) e gli veniva portata una tazza di latte o di camomilla. Era l'ultimo atto, tutt'altro che eroico, della giornata. Il duce dormiva eccome: otto o nove ore, con l'ordine che non lo si disturbasse se non in casi eccezionali. Da qui la sua ira quando Hitler prese l'abitudine, durante la guerra, di farlo svegliare in piena notte dall'ambasciatore Hans Georg von Mackensen, che nei primi anni gli dava notizie dei successi tedeschi, poi sempre più drammatiche.

***

Nel 1930 c'era da sistemare Edda, ormai ventenne e che dava preoccupazione in famiglia (quindi anche al regime) per i suoi amorazzi e per la sua scarsa ortodossia rispetto alla visione della donna italica e fascista.

Il nome di Galeazzo Ciano fu proposto da Arnaldo Mussolini e subito approvato dal

Roma 1928. Edda con il padre a Villa Torlonia. (Mondadori Portfolio/Archivio GBB)

duce, che non voleva dare alla figlia un marito dell'antica nobiltà romana o addirittura un principe della casa reale, come da più parti gli veniva suggerito. Benito si rendeva conto che la scelta sarebbe risultata grottesca e puntò sulla «nuova aristocrazia nata dal fascismo». Chi meglio del figlio di Costanzo Ciano, ministro, fedelissimo, eroe di guerra e per questo divenuto nobile? Nel 1925, Vittorio Emanuele III gli aveva concesso il titolo di conte di Cortellazzo. (Da quel momento, e per il resto della vita, su Galeazzo circolerà una pasquinata: *Galeazzo Ciano / conte di Cortellazzo / bella la rima in ano / migliore quella in azzo.*) Per di più nel 1927, con un documento segreto noto

Roma, 24 aprile 1930. Il matrimonio fra Galeazzo Ciano e Edda Mussolini. Dietro lo sposo, Dino Grandi. (Mondadori Portfolio/Archivio GBB)

soltanto al re e all'interessato, il duce aveva designato Costanzo a succedergli, in caso di sua morte improvvisa: pensava che una figura autorevole ma di importanza secondaria avrebbe potuto in un primo momento impedire la lotta per la successione che si sarebbe scatenata fra i gerarchi più importanti.

Galeazzo, nato nel 1903, quindi più anziano di Edda di 7 anni, aveva ricevuto un'educazione severissima. Risultato uno dei migliori maturandi d'Italia, mentre studiava giurisprudenza tentò senza successo la carriera letteraria e Costanzo lo costrinse al concorso per entrare in diplomazia. Era console a Shanghai quando venne fatto rientrare d'urgenza con una scusa. Dopo averlo conosciuto, Edda decise di sposarlo: era innamorata, e finalmente si sarebbe allontanata dalla famiglia. Il futuro marito, che la trovava fascinosa, era altrettanto contento. Il matrimonio, fra la soddisfazione generale e la reciproca esultanza degli sposi, fu fissato per il 24 aprile 1930.

Dopo un fastoso ricevimento a Villa Torlonia e la cerimonia in una chiesa vicina, la coppia partì per la luna di miele con tre automobili, una per gli agenti di scorta, la terza con cameriera e bagagli. Destinazione Capri. Il marito sapeva guidare a stento e la neocontessa non si fece pregare per prendere il volante dell'Alfa Romeo. Forse avrebbe seminato la scorta se non avesse notato che li seguiva una quarta macchina. La guidava Benito, con Rachele a bordo, deciso a non perdere di vista la sua primogenita, come colto da improvvisa gelosia. La corsa durò poco. «Fin dove vuoi arrivare, papà? Sei ridicolo, e mangi solo polvere!» lo apostrofò Edda. «Stavo già per tornare indietro» rispose il duce, con un tono dimesso e balbettante di cui forse si indignò lui stesso. Prima di lasciarli, Rachele passò nella mano di Edda mille lire «Nel caso avessi bisogno di soldi»: un congedo che divertì moltissimo Galeazzo.

Meno di dieci anni dopo i versi su di lui diventarono molto più grevi: *Il suo nome finisce in azzo, / il cognome finisce in ano; / egli è genero di un pazzo / ed è figlio di un ruffiano. / Ti par forse cosa strana / che la moglie sia puttana?* In piena guerra mondiale, la beffa si trasformerà in tragedia.

***

Abbiamo visto che Benito trattava con distacco i gerarchi, benché con loro avesse conquistato il potere. Così aumentò il proprio isolamento. Lo storico inglese Denis Mack Smith sottolinea: «Più che un solitario era un misantropo, con una visione estremamente fosca della natura umana, in cui non trovavano posto né l'altruismo né l'idealismo. Egli presupponeva in ognuno un completo egoismo, ed in quasi ognuno incompetenza e slealtà». La valutazione ci riporta a Machiavelli, personaggio che Benito amava, da buon dittatore teneva sul comodino *Il Principe*, sul quale volle scrivere una tesi di laurea quando l'Università di Bologna gli dette una laurea *honoris causa*. Sosteneva che Machiavelli era, forse, il più grande dei pensatori italiani, non solo riguardo a come si conquista uno Stato, anche sui comportamenti umani.

Disse a un intervistatore francese che «un capo non può avere uguali né amici, e non può ammettere alcuno nella propria confidenza». Lui di amici ne aveva avuti pochi e continuò a non averne, come continuò a non amare la conversazione, intellettuale o da salotto. Quando ne avviava una era per sarcasmo e mai per un discorso che non fosse politico. Però quando voleva piacere a qualcuno riusciva a trovare la strada per affascinarlo. Esercitava volentieri il gioco della seduzione. Anche con le parole.

Benito, in definitiva, lavorava, comandava, aveva le amanti, aveva famiglia, faceva sport, suonava, leggeva, cavalcava, dormiva. Voleva essere l'uomo integrale, e nell'impresa metteva molto istrionismo, da attore.

Il suo mito aumentò di giorno in giorno, per piaggeria e per ammirazione sincera. Su di lui venne scritta un'infinità di libri, quasi quanti dopo la sua morte, questo che state leggendo non è di certo l'ultimo, né l'unico dell'anno e forse del mese. La biografia *più* ufficiale fu *Dux* – di Margherita Sarfatti – che si conclude con una frase di Benito pronunciata, scrive l'autrice, con gli occhi che «sfavillano di un fuoco interiore»: «Sono posseduto da questa smania. Arde, mi rode e consuma dentro, quale un male fisico: incidere, con la mia volontà, un segno nel tempo, come il leone con il suo artiglio: così» e fece il gesto di artigliare lo schienale di una sedia. Era sincero, una volta raggiunto il potere, il suo obiettivo vero, finale, fu essere ricordato come un grande della storia. Per questo giocò sempre più d'azzardo – lo chiamavano «vivere pericolosamente» – fino al fatale ingresso nella Seconda guerra mondiale.

Eppure Benito era timido, tendeva a subire la personalità di chi non lo temeva. Alfred Adler – creatore degli studi sulla psicologia individuale – era certo che la sua prima infanzia gli avesse lasciato la convinzione di essere inadeguato. Non entreremo in questo tipo di analisi, ma è certo che Benito voleva dimostrarsi più forte di quanto fosse.

***

Dopo il discorso del 3 gennaio 1925 risultava «Capo del Governo e Duce del Fascismo» in tutti gli atti ufficiali. Come capo del governo era responsabile soltanto di fronte a Vittorio Emanuele III, non più di fronte al Parlamento. In sostanza era libero di prendere qualsiasi decisione, perché il re non gli si oppose mai, in oltre vent'anni di regime. Con una legge del 1928 il Gran consiglio divenne organo dello Stato e Mussolini ne estese le competenze anche sulle prerogative della corona, divenendo «organo di massima rilevanza costituzionale», per tenere ancora sotto maggiore controllo il re.

Nel giugno 1925 dichiarò la necessità impellente di completare la fascistizzazione dell'Italia, che avrebbe preso ancora cinque anni. Nessuno lo contrastò, le opposizioni erano ridotte a pochi comunisti – che presto furono dichiarati fuorilegge – e da altrettanto esigui aventinisti. Al Senato, di nomina regia, rimasero a rappresentare una piccola resistenza, autorevole quanto inascoltata, il direttore del «Corriere della Sera» Luigi Albertini, il filosofo Benedetto Croce e il giurista Francesco Ruffini. Nel biennio 1925-1926 a Benito vennero più fastidi dai suoi estremisti, tanto da fargli dire: «Il guaio è che fatta la rivoluzione restano i rivoluzionari».

Una serie di attentati contro di lui gli fu utile per giustificare i provvedimenti liberticidi. Il 4 novembre 1925 fu scoperto un complotto – con studio dei movimenti, appostamento e fucile di precisione, «alla Kennedy» – organizzato dal deputato socialista Tito Zaniboni e dal generale e senatore Gaetano Giardino. I tre attentati del 1926, che permisero la definitiva stretta autoritaria, sono accomunati da una dinamica poco chiara, dal carattere artigianale, quasi improvvisato, e dal profilo bizzarro degli attentatori.

La prima è Violet Gibson, aristocratica irlandese con forti nevrosi, cinquantenne. Il 7 aprile 1926 la donna si confuse nella folla che circondava Mussolini al Campidoglio, dopo un congresso, e gli sparò a bruciapelo in direzione del cranio. Un brusco scatto all'indietro salvò il duce, che fu soltanto graffiato al naso dalla pallottola (un caso che si ripeterà 98 anni dopo con l'orecchio di Donald Trump). La donna fu dichiarata inferma mentale, rimpatriata in Gran Bretagna e rinchiusa in un ospedale psichiatrico fino alla morte, nel 1956.

Passarono pochi mesi e fu la volta del ventiseienne Gino Lucetti, un repubblicano che nell'ultimo anno di guerra era stato addestrato fra gli arditi. Divenne anarchico dopo avere lottato contro lo squadrismo, si trasferì in Francia da dove tornò per l'attentato. L'11 settembre attese l'auto presidenziale sul percorso che tutte le mattine portava Mussolini

In questa pagina: Violet Gibson (1876-1956). Il 7 aprile 1926 attentò alla vita di Benito Mussolini, sparandogli un colpo di pistola all'uscita del Campidoglio. (Mondadori Portfolio/Fototeca Gilardi)

Nella pagina accanto: aprile 1926. Mussolini ferito al naso dopo l'attentato. (akg-images/Mondadori Portfolio)

in ufficio. Lanciò una bomba, ma l'ordigno rimbalzò sulla carrozzeria, esplose a terra ferendo otto persone. Lucetti, subito fermato, fu condannato a trent'anni di carcere e liberato dagli Alleati nel 1943. Morì pochi giorni dopo durante un bombardamento tedesco.

Il terzo attentato arrivò durante le celebrazioni per il quarto anniversario della marcia su Roma, a Bologna. Mentre l'auto rallentava a una curva, dalla folla un colpo di pistola graffiò l'abito del duce e si conficcò nella portiera. Subito un nugolo di militari e squadristi si gettò sul quindicenne Anteo Zamboni, che venne macellato a colpi di pugnale. Dopo il linciaggio furono avviate indagini che non portarono a risultati soddisfacenti e che ancora oggi non sono riuscite a chiarire il mistero: il ragazzo agì isolato o era parte di un complotto più vasto? Non manca la pista di un piano ordito nei ranghi del fascismo estremista, in cerca di pretesti per adottare un pugno di ferro sempre più sistematico.

In ogni caso, il trittico di attentati rimise in moto la fabbrica giuridica del regime con le «leggi fascistissime». A nemmeno una settimana dall'ultimo, il consiglio dei ministri approvò il confino di polizia per un maggiore numero di reati e ampliò il già vasto potere dei prefetti. Il 25 novembre venne pubblicata la «legge per la sicurezza dello Stato», che istituiva l'omonimo «Tribunale Speciale», estendeva i provvedimenti mirati a soffocare organizzazioni contrarie al governo (revoca della cittadinanza, sequestro dei beni) e reintroduceva la pena di morte per reati contro lo Stato e i suoi rappresentanti. Il tribunale speciale, in diciassette anni di attività, emise 42 sentenze capitali (31 eseguite) e 4596 condanne, per un totale di 27.752 anni di carcere: statisticamente, 270 condanne l'anno per una media di sei anni ciascuna. Un'enormità, ma – benché inaccettabili – quei provvedimenti non danno l'idea di una dittatura spietata come quelle staliniana e hitleriana.

Tra le condanne era previsto il confino, deportazione in piccoli paesi o isole del Sud, magari leggiadre, oggi amate per il turismo, come Ponza, Lipari, dove il condannato poteva godere di una relativa libertà. Subirono la punizione 15.470 cittadini, non tutti per motivi politici. Si poteva andare al confino per omosessualità, mafia, reati annonari. Si punì qualcuno per avere scritto «Abbasso il duce» su un muro, e un uomo venne accusato di avere esclamato «Dio Mussolini»: in tribunale si discusse se poteva essere considerata una bestemmia oppure un'esaltazione del duce. Ovviamente era un'esclamazione contro Benito ma si preferì credere che fosse una lode alla divinità, e il povero cristo venne assolto.

La pena capitale era stata abrogata nel 1889 nel codice penale Zanardelli, che aveva portato l'Italia all'avanguardia sul tema. Benito parlò di quella scelta come di una sterile espressione del sistema liberale, che con il suo individualismo aveva tradito i principi illuministi. «Ho rimesso in vigore la pena di morte perché ho letto il Beccaria. In realtà egli non scrive ciò che la maggioranza crede» dichiarò a Ludwig, senza spiegare quale fosse secondo lui il vero pensiero di Beccaria. Si limitò a sostenere che «in Italia i gravi delitti erano spaventosamente cresciuti», e che «comunque io agisco con la più grande prudenza e indulgenza». Di certo, se diverse domande di grazia per pene minori furono accolte, i successivi presunti attentatori alla sua vita – tre anarchici, Michele Schirru, Angelo Sbardellotto e Domenico Bovone – furono fucilati dopo processi per direttissima. Benito volle apparire comunque un capo magnanimo, che in quanto rivoluzionario riconosce l'onore delle armi agli avversari. A De Begnac dichiarò: «Ma Sbardellotto ventiduenne, che rispose all'invito del magistrato a firmare la domanda di grazia dichiarando di rimpiangere solo di non aver eseguito l'attentato; ma Schirru anarchico, ottimo combattente della Grande guerra che grida la sua fede dinanzi al plotone di esecuzione, sono uomini veramente degni di un destino migliore». Intanto i pericoli scampati alimentarono il suo mito, arricchito dai commenti su pallottole «che se fossero passate mezzo centimetro più in là...» e dal vistoso cerotto che portò sul naso dopo la vicenda Gibson.

***

Nel 1927 il nuovo capo della polizia Arturo Bocchini costituì l'Ovra, sigla misteriosa, subito interpretata come Opera volontaria – o vigilanza – repressione antifascista. Era una polizia segreta incaricata di reprimere un nemico che sul territorio nazionale era praticamente ridotto al Pci, clandestino, unico partito a mantenere un minimo di struttura efficiente: la punta massima degli iscritti fu di 9800 nel 1932, ridotti a circa 5000 alla vigilia della Resistenza, nel 1943, anche per via dei continui arresti operati proprio dall'Ovra.

Nei comuni i sindaci, eletti, furono sostituiti da podestà a carica quinquennale, nominati dal prefetto in accordo con le autorità locali del Pnf, i «federali», che dei prefetti erano il doppione. I podestà avevano i poteri e le funzioni del sindaco, della giunta e del consiglio comunale, erano piccoli duci nelle loro città. Un altro passo nella fascistizzazione avrebbe riguardato la Camera dei deputati, che dal 1939 si sarebbe chiamata Camera dei fasci e delle corporazioni. Intanto si convenne che il Gran consiglio avrebbe deciso la lista elettorale, e la segretezza del voto fu di fatto abolita. Non stupisce che nelle elezioni del marzo 1929 il Partito nazionale fascista abbia avuto oltre otto milioni e mezzo di consensi contro 135.761 voti contrari. Si votava rispondendo sì o no alla domanda «Approvate voi la lista dei deputati designati dal Gran Consiglio Nazionale del fascismo?». È stato sostenuto che i «no» fossero inventati per dare una parvenza di credibilità alle votazioni.

Il regime – ormai era tale – avrebbe vinto anche senza queste forzature, tanto Mussolini aveva curato i rapporti con la massa dei lavoratori, la grande e piccola burocrazia, la Chiesa, le forze armate e quelle economiche. Gli italiani erano con Benito. Il fascismo garantiva la sicurezza e la tranquillità, blandiva un'idea di forza e grandezza. Il controllo dei media e la repressione avevano fatto il resto.

A tutto ciò si aggiungeva quella che è stata definita la «fabbrica del duce», la sua divinizzazione. Presentato come il padre del popolo italiano, lui stesso alimentava il culto di sé, e in un discorso esclamò: «Italiani, siate orgogliosi di vivere nel tempo di Mussolini». Venivano diffusi episodi, in parte veri, come la vicenda dello spaccapietre: un giorno, vicino a Predappio, Benito strappò il mazzuolo dalle mani di un amico d'infanzia che stava rompendo dei sassi; dicendogli «Fatti in là, Pippon» iniziò a battere la pietra senza riuscire a scalfirla; allora Pippon si permise: «Eccellenza, non è un lavoro per voi» e Mussolini, di rimando: «Ho spaccato pietre ben più dure. In questo mestiere come nella politica tutto sta nel saper trovare la vena». Poi, con una mazzata, dimostrò di non parlare a vanvera.

Anche a livelli più alti, o altissimi, ormai c'era la convinzione, sia pure in negativo, che il duce fosse davvero una persona eccezionale. Uno dei suoi principali avversari, Benedetto Croce, trovò in lui una «straordinaria quasi misteriosa potenza di intuizione politica che si connette alla singolare capacità di dominio sugli uomini». Churchill, il cancelliere dello Scacchiere che poi sarebbe stato il suo nemico vincente, in visita a Roma nel gennaio 1927, ammise di avere subito il fascino personale del duce e di apprezzarne la politica. Dichiarò: «Se fossi italiano sono sicuro che sarei stato interamente con voi

1927. Mussolini, in divisa da Caporale d'onore della Milizia, con Augusto Turati, segretario del Partito nazionale fascista, alle celebrazioni del quinto anniversario della marcia su Roma. (Mondadori Portfolio/Archivio GBB)

dal principio alla fine nella vostra lotta vittoriosa contro i bestiali appetiti del leninismo. Il vostro movimento ha reso un servizio al mondo intero. È assurdo sostenere che l'attuale governo italiano non poggi su una base popolare o che non sia sorretto dal consenso attivo delle grandi masse». Quel 15 gennaio di fine anni Venti i due futuri avversari decisero la pubblicazione sul «Popolo d'Italia» delle memorie di guerra di Churchill in 17 uscite sulla prima pagina, dal 17 febbraio.

Gandhi è un altro esempio, il più sorprendente. Nel dicembre 1931, di ritorno da Londra, volle incontrare il papa e Mussolini. Pio XI non lo ricevette, pare a causa delle vesti succinte indossate dall'uomo che stava cercando – con la disobbedienza civile – di liberare l'India dal dominio britannico. Benito, invece, accettò di vederlo, in un incontro cordiale, e commentò: «È un santone, un genio che, cosa rara, usa la bontà come arma».

Ecco le parole poi diffuse da Gandhi:

> Mussolini è un enigma per me. Molte delle riforme che ha portato a compimento suscitano la mia ammirazione. Sembra aver fatto molto per i contadini e le classi meno abbienti; ma in verità, è stato costretto a adoperare anche il guanto di ferro. Tuttavia, poiché la forza è la base della società occidentale, le riforme di Mussolini sono degne di uno studio imparziale. La sua attenzione per i poveri, la sua opposizione alla superurbanizzazione, il suo sforzo per attuare una coordinazione tra il capitale e il lavoro, mi sembrano richiedere un'attenzione speciale. [...] Il mio dubbio fondamentale riguarda il fatto che queste riforme sono attuate mediante sistemi costrittivi. Ma tutto ciò accade anche negli Stati cosiddetti democratici. Ciò che mi colpisce è che, dietro la «durezza» di Mussolini, si cela comunque il disegno di servire il proprio popolo. Anche dietro i suoi discorsi enfatici si scorge un intento sincero e di amore appassionato per la sua gente. Da ciò che ho percepito, mi sembra che anche la massa degli italiani ami il Governo di ferro di Benito Mussolini.

Il campione dell'anticolonialismo parla esclusivamente – forse non a caso – del rapporto tra Benito e il suo popolo, e non di altri popoli che ambiva a governare. Proprio in quelle settimane le truppe italiane stavano soffocando con violenza le ultime sacche di resistenza in Libia, conquistata nel 1912 ma mai sottomessa del tutto. Mentre al tempo della guerra italo-turca il socialista romagnolo si era scagliato contro l'imperialismo e il militarismo, adesso considerava la riconquista della Libia la prima missione mediterranea della sua nuova Italia.

La campagna contro la resistenza cirenaica iniziò nel 1928. L'esercito, guidato dai generali Badoglio e Graziani, impiegò ogni mezzo: aviazione, bombe all'iprite, esecuzione di massa di civili, deportazione di intere popolazioni in campi di concentramento nel deserto. È stato calcolato che siano morti oltre ottantamila cirenaici, circa un quarto dell'intera popolazione. Il momento culminante della repressione fu la cattura e l'impiccagione del capo della resistenza, il settantenne imam al-Mukhtār, 'Òmar, detto il Leone del deserto per le sue doti di stratega e guerrigliero. Mukhtār è oggi ricordato in Libia come un eroe dell'indipendenza nazionale, al pari di Gandhi in India.

***

Agli italiani arrivavano soltanto notizie di vittorie sulla quarta sponda, e non chiedevano di saperne di più. Nella seconda metà degli anni Venti la situazione economica era migliorata, la disoccupazione calata, il limite minimo della tassabilità era stato alzato da mille a duemila lire e lo stipendio degli statali aumentato.

La prima importante battaglia economica era stata annunciata da Mussolini in un discorso a Pesaro, nell'agosto 1926: la lira aveva perso potere d'acquisto e valore rispetto alla sterlina, a quei tempi moneta di riferimento internazionale: una sterlina valeva 153 lire e Benito decise che entro un anno, con una serie di provvedimenti davvero di lacrime e sangue, si arrivasse alla mitica «quota 90», cioè una sterlina a 90 lire. Nel 1927 l'obiettivo fu raggiunto, sia pure pagando con la crescita della disoccupazione e con speculazioni sulle principali borse internazionali. La politica monetaria serviva a quella autarchica, appena iniziata: i prodotti nazionali dovevano essere valorizzati.

Nel 1927 Benito tracciò un bilancio dei primi cinque anni di governo, nel celebre discorso dell'Ascensione, pronunciato il 26 maggio alla Camera. Esordì con «Non sarà breve» (e non lo fu), aggiungendo: «Oggi è una di quelle giornate in cui io prendo la Nazione e la metto di fronte a se stessa». Per rispettare la premessa annunciò, tra l'altro, che erano stati «derattizzati novemila bastimenti, cioè si sono uccisi quei roditori che portano dall'Oriente malattie contagiose: quell'Oriente donde ci vengono molte cose gentili, febbre gialla e bolscevismo». I deputati risero per l'accostamento, e il duce riprese informando che era scomparsa la pellagra, che i morti di malaria erano in forte calo, che però la tubercolosi mieteva ancora vittime e che la si sarebbe combattuta in ogni modo: costruì sanatori e promosse campagne di prevenzione che salvarono davvero centinaia di migliaia di vite.

Ammise che erano in aumento i tumori, specialmente in Toscana, oltre ai casi di suicidio e di pazzia, poi fu felice di comunicare che aveva imposto la chiusura di venticinquemila osterie, definite «spacci di rovinosa felicità a buon mercato», ma precisò: «Se ragionevoli dosi di alcol avessero fatto male al genere umano, a quest'ora l'umanità sarebbe scomparsa, o quasi, perché liquidi fermentati si bevono fin dai tempi preistorici». C'è da credere che volesse giustificare il proprio passato.

Parlando della «razza italiana», si soffermò sull'aspetto quantitativo, non qualitativo o razziale. Il regime aveva già istituito un'iniqua tassa sui celibi, definita una «frustata demografica», perché occorreva sposarsi e fare figli: ultimi nelle graduatorie per l'impiego, dal 1926 gli scapoli furono obbligati a pagare una pesante tassa dai 25 ai 65 anni. Ne sarebbe stata aggiunta un'altra sui matrimoni infecondi, disse, mentre i matrimoni più fecondi sarebbero stati premiati con medaglie e benefici. Il regime offrì prestiti a interesse bassissimo a chi si sposava entro i 25 anni, e il prestito veniva progressivamente estinto alla nascita di ogni figlio. Si glorificavano le famiglie con più di dieci figli, a volte ricevute da Benito. L'omosessualità era punita, in genere con lunghi periodi di confino. Se i matrimoni aumentarono, le nascite non crebbero in proporzione. Gli aborti – clandestini, praticati con tecniche arcaiche e pericolose – erano numerosi perché non c'era nessuna educazione sessuale e la pubblicità dei profilattici era proibita per legge (lo rimarrà a lungo dopo la caduta del regime).

Il duce concluse: «Signori, l'Italia, per contare qualche cosa, deve affacciarsi sulla soglia della seconda metà di questo secolo con una popolazione non inferiore a sessanta milioni di abitanti». (L'Italia nel 1950 avrebbe avuto appena quarantasei milioni e 391.937 abitanti, anche a causa della Seconda guerra mondiale.) Sul tema chiosò: «Se si diminuisce, signori, non si fa l'impero, si diventa una colonia!»

Quanto all'ordine fascista, suggerì ai podestà di operare in silenzio e senza sperperi: «Adagio anche con le cerimonie, i banchetti e le manifestazioni, possibilmente anche con i discorsi». Importante era la polizia: «È tempo di dire che l'uomo, prima di sentire il bisogno della cultura, ha sentito il bisogno dell'ordine. In un certo senso si può dire che il poliziotto ha preceduto nella storia il professore, perché se non c'è un braccio armato di salutari manette, le leggi restano lettera morta e vile». Ecco un grande equivoco del fascismo, l'uomo si regge e progredisce sulla cultura, l'ordine è soltanto parte della cultura di un popolo.

Mussolini fece riferimento anche alla mafia. «Ve la porto io come sopra un tavolo clinico: ed il corpo è già inciso dal mio bisturi [...] grazie alla chirurgia fascista». Quindi inviò un cordiale saluto a Cesare Mori, noto come mitico «prefetto di ferro», che in effetti vinse molte battaglie contro l'organizzazione criminale, combattendola anche militarmente: arrivò a mettere sotto assedio un paese. La lotta alla mafia, spiegò il duce, «Finirà non solo quando non ci saranno più i mafiosi, ma quando il ricordo della mafia sarà scomparso definitivamente dalla memoria dei siciliani». Per anni e anni non se ne parlò: un po' perché gli episodi vennero sottaciuti e di più perché la mafia si introdusse nei gangli stessi del regime, come al suo solito, accomodandosi.

Riguardo alle misure di polizia, Mussolini annunciò che dopo l'ultimo attentato – del giovane Zamboni – la sera stessa aveva scritto «a lapis» alcune misure eccezionali da prendere, e le lesse sillabando le parole: «Ritiro e revisione di tutti i passaporti per l'estero; ordine di far fuoco senza preavviso su chiunque sia sorpreso in procinto di valicare clandestinamente la frontiera; soppressione di tutte le pubblicazioni anti-fasciste quotidiane e periodiche; scioglimento di tutte le associazioni, organizzazioni e gruppi anti-fascisti o sospetti di anti-fascismo; deportazione di tutti coloro che siano sospetti di anti-fascismo o che esplichino una qualsiasi attività controrivoluzionaria e di chiunque porti abusivamente la camicia nera».

Divagando, si prese pure la libertà e il lusso di ammettere che considerava le donne una gradevole parentesi nella vita dell'uomo

Castel Porziano (Roma) 1926. Il duce e Vittorio Emanuele III nel campo agricolo della tenuta reale. Oggi riserva naturale, allora questi terreni erano dedicati a coltivazioni sperimentali. (Mondadori Portfolio)

e che la loro missione era di essere madri. I maschi, più erano virili e intelligenti, meno avevano bisogno delle donne. Raccolse nella Camera, tutta maschile, applausi osannanti.

Parlò dei confinati, ironizzando su quelli, moltissimi, che gli avevano scritto per chiedere perdono, dalle loro lettere aveva l'impressione che nessuno volesse «avere la taccia di essere anti-fascista». Furono tante le domande di grazia, è vero, ma si può anche capire che – puniti per un'inezia come un «Abbasso il duce!», esclusi dalla vita sociale, familiare, dal lavoro, reclusi in un'isola – ci si pieghi (che poi era lo scopo della punizione).

All'accusa di fare del terrorismo politico, Mussolini rispose che no, «è igiene sociale, profilassi nazionale, si levano questi individui dalla circolazione come un medico toglie dalla circolazione un infetto». Definì gli antifascisti «Sepolcri imbiancati, sepolcri pieni di fetido elemento, non parlate di terrore quando la rivoluzione fascista fa semplicemente il suo dovere: si difende! [...] L'opposizione non è necessaria al funzionamento di un sano regime politico. L'opposizione è stolta; superflua in un regime totalitario come è il Regime fascista. [...] In Italia non c'è posto per gli anti-fascisti; c'è posto solo per i fascisti, e per gli afascisti quando siano dei cittadini probi ed esemplari». Gli afascisti fecero comodo al regime quanto i sostenitori convinti.

Di conseguenza, in merito alle elezioni, si disse felice di avere seppellito «la menzogna del suffragio universale democratico», del quale la nazione non aveva alcun bisogno. Infine ricordò, dopo una lunga pausa: «Non è ancora nato il mio successore».

Rachele e Benito con i tre figli maschi in un ritratto di famiglia informale. In primo piano Bruno, che morirà nel 1941. (Mondadori Portfolio/Fototeca Gilardi)

Se non era nato il suo successore, pochi mesi dopo in casa Mussolini arrivò il quarto figlio, cui fu dato il nome Romano. A differenza degli altri, venne battezzato subito, perché erano in pieno svolgimento le trattative – ancora segrete – per il Concordato, e il Vaticano aveva bisogno di rassicurazioni. Benito sosteneva che non è un uomo chi non è padre, e proprio nell'anno del Concordato produsse con Rachele anche un quinto figlio, Anna Maria, oltre i molti moltissimi spuri, incerti, che gli venivano e gli vengono attribuiti.

***

A molte nazioni dalla democrazia debole sarebbe piaciuto averlo come capo, specialmente da quando scoppiò la crisi economica americana del 1929, le cui conseguenze si fecero sentire in Italia negli anni successivi. Solo le aziende più forti e più grandi resistettero, mentre tanti modesti proprietari terrieri, piccole imprese e artigiani non ce la fecero. Per dare impulso all'economia nel 1931 fu creato l'Imi, Istituto mobiliare italiano, che concedeva prestiti alle aziende in difficoltà. Due anni dopo venne fondato l'Iri (Istituto per la ricostruzione industriale), con il compito di acquistare partecipazioni in imprese per risanarle: svolse un'azione benefica, tanto da rimanere in vita ben oltre la fine del regime.

A causa della crisi, all'inizio degli anni Trenta migliaia e migliaia di contadini cominciarono a riversarsi nelle città in cerca di lavoro, benché la vita del sottoproletariato urbano non fosse migliore della loro. A Mussolini non piaceva questa urbanizzazione, anche per motivi di propaganda: in città i disoccupati e la povertà si vedevano di più, e i ceti medi e alto borghesi non gradivano quell'invasione. Così furono presi o rafforzati provvedimenti severi contro la migrazione interna – un'altra limitazione della libertà, spesso dimenticata – e venne compiuto un immenso sforzo propagandistico per magnificare e idealizzare la «vita rurale», come si diceva allora: le feste dell'uva, per la vendemmia, diventarono un'attrazione, furono diffuse canzoni in lode della vita agreste. Però è sbagliato credere – come accade – che il duce volesse dividere rigidamente la società in contadini e in cittadini: voleva avere il controllo della demografia. Sapeva che l'afflusso di manodopera contadina era vitale per l'industria e che quindi andava permessa, ma nulla poteva avvenire senza regole decise da lui.

L'esaltazione della vita in campagna – secondo tradizione quella sana del popolo – serviva anche a raggiungere l'autarchia alimentare, che alla fine venne ottenuta. Inoltre, le famiglie contadine erano le più prolifiche e Mussolini stava avviando la politica demografica per cui «il numero è potenza», preludio all'espansionismo militare. Più gli italiani fossero diventati numerosi, più avrebbero avuto bisogno di conquistare altre terre. Il regime si concentrò sulla mitica «battaglia del grano», che puntava a raggiungere l'autosufficienza nella produzione. Ci si riuscì seminando ovunque (durante la Seconda guerra mondiale anche nei giardini pubblici), con nuovi dazi e con l'imposizione di fertilizzanti chimici della Montecatini, che ne trasse enormi vantaggi.

Nelle campagne, però, la sopravvivenza era una sfida quotidiana, spesso non c'erano acqua, luce, servizi igienici – pochi anche in città – né mezzi di trasporto. Per fare arrivare un dottore bisognava essere in pericolo di morte, e spesso non era sufficiente. Le poche strutture pubbliche e le scuole lasciavano a desiderare. Una mole straordinaria di lavori pubblici elevò la qualità di vita delle popolazioni rurali e montane, ma le bonifiche e il miglioramento di elettrificazione e viabilità furono una goccia nel mare.

Quanto ai lavori pubblici, è un luogo comune – ripetuto da chi giudica positivamente il fascismo – sostenere che «il regime ha fatto questo», «ha fatto quest'altro». È vero che in dieci anni si spese più di quanto avessero fatto i governi liberali in sessanta. Furono costruiti uffici postali, strade, ferrovie, stazioni, ospedali, scuole, case popolari, stadi, vennero realizzati i primi trecento chilometri di autostrada. Per i lavori pubblici Mussolini sacrificò uno dei risultati cui teneva di più, il pareggio del bilancio, raggiunto nel 1925 e che dal 1930-1931 tornò in passivo.

La «bonifica integrale» fu uno dei provvedimenti più importanti per recuperare aree da sfruttare economicamente, come le paludi pontine. Quella zona paludosa a pochi chilometri da Roma, da secoli e secoli portava malaria e offriva lo squallido spettacolo di una miseria da paese sottosviluppato. Le paludi vennero sanate, al loro posto sorsero città, strade, aziende redditizie. L'operazione fu replicata nella valle di Comacchio e a nord di Roma, in Sardegna e in altre zone d'Italia, dando lavoro, casa e benessere a decine di migliaia di contadini. L'iniziativa fu un notevole successo di propaganda per il mito del duce: foto e filmati che lo riprendevano a torso nudo mentre mieteva o trebbiava su grandi macchine agricole fecero il giro del mondo anticipando una pratica che diventerà usuale nelle dittature, basti pensare alla celebre (e dubbia) nuotata di Mao Tsetung nel fiume Yang-tze, decenni dopo. Allo

Mussolini parla con un bracciante durante la prima raccolta del grano dopo la bonifica delle paludi pontine tra il 1928 e il 1939. (akg-images/Mondadori Portfolio)

stesso modo, Benito lanciò una pratica poi adottata da capi di governo e di Stato, regnanti e pontefici: indossare cappelli (o felpe) in onore del luogo e dei lavoratori dove vanno in visita.

Il duce ballava persino, perché anche l'Italia del regime ballava, soprattutto con le canzoni di Alberto Travagliati e del Trio Lescano. Si danzava ovunque, nelle pensioncine al mare e nelle piazze delle città, nelle sagre paesane, nelle nuove e sperdute villeggiature istriane e dalmatiche, nelle aie contadine e nei lussuosi alberghi di Viareggio e di Capri. Pure lui, che detestava essere ripreso in pose frivole, fu ritratto in coppia sulle aie delle paludi pontine bonificate e persino in perfetta divisa bianca in una foto scattata durante un valzer a Riccione, con una signora elegante.

***

Più delle bonifiche e della propaganda, la mossa trionfale – determinante per il consenso degli anni Trenta – fu il Concordato del 1929: da quando nel Risorgimento i papi si erano visti strappare i loro territori, non avevano fatto pace con lo Stato italiano, che non riconoscevano.

Nel gennaio 1923, Mussolini avviò con il cardinale segretario di Stato Pietro Gasparri le trattative, inizialmente segrete, per il Concordato. Si videro in un palazzo di Roma, entrando da due portoni diversi. Il cardinale assicurò che il Vaticano avrebbe sostenuto la destra filofascista del Partito popolare di don Sturzo, per favorire la confluenza dei cattolici nel Pnf. Tornò in curia soddisfatto e confidò di avere trovato nel duce un uomo di prim'ordine. La Santa Sede, che puntava a un accordo con il governo per avere libertà di insegnamento nelle scuole e godere di vantaggi che in effetti ottenne, mal sopportava le paternali di don Sturzo, secondo il quale i fascisti sarebbero rimasti sempre illiberali e anticristiani.

Fra il 1923 e il 1926 Benito cambiò le disposizioni sulle alienazioni e le donazioni di beni ecclesiastici e furono ripristinate alcune feste religiose; venne riconosciuta l'Università cattolica, furono stanziati tre milioni di lire – una bella cifra – per la ricostruzione di chiese, e lo Stato donò seicento quadri per quelle danneggiate dalla guerra. Inoltre fu promulgata una serie di leggi per favorire il sacerdozio, dispensa dal servizio militare, miglioramenti economici, pensioni, eccetera; fu eliminato il controllo sulle affissioni in chiesa, le nomine nobiliari del papa furono riconosciute e, infine, si dispose che il crocifisso fosse esposto in ogni aula scolastica o di tribunale, negli uffici pubblici e nelle caserme. Ma il papa voleva di più, un vero e proprio accordo, appunto, che dopo settant'anni rimettesse la Chiesa al centro della vita italiana, per *instaurare omnia in Christo*, secondo il suo motto.

Benito procedeva in parallelo con la sperimentata politica degli opposti. Se al Vaticano aveva fatto avere tante belle carote, ai popolari dava *belle* bastonate. Ne ricevette tante don Giovanni Minzoni, ucciso nel 1923 da un'aggressione fascista, nel ferrarese; il sacerdote aveva proposto fra l'altro di «passare il Rubicone» verso un antifascismo deciso, «e quello che succederà sarà sempre meglio che la vita stupida e servile che ci si vuole imporre». Però il duce aveva una sponda ideale nel pontefice. Pio XI era diventato papa poco prima della marcia su Roma, come arcivescovo di Milano aveva permesso che gli squadristi partecipassero alle celebrazioni in duomo con i loro gagliardetti pieni di frasi violente e minacciose. Conservatore deciso, non aveva mostrato di essere ostile al fascismo e forse anche per questo venne eletto. Era uno studioso, aveva passato grande parte della vita in biblioteca, nelle previsioni non doveva essere un papa politico, ma concluse una serie di concordati con molti Stati laici, scendendo spesso a compromessi. Puntò sul fascismo e su Mussolini, fu una sua decisione, insieme a Gasparri, quella di costringere Sturzo a dimettersi dalla segreteria del Partito popolare, che sarebbe stata assunta da De Gasperi. Emissari del Vaticano suggerirono a Sturzo di andare in esilio volontario: tornerà in Italia soltanto a fascismo caduto, ma a fascismo caduto De Gasperi era in Vaticano, pronto a guidare i cattolici in politica.

Regime e Santa Sede non potevano andare davvero d'accordo perché entrambi si consideravano una religione – la Chiesa per forza di cose, il fascismo perché così aveva scelto il suo duce – e avevano dei punti di forte contrasto. Però la Chiesa aveva in comune con il fascismo molti nemici: la democrazia, il liberalismo, il comunismo, la massoneria. Per dirla con lo storico Giovanni Miccoli, condivideva con il regime «il bisogno di ordine, di disciplina, di autorità, di gerarchia, il sostanziale disprezzo e pessimismo sull'uomo come essere sociale, sempre da guidare, da correggere, da costringere e da limitare, la sfiducia quindi per ogni forma di discussione e di ricerca, per ogni atteggiamento che non fosse di obbedienza e di sottomissione». Il modello autoritario e misticheggiante voluto da Mussolini sembrava in Vaticano idoneo a riportare l'Italia a una restaurazione di stili di vita e di pensiero prerivoluzionari, dove la rivoluzione da cancellare era quella francese.

Durante le trattative il problema più grave nacque nel 1928, quando venne imposto per legge che le organizzazioni giovanili di qualunque tipo, Azione cattolica inclusa, facessero capo all'Opera nazionale balilla, la grande istituzione creata per inquadrare e irreggimentare i giovani. Pio XI fu irremovi-

Firma dei Patti lateranensi tra Italia e Santa Sede sottoscritti l'11 febbraio 1929 dal duce e dal segretario di Stato, cardinale Pietro Gasparri. (Album/Collection Im/Kharbine-Tapabor/Mondadori Portfolio)

Foto di gruppo in occasione della firma dei Patti lateranensi. Con Mussolini e il cardinale Pietro Gasparri, il sottosegretario agli Esteri Dino Grandi (primo a destra della foto) e il ministro della Giustizia Alfredo Rocco (a destra di Gasparri). (Mondadori Portfolio/Archivio GBB)

bile e interruppe le trattative. Il duce, irritato, dovette fare marcia indietro e limitare il decreto a ventottomila boy-scout su duecentomila iscritti all'Azione cattolica, perché i boy-scout avevano una struttura semi-militare. Benito non poteva permettersi, né lo potrà mai, un vero scontro frontale; Pio XI preferì preservare la propria libertà piuttosto che la libertà di tutti. D'altronde democrazia e libertà (che non fosse la propria, diventando privilegio) non erano valori da difendere.

Gasparri e Mussolini, risolti altri problemi, firmarono i patti l'11 febbraio 1929, nel Palazzo del Laterano. Il primo era un trattato per chiudere il problema del riconoscimento fra Stato italiano e Stato del Vaticano, ovvero la famosa Questione romana; poi c'erano la convenzione finanziaria relativa e il Concordato vero e proprio. Il trattato dichiarava la religione cattolica religione di Stato; l'Italia riconosceva l'esistenza e la totale indipendenza dello Stato pontificio nei confini che ha ancora oggi, e lo Stato del Vaticano riconosceva il Regno d'Italia con Roma capitale. I cardinali venivano equiparati ai principi di casa reale e le offese fatte al papa sarebbero state punite come quelle fatte al re.

Riguardo alla questione economica, il Vaticano non aveva mai voluto incassare gli oltre tre milioni l'anno previsti nel 1871 dalla legge delle Guarentigie. Adesso chiedeva gli arretrati con gli interessi, per l'esorbitante cifra di tre miliardi e oltre centosessanta milioni di lire. Per farsi un'idea di quanto valessero tre miliardi dell'epoca basti considerare che i depositi in tutte le duemilacinquecento banche cattoliche ammontavano a circa un miliardo. La trattativa economica venne chiusa, in apparenza a vantaggio dell'Italia, con un miliardo di titoli al portatore e settecentocinquanta milioni in contanti, però lo Stato dovette concedere una serie di vantaggi fiscali che alla lunga si riveleranno molto più onerosi. L'accordo consentì al Vaticano di estendere il proprio apparato di intervento nella società italiana: con tutti quei buoni del Tesoro diventò uno dei principali creditori dello Stato, in grado di condizionarlo anche economicamente. Nel dopoguerra non esitò a far pesare questo potere per favorire la Dc.

Il Concordato vero e proprio si componeva di quarantacinque articoli che regolavano i nuovi rapporti fra Stato e Chiesa. Agli ecclesiastici erano garantiti vantaggi giuridici, economici, penali, militari, civili. Lo Stato rinunciava a dare il suo assenso alle decisioni ecclesiastiche, ma i vescovi dovevano giurare di rispettare, e far rispettare dal clero, il re e il governo. Il matrimonio religioso assunse valore civile, e l'insegnamento della religione fu reso obbligatorio, «fondamento e coronamento dell'istruzione pubblica» nelle scuole elementari e medie.

In conclusione, il fascismo ribaltava la legislazione liberale e riconosceva alla Chiesa – condividendolo con lei – il potere sulle vite dei cittadini. Non stupisce che Pio XI abbia definito il duce «l'uomo che la Provvidenza ci ha fatto incontrare». Benito veniva così investito di un alone sacro, quasi messianico, e si presentava al mondo intero come uno statista capace di risolvere problemi insolubili per i suoi predecessori.

Il vero – ingenuo – obiettivo di Benito era soppiantare la religione con il nuovo culto laico del fascismo. Nel 1931, in un momento di polemica con la Chiesa, dichiarò: «Lo Stato fascista rivendica in pieno il suo carattere di eticità, è cattolico, ma è fascista, anzi è soprattutto, esclusivamente, essenzialmente fascista. Il cattolicesimo lo integra, e noi lo dichiariamo apertamente, ma nessuno pensi sotto la specie filosofica o metafisica di cambiarci le carte in tavola». Metteva se stesso e il fascismo contro una tradizione millenaria e la vita eterna.

Gli scontri avvenuti proprio in quell'anno indicano quale fosse la vera posta del braccio di ferro fra regime e Chiesa: il controllo della vita del cittadino dalla nascita alla morte. Benito non aveva affatto rinunciato al monopolio delle organizzazioni giovanili, il papa non aveva alcuna intenzione di cedere sull'Azione cattolica. Mussolini fece partire una campagna di stampa violentissima contro l'Ac, che fra l'altro dopo il Concordato era salita a quasi duecentocinquantamila iscritti. Si disse che era strutturata come un partito, con tessere, bandiere, distintivi, relazioni internazionali e soprattutto spirito di opposizione al regime. Pio XI si lamentò in prima persona, sostenendo che il fascismo esponeva la gioventù a «ispirazioni d'odio e di irriverenza» e che costringeva i giovani a troppe attività fisiche e di partito, rendendo «quasi impossibile la pratica dei doveri religiosi». Non mancò di rimproverare «i pubblici concorsi di atletismo femminile, dei quali anche il paganesimo mostrò di sentire le sconvenienze e i pericoli». (Insomma lamentava che le ragazze facessero ginnastica e attività atletica in calzoncini; invece i fascisti lamentavano che fosse difficile far partecipare le giovani italiane a queste attività.) Pio XI concluse il proprio contrattacco frontale sostenendo che «Il fascismo si dice e vuol essere cattolico: orbene, per essere cattolici non di solo nome ma di fatto, per essere cattolici veri e buoni, e non cattolici di falso nome [...] non c'è che un mezzo, uno solo, ma indispensabile e insurrogabile: ubbidire alla Chiesa e al suo Capo e sentire con la Chiesa e col suo Capo».

Per Benito era troppo. Il 29 maggio 1931 sciolse la Federazione universitaria cattolica e tutti i circoli giovanili che non facessero parte dell'Opera nazionale balilla. Il papa rispose con rapidità e decisione, ai primi di luglio, con l'enciclica in italiano *Non abbiamo bisogno*. Pio XI riconosceva i benefici ricevuti, ma riaffermava che non avrebbe ceduto l'educazione dei giovani «a tutto ed esclusivo vantaggio di un partito, di un regime che dichiaratamente si risolve in una vera e propria statolatria pagana». Arrivò a dichiarare il giuramento di fedeltà al fascismo in contrasto con la fedeltà alla Chiesa.

La formula del giuramento recitava: «Giuro di eseguire senza discutere gli ordini del duce e di servire con tutte le mie forze e, se necessario, col mio sangue la causa della rivoluzione fascista». Il richiamo al sangue era un elemento ricorrente anche nella liturgia del regime, non ci si poteva dichiarare fascisti – dall'ultimo dei militanti al duce – senza essere pronti (almeno a parole) all'immolazione, al sacrificio, al martirio, come in ogni religione che si rispetti. Doveva giurare chiunque avesse un lavoro statale, andasse a scuola e facesse parte di qualsivoglia organizzazione ufficiale. Pio XI si rendeva conto che proibire ai cattolici il giuramento sarebbe stato come dichiarare guerra al regime, per cui nella stessa enciclica scrisse: «Conoscendo le difficoltà molteplici dell'ora presente e sapendo come tessere e giuramento sono, per moltissimi, condizioni per la carriera, per il pane, per la vita, abbiamo cercato un mezzo che ridoni tranquillità alle coscienze, riducendo al minimo possibile le difficoltà esteriori». Era la terza via della doppia morale: bisognava aggiungere al giuramento, nel proprio foro interiore, le parole «salve le leggi di Dio e della Chiesa», oppure «salvi i doveri di buon cristiano».

Fu l'ennesimo compromesso che la Chiesa offriva agli italiani. Benito si infuriò, ma dovette piegarsi. Del resto, come risultò dai rapporti della polizia e dei prefetti, grande parte dei credenti fascisti non aveva accolto con favore l'enciclica. Si pensava che la Chiesa avesse avuto abbastanza, tantissimo, dal Concordato. Da parte sua il Vaticano poteva essere paziente, poteva prestare una o due generazioni di italiani al fascismo, pur di controllare quelle successive. Con la sfida politica rinviata nei tempi lunghi, il regime era fatalmente destinato a perdere.

La pace fu suggellata l'11 febbraio 1932, nel terzo anniversario del Concordato, quando il papa insignì solennemente Benito dello Speron d'oro, massima onorificenza civile dello Stato pontificio, dopo l'Ordine supremo del Cristo. Viene assegnato a chi ha contribuito in maniera importante alla gloria della Chiesa. Il duce lo ricevette in altissima uniforme, tutta piena di fronzoli, una di quelle che non indossava mai. Prima di lui avevano ricevuto lo Speron d'oro, fra gli altri, Raffaello, Tiziano, Vasari, Scarlatti, Gluck, Mozart, Paganini. Sicuramente Benito pensò che, dopo avere dimostrato la non esistenza di Dio da socialista, da fascista stava beffando il suo rappresentante in terra.

Da allora, Vaticano e regime proseguirono solidali, sfruttandosi e rafforzandosi a vicenda. Ci fu ancora uno scontro nel 1938 su leggi razziali e matrimoni, lo vedremo, ma parroci, vescovi e cardinali benedirono sia l'aggressione all'Etiopia sia l'intervento nella guerra civile di Spagna, e non ci fu opposizione al razzismo. Salvo episodi eroici individuali, spesso persi tra aneddoti e targhe commemorative.

***

Dal 1929 Benito veniva considerato – e si considerava – un grande capo destinato a passare alla storia, non solo in Italia. Aveva raggiunto il suo scopo. Ora doveva rendersi eterno. In gioventù era stato un attento lettore di Gustave Le Bon, studioso di psicologia delle folle, e aveva presente un suo aforisma: «Una credenza religiosa o politica si fonda sulla fede, ma senza i riti e i simboli la fede non potrebbe durare». L'operazione che realizzò con il fascismo fu trasformare un'idea politica in una fede e sé stesso nel suo dio.

Il duce possedeva davvero le doti fascinatorie esaltate in ogni modo dai suoi biografi del tempo e in più era già circondato da un alone gigantesco di miti. Benito era il fascismo, il fascismo era la patria, quindi Mussolini era la patria e non poteva non diventare anche il modello dell'italiano: nel duce il popolo poteva e doveva adorare sé stesso. Quindi il suo carisma fu rafforzato e istituzionalizzato dalla propaganda, diventò il *medium* tra la fede delle masse e il futuro della nazione, una «missione storica» faceva di lui il profeta, l'eletto, l'unto di Dio. Dove non arrivarono Mussolini e la propaganda, intervenne l'ego degli italiani.

All'inizio degli anni Trenta il duce (anzi, il DUCE, come il segretario del partito Achille Starace impose che si scrivesse) aveva già assunto le caratteristiche di una divinità egizia e diventò il prodotto principale della fabbrica del consenso, per mutuare espressioni del nostro tempo: Mussolini veniva rappresentato «come la somma e la sintesi superiore d'ogni tipo di grandezza d'uomo e di pensiero e d'uomo d'azione mai apparsi in qualsiasi epoca: statista, legislatore, filosofo, scrittore, artista, genio universale ma anche profeta, messia, apostolo, maestro infallibile, inviato da Dio, eletto dal destino e portatore di destino», scrive Emilio Gentile in *Il culto del littorio*. I paragoni si sciupavano: erano continuamente messi al suo confronto Cesare e Cavour, Napoleone e Garibaldi, Machiavelli e Mazzini, persino Socrate e san Francesco. Nella Scuola di mistica fascista, frequentata da giovani intelligenze, alcune non banali, veniva studiato nei dettagli ogni discorso o scritto mussoliniano.

Non si trattò soltanto di un delirio collettivo o di una sottile quanto complessa strategia propagandistica. La deificazione del duce era connaturata alla religiosità civile della maggioranza del popolo italiano, ancora impastata con forti elementi di superstizione. Benito rappresentava la miscela micidiale di patriottismo religioso e rivoluzione, ortodossia ai valori civili e sradicamento delle norme. Non fu solo un'adulazione collet-

tiva imposta dall'alto, come troppo e troppo a lungo sostenuto, e neppure soltanto una manifestazione dell'ingenuità e dell'ignoranza popolari. Il sentimento di adorazione verso Mussolini, che travalicava ogni propaganda per divenire coscienza individuale e stato d'animo collettivo, era genuino in molti – ignoti o illustri – che lo manifestarono.

***

Più laicamente, il filosofo Giovanni Gentile aveva preconizzato un nuovo Risorgimento che implicava una rinata religione civile, e identificato entrambi nel fascismo, primo e vero «culto reso da tutta l'anima alla nazione». Il fascismo educava le masse e creava una nuova patria come sintesi etica del popolo, realizzando l'idea dello «Stato etico». Lo Stato degli intellettuali fascisti era anche epico, ciclopico, eroico, oltre che religioso, non gli era possibile fermarsi, placarsi, dichiararsi soddisfatto. I miti risorgimentali furono abbandonati in fretta per fare posto a un modello più antico e potente, che permettesse di sognare orizzonti sterminati. Fu recepito il culto di Roma imperiale, trasposto nella Roma fascista.

L'architettura titanica e quella neoclassica furono ideali per resuscitare le grandi idealità del passato. Per le folle «oceaniche» della rinata romanità vennero creati templi e discipline: sport agonistici, mitiche adunate, canti orgogliosi, teatri popolari. Tutto doveva essere «di massa». La massa raggiunse con il fascismo una delle maggiori espressioni della storia mondiale.

Con i giornalisti stranieri Benito era disinibito. Nei colloqui con Ludwig affermò apertamente: «La massa per me non è altro che un gregge di pecore, finché non è organizzata. Non sono affatto contro di essa. Soltanto nego che essa possa governarsi da sé. Ma se la si conduce, bisogna reggerla con due redini: entusiasmo e interesse». Nel maggio 1936 rilasciò all'inglese Ignatius Phayre un'intervista dal contenuto simile: «Ci vogliono la musica e le bandiere per infiammare gli entusiasmi. La folla è disgregata e dispersa come un branco di animali, sinché essa non sia disciplinata e guidata. Essa non ha bisogno di sapere; ma bisogna che la fede, che muove le montagne, scaturisca dall'anima dell'oratore», lui, «e si trasfonda in quella della folla [...]. In verità, la tendenza dei nostri uomini moderni a credere è... assolutamente incredibile!»

Per i bambini degli anni Trenta-inizio anni Quaranta, più che per gli adulti, il duce era ovunque, a scuola, all'Opera nazionale balilla, a casa: si insegnava che di Lui bisognava parlare solo bene (anche perché era pericoloso parlarne male). I testi scolastici delle elementari riportavano brani come questi:

> C'era una volta un bambino di modesta famiglia. Suo padre batteva il ferro, sua madre era maestra. Il bambino era vivace e irrequieto, ma generoso e intelligente. Divenuto grande, egli scrisse sui giornali, si fece conoscere per il suo genio. Quando la nostra patria fu in pericolo, il figlio del fabbro la salvò. Il Re lo chiamò e lo fece Capo del governo. Questa non è una favola: è storia vera. È la storia del Duce: Benito Mussolini.

> Sul mare come nel cielo, la giornata del Duce è sempre un trionfo luminoso di fresca e virile giovinezza. Dominatore della Storia, Mussolini è anche dominatore del proprio organismo, che risponde ai suoi ordini come un sicuro e perfetto motore. Dai più importanti e delicati affari dello Stato, la giovinezza di Mussolini passa alle più multiformi manifestazioni di sana e gioviale attività sportiva. Sempre fresco, sempre agile, con una vivacità sorprendente.

Si poteva non amare un simile supereroe? Si chiedeva ai bambini «Vuoi bene al

Nella pagina accanto: 5 ottobre 1931. Benito era molto attento ai dettagli nell'abbigliamento. (Bridgeman Images/Mondadori Portfolio)

duce?», come a casa si domandava «Vuoi bene alla mamma?».

***

Secondo la dottrina del regime, la «cultura fascista» era qualcosa di globale, che aveva riflessi economici, politici, sociali, religiosi, artistici: una vera e propria «educazione circolare» simile negli intenti a quella mitologica della Grecia classica, paganeggiante. L'italiano nuovo che avrebbe abitato un'Italia nuova doveva somigliare a una versione moderna, aggiornata e corretta, dell'antico romano o meglio di quel che era lo stereotipo dell'antico romano, sobrio, integerrimo, forte, disciplinato, amante della pace ma pronto alla guerra, dedito alla patria.

Pretendere di cambiare un popolo nel giro di pochi anni – con un modello più idealizzato che reale e un rituale che strideva con la realtà del paese – conduceva spesso al ridicolo, ma nessuna religione ha paura del ridicolo, anzi, più i suoi riti sono assurdi, irrazionali, più esercita suggestione, quindi potere, sui fedeli. Inoltre, ancora una volta come tutte le religioni, il fascismo chiedeva un'adesione formale, esteriore, non essendo alla portata di ciascuno una fede intensa e intimamente praticata. Benito sapeva che si domina il credente solo quando – oltre lo spirito, prima ancora dello spirito – si controlla il suo corpo, in particolare la sessualità: l'esaltazione di virilità/maternità e le campagne per l'incremento demografico non furono dovute soltanto alla necessità di dare braccia alla patria.

È ovvio che la mobilizzazione costante e rituale delle masse, peraltro con difficoltà economiche perenni, finì per stancare molti ma aiutò a esaltare molti altri. Questi «molti altri» erano i più motivati, quindi i più attivi nel tessuto sociale, e furono loro a rendere vincente il fascismo come religione, determinando un clima psicologico generale di consenso, se non di entusiasmo. Il consenso, ormai religioso, predominava soprattutto a due livelli: nelle campagne e tra le classi meno istruite, dove Benito veniva considerato né più né meno alla stregua di un santo che aveva «fatto del bene» e che ancora poteva farne, e tra chi voleva partecipare alla «rivoluzione fascista», i giovani, gli studenti, gli intellettuali, gli appassionati di politica. In mezzo ai due livelli c'era la maggioranza (i fedeli della domenica), che senza fanatismi apprezzava l'ordine e il regime.

L'antifascismo, perseguitato e isolato, non aveva strumenti per arginare questi fenomeni. «Se numerosi erano i sintomi di malcontento che si potevano scorgere in seno ai vari settori dell'opinione pubblica, è anche vero che la grande massa della popolazione, pur quando non aderiva entusiasticamente, non si manifestava disposta a considerare il regime come un nemico mortale da abbattere a ogni costo, né tantomeno a correre dei rischi seri pur di raggiungere l'obiettivo» ha scritto Alberto Aquarone in *L'organizzazione dello Stato totalitario*: «Anche coloro che, in seno alle varie classi sociali, erano ostili a singoli aspetti della politica fascista, non per questo erano necessariamente altrettanto avversi alla dittatura mussoliniana, come soluzione del problema del governo e del potere in Italia». Come ha valutato – più esplicitamente – Italo Calvino in *Il paradosso*, «tra il giudicare negativamente il fascismo e un impegno attivo antifascista c'era una distanza che forse oggi non riusciamo più a valutare».

In *Terra nuova*, del 1934, Corrado Alvaro, scrittore vicino ai sentimenti e alle aspettative popolari, definì bene un aspetto fondamentale del rapporto Benito-popolo: «Uno

Nella pagina accanto: il duce con in braccio un bambino. Questa fotografia fu stampata sulle cartoline del Dopolavoro ferroviario nel 1940, per la «befana fascista». (Mondadori Portfolio/Archivio GBB)

dei punti salienti del fascino del Capo sulla folla è che ciascuno si sente in comunione con lui come se egli sapesse tutto, che presto o tardi arriverà, saprà, provvederà. In ogni società si possono ricevere torti e offese: ma il popolo pensa sempre che "se Egli sapesse" sarebbero asciugate quelle lacrime, sarebbe sollevato quel cuore, riparato il torto e l'offesa». L'espressione usata era, in realtà, «se lo sapesse "Lui"», che divenne rituale negli anni Trenta e oltre. La geniale scultura di Renato Bertelli, il *Profilo Continuo*, mostra Mussolini come colui che tutto vede, che tutto controlla in perpetuo.

Da animale politico, Benito seppe adattarsi al mutamento della propria immagine, passando con naturalezza da capo di un partito in ascesa violenta a statista riconosciuto nel mondo, fino a leggenda vivente. La sua natura istrionica ebbe facile gioco sul carattere popolare, incline agli spettacoli e sensibile alle attenzioni. Per cambiare gli italiani fece leva, forse più inconsciamente che consapevolmente, proprio sulle loro debolezze ataviche, sulla scarsissima educazione alla democrazia, sull'inclinazione alla procrastinazione e all'attesa del soprannaturale, sul bisogno – inalterato nel corso dei secoli – di delegare il proprio destino a un principe buono e giusto diverso dall'ideale aristocratico machiavellico: al contrario si desiderava uno del popolo, umile, sortito dal suo ventre. E un punto di forza del duce, ribadito in centinaia di occasioni, fu la consapevolezza di essere un privilegiato delle masse e non dell'aristocrazia, che disprezzava: «È stata la carta migliore della mia vita» diceva a proposito delle proprie origini.

Ha scritto in *Anni di prova* Arturo Carlo Jemolo, storico cattolico e antifascista: «Resto dell'avviso che Mussolini per larghezza di consensi, per profondità di affetti, sia stato amato come non furono né Garibaldi né Mazzini. E fermamente reagisco alla leggenda di un Mussolini caro solo ai ricchi ed ai borghesi; chi ricorda certi deliri delle masse operaie per lui, certi sdilinquimenti isterici di donne del popolo, chi nella propria cerchia rammenta i molti umili, i molti poveri che giuravano per il duce, tremavano per lui alla notizia di un attentato non può aderire a questa leggenda».

Nessun presidente del Consiglio aveva saputo essere tanto vicino – anche fisicamente – al popolo. Gli italiani non erano mai stati e non si erano mai sentiti così chiamati a partecipare alle grandi e piccole decisioni che li riguardavano (per avallarle con impeto, sia chiaro). Benito seppe dialogare con le masse, intenderne le esigenze, accenderne le speranze e i propositi fino a farle sentire sacerdoti officianti. Gli italiani, in cambio, gli dedicarono migliaia di libri apologetici, monumenti paesani, manifestazioni e riconoscimenti di ogni genere. Andavano a Roma per vederlo da lontano. Era l'oggetto consapevole di un'esaltazione intima e collettiva che corrispondeva all'estasi panica delle religioni precattoliche e agli esiti più oscuri del cattolicesimo visionario medievale, era divenuto un feticcio, un amuleto di salvezza personale e nazionale. Con il tempo si perse il conto degli episodi di puro fanatismo. Un ragazzo napoletano chiese di baciare la fotografia del duce prima di subire l'amputazione di una gamba, persino gli arabi della Libia erano convinti che dopo una sua visita la siccità sarebbe cessata: combinazione, piovve davvero.

Gran parte degli italiani tese a quell'atmosfera di adorazione e vi si formò, riuscendo più mussoliniana che fascista. Il culto del duce, prevalso sul culto del fascismo, determinò prima il carattere saldo del regime maturo e poi il tono assoluto e perentorio dell'ultima parte della sua corsa.

Nell'*Europa vivente e altri saggi politici*, Curzio Malaparte scrisse che Mussolini era un «eroe capovolto», cioè che il popolo lo amava perché era il suo opposto. È più sensato credere che Benito fosse amato dal popolo perché gli somigliava fin troppo. Secondo Pirandello, fascista e raffinato interprete della natura umana, era un attore il quale pretendeva di essere l'uomo che gli italiani volevano che fosse. In un'intervista che il drammaturgo rilasciò nel 1927 a *L'Impero*, ritrovata novant'anni dopo, l'intervistatore domanda cosa ha fatto il fascismo per l'arte, e Pirandello risponde: «Moltissimo: c'è ora un fervore di opere che non ha precedenti. Del resto tutto in Italia si è rinnovato; cinque anni di vita fascista hanno ringiovanito e trasformato ogni energia. Mussolini non trova paragoni nella storia; non è mai esistito un condottiero che abbia saputo dare al suo popolo una così viva impronta della sua personalità». Gli italiani non volevano che il duce fosse l'eroe capovolto, diverso da loro, ma un uomo del tutto fuori dall'ordinario che li rappresentasse. Per questo del consenso non restò quasi niente, una volta crollato nella guerra il mito del duce benefico, infallibile e invincibile: nessuno può riconoscersi nell'eroe sconfitto e umiliato. Da allora non viene più identificato con gli italiani dell'epoca, ma soltanto con i fascisti: senza considerare che fascisti erano stati quasi tutti gli italiani.

***

All'inizio degli anni Trenta il giurista e ministro Alfredo Rocco stilò il nuovo codice penale e di procedura penale, il testo unico di pubblica sicurezza e il regolamento penitenziario. Il *corpus* di leggi rispondeva alle necessità ideologiche, politiche, economiche, repressive del regime, e in varie parti rimase in vigore per decenni dopo la caduta del fascismo, grazie al controllo che assicurava.

La riforma che Benito definì rivoluzionaria per eccellenza è legata però alla nascita delle corporazioni. Si spinse a dichiarare, nel 1930, che «lo Stato fascista o è corporativo o non è fascista». Il corporativismo si proponeva di superare i conflitti tra lavoro e capitale mediante l'azione conciliatrice e non discutibile dello Stato. Le corporazioni, una per ogni categoria professionale – industria, agricoltura, commercio, trasporti marittimi e aerei, trasporti terrestri, navigazione interna, banche, professionisti e artisti – rappresentavano sia i lavoratori sia i datori di lavoro. Erano proibite le associazioni sindacali di magistrati, insegnanti, militari, mentre i dipendenti statali vennero riuniti in organizzazioni a parte, controllate dal segretario del partito.

Le corporazioni dovevano coordinare la produzione, fondare uffici di collocamento e svolgere un'azione conciliativa nelle controversie sui contratti di lavoro. In realtà chiusero soprattutto contratti collettivi, generalmente al ribasso. Avrebbero dovuto autoregolarsi con statuti e organi creati appositamente, mentre ricevettero disposizioni dall'alto, «in un sistema rispondente alla perfezione», scrive Luigi Salvatorelli, «a un'etica politica per cui lo Stato-partito è tutto e l'uomo, al di fuori di esso, nulla». Il risultato vero fu che i lavoratori furono inquadrati e impossibilitati a scioperare o a trattare direttamente, i datori di lavoro mantennero l'autonomia. Di rivoluzionario quindi c'era ben poco, e quel poco non aumentò con il tempo.

Sul tema corporativo nacquero università e scuole, si tennero dibattiti e studi, anche seri, emersero diverse tendenze: Benito non capiva molto di economia e non aveva una sua visione, probabilmente pensava che di quel seme avrebbero raccolto i frutti le nuove generazioni, immaginando una pianta dal tronco forte. Intanto usò il corporativismo per controllare produzioni e stipendi, e per la propaganda. Soprattutto all'estero, studiosi, economisti, politici gli dettero credito.

Chi ci credette davvero in Italia fu Giuseppe Bottai, sottosegretario e poi ministro delle Corporazioni, autore – nel 1927 – della Carta del lavoro, un documento che sanciva la «supremazia assoluta della Nazione sui cittadini» piuttosto che quella di una casta sull'altra. Salvemini invece la definì come una «raccolta di principii astratti, di proposizioni equivoche, di buone intenzioni e di parole senza senso». In effetti la Carta era, con tutti i possibili propositi rivoluzionari, la logica espressione di un regime dittatoriale di destra. Stabiliva che nella scelta fra i disoccupati si dovessero privilegiare gli iscritti al partito, in compenso sosteneva i diritti dei lavoratori su orari, festività, ferie, indennità per licenziamento o morte, divieto di licenziamento per malattia, periodo di prova, lavoro a domicilio, eccetera. Veniva creata una magistratura del lavoro, con la funzione di risolvere vertenze sindacali. Simili norme in difesa dei lavoratori funzionavano da tempo in molti Stati democratici, e anche in Italia, inevitabilmente, i governi liberali le avrebbero adottate.

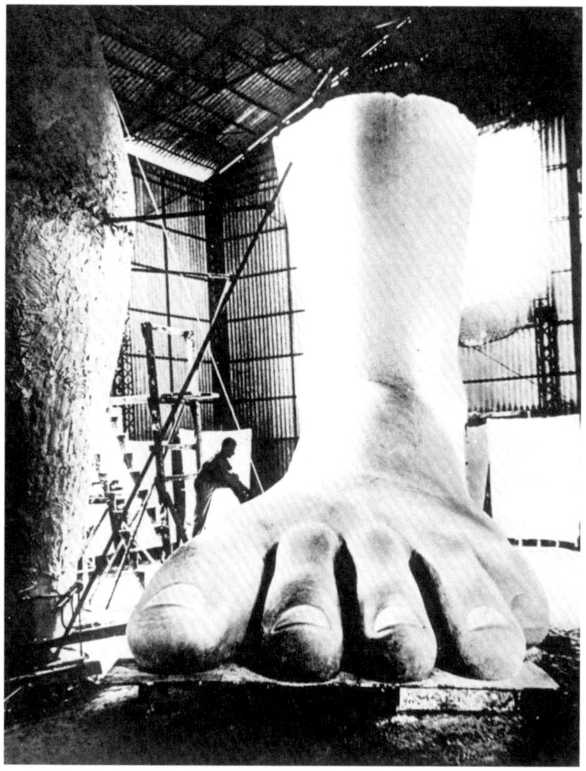

Roma, 6 giugno 1936, studio dello scultore Aroldo Bellini. Secondo il progetto, la statua di Mussolini, di cui fu realizzato solo il piede per mancanza di fondi, avrebbe dovuto raggiungere 37 metri di altezza e svettare a Monte Mario. (akg-images/Mondadori Portfolio)

Nel 1931, lo stesso Bottai annotò malinconicamente che alcuni principi della Carta «non hanno riscontro alcuno nella legislazione e nella prassi corporativa»; in Senato attaccò gli industriali, che volevano continuare a abbassare i salari. A loro volta gli industriali, che da sempre lo consideravano troppo a sinistra, chiesero la sua testa, e Benito la concesse. Nel 1932 il duce gli tolse il ministero, che assunse personalmente: la rivoluzione corporativa si concluse continuando a favorire il capitale. In più il regime era penetrato – ora del tutto, attraverso il lavoro – nella vita quotidiana del popolo. Nel 1944-45, Bottai scrisse questo epitaffio: «La corporazione non è mai riuscita a nascere, strozzata alla gola dal cordone ombelicale che la legava al ventre della classe dominante». Per un curioso contrappasso storico, sul finire della sua vita, nella Repubblica di Salò, Mussolini cercò di realizzare l'idea centrale del corporativismo di Bottai, cioè creare attraverso le corporazioni uno Stato di destra con una struttura economica e sociale di sinistra.

Tornando a prima della Seconda guerra mondiale, gli studi più recenti hanno smentito che al fascismo corrispose una fase di ristagno economico. Negli anni dal 1930 al 1936 furono rafforzate le imprese industriali e ne fu valorizzato il capitale, venne risanato il sistema bancario, crebbero gli investimenti. Il vero punto è che tutto ciò fu pagato dai lavoratori con la riduzione dei salari reali e dei consumi. Nel periodo fra il 1929 e il 1934 gli stipendi si ridussero quasi del 14 per cento, soltanto nel 1937 e nel 1939 tornarono al livello del 1923. Per avere un'idea concreta della situazione basta considerare

Roma, 11 ottobre 1937. Inaugurazione della nuova sede dell'Istituto Luce per il cinema presso Cinecittà. (Giancarlo Costa/Bridgeman Images/Mondadori Portfolio)

che il consumo medio pro capite di calorie – che nel 1926 era di 2.973 al giorno – diminuì fino a 2.657 nel 1939. E sarebbe calato ancora durante la guerra.

D'altra parte, il regime decise per il blocco biennale dei prezzi degli affitti, della luce, dell'acqua, del gas, dei trasporti. Nel 1933, fu ristrutturato l'Inps – Istituto nazionale previdenza sociale, nato nell'Ottocento, e praticamente in disuso – che creò il primo nucleo del sistema pensionistico e un apparato di controllo sulle malattie professionali, gli incidenti sul lavoro eccetera. Venne introdotta la refezione scolastica per gli alunni bisognosi, vennero creati i giardini d'infanzia e le colonie estive per i figli dei lavoratori. La gente ne usufruiva volentieri, benché un po' se ne vergognasse: non era ancora diffuso il concetto di servizio sociale come dovere dello Stato e sembrava quasi di ricevere un'elemosina. Dopo la guerra, invece, quando gli italiani cominciarono a pretendere i servizi sociali, ricordarono che era stato il fascismo a crearne parecchi e, nella memoria collettiva – quanto selettiva – i benefici ricevuti rimasero più forti dell'impossibilità di scioperare e della limitazione della libertà. Da qui il motto «Si stava meglio quando si stava peggio».

***

Mussolini confidò a Ludwig di amare «più Cesare», fra i personaggi storici, «perché riuniva in sé la volontà del guerriero con l'ingegno del saggio, dimostrandosi un filosofo». Si accostava meno volentieri a Napoleone: «Egli ha concluso una rivoluzione, io ne ho cominciata una. La sua vita mi ha indicati gli errori ai quali difficilmente si sfugge, cioè: nepotismo, lotta col papa, mancanza del senso della finanza e dell'eco-

Anni Trenta. Mussolini voleva essere fotografato anche in momenti di svago, relax e attività fisica. (Mondadori Portfolio/Archivio GBB)

nomia»; infine, Napoleone aveva «distrutto tutte le illusioni che mi sarei potuto fare sopra la fedeltà degli uomini. Su questo punto io sono a prova di bomba». Insomma, lui meglio di Napoleone, soprattutto nella scelta degli uomini.

Un uomo dalla fedeltà a prova di bomba era Achille Starace, segretario del partito dal 1931 al 1939. Pugliese di Gallipoli, a 16 anni si era trasferito con la famiglia in Veneto, aveva combattuto bene nella Prima guerra mondiale e aderì quasi subito al fascismo. Benito capì che gli sarebbe stato utile, e già nel 1921 lo nominò vicesegretario del Pnf.

Dopo Farinacci, il partito aveva avuto due buoni segretari, Augusto Turati e Giovanni Giuriati. Per Mussolini erano troppo selettivi, tendevano a epurare, a limitare le iscrizioni. A chi gli disse «Starace è un cretino», rispose: «Lo so, ma è un cretino obbediente». Benito aveva bisogno di esecutori, non di consiglieri. Starace fu uno dei gerarchi più duri e intransigenti, aveva un rispetto assoluto per il duce, e – totalmente acritico – non si permise mai di discutere niente. Dino Grandi sosteneva che non era «cattivo, ma un pover'uomo».

Era l'uomo giusto per la fascistizzazione integrale dell'Italia. Lo staracismo di cui oggi – come allora – si ride, era fatto delle componenti peggiori del mussolinismo. Il segretario ci aggiunse di suo fanatismo e ottusità. Se per Gentile il fascismo doveva essere forma e spirito, a Starace stava a cuore la forma

Benito Mussolini gioca a pallone a Villa Torlonia. (Bridgeman Images/Mondadori Portfolio)

militaresca, per «spirito» intendeva l'obbedienza. Cinque giorni dopo la nomina inventò il «saluto al duce», stabilendo che nelle cerimonie pubbliche il segretario del Pnf – lui – all'arrivo di Benito avrebbe fatto quattro passi per andargli incontro, poi si sarebbe fermato sull'attenti e, a braccio teso, avrebbe detto forte «Saluto al Duce!»; i presenti dovevano rispondere all'unisono «A noi!». Se ci fosse stata una fanfara, doveva intonare l'inno *Giovinezza*. Impose che la parola DUCE fosse scritta, ovunque, in maiuscolo.

Il duce voleva svuotare il partito di ogni vera funzione politica, e fu un errore gigantesco perché così trasformò la più importante struttura del regime in un carrozzone burocratico, attento all'esteriorità e a virtù civili minori, come la prestanza fisica, la virilità, una disciplina da caserma. Starace voleva una gioventù «maschia», diceva che gli piacevano soltanto i giovani che «fottevano», e oltre al Pnf screditò per sempre la figura del suo segretario. Costrinse i gerarchi – non i più importanti – a esercitazioni ginnico-militari, a saltare attraverso un cerchio di fuoco come atleti da circo. Benito non se ne lamentava, la lunga permanenza di Starace al partito dimostra che tutto ciò gli andava bene.

Gran parte del 1932 fu utilizzato dal segretario per mettere a punto le celebrazioni del decennale della marcia su Roma. In quello stesso anno Mussolini operò un deciso «cambio della guardia» nel governo, espellendo due uomini che temeva e che lo sottoponevano a critiche non velate: Dino Grandi dagli Esteri e Giuseppe Bottai dalle Corporazioni; li ritroveremo a capo della rivolta dei gerarchi, il 25 luglio 1943.

Bottai era l'unico fascista che avesse un progetto rivoluzionario preciso: edificare uno Stato oligarchico (non dittatoriale) di destra con un impianto economico di sinistra. Era consapevole dei problemi e dei difetti del regime, e cercava di rimediare per quanto potesse. Aveva anche capacità di organizzatore e Benito disse una volta alla sorella Edvige «È l'unico che sappia lavorare». Lo mostrava volentieri ai giornalisti stranieri, fiore all'occhiello di una classe politica perlopiù incolta e facilona, ma non lo amava, lo aveva in sospetto. Lo definiva «uomo intellettualissimo» e dal 1932 non gli dette più ruoli di vero potere politico. Tanto più si guardò dall'affidargli quel che Bottai desiderava, cioè la segreteria del Pnf. Il duce voleva un partito di massa, atono, e Bottai pensava a un partito composto da pochi uomini che guidassero la rivoluzione e lasciassero in pace gli italiani.

Il gerarca intellettuale amava Mussolini di un amore quasi irrazionale, furioso quanto deluso. Ne vedeva il velleitarismo, la grossolanità umana, conosceva anche i freni che la sua presenza poneva allo sviluppo del fascismo. In Bottai però c'era l'ammirazione astratta per la figura del demiurgo, benché l'ammirazione sia calata progressivamente dopo il 1932, con un Mussolini-Urano che soffocava la sua creatura, divinità sempre più ingombrante. Crebbe in lui la necessità di «costituzionalizzare Mussolini». Cito dal suo diario del 1935: «L'Italia deve, se vuole affermarsi e durare nella potenza, sapere trasformare il "miracolo" d'un capo nel fatto ordinario d'uomini capaci di dirigere con impegno, con intelligenza, con modestia personale e immenso orgoglio nazionale, lo Stato». Benito non voleva essere costituzionalizzato.

In compenso il Pnf veniva militarizzato. L'articolo 1 era chiarissimo: «Il Partito nazionale fascista è una Milizia civile [...] al servizio dello Stato Fascista»; sulle teste degli italiani pendeva l'articolo 20: «Il Fascista che viene espulso dal Partito nazionale fascista deve essere messo al bando della vita pubblica». Indossarono l'uniforme uomini, donne e bambini di ogni età. Mettendosi in divisa le donne sembravano accelerare la loro emancipazione, ma il fascismo ne scoraggiava persino l'accesso all'istruzione superiore, si voleva che facessero figli per dare braccia agli «otto milioni di baionette».

A Starace gli italiani dedicarono mille barzellette e un epitaffio, mentre era ancora in vita: *Qui giace Starace / vestito d'orbace / di nulla capace / requiescat in pace*. Invece morì tragicamente, e dignitosamente, il 28 aprile 1945. Dopo essere stato destituito dalla segreteria, nel 1939, per consolazione era stato nominato comandante della Milizia, ma due anni dopo cadde di nuovo in disgrazia per un motivo che a lui, tanto ligio, bruciò: venne accusato di far portare a spasso i suoi cani dai miliziani. Benito commentò: «Ora che ci siamo liberati dei cani di d'Annunzio» – morto nel 1938 – «ci mancano solo i cani di Starace». Non ebbe altre cariche, tuttavia seguì Mussolini nella Repubblica sociale e condusse una vita povera; negli ultimi tempi, a Milano, lo si poteva vedere fare la fila per un piatto di minestra gratis. Venne arrestato dai partigiani, non cercava neanche di nascondersi tanto si sentiva innocente, e fucilato a piazzale Loreto, dove pendeva appeso per i piedi il cadavere di Mussolini. Fece in tempo a dare il suo ultimo «saluto al duce».

***

Non fu a Starace che Benito affidò il compito di formare il nuovo italiano, quella missione era sua. Ufficialmente, pubblicamente, parlò quasi sempre degli italiani come di un grandissimo popolo, il più grande della terra e della storia, magnificandolo in ogni modo. In realtà lo (ci) disprezzava. Risulta da ogni indiscrezione, conversazione privata, memoria. Prendo qualche esempio dal diario di Galeazzo Ciano che dal 1935 al 1943 fu il suo principale confidente: «La razza italiana è una razza di pecore» con la quale «ci vuol bastone, bastone, bastone»; quello italiano è un popolo di «secolare pigrizia mentale»; «È la materia prima che mi manca. Anche Michelangelo aveva bisogno del marmo per fare le sue statue. Se avesse avuto solo dell'argilla, sarebbe stato solo un ceramista. Un popolo che è stato per sedici secoli incudine, non può in pochi anni diventare martello»; «Questo popolo d'esteti! L'arte ha invigliacchito gli italiani!»; «Gli italiani tutte le altre doti, resistenza, sobrietà, le hanno: il carattere no».

Persino in discorsi pubblici, come questo del 1925, non si astenne dal denunciare «le tare del carattere italiano: cioè il semplicismo, la faciloneria, il credere che tutto andrà bene». A Ludwig, nel 1932, aggiunse che siamo un popolo «dal troppo facile ottimismo, dalla negligenza che segue talvolta una troppo rapida ed eccessiva diligenza», portato a «credere che tutto sia compiuto mentre non è ancora incominciato», a «lasciarsi ingannare dopo la prima prova». Sono giudizi grossolani spesso condivisi dagli stessi italiani, ma Benito arriva alla conclusione che i popoli hanno bisogno di un uomo forte, di una guida sicura cui affidarsi a occhi chiusi. Questa guida sicura – lui – doveva riformare tutto degli italiani, proprio tutto, «il modo di mangiare, di vestire, di lavorare, di dormire». Troppo sensibili agli svaghi e alle donne, per governarli erano necessari «i poliziotti e le musiche in piazza».

Non si limitò alla musica, in piazza portò la politica e alle frustrazioni secolari di un popolo rispose con la determinazione – sua – di contare nel mondo.

***

L'italiano modello, per Mussolini, era riassumibile in tre punti: a) il senso della guerra, cioè il carattere militare, necessità ineliminabile che presto o tardi sarebbe diventato il destino di ognuno; b) la socializzazione, momento altissimo dello spirito e base indispensabile per la costituzione di una nazione forte, cioè il senso dello Stato: uno Stato sopra tutto e sopra tutti; c) la consapevolezza del proprio essere italiani e fascisti e della propria missione nel mondo.

Sono temi che poi hanno razionalizzato gli storici, nessuno all'epoca – neanche il duce – aveva un piano tanto preciso. Benito agiva d'istinto, non aveva una reale visione del futuro. Il motto, ripetuto all'infinito, «andare verso il popolo» significava portare lo Stato verso il popolo e il popolo verso lo Stato. Per riuscirci bisognava suscitare un sentimento comune dell'italianità (che si rafforzò, ma niente di più), fomentare una spiritualità collettiva e che le masse partecipassero alla vita politica. Il popolo venne militarizzato e trascinato dai canti e dalle esercitazioni, dal mito degli otto milioni di baionette, e si credette sul serio un popolo guerriero con il senso dello Stato. Quanto alla certezza di essere un grande popolo, ne raggiunse fin troppa.

Mussolini sapeva bene che il nostro è un popolo poco incline alla battaglia e ai sacrifici di guerra, versato piuttosto al buon vivere, all'accomodamento, alla mediazione. Caratteristiche che non mancò di volgere a proprio vantaggio. Però la guerra mondiale, la nascita del fascismo e la conquista del potere potevano far credere che quello stesso popolo si fosse già indurito e che la violenza, il sacrificio, il coraggio l'avrebbero trasformato del tutto. Gli italiani dunque dovevano cominciare a vivere pericolosamente, secondo la vulgata della lezione di Nietzsche, e realizzare il mito dei miti, ripetere le meraviglie dell'Impero romano.

Tutto crollò con la sconfitta. Il fascismo aveva fallito il proprio compito, il figlio del fabbro non era riuscito a forgiare gli italiani battendoli sull'incudine come un ferro caldo. La mediocrità dei risultati raggiunti dimostra il fallimento profondo del regime: eroi, santi, poeti, navigatori, gli italiani continuarono a non avere il culto dello Stato e della guerra; dopo una breve ubriacatura, nessuno credette più di avere una missione imperiale. La sproporzione dell'impresa, alla lunga, si rivelò più adatta a distruggere il popolo italiano che a tenerlo unito.

***

Giuseppe Bottai, ministro delle Corporazioni, con Mussolini nel 1929. (Mondadori Portfolio/Archivio GBB)

Il problema fu intuito, e si capì che occorreva puntare sulle nuove generazioni. Da qui l'inflessibilità nella loro educazione. Raggiunta l'età per iscriversi al Pnf, si prestava un giuramento solenne e pubblico di obbedienza e di sacrificio. Nessuno doveva sfuggire all'inquadramento sui principi e i metodi del fascismo. Se su questo punto tutti erano d'accordo, c'era ancora una volta una divisione fra ortodossi e revisionisti, fra chi diceva che il fascismo era già perfetto, quindi le nuove generazioni dovevano apprenderlo e proseguirlo, e chi sosteneva che dovessero essere messe nelle condizioni di discuterlo, rielaborarlo per il futuro. La seconda corrente era di netta minoranza e vinse la prima.

I gerarchi avevano mediamente meno di quarant'anni, e nessuna voglia di venire sostituiti. Mentre si diceva «largo ai giovani!», si scelse l'ortodossia proprio per bloccare le nuove generazioni, privandole di spirito critico e di iniziativa. Fu la contraddizione di fondo della politica giovanilistica, una contraddizione fatale perché il regime non ottenne – proprio dai giovani, al momento della caduta – il seguito che ci si poteva aspettare dopo vent'anni. Per la maggior parte di loro il fascismo rimase forma, struttura, un battesimo al quale non corrispondeva necessariamente una vera fede. Peggio ancora, spesso era una via per accedere più in fretta alla carriera, alla sicurezza: l'opposto dell'italiano idealizzato. Il fascista si identificava dunque con il gerarchetto pronto a organizzare le adunate, le manifestazioni e le esercitazioni, a amministrare le Case del Fascio. Il suo abito preferito era la divi-

Roma, 3 dicembre 1938. Bottai, dal 1936 ministro dell'Educazione nazionale, alla guida. (Mondadori Portfolio/Archivio GBB)

sa, il suo mito era il duce, di cui si sforzava di imitare l'oratoria e i gesti, magari esercitandosi davanti allo specchio di casa. Gerarchetti erano persino decine di migliaia di capifabbricato, che in realtà facevano le spie. Il sistema rigidamente gerarchico creato dal partito riusciva a dare a tutti un po' di potere, e questo piaceva oltremodo agli italiani, ancora inconsapevoli che la militarizzazione del regime avrebbe avuto uno sbocco inevitabile nella guerra.

***

La cultura «alta» non venne molto ostacolata dal regime, che badava soprattutto a quella popolare: fu abbastanza libera, ma quell'abbastanza sdegna, perché la cultura deve essere libera, e basta.

Parecchi intellettuali erano davvero fascisti, altri non dimostrarono coraggio e indipendenza, si adattarono o si piegarono alla volontà del regime. Non è vero che non si potesse discutere, si poteva – ancora con quel grave «abbastanza» – su quasi tutto, tranne che sulla sacralità dello Stato e del fascismo, il duce, le immancabili vittorie. Sul resto c'era libertà di dibattito, in genere fra pochi giornali, spesso di studenti. L'Accademia d'Italia, fondata nel 1929, fu ambita quanto inutile, non produceva cultura. Il roboante e altrettanto sterile Istituto fascista di cultura fu così vuoto di contenuti che, nello sforzo di dimostrare la propria esistenza, riuscì soltanto a cambiare nome, diventando Istituto di cultura fascista. Tuttavia nei primi decenni del secondo dopoguerra si è esagerato parlando sempre e soltanto di col-

Roma 1935. Quinto anniversario della fondazione delle associazioni giovanili fasciste. Il duce guida il corteo sulla via dell'Impero.(akg-images/Mondadori Portfolio)

pe, disimpegno, limitatezza di orizzonti degli intellettuali fascisti. C'erano avanguardie e riviste che contribuirono a gettare le basi culturali del dopoguerra. Si pensi soltanto a «Primato» di Bottai, dove scrissero molti antifascisti – futuri o non dichiarati – e che fornì collaboratori, temi, addirittura articoli interi al successivo – comunista – «Il Politecnico» di Elio Vittorini.

Anche riguardo all'arte, ormai è assodato che la presunta statalizzazione avvenne quasi soltanto in architettura, che comportava interessi sociali, economici, di programmazione. «L'architettura è la sintesi di tutte le arti», disse un giorno Benito, e – oltre allo stile monumentale di Marcello Piacentini – il regime sostenne il razionalismo innovatore di architetti che negli anni Trenta costruirono edifici stupendi, ancora ammirati, come la Casa del Fascio di Como, di Giuseppe Terragni.

Nella pittura esistevano due modelli, quello rappresentato da Mario Sironi, il disegno netto, virile, potente, che rispondeva ai gusti del regime, e l'arte di chi poteva sviluppare liberamente le proprie tendenze, con nessun – o minore – successo nella committenza pubblica. Il fascismo non volle un'arte di Stato, però cercò di sedurre gli artisti con gratificazioni, concessioni, possibilità. Molti si lasciarono blandire, per entusiasmo o debolezza. Al contrario di quanto avveniva nella Germania nazista e nell'Urss stalinista, il regime non impedì di manifestare tendenze non allineate, anzi ci furono due manifestazioni importanti e contrapposte: il premio Cremona, patrocinato da Farinacci, che diffondeva in stile realista i temi cari alla

Roma 1936. Mussolini saluta i soldati dell'esercito italiano rientrati dall'Etiopia. (akg-images/Mondadori Portfolio)

retorica del regime (la famiglia che ascolta alla radio il discorso del duce, il lavoro dei campi...) e il premio Bergamo, patrocinato da Bottai, che si rivolgeva a pittori liberi di fare ricerca d'avanguardia; uno dei premiati fu Renato Guttuso, futuro senatore comunista, con una *Crocifissione* lontanissima dai canoni del regime.

Se invece si pensa alla cultura in senso antropologico, espressione dei gusti e della vita quotidiana di un popolo, allora sì che il regime volle e seppe trasformarla. Si agì soprattutto sulla scuola. Dal 1923 al 1936 gli alunni delle elementari passarono da meno di quattro milioni a cinque milioni e duecentomila, gli studenti medi raddoppiarono, da 326.000 a 674.000, quelli universitari passarono dall'1,1 per mille della popolazione all'1,7 cioè da 43.000 a 71.000. Fu una scolarizzazione preziosa, sebbene inquinata dalla pesante intromissione nel sistema pedagogico. Il ragazzo doveva essere profondamente fascista, libero da scorie politiche di altro genere. Il motto che Benito creò il 2 gennaio 1927 sembra l'avvio di una filastrocca per bambini – «Libro e moschetto, fascista perfetto» – invece sintetizza un progetto. Non a caso nel 1929 il ministero della Pubblica istruzione cambiò nome diventando ministero dell'Educazione nazionale. Nello stesso anno gli insegnanti elementari e medi dovettero prestare giuramento al regime.

L'atto più vistoso della fascistizzazione fu imporre un giuramento pure ai professori universitari, nel 1931. Lo scandalo pesa ancora sulla nostra società, sulla nostra cultura, sulla storia italiana, perché su milleduecento docenti solo dodici rifiutarono di firmare un testo obbrobrioso: «Giuro di essere fedele al Re ai suoi Reali successori e al Regime Fascista, di osservarne lealmente lo Statuto e le altre leggi dello Stato, di esercitare l'ufficio di insegnante e adempiere tutti i doveri accademici col proposito di formare cittadini operosi, probi e devoti alla Patria e al Regime Fascista. Giuro che non appartengo e non apparterrò ad associazioni o a partiti la cui attività non si concili coi doveri del mio ufficio».

Come abbiamo visto, il papa in persona aveva trovato una soluzione per i cattolici. Più o meno lo stesso avvenne ai comunisti, il partito suggerì ai suoi – il più importante e famoso era Concetto Marchesi, latinista – di giurare per mantenere i ruoli e le posizioni, piuttosto che scoprirsi e perderle. Molti liberali si rivolsero a Croce, per un suggerimento, e il filosofo indicò la medesima via: «Io non giurerei, ma voi fatelo perché non potete rovinare la vostra vita, e poi conviene che insegniate ai giovani nonostante il giuramento». Fu un compromesso vile, non si cerchi di indorare la pillola.

È significativo che quasi nessuno ricordi i nomi dei professori che resistettero, eroi della libertà, prima che dell'antifascismo: Ernesto Buonaiuti, storico del cristianesimo alla Sapienza di Roma; Mario Carrara, insegnante di Medicina legale e Antropologia criminale a Torino; Gaetano De Sanctis, docente di Storia antica all'Università di Roma; Giorgio Errera, libero docente in Chimica generale a Pavia; Giorgio Levi Della Vida, grande orientalista a Roma; Fabio Luzzatto, Diritto civile all'Università di Bologna; Piero Martinetti, straordinario filosofo all'Università di Milano; Bartolo Nigrisoli, docente di Chirurgia all'Università di Bologna, famoso filantropo; Francesco Ruffini, docente di Diritto ecclesiastico, senatore liberale; il figlio Edoardo Ruffini Avondo, Storia del diritto italiano all'Università di Perugia; Lionello Venturi, Storia dell'arte all'Università di Torino e infine Vito Volterra, fisico e matematico a Roma. Molti erano famosi nel mondo. Albert Einstein – dopo avere scritto invano a Mussolini perché non imponesse il giuramento – lo definì «un'idiozia da gente incolta».

***

Visto il trattamento riservato ai docenti universitari, possiamo immaginare i rapporti fra il duce e i suoi principali gerarchi. Erano personaggi diversi fra loro ma con tratti comuni fondamentali: il reducismo, l'estrazione borghese, il nazionalismo, lo squadrismo e un atteggiamento di dipendenza psicologica dal duce, che li aveva portati dal niente, giovanissimi, al potere e all'ipotesi di fare una rivoluzione. Ma Benito di loro, come delle nuove generazioni italiane, non fece una vera classe dirigente né degli amici. Lo abbiamo visto. A lui interessava solo il proprio potere e anche tra i gerarchi voleva suscitare timore. Ci riuscì in pieno con un atteggiamento scostante e per niente confidenziale, benché con alcuni in privato si desse del tu. Giuseppe Bastianini, suo stretto collaboratore dai tempi dello squadrismo, spiegava: «Vorremmo potergli parlare con l'accento d'un tempo, il semplice linguaggio della realtà come ci appare. Non vi riusciamo che raramente e non lo troviamo mai, o quasi, nello stato di chi ha piacere di ascoltare».

Nel 1940 Benito definì i gerarchi – parlando a De Begnac – «zavorra malgrado la quale ho fatto la rivoluzione». A una classe dirigente, però, non poteva rinunciare, quegli uomini gli servivano quindi scelse di abbatterli o di esaltarli, di metterli gli uni contro gli altri, di favorire ora questo ora quello, di spostarli improvvisamente dagli incarichi come fossero pedine di un gioco personale. Non si trattava della vecchia legge romana del *divide et impera*, che Benito mostrò di conoscere bene, piuttosto era una sua inclinazione naturale a far sentire il prossimo in condizioni di inferiorità e forse di pericolo, come emerge in un episodio riportato dal ministro delle Colonie Alessandro Lessona, investito dallo sfogo del duce: «Dovreste tutti capire di lasciarmi fare senza contraddirmi, perché mi fate sorgere dubbi e mi portate fuori carreggiata, mentre il mio fiuto d'animale non m'inganna mai».

Il popolo chiamava i gerarchi «loro», contrapposti a «Lui», con la maiuscola. Uno dei modi di dire più comuni era «Se lo sapesse Lui», intendendo che gerarchi, capi e capetti di ogni genere lo ingannavano spesso e volentieri, unici responsabili di tutto ciò che non andava. Si riconosceva la grandezza soltanto a Benito. Eppure non è vero che il regime, il fascismo, i fascisti, fossero una specie di monolite, un solo blocco di pensiero e d'azione. Il partito unico dovette tollerare al proprio interno numerosi fascismi. A cementare i gerarchi era la convergenza verso il duce. Mussolini lo sapeva, e sfruttò la situazione per rendersi più inattaccabile, irraggiungibile.

I capi fascisti, divisi fino alla conquista del potere e dopo il delitto Matteotti, cominciarono a procedere all'unisono – così si usava dire – dal 1926, schiacciati dalla svolta dittatoriale. Poi, dall'inizio degli anni Trenta, con la crisi economica e l'assestamento raggiunto, tornarono divisioni e spaccature che finivano spesso in riconciliazioni apparenti, sceneggiate di amicizia imperitura e riaffermazione di obiettivi e programmi comuni. In realtà i rapporti tra loro erano sempre tesi e contrastanti. Da un lato c'erano i cosiddetti moderati e dall'altro gli estremisti. Ma, per come la possiamo interpretare oggi, è una distinzione grossolana. Per esempio, Bottai era ben più rivoluzionario di Farinacci o Starace, nel senso che intendeva rifondare completamente lo Stato, mentre gli altri due, estremisti a parole, in sostanza volevano soltanto un regime più duro.

Quanto agli interessi privati, non è vero che il regime e i suoi uomini fossero immacolati. Se la classe dirigente in camicia nera è apparsa più onesta rispetto a quella precedente e a quella successiva, è perché non si lasciò mettere in discussione dalla magistratura, dal giornalismo e tantomeno dalla politica. Consolidato il regime, il partito costruì un sistema di clientele locali e di complicati flussi economici per convogliare i fondi pubblici nelle tasche dei gerarchi. Nel caso di grandi opere – bonifiche, infrastrutture e il boom edilizio che investì diverse città – determinati enti e aziende avevano corsie preferenziali, per non parlare degli ex squadristi ben saldi in posti chiave delle pubbliche amministrazioni. Dopo il terremoto dell'Irpinia del 1930, i fondi pubblici stanziati si persero in gran parte per strada, come sarebbe avvenuto durante la guerra.

Mussolini, non dimentichiamo che era stato un bravo giornalista, talvolta lasciava esplodere scandali mirati, per accreditare l'immagine di un regime specchiato. Quegli scandali, ha notato De Felice, coinvolgevano sempre i «pesci piccoli» e consentivano alla classe dirigente di arricchirsi indisturbata. Basta ricordare l'immensa ricchezza accumulata da Costanzo Ciano, per dieci anni ministro delle Comunicazioni. Altro esempio, Farinacci. Quando si iniziò il controllo statale sulle esportazioni, si mise in società con un gruppo finanziario che imponeva tangenti alle ditte esportatrici. Alcune sporsero denuncia direttamente al duce, che non intervenne. Sapeva degli affari economici dei suoi uomini, li considerava inevitabili, scettico com'era sulla natura umana. Comunque teneva un dossier su tutto e su tutti. Durante la seduta del Gran consiglio che lo portò alla caduta disse che, se c'era una frattura fra fascismo e paese, era dovuta all'arricchimento di qualcuno, e accennò a quei fascicoli.

Si spiega dunque perché ci fossero un consiglio dei ministri dove si discuteva poco e un Gran consiglio del fascismo dove non si discuteva affatto. I gerarchi erano artefici e vittime di un sistema di comando soffocante. Benito negli ultimi anni li accusò di imborghesimento, ma era stato lui a cambiarli da giovani pieni di entusiasmo politico – quale che fosse – in simulacri di un potere svuotato, in una classe dirigente che non poteva comandare davvero. Non a caso, furono gli ultimi – dopo gli industriali, la monarchia, l'esercito – a pensare che occorresse fare qualcosa per rimuovere il duce.

***

Del passaggio dal mito del Risorgimento a quello della romanità abbiamo detto. Ora vediamo l'effetto del nuovo riferimento storico, che permetteva di sognare orizzonti sterminati: l'antica Roma era stata padrona del mondo. Il popolo veniva condotto a celebrare sé stesso e la nazione, gli italiani amavano sentirsi potenti, dopo tanta «Italietta».

Per esaltare i veri credenti, i veri fascisti – e per coinvolgere i tiepidi – furono inventate le grandi manifestazioni di massa, le adunate, spettacoli di forza, coesione, efficienza e ordine. In questo campo il fascismo ha fatto scuola, non c'è stata dittatura che non abbia capito l'importanza di un simile uso della massa per la massa. Ricche di simboli – il fascio, il gagliardetto, la camicia nera, il teschio, il pugnale –, le manifestazioni erano condotte secondo una liturgia simile a quella religiosa, e nella solennità del regime si badava a distinguere il rito dalla festa. Il rito – cioè la celebrazione dell'evento – si svolgeva la mattina, con una messa in memoria dei caduti, una sfilata delle varie organizzazioni, l'omaggio ai monumenti, la lettura dell'immancabile messaggio del duce e, dopo l'introduzione della radio, con l'ascolto collettivo del suo discorso. (Nel primo, attesissimo, quando Benito cominciò a parlare, arrivò al popolo – per qualche disfunzione tecnica – una specie di muggito, *uhmmmm*, lunghissimo.) La festa si svolgeva di pomeriggio e doveva essere, secondo un foglio d'ordine del partito, ispirata alla «sana tradizione italiana»: balli, canti, gite in campagna. La sera tutti dovevano riunirsi nelle sedi delle rispettive organizzazioni «in fraternità di ricordi e di propositi». Era chiedere davvero troppo e la serata fascista «in fraternità» non funzionò mai molto. In compenso gli edifici venivano illuminati e imbandierati, le campane suonavano a stormo per mezz'ora, si accendevano fuochi sulle colline e le montagne.

Durante le celebrazioni, in particolare il 23 marzo e il 28 ottobre, si inauguravano le nuove costruzioni del regime. Chi aveva una divisa era tenuto a indossarla. Dalla metà degli anni Trenta fu deciso che per i membri del partito dovesse essere fatta di orbace, una lana sarda impermeabile e robusta, ma poco comoda. L'orbace venne adottato sia per aiutare l'economia dell'isola sia perché grattando solo a toccarla faceva virile. La divisa poi venne istituita pure per gli impiegati pubblici, con tanto di gradi. Alle Poste, in Comune, tutti in divisa. Nel 1934 il Gran consiglio decise l'introduzione del servizio postmilitare per dieci anni dopo il congedo, e la militarizzazione di tutti i cittadini dai 18 ai 55 anni.

Celebrazioni, feste, riti – specialmente in presenza di Benito – venivano moltiplicati con i cinegiornali Luce, commentati da voci di stentorea e romana virilità. Tipiche furono la «befana fascista», creata nel 1928, per dare doni ai bambini poveri, le mostre itineranti celebrative delle «conquiste del regime», come si diceva, sulle sue realizzazioni nei più svariati campi (ricordiamoci che non esisteva la televisione), le «sagre rurali», per instillare nel popolo l'amore per la terra e incoraggiarlo al consumo di prodotti nazionali. Infine c'erano le innumerevoli manifestazioni ginniche e sportive, sempre più frequenti e non riservate solo ai giovani: l'educazione fisica era considerata fondamentale per la formazione di un popolo sano e pronto a combattere.

***

Il regime era un padre severo e una mamma che interveniva in ogni fase della vita del cittadino fin dall'infanzia. L'Opera nazionale balilla, Onb, accoglieva i bambini e i ragazzi che una volta cresciuti sarebbero passati ai Fasci veri e propri. Informata di ogni novità demografica, mandava ai neogenitori uno squisito biglietto di auguri: «L'Opera Balilla di... ha appreso con vivo piacere della nascita del bambino... venuto ad allietare la sua famiglia ed a portare il suo promettente sorriso nella gaia schiera di ragazzi di Mussolini, e, certa di far cosa gradita, porge insieme agli auguri più sinceri l'iscrizione all'Opera Balilla per l'anno...». Alla fine del 1935 molte famiglie chiesero di iscrivere all'Onb anche i figli più piccoli, per avere gli aiuti, e vennero accontentate.

Dal 1937, l'Opera venne ristrutturata nella Gil (Gioventù italiana del littorio), che inquadrava i giovani dai 6 ai 21 anni, alle dipendenze dirette del segretario del Pnf. Maschi e femmine fra i 6 e gli 8 anni erano «Figli della Lupa», fratelli di Romolo e Remo. Da quell'età in poi c'era una rigida distinzione sessuale. I maschi erano Balilla (8-11 anni), Balilla moschettieri (11-13 anni), Avanguardisti (13-15 anni), Avanguardisti moschettieri (15-17 anni), Giovani fascisti (17-21 anni). Le femmine erano Piccole italiane, dagli 8 ai 14 anni, Giovani italiane, dai 14 ai 17, Giovani fasciste, dai 17 ai 21. Dopo i 21 si poteva passare ai Fasci di combattimento, sempre divisi in maschili e femminili.

Iscriversi era facoltativo, ma non farlo sarebbe stata un'imprudenza da ricchi. La tessera, 5 lire, era un buon investimento. Non dimostrava soltanto lo *status* di bravo fascista, cioè di italiano onesto, ligio, patriottico: senza, non si poteva usufruire dei benefici della Cassa mutua assistenza Arnaldo Mussolini, refezione scolastica, libri e quaderni gratuiti per i bisognosi, sanità, colonie marine estive, campeggi estivi e invernali. Benito teneva particolarmente a questo aspetto della sua politica sociale. Già nel 1930 aveva ordinato: «Buono viveri è insufficiente. Mezzo chilo di pane ai disoccupati senza famiglia sta bene, ma i disoccupati con famiglia devono avere oltre il pane il riso, condimento e carbone. Bisogna dare qualche cosa di più del semplice pezzo di pane».

Al massimo della sua espansione numerica, il 28 ottobre 1942, il Pnf aveva 27 milioni e 370.571 iscritti (su circa 43 milioni e mezzo di italiani), divisi in una trentina di categorie: nei Fasci di combattimento ce n'erano 4.770.000, nella Gioventù italiana del littorio 8.754.000, nei Fasci femminili un milione e rotti, nelle Massaie rurali 2.491.000. C'erano persino il Club alpino italiano, 45.000 iscritti, e una legione garibaldina, con 5.989 iscritti.

Ben oltre la metà degli italiani, dunque, era nel partito. E gli altri sedici milioni? Può sembrare una contraddizione all'idea di «tessera del pane», come si diceva e si dice, sostenendo che senza quella fosse quasi impossibile trovare lavoro: Pnf poteva significare «per necessità familiare», non Partito nazionale fascista ma la tessera era davvero indispensabile solo per i dipendenti pubblici, e anche qui con qualche eccezione: nel 1935, su 7.328 podestà, ce n'erano quattro non iscritti al partito. Una quantità notevole di casalinghe, di domestiche, di contadini non ne aveva bisogno, una sola tessera in famiglia dava diritto ai vari benefici.

Il regime-padre si occupava pure degli svaghi, attraverso l'Opera nazionale dopolavoro. Il «dopolavoro» oggi lo chiamiamo tempo libero. Le sedi dell'Ond erano una via di mezzo fra gli oratori cattolici e le Case del popolo comuniste del secondo dopoguerra. Vi andavano, all'epoca «vi accorrevano», operai e piccoli borghesi. Si giocava a carte e a bocce, si tenevano tornei di qualsiasi tipo, soprattutto di scopone, si organizzavano gite a prezzo infimo, si potevano seguire corsi serali per analfabeti. L'iscrizione dava diritto a sconti considerevoli su cinema e teatri, balere, partite di calcio, abbonamenti ai giornali. Le sedi erano numerosissime, senza simili al mondo, né in quello capitalista né in quello socialista. Qualche dato: nel 1935 l'Ond disponeva di 771 cinema, 1.227 teatri, 2.066 filodrammatiche, 2.130 orchestre, 3.787 bande, 994 scuole corali, 10.302 associazioni professionali e culturali, 6.427 biblioteche, 11.159 sezioni sportive «dopolavoristiche» con circa 1.400.000 partecipanti e 4.700 sezioni sportive «agonistiche» con 240.000.

Non c'era alcuna pressione politica, almeno in apparenza. All'Ond poteva aderire anche chi non era iscritto ai Fasci, così fino al 1942 i dopolavoristi furono più numerosi degli iscritti al Partito nazionale fascista. Tuttavia la presenza del regime si respirava nell'aria, nei gagliardetti e nei ritratti del duce appesi ai muri, nell'attivismo degli immancabili iperattivi.

Finì per avere significato politico pure un'altra iniziativa meritevole. I treni arrivavano in orario, sì, ma erano cari. Dal 1932, vennero dunque istituiti «treni popolari» composti da vetture di terza classe – abolita soltanto nel 1956 – che al prezzo scontato del 70 per cento portavano gli italiani a conoscere l'Italia, per la prima volta nella loro storia. Si viaggiava solo la domenica, nell'ambito delle 24 ore, potevano dunque essere viaggi da incubo, ma furono quasi sempre una festa, un'allegria, un bel ricordo. Si andava a Venezia, Firenze, Roma o Napoli, e tanti videro per la prima volta il mare.

Nel 1935, con la riduzione della settimana lavorativa a 40 ore, fu sancito il «sabato fascista», cioè il sabato pomeriggio non si lavorava. Fu una conquista, ma il regime non voleva mica regalare tutto quel tempo libero, pretese che fosse dedicato alle «adunate», a attività sportive, all'educazione politica, all'addestramento postmilitare. Il sabato pomeriggio la camicia nera era di rigore, anche se nessuno veniva perseguitato se con qualche scusa non andava «al fascio», infatti moltissimi evitavano, pur mandandoci volentieri i bambini; si usava il Partito nazionale fascista come una babysitter.

***

Tutto sembrava contribuire al successo e al prestigio del regime, che sorprendeva il mondo in parecchi modi. In particolare con le trasvolate atlantiche di Italo Balbo, che nel 1931 e nel 1933 raggiunse il Brasile e gli Stati Uniti con due squadriglie di aerei in formazione. Non si trattava più del volo avventuroso di un Lindbergh, il programma studiato al millimetro dimostrò che si poteva attraversare l'Atlantico in sicurezza. L'entusiasmo nel mondo fu immenso, tanto da determinare la caduta di Balbo, divenuto talmente popolare da infastidire Benito, che gli tolse il ministero dell'Aeronautica – fra l'altro i nostri piloti avevano battuto molti record di velocità, di altezza, ecc. – e lo mandò a fare il governatore della Libia, lo «scatolone di sabbia», come veniva chiamato.

C'è da credere che una fotografia abbia

New York, agosto 1933. Black Horn, capo della tribù indiana dei Sioux, conferisce al generale Balbo il titolo di «Capo Aquila volante». (Mondadori Portfolio)

avuto il ruolo decisivo nella vicenda. Quando Balbo scese a terra, nel 1933, Benito lo abbracciò e lo baciò – inaspettatamente, insolitamente – prima di mettersi in posa per i fotografi. Il giorno dopo il duce fece arrivare un rimprovero durissimo a Luigi Barzini, direttore del «Mattino», che aveva pubblicato una fotografia nella quale lui, accanto a un Italo baldanzoso, sembrava un vecchio. La differenza d'età tra i due uomini sembra non di 13 ma di 30 anni. Forse era la foto peggiore, ma Mussolini sfigurava in tutte quelle scattate. Balbo è felice, bello, gli occhi gli brillano maliziosamente, un ricciolo selvaggio sulla fronte e la tuta sulla camicia nera gli danno un'aria da divo. Il duce, con una camicia nera troppo larga, il viso troppo abbronzato, da commendatore che ha fatto le vacanze al mare, i pochi capelli corti e grigi (poi li raderà a zero), un sorriso rigido e incerto: in quel raro momento non era il protagonista, era il gregario. In una fotografia tende la testa verso l'altro, gli occhi fissi all'obiettivo, come chi vuole essere certo di venire ripreso di fianco al divo. Balbo pagò caramente quella foto, molto più di Barzini.

Roma 1933. Mussolini fra i pugili Vittorio Tamagnini e Cleto Locatelli. A sinistra Achille Starace, dietro Primo Carnera, campione del mondo dei pesi massimi. (Mondadori Portfolio/Fototeca Gilardi)

Inoltre c'erano i successi di Guglielmo Marconi e Enrico Fermi, che hanno rivoluzionato la storia. Nel 1931 fu inaugurato il transatlantico *Rex*, la nave di linea più veloce mai esistita. Nel 1926 e nel 1934, i premi Nobel per la Letteratura furono assegnati a Grazia Deledda e Luigi Pirandello. Nel 1933 l'emigrato friulano Primo Carnera conquistò il titolo di campione dei pesi massimi nella boxe. Nel 1934 e nel 1938 la nazionale di calcio vinse i campionati del mondo. Ingigantiti dalla propaganda, questi traguardi facevano grandeggiare l'Italia ovunque, gli italiani ne erano fieri.

Benito fu anche il primo capo del governo a curarsi dei milioni e milioni di emigrati che, a cavallo tra Ottocento e Novecento, avevano dovuto cercare cibo e fortuna altrove: avevano nostalgia di una patria che fino a allora li aveva ignorati. La loro italianità fu coltivata in ogni modo, con organizzazioni, visite di personaggi, aiuti, e il risultato fu immediato; quasi tutti – oltre a dirsi entusiasti del fascismo nelle nuove patrie – scrivevano ai parenti in Italia, in genere più poveri di loro, su quanto fossero fortunati a vivere nel tempo di Mussolini.

D'altronde il duce faceva anche *le grazie*, con l'impegno enorme della Segreteria particolare, un vasto apparato di persone che esaminava e rispondeva allo sterminato numero di lettere inviate a Mussolini. Nell'anno XIV dell'era fascista ne arrivarono quasi duecentoventimila, seicento al giorno. Erano quasi tutte richieste d'aiuto, per un sussidio, per un figlio che doveva trovare lavoro eccetera. Tutte quante venivano evase, almeno si dava una risposta, o interessandosi al caso o con una piccola elargizione di denaro. Insomma, san Benito – come talvolta si diceva – faceva più miracoli, e più concretamente, di sant'Antonio.

***

Il regime aveva istituito una rete fittissima di informatori. Oltre all'Ovra, polizia e carabinieri vegliavano su tutto scrivendo una massa di dati – rapporti, pettegolezzi, descrizioni, abitudini, nomi – su chiunque fosse sospettato di minima dissonanza. Il controllo si avvertiva poco nella vita quotidiana, mentre l'antifascismo militante e clandestino veniva duramente combattuto. Gli oppositori finivano in prigione, al confino o esuli all'estero.

In assenza di protezioni sindacali, il richiamo del capufficio o del caporeparto poteva essere il massimo dell'angoscia per l'impiegato e l'operaio. I responsabili del personale erano gli ennesimi gerarchetti, perlopiù militari dispensati o ufficiali a riposo. Dappertutto, esercizi pubblici inclusi, si mettevano cartelli con i moniti: «Qui non si parla di politica», «Qui si lavora in silenzio», «Qui non si bestemmia», «Vietato sputare per terra».

Benito era convinto – e sosteneva – che ai popoli e agli individui non importa la libertà, roba da pochi intellettuali, ai più bastano le piccole libertà quotidiane e soprattutto stare bene. Certo, la vita del proletariato era dura, ma lo era sempre stata, per di più senza i benefici sociali e sanitari assicurati dal regime. Quindi nell'Italia fascista la gente viveva tutto sommato «bene», facendo largo uso dell'arte di arrangiarsi. Pochi – pochissimi – avevano il mitico stipendio da dirigente, «mille lire al mese», come recitava una canzone in voga, i tagli del regime erano stati severi anche per la borghesia, ma non asfissianti; quasi tutte le famiglie del ceto medio continuavano a mantenere la donna di servizio e spesso pure la tata.

Le vacanze al mare – moda recente, e non oltre una settimana – erano alla portata di pochi, a differenza del cinema, il nuovo divertimento. Il regime ne intuì le potenzialità propagandistiche per i cinegiornali dell'Istituto Luce, fondato nel 1925, e producendo film. Anzi non si poteva dire *film*, si scoraggiava l'uso di parole straniere, li si chiamava «pellicole». Erano stracolme di italianità, in una versione popolare del pensiero fascista: un mondo maschio dominato dalla competizione e dall'ossessione per la vittoria. L'attore Amedeo Nazzari diventò una maschera, il simbolo del nuovo italiano che riusciva a risolvere le situazioni più intricate della vita con la passione, l'autenticità dei sentimenti e due schiaffi ben assestati.

Nello svago radiofonico dominavano la musica e gli sceneggiati. Eiar, precursore della Rai, significava Ente italiano audizioni radiofoniche. Fu favorita al massimo la diffusione della radio, con prodotti sempre più economici, però prima della Seconda guerra mondiale venne sfruttata relativamente poco per la propaganda. Venivano trasmessi i più importanti discorsi di Mussolini e, alle 20.20, il *Commento ai fatti del giorno*, un programma che durava dieci minuti e si occupava soprattutto di politica estera, glorificando il dinamismo dell'Italia fascista. Il regime non gradiva che la gente parlasse di politica interna, stimolava in ogni modo l'attenzione a quella estera. Dalla seconda metà degli anni Trenta il popolo venne caricato in particolare contro la Francia e la «perfida Albione» – l'Inghilterra – perché ostacolavano le conquiste coloniali dell'Italia.

I quotidiani avevano generalmente quattro pagine e poco successo, c'era troppa politica, acritica, mentre la cronaca nera – punto forte della stampa – veniva censurata a priori: niente crimini né delitti nell'era fascista. Il giornale, comprato la mattina, veniva letto la sera, durante il lavoro era proibito farlo, come concedersi qualsiasi distrazione. In compenso era possibile fumare ovunque, davanti a chiunque, allora come per diversi decenni successivi.

Negli anni Trenta la produzione libraria raggiunse un vertice mai toccato prima e che fu faticosamente superato solo negli anni Sessanta. Incise l'enorme quantità di volumi e volumetti propagandistici diffusi gratuitamente. Le letture favorite erano le opere leggere a sfondo erotico di Pitigrilli e Guido da Verona, autori che non hanno lasciato grande traccia nella storia della letteratura. Le donne sceglievano romanzi avventuroso-sentimentali, definiti «ungheresi» per l'origine del genere.

***

Si deve al regime il lancio della moda italiana, nata allora. Il fascismo ebbe con la moda un rapporto ambiguo, la riteneva un fenomeno frivolo, quindi la incoraggiava soltanto per fini economici e rivolta esclusivamente alle donne. Le signore borghesi misuravano il proprio benessere dal numero di cappellini, la cui esibizione era un segno evidente di distinzione sociale; le donne del popolo andavano a testa scoperta o raccoglievano i capelli nel fazzoletto.

Il duce si occupò anche della costruzione della donna ideale. Era un essere in stato di inferiorità – su questo non c'era dubbio – eppure il suo fu il primo governo a dare alle donne un ruolo ufficiale, nazionale, fondando per loro istituzioni con una politica ragionata, specifica. Il duce, nel 1925, volle mostrarsi in linea con posizioni che aveva sostenuto in passato e – contrastando il parere della Camera – fece approvare una legge per concedere il voto amministrativo alle donne con certi requisiti, secondo una versione ancora più ristretta del suffragio per gli uomini: dovevano saper leggere e scrivere, pagare una certa quota di tasse, oppure essere almeno imparentate con caduti in guerra. Si trattò comunque di un provvedimento puramente teorico, perché l'anno successivo le elezioni amministrative vennero abolite.

In seguito, anche l'emancipazione raggiunta in epoca liberale venne gradualmente ristretta per plasmare la «nuova italiana», una sana madre di famiglia. Nel dicembre 1926 alle donne fu impedito di insegnare materie umanistiche al liceo, materie tecniche negli istituti tecnici e di essere presidi. Nel 1934 venne approvata una legge che abbassava la quota di donne che potevano accedere ai concorsi, e quattro anni dopo fu fissato un limite per il personale femminile negli uffici.

Già nel dicembre 1925, in compenso, il regime introdusse l'Opera nazionale maternità e infanzia, con un imponente e ramificato apparato assistenziale rivolto a donne e minori; nel 1934 furono approvate leggi a tutela della maternità delle lavoratrici. A compensare la riduzione di opportunità lavorative, vennero incrementati i corsi per economia domestica, puericultura, massaia rurale.

Nell'ambivalente politica di genere del regime, il rinnovato rapporto con la Chiesa cattolica prese il sopravvento sull'eredità del laicismo liberale. Un «valore minore» della donna era previsto dal codice penale del 1930, che limitava a una pena tra i tre e i sette anni di carcere l'omicidio di «coniuge, figlia o sorella» per «questioni d'onore»; inoltre veniva introdotta la possibilità di espiare la violenza sessuale con un «matrimonio riparatore».

Le immagini idealizzate della donna fascista «moderna», fosse emancipata e sportiva come Edda Ciano, sensuale e raffinata come Clara, militante come le seimila ausiliarie mobilitate durante la Rsi, in realtà erano lontanissime dalla maggioranza delle italiane. L'unico punto in comune era la devozione a «Lui».

Il regime voleva essere virile, dunque maschile e maschilista, a volte misogino, come all'epoca quasi tutte le società del mondo. Immagini e testi vivevano in un universo dominato dagli uomini. Le canzoni erano piene di bambine innamorate che passavano la vita a piangere e a sospirare nell'attesa del guerriero e del suo meritato riposo. Le copertine dei libri, le riviste, i manifesti, le cartoline illustrate mostravano spesso abbracci grotteschi di un bel maschio in divisa chino come un rapace su una donna liquefatta dall'emozione.

Nel 1932 Benito ribadì a Ludwig: «La donna deve obbedire». In questa direzione il fascismo incontrava il consenso totale dei maschi italiani. Il duce forniva il modello della virilità fascista e fra i gerarchetti ci si faceva un dovere di avere il più alto numero di *vittime* femminili. Il motto mussoliniano «Molti nemici, molto onore» diventò «Molte donne, molto onore», con la moglie casta e pura e la ricerca continua di svaghi, specialmente con le prostitute nei bordelli, diffusissimi. «Tutti gli organi di partito funzionano,» tuonava Starace «devono perciò funzionare anche gli organi genitali». Ricordiamo che lo stesso Benito non aveva disdegnato la frequentazione di prostitute, tutt'altro.

Le autorità si occuparono persino di cipria e belletti. Vennero emesse disposizioni precise affinché, per esempio, le riviste femminili non facessero troppi servizi sul trucco, che non doveva essere eccessivo. Insieme alla Chiesa, nel 1931 fu scatenata la guerra ai pantaloni indossati dalle donne. In merito il capo dell'ufficio stampa del presidente del Consiglio, quindi in pratica lo stesso Benito, inviava direttive alla stampa. Ecco un brano da una rivista serissima e di solito spregiudicata, «Critica fascista» di Bottai, dove nel 1930 si poteva leggere: «Lo chic vuole donne piatte, magre, non troppo colorite (che è contadino), ma colorabili, dal corpo perpetuamente adolescente. E in omaggio a questo arbitrio tirannico si limitano i pasti, si ingeriscono specialità perniciose, si praticano espedienti malvagi». Con questo tipo di donna ci sarebbe sempre stato da «temere per i destini della patria». Come si vede, non è così recente la polemica sulla donna androgina e sulle conseguenze sociali (negative) riconducibili – secondo alcuni – all'affermarsi di quel modello. La stampa iniziò a presentare e glorificare figurini di donne robuste, forse non eleganti ma idonee a diventare madri prolifiche.

***

Non si poteva pensare che il duce, proprio il duce, si accontentasse di una moglie antica e non più bella. C'è chi ha calcolato il numero delle donne che ebbe in tutta la vita, variabile fra le sessantaquattro e le settanta. Lascio a voi giudicare se siano tante o poche. (A lui sembrerebbero poche, visto che si vantava di averne avute tre o quattro a sera nei primi anni dopo la marcia su Roma.) Nell'Archivio centrale dello Stato esiste una quantità inverosimile di lettere, scritte da donne italiane e straniere che gli si offrivano più o meno apertamente.

Gli italiani non si sorpresero affatto quando si scoprì – dopo il 25 luglio 1943, fino allora lo sapevano in pochi – che il duce aveva un'amante giovane e bella, con ricci capelli corvini, un corpo sinuoso e sportivo, un grande seno. Era nata nel 1912, 29 anni dopo Benito, poco prima che lui uscisse dal carcere e scalasse i vertici del Partito socialista. All'anagrafe era registrata come Clarice Petacci ma veniva chiamata Clara. I familiari e gli amici stretti, poi, usavano un vezzeggiativo, adottato anche dall'uomo che la consegnò alla memoria collettiva: così per tutti è Claretta.

Il padre era Francesco Saverio Petacci, medico dei palazzi apostolici e direttore della prestigiosa clinica privata Villa del Sole. Come molti padri, aveva trasmesso la professione al primogenito Marcello, che arrotondò le già pingui finanze della famiglia con altri mezzi. Lo vedremo. In ogni caso, l'ascesa del clan non fu opera sua, bensì delle sorelle minori.

Clara aveva 10 anni quando Benito prese il potere, e la sua adolescenza iniziò proprio mentre s'intensificava il culto della personalità del duce onnipotente, affascinante, onnisciente. Nel 1926, a 14 anni, ne era infatuata, non l'aveva mai incontrato, sognava che accadesse. Quando Mussolini fu sfiorato dal proiettile di Violet Gibson gli scrisse una lettera, come tante altre donne, soprattutto, e uomini: «Quale ignominia, quale viltà, quale obbrobrio! Ma è una straniera e tanto basta! [...] O Duce, perché non vi ero! Perché non ho potuto strangolare quella donna assassina che ha ferito Te, divino essere? [...] Quando ho appreso la notizia ho creduto di morire perché Ti amo profondamente come una piccola Fascista della prima ora. [...] Duce, la mia vita è per Te». Non poteva immaginare quanto fosse vero.

Il 24 aprile 1932 la famiglia Petacci andava al mare, a Ostia, in auto, quando venne sorpassata dall'Alfa rossa di Benito e dalla macchina della scorta. Clara, vent'anni, era accanto al futuro marito, Riccardo Federici, sottotenente dell'aeronautica. Tra saluti e grida di meraviglia, la famiglia richiamò l'attenzione del duce, che si fermò per scambiare qualche parola. Come tutti i divi più avveduti, gli piaceva mostrarsi disponibile. Meglio ancora se nel capannello di ammiratori c'erano ragazze avvenenti.

«Vent'anni? Avrei detto sedici, diciassette», commentò in quel primo scambio di battute con Clara, conquistato dalla sua giovinezza, dallo sguardo adorante e dalle forme intuibili sotto i vestiti leggeri. L'ammiratrice venne invitata a dare il nome agli agenti, che a loro volta lo segnalarono alla Segreteria particolare perché aprisse la corsia preferenziale riservata ai postulanti privilegiati. Tuttavia, secondo quanto raccontato dalla sorella minore di Clara, tre giorni dopo fu Benito a rompere gli indugi. Telefonò a casa Petacci e chiese di lei. «Sarò lieto di continuare la conversazione dell'altro giorno».

L'attrazione, evidente a entrambi fin dal primo incontro a Palazzo Venezia, non sfociò immediatamente nella passione. Quel giorno lei chiese di servirlo. L'impiego che desiderava era il più ambito e chiacchierato nell'Italia del regime: l'informatrice. Si trattava in larga parte di donne della buona borghesia, pronte a raccogliere voci e informazioni per riferire alla polizia politica; spesso venivano ricompensate.

Fortemente incoraggiati dalla madre di Clara, i loro primi appuntamenti furono brevi e formali. Clara trascriveva ogni istante degli incontri e delle telefonate con Ben, così iniziò a chiamarlo. Le sue carte sono emerse solo negli ultimi anni, e – come hanno mostrato le ricerche di Mimmo Franzinelli e di Mirella Serri – la donna fucilata con il duce,

Il duce in bicicletta per le strade della Romagna in un momento di pausa dagli impegni politici. (Mondadori Portfolio/ Fototeca Gilardi)

1937. Ritratto di Clara Petacci. (Mondadori Portfolio/Fototeca Gilardi)

per quanto mossa dalla passione, era interessata anche al denaro e al potere.

Lui all'inizio fece resistenza, oltretutto la ragazza era minorenne, compì 21 anni – la maggiore età per l'epoca – nel febbraio 1933. Nel frattempo lei attendeva le sue telefonate e gli inviava bigliettini. A dicembre 1932 avanzò richieste «pratiche» riguardanti il padre, che aveva alcune grane giuridiche e voleva accompagnare la professione di medico a quella più mondana che oggi definiremmo di «divulgatore». Benito gli trovò un posto di opinionista ultra remunerato al «Messaggero», dove ai tempi delle leggi razziali il chirurgo spese fiumi d'inchiostro per lodare con argomentazioni pseudoscientifiche la politica sulla «purezza della razza italiana». Del potente amico di famiglia si giovò anche l'altro figlio, Marcello, maggiore di due anni, che ottenne scatti di carriera prima nella Regia marina, poi come medico. E si rivelò soprattutto un faccendiere.

Abbandonata una residenza borghese in via Spallanzani, nel 1939 la famiglia Petacci si farà costruire sulle pendici di Monte Mario una villa di trentadue stanze, la Camilluccia. Oltre a una piscina e un rifugio antiaereo, c'era la camera dove si incontravano Ben e Claretta, con specchi anche sul soffitto, mobili rosa e una stanza da bagno in marmo nero con una grande vasca a filo del pavimento.

Nel giugno 1934 intanto Clara aveva sposato Federici. L'unione, incoraggiata dal duce, doveva sedare il chiacchiericcio della Roma bene. Che fosse un matrimonio di convenienza fu evidente fin dal primo momento. Lui era frustrato, distante, alcolista e violento. I due si separarono nel 1936, e Clara tornò a dividersi tra Palazzo Venezia, i numerosi *pied-à-terre* messi a sua disposizione, e la villa di famiglia.

Per decenni si è creduto che nei primi quattro anni ci fosse solo un rapporto platonico. Gli appunti di Clara hanno rivelato che il sesso arrivò prima, nel 1936, quando il marito uscì di scena. Se abbiamo imparato a conoscere Benito, possiamo capire quanto lo eccitasse sapere, o credere, di essere stato lui a «svezzarla». «Eri una bambina», gongolava in seguito: «Pensavo ti saresti stancata, temevo che il contatto crudo con l'uomo ti disilludesse. Poi è avvenuto ciò che doveva accadere». Clara però, tutt'altro che timida fanciulla, lo stuzzicò fin dal primo momento con il gioco della seduzione.

I loro incontri si svolgevano nel tardo pomeriggio. Un autista su Lancia Augusta la portava più frequentemente a Palazzo Venezia, dove Clara aveva a disposizione un appartamento dotato di tutte le comodità, a fianco dell'immenso studio del duce. Lì attendeva, a volte fino a sera, che «il gattone» arrivasse e godesse di lei. Il desiderio gli toglieva ogni freno. Una volta Clara annotò «le sue grida sembravano di belva ferita. Poi sfinito ricadde sul letto». Non risparmiava i dettagli: «Facciamo l'amore con tanta forza che mi morde una spalla fino a lasciare il segno dei denti. È mortificato, siede sul letto pallido e ansante».

Clara raccontò pure gli scoppi d'ira di Ben, per gelosia o nervosismo. Accadde che la prese a schiaffi: «una scena tremenda, dando dei colpi alla sedia, calci ai giornali»; in un'altra occasione la trascinò fuori dalla stanza per i capelli: «Ho da lavorare, non sono un garzone di bottega». Trascorsa qualche ora arrivava la sua telefonata: «Sono giorni terribili. Mi devi capire» le disse nel 1938 dopo averla fatta sanguinare per la frustrazione provocatagli dall'invasione tedesca dell'Austria.

Non si pensi che Benito rinunciasse alle altre amanti, e pagava le distrazioni in scenate di Clara, gelosa anche del passato. Margherita Sarfatti, per esempio, era un fantasma con cui lei competeva e che nominava spesso con stizza: «La Rifatti». A rovescio, fin dall'inizio, il telefono di Clara era sotto intercettazione, e ogni giorno il duce spendeva tempo a leggere rapporti sui suoi spostamenti.

La giovinezza di lei nutriva il desiderio di giovinezza e di vigore del dittatore, che proprio mentre l'Italia prendeva le armi in Etiopia e Spagna voleva presentarsi come un giovane e muscoloso capo di giovani. La notizia del rapporto trapelò nei paesi dove i giornalisti erano liberi. Nel 1939 il ministro della Cultura popolare Dino Alfieri lo sentì sbottare contro le indiscrezioni della stampa francese: «Ne dicono di ogni genere contro di me perché ho un'amante di ventotto anni; cosa vorrebbero, che ne avessi una di settanta?».

La gelosia di Claretta fu messa a dura prova sotto il suo stesso tetto. Nel 1932 la sorella minore, molto minore, Maria, chiamata Myriam o Mimì, aveva 9 anni. Bionda, più esile, iniziò a frequentare la coppia nel 1938, a quindici anni. All'inizio era un utile «terzo incomodo» per confondere gli sguardi indiscreti. Portava ambasciate quando i due amanti litigavano e non volevano essere intercettati al momento di fare pace. Infine la sua presenza serviva a «far numero» e a giustificare le gite con Clara che, guarda caso, coincidevano con gli impegni fuori Roma del duce.

Tra soggiorni al mare e in montagna, ville, alberghi di lusso e corse spericolate in auto, cresceva la confidenza. Maria all'inizio lo vedeva come «un nonno giovane che voleva insegnarmi a sciare, a camminare, a mangiare», con tratti da compagno sbruffone: «Ai giuochi voleva sempre vincere – io mi vendicavo dicendogli: il Duce ha sempre ragione!». Come era avvenuto con Fiammetta Sarfatti, il passo a giochi più impegnativi fu breve. Nel maggio 1938, dopo una galoppata fuoriporta, Clara scrisse: «Viene Mimì, lui si sofferma a parlare e la guarda con occhio diverso, da maschio, come prima mai. Rimango un po' perplessa. Infatti, dopo, riprendendo la passeggiata, ha uno strano atteggiamento d'uomo che pensa di poter piacere, di avere ciò che vuole, e altri pensieri che qui non trascrivo». Clara si preparava all'inevitabile. L'autista Boratto ha confermato che, nelle trasferte al Terminillo, quando la sorella maggiore non «se la sentiva» di andare nella stanza del capo, era Myriam a sgattaiolarvi per rimanerci fino all'alba.

La voce girava insistente nel bel mondo della capitale, e giunse alla stampa scandalistica francese. In ogni caso, nel giugno 1942 arrivò un mondanissimo matrimonio riparatore orchestrato dall'alto tra la diciottenne Maria Petacci e il patrizio Armando Boggiano. Proprio quell'anno, Maria – che voleva fare l'attrice – esordì nel cinema con lo pseudonimo Miria di San Servolo, nella pellicola *Le vie del cuore*, presentata al festival di Venezia. Appena il suo nome comparve fra i titoli, il pubblico scoppiò a ridere: a Venezia, San Servolo è il manicomio. Il matrimonio durò poco, come il silenzio intorno al triangolo, di cui si tornò a parlare dopo la caduta di Mussolini. Nel frattempo Maria si era rifugiata nella Spagna franchista, dove continuò a girare film, con scarso successo. Morì a 67 anni, nel suo letto.

***

Il regime aveva sempre bisogno di nuovi entusiasmi e conquiste per avanzare e durare. Li cercò nella politica estera, che fino al 1932 era stata tendenzialmente pacifica, se si escludono i massacri in Cirenaica contro i libici ribelli. Il duce doveva consolidare il fronte interno e non poteva impegnare molte energie altrove, quando lo faceva usava un tono minaccioso verso gli altri paesi, poi cercava accordi. I suoi atteggiamenti avevano ricadute – positive e corroboranti – in politica interna. La grinta dura nei rapporti internazionali piaceva a un popolo che soffriva di complessi d'inferiorità. Con Benito gli italiani iniziarono a illudersi e poi a credere, di primeggiare nel mondo.

Secondo gli ex alleati della Prima guerra mondiale, Francia e Inghilterra i principali, l'Italia doveva accontentarsi dei territori ottenuti con i trattati di pace, senza pretendere di più. Mussolini invece fece capire da subito che l'Italia fascista sarebbe stata «dinamica» – così diceva lui – in concorrenza sia con la Francia, nell'area danubiano-balcanica, sia

Nella pagina accanto: Clara Petacci in barca a vela. (Mondadori Portfolio/Archivio GBB)

con la Gran Bretagna, nel Mediterraneo, ridefinito *mare nostrum*. I governanti dei due paesi lo lasciavano dire perché avevano altre paure, soprattutto quella del comunismo: replicando l'errore commesso in Italia, i conservatori europei videro in Mussolini soprattutto l'uomo che avrebbe rafforzato il muro contro l'Unione Sovietica.

Inoltre in Europa c'era una paura diffusa per la rinascita della Germania, in particolare la Francia sperò a lungo di allargare le alleanze antitedesche e per questo concesse spazio al dinamismo fascista. Mussolini però aveva sempre mal sopportato la *grandeur* francese e aveva un piano semplice quanto pericoloso: mantenere l'Europa in tensione, impedire le «cristallizzazioni», eccitare le ostilità fra gli Stati per poi fare l'ago della bilancia, allora si diceva «il peso determinante». Il suo motto era «i trattati non sono eterni», lo ripeté più volte, di preferenza in Parlamento, e assunse il ruolo di perturbatore dell'ordine nato dalla guerra.

La prima uscita del duce dai confini avvenne il 24 novembre 1922, neanche un mese dopo la marcia su Roma. A Losanna c'era una conferenza per la revisione del trattato di pace con la Turchia, dove l'Italia aveva poco interesse. Tuttavia Benito fece fermare il treno in una stazione prima di Losanna e pretese che il presidente del Consiglio francese e il ministro degli Esteri inglese andassero a incontrarlo lì, come per rendergli omaggio. La mossa piacque in un'Italia dove si pensava che i governanti liberali «si erano fatti mettere sotto i piedi» nelle trattative di Versailles.

Due settimane dopo andò a Londra, dove gli Stati vincitori dovevano decidere se concedere una moratoria alla Germania per il pagamento dei danni di guerra. Benito fu uno dei più intransigenti per il no, ma fece una scarsa o negativa impressione. Era sottovalutato, come in Italia alla nascita del fascismo. Qualcuno – probabilmente un cameriere italiano – scrisse sulla porta della sua camera d'albergo: «A morte il mandolinista di passaggio».

La pericolosità di Mussolini si manifestò per la prima volta fra agosto e settembre 1923, in seguito all'uccisione del generale Enrico Tellini, in missione internazionale nell'isola di Corfù. Il governo greco non aveva responsabilità nell'episodio, però il duce avanzò richieste inaccettabili, che infatti vennero respinte. Allora Benito ordinò di occupare l'isola, inaugurando la tendenza dell'imperialismo fascista all'aggressione di uno Stato molto più debole, basata sulla certezza che non si sarebbe scatenato un conflitto europeo per così poco. A causa dell'atteggiamento durissimo della Gran Bretagna, dovette piegarsi all'arbitrato della Società delle Nazioni, evacuare l'isola e accettare un risarcimento.

Se l'episodio di Corfù venne presentato in Italia come un trionfo, nel 1924 il duce ebbe il suo primo vero successo di politica internazionale, stipulando con il governo jugoslavo il trattato con il quale l'Italia annetteva lo Stato libero di Fiume. In segno di massima stima e gratitudine, Vittorio Emanuele III gli conferì il Collare dell'Annunziata, suprema onorificenza sabauda che lo rendeva «cugino del re», secondo le tradizioni della dinastia. Una parentela artificiosa che non gli servirà molto.

Il revisionismo metteva l'Italia con le nazioni deboli contro quelle forti. Una posizione romantica e consona alla retorica fascista. Tuttavia nel 1925 Benito firmò gli accordi di Locarno, che impegnavano l'Italia a concorrere al mantenimento dei confini nati dalla pace: non aveva alternative, e subito dopo ordinò una campagna di stampa contro il trattato che aveva appena sottoscritto.

Nel 1929, Dino Grandi venne promosso da sottosegretario a ministro degli Esteri, con l'incarico di fascistizzare la Farnesina, ancora legata alla tradizione diplomatica liberale. Aveva anche il compito di ammorbidire la politica estera, nel momento difficile in cui si annunciava una grave crisi economica. Benito cedette il ministero perché lui doveva essere l'uomo forte, mentre Grandi avrebbe smussato all'estero quel che il duce diceva per la propaganda interna. Il ministro lo accontentò fin troppo: la sua moderazione era convinta, non tattica, e riuscì a inserire l'Italia nella discussione dei maggiori problemi internazionali, con spirito collaborativo. Nel 1932, Grandi venne silurato all'improvviso, Benito disse a un ambasciatore che era «andato a letto con l'Inghilterra e con la Francia, e siccome i maschi erano quelli, l'Italia era rimasta gravida di disarmo».

L'allontanamento di Grandi segnò la fine della fase pacifica del revisionismo e la rinuncia alla diplomazia tradizionale. Mussolini riprese su di sé il ministero degli Esteri e in pubblico cominciò a parlare con insistenza dei destini mondiali del fascismo. Il 25 ottobre 1932, in piazza del Duomo a Milano, annunciò: «Tra un decennio l'Europa sarà fascista o fascistizzata!». Non aveva torto perché nel 1942 gran parte del continente sarà occupato dalle truppe italo-tedesche: aveva torto perché sappiamo come andò a finire la Seconda guerra mondiale.

***

Già all'inizio degli anni Venti la stampa internazionale aveva adottato il termine «fascista» per indicare le destre eversive che univano nazionalismo, militarismo, antibolscevismo e corporativismo in varie sfumature. Quando questi movimenti e i loro capi si consolidavano nel panorama politico europeo, il paragone con Benito era scontato. Lui era fiero – non lo nascondeva – di essere il primo fascista a guidare uno Stato.

Nell'inverno del 1923 il re di Spagna, in visita a Roma, disse a Vittorio Emanuele III che con Miguel Primo de Rivera y Orbaneja, il dittatore salito al potere da poche settimane, anche la Spagna aveva il «suo Mussolini». Quando Adolf Hitler esordì in Baviera, diversi giornali tedeschi e britannici lo definirono il «Mussolini tedesco», un paragone che lusingava l'agitatore austriaco e che forse rafforzò la sua determinazione a superare il maestro. Nell'ottobre 1923, in un'intervista al giornale britannico «Daily Mail», Hitler dichiarò: «Se la Germania avesse il dono di un Mussolini tedesco… la gente gli si inginocchierebbe davanti e lo adorerebbe più di quanto Mussolini sia mai stato adorato».

Hitler adottò principi, metodi, strategie comunicative e rituali del fascismo. Era convinto che Mussolini fosse l'alleato naturale del nazionalsocialismo nella politica internazionale, essendo i due accomunati dal rifiuto dei confini e dei principi stabiliti a Versailles. Tuttavia i fascisti avevano poca considerazione del futuro Führer e del suo seguito. Nel 1923, il Putsch di Monaco – un tentativo di colpo di Stato ispirato alla marcia su Roma e partito dagli spari in una birreria – fallì miseramente e «Il Popolo d'Italia» definì il nazionalsocialismo una «caricatura del fascismo italiano». Sebbene il duce vedesse nei nazionalsocialisti dei potenziali alleati, scelse di attendere gli eventi e lasciò senza risposta diversi appelli di Hitler a incontrarsi; lo fece penare persino per un ritratto autografato da appendere in ufficio.

L'abbiamo visto in altri momenti della sua vita, Benito era veloce a muoversi appena cambiava il vento. Dopo il primo trionfo elettorale nazista, la sospirata fotografia fu inviata. Nel 1930, quando la Germania venne scossa dalla crisi economica mondiale e Hitler era ormai sulla cresta dell'onda, Mussolini incaricò propri fiduciari di prendere contatti. Nel 1931 iniziò un distaccato rapporto epistolare e in dicembre, mentre si raf-

Ginevra 1931. Il ministro degli Esteri Dino Grandi alla riunione della Società delle Nazioni. (Mondadori Portfolio/Archivio GBB)

forzava la possibilità che i nazionalsocialisti prendessero il potere, Hitler venne invitato a Roma: dal Pnf, non dal duce, e la stampa ebbe l'ordine di dare poco spazio all'evento. Quando tutto era pronto, da Palazzo Venezia arrivò il dietrofront, Mussolini aveva saputo che il governo tedesco non gradiva. Stesso copione nel giugno 1932, quando Benito annullò all'ultimo momento una visita di Hitler; allo stesso tempo, però, faceva recapitare consigli, agevolava le visite di capi nazisti e ne finanziava indirettamente la campagna elettorale, come con altri partiti della destra europea.

Il 30 gennaio 1933, Hitler divenne cancelliere e uno dei suoi primi atti ufficiali fu dettare una lettera per il duce, assicurando che «dal mio posto perseguirò con tutte le mie forze quella politica di amicizia verso l'Italia che ho finora costantemente caldeggiato». Nei mesi successivi Benito continuò a essere tiepido con l'ammiratore divenuto «collega». Certo, non bisognava indispettire le potenze europee, ma la cautela era principalmente supponenza, tutt'altro che lungimirante: sottovalutava il Führer e la sua capacità di restare al potere.

Alla conferenza di Ginevra per il disarmo, nell'ottobre 1933, il discepolo si ribellò al maestro. Di fronte alle reiterate richieste tedesche di togliere le limitazioni internazionali al riarmo della Germania, Mussolini incaricò l'ambasciatore Vittorio Cerruti di suggerire al cancelliere moderazione. Il messaggio scatenò una sfuriata di Hitler: «Mussolini vuole abbandonarci? È forse geloso perché il nazismo sta avendo più eco mondiale del fascismo?». Cerruti fu il primo collaboratore di Mussolini a vedere nel Führer «uno squilibrato».

La Germania uscì dalla Società delle Nazioni, un passo che Benito minacciava da anni ma che non aveva mai osato. Poco dopo Hitler strinse un patto di non aggressione con la Polonia, scardinando il sistema di alleanze francese, che all'Est faceva perno proprio sulla Polonia. Mancavano sei anni all'aggressione che dette inizio alla Seconda guerra mondiale.

Il duce prese male il dinamismo della politica tedesca. Temeva che la Germania potesse entrare in concorrenza con l'Italia nei Balcani. Peggio, sospettava che Hitler volesse realizzare il primo e più importante punto del suo revisionismo, l'annessione dell'Austria, che avrebbe portato la Germania a confinare con l'Italia, indebolendo i nostri confini settentrionali. Su questo Mussolini non sbagliava, era giunto il momento di guardare negli occhi quel suo ammiratore-rivale, mettendo fine all'anticamera che gli aveva imposto.

La diplomazia italiana organizzò l'incontro, scegliendo data e luogo: Venezia, tra il 14 e il 16 giugno 1934. Tutto era stato studiato per abbacinare l'ospite, la cui passione per l'arte e la storia erano note. All'aeroporto di San Nicolò, Mussolini apparì massiccio, in uniforme e stivali, di fronte a Hitler che in sobri abiti borghesi distribuiva sguardi e sorrisi ossequiosi. Quella che – allora e in seguito – fu dipinta come la perfetta rappresentazione del diverso stile dei due, in realtà era per entrambi il frutto di una strategia: Benito, più ansioso di quanto volesse far credere, nelle fasi preparatorie aveva informato i suoi che avrebbe evitato orpelli per non conferire troppa importanza all'evento, salvo poi presentarsi bardato, sia pure senza decorazioni. Hitler doveva rassicurare i conservatori tedeschi e l'opinione pubblica internazionale, allarmata dalla sua politica: in quel primo viaggio all'estero voleva apparire determinato, ma ragionevole e mite.

Il colloquio iniziale avvenne nella vicina Villa Pisani a Stra, nota per un soggiorno di Napoleone. I due avevano molto da dirsi, l'unico ostacolo era la lingua: Hitler non parlava che la sua, Benito pretendeva di masticare abbastanza tedesco per evitare interpreti. In ogni caso la conversazione cadde quasi subito sull'Austria. Hitler sosteneva la necessità di un governo nazionalsocialista per il suo paese natale, assicurando di non puntare all'annessione. Benito rimase sulle sue posizioni rigide.

Lungo il percorso delle automobili e dei motoscafi, l'ospite vide ovunque giovani schierati e plaudenti che invocavano il duce. Il giorno successivo Hitler dovette assistere in silenzio a una parata della Milizia in piazza San Marco e all'immancabile arringa dell'italiano che, davanti a settantamila persone annunciava l'inizio di una nuova amicizia pronta a portare la pace in Europa.

Tornato a Berlino, Hitler confidò all'ambasciatore italiano, certo che le sue parole sarebbero arrivate all'interessato: «Uomini come Mussolini nascono una volta ogni mille anni... Io, è naturale, mi sono trovato alquanto impacciato con il duce, ma sono felice di aver potuto parlare lungamente, di aver sentito le sue idee. Che sorta di oratore è! E quale potenza esercita sul popolo!».

Se sul piano della diplomazia non si ebbero conseguenze rilevanti, si innescò una complessa simpatia-antipatia reciproca. Amore e odio, potremmo dire, in cui l'amore era solo di Hitler; in realtà vera ammirazione e di più invidia, quindi rivalsa; l'odio, in Mussolini all'inizio fu per sopportazione opportunistica, alla fine per l'umiliazione.

Nella notte fra il 30 giugno e il primo luglio, erano passate due settimane dalla visita, il *mite* uomo in soprabito dimostrò al mondo la propria natura, quella vera, facendo massacrare dalle SS un centinaio di «squadristi della prima ora» – le SA, e altri oppositori interni. Fu la «notte dei lunghi coltelli», e se su quell'episodio Mussolini tacque, non poté fare altrettanto meno di un mese dopo.

Da quando a Vienna si era insediato il governo filofascista di Engelbert Dollfuss, sostenuto e finanziato da Roma, Mussolini riteneva l'Austria un satellite dell'Italia. Il 25 luglio 1934, i nazisti austriaci assassinarono Dollfuss nel tentativo di un colpo di Stato. Quell'atto rischiava di azzerare gli sforzi fatti per allargare la sfera d'influenza fascista in Europa, Hitler aveva dimostrato di volerne creare una nazista. Benito andò su tutte le furie, oltretutto era stato costretto a dare lui stesso la notizia alla vedova, in quel momento sua ospite a Riccione. Schierò quattro divisioni al confine austriaco, dichiarando che l'Italia tutelava l'indipendenza dell'Austria. In realtà gli interessava tutelare, oltre al predominio sull'area, l'immagine del paese di fronte a Gran Bretagna e Francia. Adesso poteva mostrarsi garante dello *status quo* in Europa, in cambio dei progetti espansionistici in Africa. Dal momento che l'invasione dell'Etiopia – in preparazione – avrebbe dato uno schiaffo alla Società delle Nazioni, gli faceva comodo che gli sguardi di riprovazione fossero puntati su Hitler.

Questa strategia lo portò al celebre discorso, pronunciato a Bari il 6 settembre 1934, in cui per il nazionalsocialismo c'erano di nuovo solo sberleffi: «Trenta secoli di storia ci permettono di guardare con sovrana pietà talune dottrine d'oltralpe, sostenute dalla progenie di gente che ignorava la scrittura con la quale tramandare i documenti della propria vita, nel tempo in cui Roma aveva Cesare, Virgilio e Augusto». Sono parole citate spesso – di più dopo la Seconda guerra mondiale – per dimostrare la distanza con il fanatismo razzista di Hitler. In realtà questa interpretazione ignora, spes-

Nella pagina successiva: Venezia, 14-16 giugno 1934. Adolf Hitler e Benito Mussolini durante il loro primo incontro. La foto è stata scattata dal fotografo personale di Hitler, Heinrich Hoffmann. (PVDE/Bridgeman Images/Mondadori Portfolio)

so consapevolmente, che la dichiarazione di Benito era dettata solo dalla convenienza politica del momento e che in ogni caso non contestava il razzismo in sé, bensì la supremazia della «razza ariana», identificata con quella tedesca, e l'idea di uno spazio vitale «pangermanico» che giustificasse l'unificazione tra Germania e Austria. Inoltre occorre considerare il *razzismo culturale* dei fascisti, fondato sull'artificiosa rappresentazione degli italiani come eredi diretti della «superiore civiltà latina», destinata a dominare nuovamente il mondo.

***

Dal 1934 il regime aumentò molto la spesa per gli armamenti e per l'esercito, venne rafforzato il ruolo del fascista come cittadino-soldato, nelle scuole si istituì la cultura militare e, per i lavoratori, la preparazione pre e post militare. Niente, rispetto alle azioni di Hitler, che nel 1935 reintegrò nella Germania il territorio della Saar, ripristinò la coscrizione obbligatoria e ricostituì la flotta, benché i trattati non glielo permettessero. Mussolini, per contromisura, si avvicinò alla Francia e alla Gran Bretagna con gli accordi di Stresa, rinunciando fra l'altro a ogni ambizione sulla Tunisia; ottenne in cambio l'impressione – soltanto l'impressione – che avrebbe potuto avere mano libera in Etiopia, il suo prossimo obiettivo. Era convinto che Francia e Gran Bretagna non avrebbero mosso un dito per impedirgli un'azione che lasciava indenni le loro economie. Sottovalutava il fatto che i governi di quei paesi dovessero ormai confrontarsi con un'opinione pubblica orientata a smantellare i propri imperi coloniali: i progetti espansionisti del fascismo apparivano anacronistici, oltre che pericolosi.

Pure dopo aver firmato gli accordi di Stresa, l'ostilità franco-britannica divenne l'idolo polemico preferito dal duce. Poté dire al popolo, dal balcone di Palazzo Venezia: «Noi tireremo diritto!». Con quelle parole iniziò l'impresa che sognava dal 1919, la cancellazione dell'ordine di Versailles. Il suo alleato naturale in questa missione non poteva che essere Hitler, con il quale ricucì in fretta il rapporto. Nel luglio 1935 ricevette l'importante editore tedesco Sven von Müller, intermediario non ufficiale del Führer, esaltò «le comuni idee di fondo», espose i piani di invasione dell'Etiopia e lasciò intendere che non si sarebbe opposto a quelli tedeschi sull'Austria.

L'aggressione all'Etiopia fu preparata con notevole efficienza propagandistica. Richiamato dalla Cina insieme a Edda, Galeazzo Ciano era stato nominato prima capo dell'ufficio stampa della presidenza del Consiglio, poi – dal 25 giugno 1935 – ministro della Stampa e propaganda, a 32 anni. Benito, che lo stimava, aveva detto: «È un buon ragazzo ed è straordinariamente intelligente: un impiegato di Stato, ma di valore. Farà strada. Intendiamoci, non per me: per merito suo». In effetti Ciano usò tutti i tasti possibili per toccare ogni corda emotiva degli italiani. I nazionalisti videro nell'impresa la realizzazione di un sogno ottocentesco; ai cattolici fu detto che occorreva portare la vera fede a un popolo perlopiù cristiano ma non cattolico; ai giovani fascisti – che non avevano potuto fare né la Grande guerra né la marcia su Roma – fu mostrata la possibilità di mettersi alla pari con i padri. A tutti venne rinnovato il mito del «posto al sole», dove finalmente ci sarebbero stati lavoro, pace, benessere, sicurezza e tutti avrebbero potuto prosperare. Vennero diffuse decine di opuscoli, promemoria, documentazioni per dimostrare che l'Etiopia non era un vero e proprio Stato sovrano, che non aveva le prerogative necessarie per fare parte della Società delle Nazioni, che il *negus* non aveva rispettato gli impegni presi per civilizzare il proprio paese, anzitutto abolendo la schiavitù. Non si trascurò di titillare la virilità nazionale diffondendo magnifiche foto di stupende giovani abissine, «le femmine negre» potevano essere mostrate a petto nudo.

L'istinto della lotta di classe andava trasformato in sentimento nazionale di lotta fra nazioni povere e nazioni ricche, e il regime si poté dire soddisfatto del risultato. La «grande proletaria» italiana sfidava le nazioni demo-pluto-giudaico-massoniche. Si faceva rilevare di continuo che appena sedici anni prima il governo liberale non era riuscito a farsi rispettare a Versailles, mentre adesso gli oltre cinquanta Stati della Società delle Nazioni erano in ansiosa attesa della prossima mossa dell'Italia proletaria e fascista. Si arrivò a punti di arroganza comici. Il 17 settembre Ciano rivolse via radio un discorso minaccioso, in inglese, al popolo americano: «Coloro cui spettano le responsabilità delle decisioni supreme di questa ora di singolare importanza nella storia del mondo ricordino che quarantatré milioni di italiani hanno una sola volontà e una sola religione», riecco la religione, «assicurare nel nome di Mussolini l'avvenire e la potenza d'Italia ad ogni costo contro chiunque». Insomma, l'Italia fascista era pronta a combattere anche contro gli Stati Uniti, errore commesso tragicamente sei anni dopo.

Tutto ciò fu enfatizzato al massimo dopo le «inique sanzioni» decretate dalla Società delle Nazioni contro l'Italia. Come risposta, Benito escogitò il motto «Oro alla patria» e il 18 dicembre 1935 fu dichiarato Giornata della fede. «Fede» in doppio senso: si raccoglieva l'oro, perlopiù anelli nuziali. Le buone coppie italiane, in lunghe file, versavano con solennità – in un elmetto, alla presenza delle autorità – le loro fedi d'oro, ricevendone due di acciaio con inciso «Giornata della fede» e la data. La sovrapposizione fascismo-patria e fascismo-religione non poteva trovare una conferma più simbolica e insieme concretissima. Nemmeno Benedetto Croce negò un contributo. In breve tempo furono raccolte quasi trentasette tonnellate d'oro e centoquindici d'argento, più circa sedici milioni di lire fra contante e valuta estera, titoli, eccetera.

Si stimolò l'autarchia sostenendo che l'Italia poteva sopravvivere con i propri mezzi, i propri prodotti, senza ricorrere alle importazioni. Si sosteneva, per esempio, che non sarebbero mai mancati i vestiti, perché nelle campagne abbondavano ginestre adatte a ricavarne una fibra tessile. Divenne di moda la canzone *Noi tireremo dritto*, che suggeriva: *La carne manca? Poco ci rincresce / abbiam tre mari, abbiamo tanto pesce / che a chi ne vuole lo possiamo regalar!*

Le fortune dell'autarchia furono affidate soprattutto all'oculatezza delle casalinghe. Erano loro a sostenerla, spesso per necessità, preferendo i surrogati ai prodotti originali. Diventò usuale, quando si offriva qualcosa di qualità, raddoppiare la parola, per indicare che non erano ripieghi autarchici, quindi: caffè-caffè, lana-lana. Allo stesso modo il prefisso *ital-* diventò il simbolo della veracità nazionale dei prodotti, ma originò frizzi e lazzi. Il più famoso si diffuse durante la Seconda guerra mondiale; due amici si incontrano e uno domanda: «Quando finirà la guerra?»; l'altro risponde: «Quando in Germania mangeranno i topi e in Italia il topital».

Alla fine del 1937 il prodotto interno lordo aveva superato quello del 1929, ultimo anno di espansione prima della Grande Crisi, eppure l'autarchia provocò anche effetti contrari ai desideri del regime: molte aziende si conglomerarono per fare fronte alla nuova situazione. La volontà antimonopolistica di Mussolini contro le grandi concentrazioni economiche era un suo vecchio ca-

Roma, 18 ottobre 1935, Giornata della fede. Benito osserva il contenuto dell'elmetto in cui è stato raccolto l'oro – soprattutto fedi nuziali – donato dagli italiani spronati dal motto «Oro alla patria». (Mondadori Portfolio/CSU Archives/Everett Collection)

vallo di battaglia, uno dei rari mai cambiati nella sua vita politica, ma poté fare poco contro aziende gigantesche, come la Fiat e la Banca Commerciale.

Tuttavia avere superato le sanzioni – che si limitavano all'embargo di prodotti non essenzialissimi – permise al regime di far credere che l'Italia fosse invincibile e autosufficiente, definitivo incitamento all'orgoglio e alla vanità nazionale.

***

Nel dare l'annuncio dell'aggressione all'Etiopia, Benito poggiò le mani al balcone di Palazzo Venezia, sporgendosi come a sfidare il mondo. Con voce irata e gonfia di sdegno, gridò: «Con l'Etiopia abbiamo pazientato quaranta anni! Ora basta!».

Fu Galeazzo Ciano a dare il via all'attacco. Il 2 ottobre 1935, alle 16, il futuro ministro degli Esteri ordinò alla sua squadriglia aerea di penetrare nel cielo etiope e di aprire il fuoco. Era l'inizio della più anacronistica impresa coloniale dell'Occidente, ma si rivelò il massimo successo del fascismo e di Mussolini. A Milano, il cardinale Alfredo Ildefonso Schuster, come quasi tutti i vescovi d'Italia, celebrò nell'avanzata «un nuovo capitolo della storia della penisola, anzi del-

Nella pagina accanto: Roma, ottobre 1935. Benito Mussolini tiene un discorso durante la guerra di Etiopia. Con il duce, tra i gerarchi, il presidente dell'Istituto nazionale dell'agricoltura Giacomo Acerbo. (Mondadori Portfolio/Fototeca Gilardi)

la Chiesa cattolica in Italia», e chiese a Dio «pace e protezione per l'esercito valoroso che a prezzo di sangue apriva le porte d'Etiopia alla Fede Cattolica e alla civiltà romana». Il cardinale sarà proclamato beato, nel 1996, da Giovanni Paolo II.

L'élite fascista fece a gara per partecipare all'impresa. Da buoni rampolli della nuova aristocrazia, Bruno e Vittorio Mussolini erano entrati nella cavalleria del cielo ansiosi di cimentarsi in imprese aviatorie. Molti gerarchi andarono a coprirsi di gloria e una canzoncina diffusa fra i soldati diceva: *Quando la pugna divenne pugnetta / tutti i gerarchi accorsero in fretta / e al più lieve stormire di vento / chiesero e ottennero medaglie d'argento*. Farinacci perse una mano pescando in un lago con delle bombe a mano; l'incidente si trasformò in ferita in combattimento con ricaduta di medaglie. Starace ufficialmente comandava la colonna che prese la città di Gondar, in realtà i comandanti erano altri.

Emilio De Bono, quadrunviro della rivoluzione, generale dell'esercito, era stato scelto da Benito a dimostrazione che la guerra era fascista. Poi al duce – che aveva fretta di concluderla – parve lento e indeciso, quindi lo sostituì con Pietro Badoglio, generale che si era conquistato una dubbia fama di efficienza nella Prima guerra mondiale. Pure Badoglio gli sembrò troppo prudente, e si ricorse a tremendi bombardamenti aerei, di nuovo alle armi chimiche.

Decisivo fu il generale Rodolfo Graziani, che abbiamo già conosciuto come efficiente e spietato braccio armato del fascismo in Libia. Fin dalle prime ore della mobilitazione, concordò con Mussolini il ricorso sistematico ai gas: secondo entrambi, la guerra chimica avrebbe sgominato in breve tempo le truppe arroccate sui monti e terrorizzato le popolazioni. L'uso dei gas era proibito dalla convenzione di Ginevra dal 1925. Benito poteva raccontare e raccontarsi che tutto questo non contava, visto che si combatteva un «paese barbaro, indegno di stare tra i popoli civili», insistendo sui rituali di alcune popolazioni locali che prevedevano la castrazione dei prigionieri. L'idea, ribadita a più riprese dai telegrammi del duce ai generali sul campo, si realizzava anche in altre tattiche brutali: il mitragliamento dall'aria conosciuto come «caccia al negro», di cui si vantano i figli di Benito, il bombardamento degli ospedali da campo, la distruzione di villaggi e armenti. Quando la stampa internazionale stigmatizzava la loro ferocia, gli italiani si giustificavano sostenendo che gli etiopi usavano le pallottole dum-dum, micidiali munizioni altrettanto proibite. A controprova si mostravano proiettili usati dai pastori locali per la caccia grossa. A proposito degli «italiani brava gente», nel 1937, a guerra finita, un attentato a Graziani, nominato viceré, provocò il suo ferimento e sette vittime. La rappresaglia ordinata dal generale oscura quelle dei nazisti durante la Seconda guerra mondiale: vennero trucidati subito circa tremila abissini; secondo alcune stime, nelle settimane successive le vittime arrivarono a ventimila.

Il 5 maggio 1936, Badoglio entrò a Addis Abeba. Era il trionfo del regime fascista e del suo dio, che il 6 giugno 1936, dal balcone di Palazzo Venezia, annunciò il ritorno dell'impero «sui colli fatali di Roma». Parlò di sera, le manifestazioni notturne erano più suggestive e fascinose. Suggerisco di ascoltare questa prova della sua oratoria, una delle più famose, perché è uno strumento di comprensione storiografica; la si trova facilmente su internet, anche con un filmato: «Ufficiali! Sottufficiali! Gregari di tutte le forze armate dello Stato, in Africa e in Italia! Camicie nere! Italiani e italiane! Il popolo italiano ha creato col suo sangue l'Impero. Ne sarete voi degni? Questo grido è come un giuramento sacro, che vi impegna dinanzi a Dio e dinanzi agli uomini, per la vita e per la morte! Camicie nere! Legionari! Saluto al Re!». È una retorica che oggi fa sembrare insopportabile, ingenua, la celebre arte della parola di Mussolini, ma allora il discorso risultò perfetto per esaltare le folle, non trascinate lì a forza. Va ricordato.

La trionfale fine della guerra fu il momento di massimo prestigio per il regime, ma suscitò anche aspettative enormi. Il fascismo adesso doveva mantenere le promesse diffuse a piene mani l'anno prima. Benessere, pace e – sottinteso – allentamento della dittatura. Benito aveva ripetuto fino al parossismo, durante i mesi di guerra, che il popolo italiano si comportava magnificamente, e il popolo aspettava un premio. Il regime non mantenne le promesse, per incapacità, per propria volontà e perché trascinato dagli eventi. Altro che un posto al sole, la situazione economica era peggiorata. Il conflitto, come tutte le guerre, aveva dato un forte impulso alla produzione industriale, ma il denaro per i lavori pubblici che mantenevano tanta gente era stato dirottato verso l'impresa militare, riducendo sia l'occupazione sia il tenore di vita. In compenso il «Saluto al Duce!» di Starace diventò il lungo e uggioso «Salutate nel Duce il fondatore dell'Impero!».

Soltanto per qualche minuto Benito aveva pensato, durante la guerra, di ritirarsi al culmine della gloria. Solo per qualche minuto. Aveva appena 52 anni, si sentiva nel pieno delle forze, il mondo lo ammirava o lo temeva, qualcuno lo odiava, nessuno lo poteva ignorare. Intorno a lui, milioni di giovani adoranti. Si convinse che lo aspettavano altri compiti storici immani. Li desiderava, e del resto un dio non si può ritirare.

Se fino a allora era stato capace di cogliere la mutevolezza della realtà, di adattarsi ai cambiamenti riuscendo spesso a volgerli a proprio favore, questa dote gli venne meno: confuse il successo – cui contribuiscono sempre la fortuna e le circostanze – con l'infallibilità.

Nella pagina successiva: Napoli, 5 maggio 1938. Durante la visita in Italia di Adolf Hitler, il duce e il Führer sfilano in auto tra ali di folla. (Universal History Archive/UIG/Bridgeman Images/Mondadori Portfolio)

Parte terza

FONDATORE E AFFONDATORE DELL'IMPERO

Al popolo che aspettava i benefici della guerra d'Africa, trascorsi poco più di due mesi, nel luglio 1936 venne proposta un'altra guerra. Il regime pagava la lotta al comunismo con un contributo di uomini e mezzi nella guerra civile di Spagna, dove c'erano da difendere gli interessi del fascismo internazionale, non quelli degli italiani.

Grave errore di Mussolini, un mese prima, in un momento storico decisivo per la storia mondiale, era stato nominare ministro degli Esteri il genero Galeazzo, buon diplomatico, ambiziosissimo e intelligente, ma che – a 33 anni – non era all'altezza del ruolo. Benché sapesse che i malpensanti, nei loro conciliaboli sottovoce, l'avrebbero definito «nepotista», Benito non riteneva di esserlo. (Il potere assoluto si autoassolve sempre.) Finora, ovunque l'avesse collocato, il genero si era comportato bene, come esecutore dava maggiori garanzie di affidabilità dei Balbo, dei Bottai e dei Grandi, ai quali non mancavano grilli per la testa. E poi, non era forse un diplomatico entrato in carriera con un regolare concorso? Non aveva acquisito un'esperienza internazionale che gli avrebbe permesso di dare del fascismo l'immagine rassicurante necessaria, ora che l'impero era stato costituito? Altri elementi venivano a sostegno della sua candidatura: la giovane età, le opportune tendenze filotedesche e le recenti imprese belliche.

Quando Benito comunicò a Galeazzo la nomina, Edda era in Germania. L'aveva mandata il padre per cementare i rapporti tra i due paesi. Accolta come si doveva alla figlia del duce, Edda ricevette il suo nuovo rango tra il fiore della dirigenza nazista, che le fece percepire tutta la distanza tra i retorici cerimoniali italiani e l'amabilità complice del Führer e dei suoi uomini.

Purtroppo per Benito – occorre avere pietà per un padre – quell'anno la famiglia subì una disgrazia, nel suo punto più debole, la piccola Anna Maria, di 7 anni. Colpita da una grave forma di poliomielite virale (e sì che il regime si era tanto impegnato contro quella malattia), rimase claudicante. Tuttavia nel dopoguerra si sposò, ebbe due figlie, lavorò con successo alla radio della Rai come conduttrice di un programma musicale. La più innocente fra i figli di Mussolini pagò più degli altri il fatto di averlo come padre: usava il cognome del marito, Giuseppe Negri, per non farsi riconoscere, ma venne scoperta e perdette il lavoro. (A proposito di scoperte, si chiamava Giuseppe Negri anche il partigiano che nel 1945 scoprì, su un camion, Mussolini travestito da tedesco.) Anna Maria morì per un tumore al seno a 38 anni, il 25 aprile 1968, mentre l'Italia festeggiava l'anniversario della liberazione dal fascismo. Le sue due figlie, Edda e Silvia, crebbero con Rachele.

***

L'impresa d'Etiopia aveva distratto le democrazie europee dal controllo della Germania. Tanto che Hitler rioccupò la Renania proprio durante la spedizione fascista; allo stesso tempo predispose le posizioni a ovest – la Linea Sigfrido, che gli servirà durante la Seconda guerra mondiale – e progettò la costruzione dell'impero tedesco a est, che comportava l'aggressione alla Polonia e all'Urss. L'Italia avrebbe potuto accostarsi alle democrazie, continuare a frenare la Germania e prendersi cura dell'impero appena conquistato. Invece in luglio Mussolini intervenne a fianco di Hitler nella guerra di Spagna, av-

Nella pagina precedente: Mussolini con il Colosseo sullo sfondo in un fotomontaggio della fine degli anni Trenta. (Darchivio/opale.photo/Mondadori Portfolio)

Nella pagina accanto: Roma 1936. Picchetto d'onore delle truppe per Mussolini. (Universal History Archive/UIG/Bridgeman Images/Mondadori Portfolio)

Roma, agosto 1937. Bambini e ragazzi dell'Opera nazionale balilla si accalcano per salutare il duce. (akg-images/Fotoarchiv für Zeitgeschichte/Mondadori Portfolio)

ventura lunga e logorante nella quale il mito della sua infallibilità subì il primo colpo.

Nel 1931, i socialisti e i repubblicani spagnoli avevano vinto le elezioni comunali provocando l'esilio di Alfonso XIII e la nascita della repubblica. Benito iniziò a sondare la possibilità di sostenere le forze militari e nazionaliste in un colpo di Stato antirepubblicano e nei cinque anni successivi continuò a finanziare il movimento della Falange, fondato a ottobre 1933 da José Antonio Primo de Rivera sul modello fascista. Nella primavera del 1936 la vittoria elettorale dei fronti popolari in Spagna e in Francia fornì a fascisti e nazisti un'altra missione comune: la lotta al bolscevismo in Europa occidentale. In Spagna la vittoria del Frente popular provocò la sommossa nazionalista militare iniziata il 17 luglio dal generale Francisco Franco e dalle sue truppe, di stanza in Marocco.

Favorevoli all'intervento erano i fascisti più ideologizzati, gran parte della Milizia e Ciano, convinti di avere la loro occasione di vittoria sul campo, la guerra di Etiopia in fondo era stata vinta dall'esercito di Badoglio. Spingeva per l'intervento il clero, per reazione alle violenze anticattoliche dei repubblicani spagnoli. All'inizio il duce rifiutò per due volte di inviare contingenti e mezzi, nonostante le sollecitazioni di Ciano, però quando seppe che dalla Francia arrivavano aiuti ai repubblicani e che la richiesta di sostegno franchista era stata accolta dalla Germania, il 30 luglio fece decollare dodici aerei per trasportare truppe dal Marocco alla Spagna: tre caddero durante il tragitto e tutto il mondo seppe della partecipazione italiana al conflitto.

L'impegno assicurato da Mussolini nel corso della guerra fu massiccio: 72.827 volontari, di cui 29.646 della Milizia (con relativi generali), circa duemila cannoni, tremilacinquecento mitragliatrici e ottocento aerei. Non si sa quanti dei volontari fossero davvero tali, ma si sa che all'ingaggio ricevevano la ragguardevole somma di tremila lire più una buona paga, quindi non sorprende che molti fossero disoccupati, meridionali e con figli.

La Spagna diventò il fronte degli antifascisti, con esiliati italiani (Nenni, Togliatti, Longo, Pacciardi, i fratelli Carlo e Nello Rosselli, uccisi nel 1937 da sicari francesi al soldo dei servizi segreti italiani), e stranieri: Malraux, Hemingway, Orwell, Saint-Exupéry, Dos Passos. L'atteggiamento del duce e di Ciano verso i nemici italiani catturati in Spagna fu durissimo, vollero che fossero fucilati: «I morti non raccontano la storia», sentenziò Benito.

Hitler e Mussolini avevano fretta di chiudere la guerra, invece a Franco non conveniva trionfare in pochi mesi per trovarsi a governare un paese ostile e in macerie; preferiva consolidarsi nelle zone conquistate prima di attaccarne altre. Benito non lo sopportava: «Franco dà il pugno e quando vede che l'avversario barcolla invece di colpirlo definitivamente gli dà il tempo di riprendersi!», si sfogava con Claretta: «Mi sento un animale feroce; non sanno fare la guerra! Io ho fatto un impero in sette mesi! Mi mangio il fegato». Il suo impero durò cinque anni. Il franchismo resistette al potere per oltre trentacinque.

Nel marzo 1937, di fronte alla *débâcle* dei fascisti a Guadalajara, vicino Madrid, Mussolini perse le staffe e disse ai suoi che nessun italiano doveva tornare vivo, in caso di sconfitta. La battaglia in sé non aveva grande importanza strategica ma apparve come la prima battuta d'arresto del fascismo, alla quale per di più avevano contributo le compagnie di italiani antifascisti. L'uso propagandistico che ne venne fatto fu il segnale, per Benito, che le fortune del regime sarebbero state sempre più legate ai risultati «sul campo»: dovevano essere vincenti, magari appoggiandosi a un alleato forte e deciso. Con il bombardamento terroristico di Guernica, nell'aprile 1937, la Germania dimostrò di avere una volontà «d'acciaio», l'Italia la uguagliò con il meno famoso bombardamento su Barcellona, dal 16 al 18 marzo 1938. La città ne uscì distrutta, ma per sua fortuna Benito non ebbe un Picasso a immortalare quel crimine.

La guerra si trascinò per un altro anno, quando tutt'altri avvenimenti preoccupavano l'Europa. L'Italia aveva pagato la sua partecipazione con 3.819 morti, oltre undicimila feriti e una grande quantità di materiale bellico. Al di là dello sforzo economico enorme, il regime si strinse pericolosamente alla Germania e non poté mantenere le promesse fatte al popolo, anzi andò nella direzione opposta, anche per la spericolata politica estera di Galeazzo Ciano.

***

Il ministro non era, e non si sentiva, fascista. Aveva mancato, per motivi di età, gli anni dello squadrismo e della scalata al potere. Non doveva tutto a Mussolini – non ancora – e il suo spirito era borghese e conservatore, affatto rivoluzionario: un motivo in più per non essere amato fra le gerarchie del regime di ogni grado. Però seppe approfittare dei mezzi di cui si trovò a disporre, con opportunismo guicciardiniano, per creare intorno a sé una cerchia di beneficiati e assistiti a vario titolo. Assicurava privilegi e compensi *ad personam* a intellettuali e politici, a questuanti in buona o cattiva fede, a profittatori che bussavano alla sua porta.

La consuetudine al potere gli dette, del potere, pure l'arroganza. La coscienza di avere scavalcato avversari e contendenti (i mezzi non avevano importanza per lui, contava il fine) gli consentì di intromettersi in tutti i settori della vita nazionale. Si comportò come un viceduce utilizzando una tattica semplice, *in primis* fedeltà e obbedienza assolute a Mussolini, così il suocero gli lasciò le briglie sciolte, mentre in basso interpretavano direttive e capricci del ministro come provenienti dal capo. Era il tramite più veloce e sicuro per arrivare al duce, era disponibile a tutti gli appelli, perché questo soddisfaceva la sua vanità e gli serviva a crearsi una base di *clientes* contrapposta a quella dei grandi gerarchi. Riuscì in fretta ad attrarre nella propria orbita personaggi importanti, che gli cedettero per opportunismo o per debolezza. L'intraprendente ministro riempì di sé i vuoti lasciati da Benito: il mondo della nobiltà romana, per esempio, ignorata dal suocero. Al bisogno si appoggiò a Ciano pure la Santa Sede, verso la quale il ministro condusse una politica conciliante non proprio congeniale al duce. Ottenne simpatia iniziale – che però non diventò fiducia e investimento su di lui – presso la Corona, che infatti veniva più curata (controvoglia) da Benito.

A Mussolini tutto ciò non sfuggiva, ma un po' non gli dava importanza, convinto com'era del proprio strapotere e del proprio carisma, un po' non gli dispiaceva che l'aspirante delfino si facesse le ossa. Gli lasciava dunque una libertà d'azione davvero superiore a quanta ne avesse mai lasciata ai propri collaboratori. Forte di questa autonomia, Galeazzo strafece e insieme fece troppo poco.

Benché robusto lavoratore, era sempre alla ricerca di piaceri da vivere con il brio godereccio di un adolescente che si abbandona alle allegrie e alle emozioni. Nei salotti di Roma si cominciò a chiamarlo Gallo, come l'aveva battezzato la stessa Edda per sottolineare di sapere e di lasciar correre. Però per lei – che ambiva a un ruolo maschile, che avrebbe preferito essere nata maschio e voleva somigliare al padre – era impossibile sostenere con leggerezza il ruolo della *Rachele tradita*. È vero, l'esibizione delle conquiste da parte del marito era dovuta alla mitizzazione della virilità, esaltata dal regime come tratto distintivo del fascismo e dell'italianità più genuina; forse era anche per non sfigurare nella contesa tra gerarchi su chi si assicurasse il numero maggiore di seduzioni che Gallo non si faceva scrupolo di sbandierare ai quattro venti i suoi successi; d'altra parte la propensione al «gallismo» di Edda – pure lei – fece il resto, e i due sposi si trovarono in un gioco a rincorrersi dove non si poteva più capire chi inseguisse l'altro.

Se Edda doveva, per forza di apparenze, concentrare gli amanti a Capri – dove la coppia aveva preso una casa – o nei viaggi, Galeazzo non esitava a esibirsi nei salotti romani o nelle stanze ministeriali. Edda reagiva agli amorazzi del marito con lo stile anglosassone di chi non si sente toccato o vilipeso. «Galeazzo», dichiarerà più tardi, «poteva divertirsi come gli piaceva, per me la cosa non aveva alcuna importanza.» Arrivò persino a riconoscere: «Quando aveva un flirt, Galeazzo aveva tanto buon gusto da sceglierselo simpatico e, di solito, tra le mie amiche». Non si può dire che il marito mostrasse la stessa ampiezza di vedute, non reagì con la liberalità disincantata alle voci tutt'altro che infondate sui comportamenti della moglie. Gli rimaneva quindi, come di solito al più succube in una coppia, solo la rivincita affidata alla strombazzatura delle proprie avventure.

Lei giocava d'azzardo, di solito perdendo, e beveva forte. Alla faccia della donna fascista «sposa e madre esemplare», la fama della giovane contessa serpeggiava tra le voci ora indignate ora divertite della gente comu-

Nella pagina accanto: 1936. Il ministro degli Esteri Galeazzo Ciano in un ritratto della famosa fotografa delle celebrità Ghitta Carell Klein. (Bridgeman Images/Mondadori Portfolio)

Febbraio 1939. Edda e Galeazzo con il ministro degli Esteri polacco Józef Beck (a destra) e sua moglie (a sinistra) a un ricevimento a Varsavia. (Keystone/Hulton Archive/Getty Images)

ne, che ricorreva spesso alle lettere anonime per deprecare e condannare. Come in questa, accompagnata dalla fotografia ritagliata da un giornale dove Edda appare insieme al marito in abito scollato e senza maniche: «Non sembra nemmeno una cocotte, bensì come si dice a Firenze una vera "maiala"». Era in voga una barzelletta: «Fra due diplomatici il discorso cade su Galeazzo. Uno esclama: "Quell'uomo non è proprio capace di fare nulla!" "Non è vero, il cornuto lo fa benissimo!" "Ma che dici! Anche in questo lo aiuta la moglie!"». Come gioco di parole, piaceva: «Che differenza c'è fra Ciano e la Sardegna? La Sardegna ha Grazia Deledda, Ciano la disgrazia dell'Edda».

***

Non per motivi familiari, il sentimento di Galeazzo verso Benito passò in pochi anni dall'adorazione al disprezzo: un dramma che lasciò segni non superficiali nella storia d'Italia. Invece quello di Benito verso il genero-subordinato non mutò nel tempo, né mutò l'opinione che aveva di lui. Una volta inquadrato Galeazzo, di cui aveva colto le capacità e i limiti (con una indubbia tendenza a esaltarne le qualità e a sminuirne i limiti, più per tranquillizzarsi che per sincera benevolenza), la sua valutazione non cambiò. Mantenne l'idea che gli aveva suggerito di farne un candidato privilegiato alla successione: il minore dei mali, da migliorare con gli anni. Però non dismise mai, pure con il genero, l'atteggiamento freddo, distante, che teneva con tutti e che dispiaceva ai suoi più antichi collaboratori. Per quasi sette

Riccione, estate 1933. Mussolini con il genero Galeazzo Ciano, entrambi in costume, e il cancelliere austriaco Engelbert Dollfuss. (Mondadori Portfolio/Fototeca Gilardi)

anni – durante il consueto rapporto quotidiano e negli incontri alla presenza di diplomatici e politici stranieri – Galeazzo doveva stare in piedi, impettito, davanti alla scrivania del dittatore seduto. «Avrebbe ben potuto portare una livrea!» scrisse l'ambasciatore di un altro paese.

Mese dopo mese tutto ciò cominciò a pesare a Ciano, abituato a essere temuto, adulato, corteggiato. Era partito con la più assoluta devozione al duce, pervasa di un'ammirazione che sovente aveva del patetico, quasi inconcepibile in un uomo che si mostrava al mondo – e in parte era – cinico e spregiudicato. Dal 1936 al 1938 di fronte a Benito c'era lo stesso Galeazzo che ascoltando alla radio un discorso del duce, il 4 luglio 1938, si mise a «lacrimare come un bambino», così riportò sul diario. Ai suoi occhi il suocero aveva tutte le virtù desiderabili in un capo, «un istinto infallibile», una «intransigenza d'acciaio», un «grande spirito, sempre all'avanguardia degli eventi e degli uomini». Era, insomma, un «bronzeo gigante» che davvero aveva sempre ragione.

Come spesso avviene, Ciano ammirava le doti che meno sentiva di possedere. Ansioso, insicuro, bisognoso del conforto e dell'approvazione altrui, era affascinato dalla «calma veramente sovrumana, dal suo controllo di sé» del duce. E non resse al continuo sforzo di emulazione. Già la loro diversissima esperienza di vita aveva creato un divario incolmabile: Galeazzo era un borghese, Benito no, e questo fu uno dei maggiori motivi del distacco umano e politico del ministro. Inoltre i due avevano una diversa concezione dello Stato, Mussolini vi credeva, come

12 agosto 1938. Il duce e Vittorio Emanuele III passeranno in rassegna la nuova divisione militare Torino. (Mondadori Portfolio/Archivio GBB)

credeva al motto «Tutto nello Stato, niente contro lo Stato», una volta che ne aveva preso il controllo. Ciano non si poneva neppure il problema: lo Stato era un'entità astratta, se non inesistente. C'erano il partito, il regime, il popolo, Mussolini, gli amici, i nemici, un patriottismo di maniera, ma di Stato si trovano poche tracce nei suoi discorsi e negli scritti. Mussolini si considerava un servitore dello Stato, benché convinto che la condizione migliore per servirlo fosse dominarlo. Ciano si sentiva un benefattore.

Nei primi anni Galeazzo sembrava plagiato, il suo motto era «Non creare, anche avendo ragione, fastidi al Capo». Sono sorprendenti certe frasi del diario che potevano stare bene sulla bocca del dittatore, non sulla sua, come queste scritte fra il gennaio e il luglio 1938: «Invidio ai francesi la Galleria degli Invalidi e ai tedeschi il Museo militare. Nessun quadro vale una bandiera presa al nemico». «Io diffido degli stranieri che conoscono Dante. Ci vogliono fregare con la poesia.» «La rivoluzione deve ormai incidere sul costume degli italiani. I quali bisogna che imparino ad essere meno "simpatici", per diventare duri, implacabili, odiosi. Cioè: padroni.»

Quanto ai loro rapporti: «Il Duce mi ha fatto telefonare il suo compiacimento. Questo è il premio che più di tutto conta». «In fondo non si lavora che per far contento Lui.» La devozione era rafforzata dal sacro rispetto per la gerarchia che Costanzo gli aveva inculcato; inoltre Galeazzo sapeva che con Benito «è molto pericoloso credersi due gradini più su», che è «capace dei più profondi rancori». Infine l'eterno dubbio di tanti altri italiani: «Avrà anche questa volta ragione?».

Ottobre 1938. Mussolini riceve un omaggio da una donna in costume della tradizione popolare. (Mondadori Portfolio/ CSU Archives/Everett Collection)

Il problema è se Ciano poté esercitare una effettiva influenza su Mussolini. È ragionevole credere che non poté, soprattutto a proposito della guerra. Dopo la morte di Arnaldo, Benito non tenne al parere di nessuno. Convinto di essere un gigante circondato da più o meno intelligenti pigmei, accentratore per natura, dava poco spazio anche ai propri ministri. Unico ad avere una visione d'insieme degli affari dello Stato, non intendeva condividere questo privilegio. La sua ingerenza nei ministeri più politici era continua, figurarsi in quello degli Esteri. Non ci fu, nei sei anni e mezzo di gestione Ciano, una sola decisione importante che non abbia avuto la preventiva approvazione di Mussolini.

Galeazzo cercò di condizionare il suocero nel modo che gli era congeniale: girando attorno agli argomenti, puntando sulle reazioni dell'uomo che aveva imparato a conoscere («Non bisogna contraddirlo, perché allora è peggio»). Ottenne poco: «Cede alle mie pressioni momentaneamente, ma poi, com'è suo costume, torna a prendersela come prima». C'era allora, c'è ancora, la convinzione che Ciano non avesse la forza e il coraggio di fare pressioni o esprimere le proprie idee al capo. Però, consultando i documenti del ministero degli Esteri, studiando appunti, lettere e note del duce con proposte di modifica di Ciano, ci si persuade che quando scriveva sul diario di esser-

Nella pagina successiva: Roma, 7 gennaio 1935. Firma degli accordi franco-italiani che lasciano gli italiani liberi di agire in Abissinia: seduto, Pierre Laval, presidente del Consiglio francese, e Mussolini. (Darchivio/opale.photo/Mondadori Portfolio)

si dichiarato in disaccordo su un certo argomento, dicesse la verità. Ma sono interventi troppo deboli. Ciano non possedeva l'abilità diplomatica di Grandi, la dialettica di Bottai, l'audacia impertinente di Balbo, la rozzezza sfrontata di Farinacci. Osava con timidezza e – almeno fino al settembre 1939 – si ritirava al primo ostacolo.

La politica estera la fece Mussolini, e spesso Galeazzo vi influì malamente: non poche scelte del duce fra le più sbagliate furono sollecitate e perseguite da lui. Se infatti era quasi impossibile distogliere il dittatore da una decisione, era facile portarlo agli eccessi in una già presa.

***

A Benito la monarchia sembrava sempre più un peso morto, un inutile strascico del passato, lo diceva in privato ma perché si sapesse, infatti la voce correva. Il 30 marzo 1938, riparandosi dietro la «volontà» della camera, creò il grado di Primo maresciallo dell'impero, se lo attribuì e lo conferì al sovrano, con un'irriguardosa inversione di ruoli. Un anno dopo, il 23 marzo 1939, per l'inaugurazione della Camera dei fasci e delle corporazioni, che sostituiva la camera dei deputati, il Pnf ordinò che i «consiglieri nazionali» – i deputati – presenziassero al discorso del re senza le decorazioni monarchiche, un vero affronto. Disubbidirono solo Balbo e Bottai che entrarono con tutte le decorazioni, forzando i controlli disposti da Starace. La monarchia legava la propria esistenza a liturgie antichissime, cerimoniali complessi, simboli di potere precisi, e fu impressionata da un simile sgarbo, Da quel giorno Vittorio Emanuele III diffidò del duce, tenendosi in disparte come in attesa di esiti peggiori.

Più deleteria per gli esiti immediati del regime fu la «guerra alla borghesia». Il 18 marzo 1934, in un discorso pubblico, Benito aveva rivelato per la prima volta il proprio disprezzo verso lo spirito borghese inteso come «spirito di soddisfazione e di adattamento, con una spiccata tendenza allo scetticismo, al compromesso, alla vita comoda, al carrierismo». Contro questo atteggiamento bisognava combattere: «Il credo del fascista è l'eroismo, quello del borghese l'egoismo. Contro questo pericolo non v'è che un rimedio: il principio della Rivoluzione continua». Nel 1941 arrivò alla definizione finale: «Il borghese è quella persona che sta bene ed è vile».

Il 25 ottobre 1938, in un Consiglio nazionale del Pnf, tenne un discorso che non volle far conoscere al pubblico, invitando però i presenti a trasmetterlo per diffusione orale. «Alla fine dell'anno XVI» disse «ho individuato un nemico, un nemico del nostro regime. Questo nemico ha nome "borghesia"». Per piegarlo piazzò i tre «poderosi cazzotti nello stomaco», espressione sua. L'abolizione del «lei» a favore del «voi» (più consono alla vena maschia del regime e scevro dal «servilismo» dell'altro appellativo personale), l'introduzione del passo romano, che imponeva ai soldati italiani, dalle gambe mediamente corte, di cimentarsi nel «passo dell'oca» dei più longilinei militari tedeschi, e l'adozione delle leggi razziali. Erano provvedimenti – perlopiù erroneamente considerati acritica imitazione della Germania nazista – che rientravano nella logica evoluzione del regime, verso i totalitarismi hitleriano e staliniano, sul punto di contendersi il mondo

I fascisti più «religiosi» ne furono entusiasti, meno o per nulla la borghesia, ora trattata come la bestia nera del fascismo e del paese – da combattere e rieducare – pur essendo rimasta uguale a sé stessa nei valori tradizionali, Dio, Patria, Famiglia. Uno dei meriti che gli italiani riconoscevano a Benito era di avere dato loro una vita più tranquilla. Quindi i borghesi non capivano perché ora dovessero vivere scomodamente quando potevano concedersi gli agi offerti proprio dal fascismo. Starace lanciò lo slogan «Abbasso la vita comoda!», e ricevette in risposta centinaia di barzellette come questa: il segretario del partito al cospetto del duce «O fondatore dell'impero, al Sud gli italiani usano il tu, al Centro e al Nord il lei, ma purtroppo di Voi non ne vogliono sapere!». Per contro, in nome dell'ortodossia e della paura del fanatismo governativo, furono prese decisioni che superavano la fantasia dei fredduristi: alla fine del 1938 l'editore Angelo Rizzoli ribattezzò «Annabella» una rivista che aveva la sfortuna di chiamarsi «Lei».

Il regime venne stroncato dalle sconfitte militari, ma perse la propria guerra interna, non riuscendo a rendere davvero religiose le masse borghesi: che lo appoggiavano, sì, senza essere disposte a condividerne fino in fondo il misticismo rivoluzionario. Ricordo di avere visto a Cuba, su un muro dell'Avana, oltre mezzo secolo dopo, una grande scritta ufficiale in vernice rossa: «Hasta la revolución siempre». La rivoluzione continua, la stessa via indicata dal fascismo, non è possibile per un popolo; un popolo può fare una rivoluzione quando ha forti spinte di bisogni materiali o, più raramente, ideali, mai *per sempre*.

Una grave tara di Benito diventò l'impazienza: intento a eternarsi, abituato ad avere subito tutto quello che desiderava, non accettò più l'attesa tra semina e raccolto. La sua ambizione era accelerata dalla semplice coscienza che non gli rimaneva moltissimo tempo. Così commise l'errore comune a dittatori e grandi capi nella storia, da Cesare a Napoleone a Hitler, e cioè pretendere di realizzare nell'arco della propria vita una trasformazione che richiede un periodo parecchio più lungo. Un popolo non può seguire il ritmo di un rivoluzionario o di un capo fanatico che, ancora in vita, si eleva all'eternità.

***

La scelta razzista del regime risulterebbe incomprensibile se non venisse inserita nel quadro della «fascistizzazione integrale»: la fede si dimostra sacrificando la ragione ai dogmi. A spiegarla infatti non basterebbero le naturali remore di un movimento nazionalista, né la necessità di distinguersi, dopo la conquista dell'Etiopia, da una popolazione «inferiore» e dalla pelle scura, né l'alleanza con la Germania. Mussolini non proveniva da un'educazione politica antisemita, e come lui gran parte dei gerarchi. In Italia, inoltre, solo pochi intellettuali credettero davvero alla «differenza biologica». Ma nella logica del regime il razzismo era diventato un passaggio obbligatorio, gli italiani *dovevano* sentirsi geneticamente superiori, eliminando ogni possibile «contaminazione» con altri popoli. La novità incontrò il favore soprattutto dei giovani, affascinati dalla visione di una nuova cultura in funzione antiborghese che sarebbe nata proprio dal concetto di razza: secondo la propaganda solo i «puri» e i «forti» potevano permettersi di sentirsi razzialmente migliori.

Il primo settembre 1938 venne istituito presso il ministero degli Interni il Consiglio superiore per la demografia e per la razza; lo stesso giorno si stabilì con un decreto legge che gli ebrei residenti in Italia da dopo il 31 dicembre 1918 dovevano andarsene; veniva revocata la cittadinanza agli ebrei stranieri che l'avevano ottenuta a partire da quella data. A tutti fu vietato di stabilire la propria residenza entro i confini del regno; da quel momento agli italiani non furono consentiti i matrimoni con gli ebrei, ai dipendenti statali con qualsiasi straniero.

Pochi uomini in vista avversarono il razzismo: Italo Balbo, Massimo Bontempelli e Filippo Tommaso Marinetti. Enrico Fermi, premio Nobel per la fisica proprio nel 1938, essendo sposato con un'ebrea lasciò per protesta l'Italia. Altri limitarono il dissenso al pietismo individuale, mentre la maggioranza degli intellettuali e dei gerarchi si adattò all'antisemitismo al pari del popolo, scegliendo un facile capro espiatorio su cui riversare la responsabilità e il malcontento della crisi economica.

L'autentico pensiero di Benito in proposito non è chiaro. Sappiamo che molti miti propagandati dallo stesso regime non erano per lui altro che miti, appunto. Circa il razzismo e l'antisemitismo, tuttavia, sembrava impegnarsi a fondo per dimostrare che gli appartenevano da sempre e che per lui erano intimamente legati tra loro. Volle che i suoi nuovi italiani adottassero un sano razzismo «biologico», tanto più ora che l'Italia aveva un impero africano. La lotta al meticciato era per lui un'ossessione, che si manifestò anzitutto con una valanga di disposizioni per vietare ogni contatto tra coloni italiani e indigeni. Oltre a proibire il tradizionale «madamato» – la consuetudine di ufficiali e coloni di prendere «mogli» eritree o somale – venne incrementato gradualmente l'*apartheid*, arrivando addirittura a impedire agli operai di lavorare al fianco di quelli indigeni o di frequentare ragazze locali, persino a pagamento. Complici il machismo, l'esotismo e la distanza, le disposizioni furono in gran parte, di fatto e con buona pace di Benito, ignorate.

Mussolini investiva diverse ore della giornata per cercare soluzioni ai «rapporti interrazziali». Nell'aprile 1938, parlando con Claretta, prendeva la Francia a perfetto esempio negativo: il premier Léon Blum era di religione ebraica e il presidente della camera, Gaston Monnerville, era originario della Guyana, cioè «negro». Benito profetizzò: «Fra qualche anno la Francia non sarà più popolata da bianchi, ma da negri, perché la natura si vendica...». Proseguì, dimostrando scarse conoscenze fisiologiche: «Devi sapere che la donna francese ama il negro. Perché non hanno l'uccello ben solido e piantato come i nostri, ma sembra che sia lungo e sottile sottile. Quindi questo pare che le diverta di più. Sì, sono folli degli uomini negri, tutte».

Nella sua visione, persino la razza italiana era divisa in due tronconi. Entrambi di stirpe romana, ma – spiegava a Claretta – gli uni discendevano dai patrizi, gli altri dagli schiavi liberti: «I discendenti degli schiavi convivono con le negre in Abissinia, deflorano una negra di tredici anni, uccidono per rapina una vecchia negra e due venditori ambulanti per pochi talleri. Questi sono i liberti... L'altro giorno ho fatto fucilare quattro sardi che avevano ucciso una vecchia... siamo stati costretti, per lavorare, a mandare giù tutti, anche la feccia guasta». Qualche giorno dopo: «Anche oggi cinque arrestati perché convivevano con le negre. Ecco: uno della Sardegna, uno di Napoli, uno di Cesenatico, però questo non lo credevo. Questi schifosi d'italiani... non hanno coscienza della razza, non hanno dignità! Questo è il retaggio dei liberti! Roma non è stata rovinata dagli orientali, ma dai liberti... E poi nota che ci sono già quattro case di tolleranza e hanno già dei piroscafi carichi di puttane – ma scusa – e ci sono anche quattro case di tolleranza negre dove si possono togliere il capriccio, mentre i negri non possono prendere le bianche. Questo l'ho proibito io adesso, perché fino a poco tempo fa lo permettevano. Ci sono italiani che arrivano all'abiezione di vestirsi con lo sciamanno, capisci? Però questi li faccio frustare. Vivono nei tukul, si integrano, si madamizzano... queste sono le cose che mi fanno male, ma tanto male». Adottava una posa da dittatore difensore della razza anche con Clara? Lo slancio sembra sincero.

Nella missione «eugenetica» confluì la lotta antisemita. Ma anche su questo fronte gli italiani sembravano refrattari, e per il duce era intollerabile, se non per antisemitismo

25 settembre 1937. Visita di Mussolini a Monaco. Dopo l'arrivo alla stazione centrale, il duce accompagnato da Hitler cammina in formazione d'onore (a sinistra, dietro Mussolini, il capo della Wehrmacht Wilhelm Keitel e Galeazzo Ciano). (akg-images/Mondadori Portfolio)

per la volontà di venire obbedito: «Ora tutti piangono per questi poveri ebrei», sbottò con Clara il 9 settembre: «Gli italiani vili dal cuoricino tenero si commuovono... Io non li decimo, non li uccido: desidero che vivano la loro vita all'infuori della nostra... Vorrei consigliare agli ebrei stranieri di non fare chiasso, perché se mi irritano io mi scateno». È evidente il compiacimento di mostrare la propria onnipotenza alla giovane amante. Come è evidente la volontà di dissipare la voce, già all'epoca insinuata dai suoi avversari, che voleva le leggi razziali un tributo all'amicizia con Hitler; questa ipotesi lo faceva infuriare e in un discorso a Trieste, il 18 settembre, disse: «Coloro i quali fanno credere che noi abbiamo obbedito ad imitazioni, o peggio, a suggestioni, sono dei poveri deficienti, ai quali non sappiamo se dirigere il nostro disprezzo o la nostra pietà [...] È in relazione con la conquista dell'Impero, poiché la storia ci insegna che gli imperi si conquistano con le armi ma si tengono con il prestigio, occorre una chiara, severa coscienza razziale che stabilisca non soltanto delle differenze ma delle superiorità nettissime».

Iniziò a pensare a una sua «Israele», ma con le modalità forzate del confino fascista. L'11 ottobre, sempre con Claretta: «Ho confinato settantamila arabi, potrò confinare cinquantamila ebrei. Farò un isolotto, lì chiuderò tutti là dentro... Già tutti hanno un loro ebreo da difendere... sono stato un debole ma vedranno: altro che Hitler!». Era una rivendicazione costante nelle confidenze con l'amante: «Io sono razzista dal Ventuno, non so come possano pensare che imito Hitler», e quando Clara gli rinfacciava la relazione con la «Rifatti», se ne serviva per ribadire l'orrore per il sesso interrazziale arrivando addirittura ad attribuirsi una *cilecca*: «È stato un errore con la Sarfatti… sai ciò che mi accadde la prima volta. Non ci riuscii nemmeno la seconda. Non potevo per l'odore, l'odore terribile che hanno addosso. Sono una razza maledetta».

L'atteggiamento della Chiesa – nonostante secoli e secoli di propaganda antisemita – non gli facilitava le cose. L'anziano Pio XI già all'inizio del 1938 si era pronunciato contro le politiche razziali. Il «buonismo» del papa avvelenò l'incontro con Clara dell'8 ottobre: «Tu non sai il male che fa questo Papa alla Chiesa… ci sono cattolici profondi che lo ripudiano… fa cose indegne, come quella di dire che noi siamo simili ai semiti. Adesso sta facendo una campagna contraria per questa cosa dei matrimoni… Vorrei vedere, che un italiano si sposasse con un negro!».

***

Tra le difficoltà, quelle economiche si facevano sentire di più, la politica autarchica non aveva pareggiato le spese militari. Nel 1937 i proprietari di immobili erano stati colpiti da nuove tasse, come i negozianti. Chi stava peggio erano, al solito, i salariati. Gli stipendi avevano avuto un modesto aumento, insufficiente a fronteggiare l'inflazione.

Benito ignorò – non volle tenere in considerazione – che l'Italia era una nazione povera e debole. Questo errore avrebbe minato presto l'*incrollabile* fiducia del popolo in lui. E lui per primo si ingannò sul rapporto di forza con Hitler, era sicuro di poter davvero controllare il Führer – e la ricca, fortissima nazione tedesca – in virtù della paternità ideologica e della propria superiore abilità politica. Fu un'ingenuità. Mussolini si era persuaso (così disse ai suoi confidenti) che in caso di guerra la Germania avrebbe dovuto dirigere la parte militare, lasciando a lui quella politica.

Da parte sua Ciano aveva parlato di «assoluto parallelismo nella politica tedesco-italiana». Anche lui sempre pronto a sopravvalutare la propria *astuzia*, era tornato dal primo viaggio ufficiale in Germania, nell'ottobre 1936, certo di avere in pugno i nazisti, mentre i diplomatici tedeschi ironizzavano a bassa voce su quel bellimbusto. Comunque non mancarono di riservargli i più calorosi tributi e venne firmato un accordo per il quale i due governi si impegnavano a tenersi informati, consultarsi e coordinare le loro azioni in politica estera. Benito volle pubblicizzare l'amicizia appena nata e il primo novembre, in un discorso a Milano, pronunciò per la prima volta la parola che gli sarà fatale, «asse»: «Questa verticale Berlino-Roma non è un diaframma, è piuttosto un asse attorno al quale possono ruotare tutti gli Stati europei animati da volontà di collaborazione e di pace». Intendeva sventolare quell'amicizia pericolosa in faccia all'Europa, conferendo all'Italia un ruolo decisivo: tutti avrebbero dovuto accordarsi con il regime fascista per avere garanzie di pace e di stabilità. Nello stesso discorso gettò un amo alla Gran Bretagna per il Gentlemen's Agreement, patto che venne stipulato il 2 gennaio 1937, a tutela dello *status quo* nel Mediterraneo, della libertà di navigazione e dei reciproci interessi. Freneticamente Ciano cercava di portare l'Italia al centro di tutte le alleanze per attuare la politica del «peso

Nella pagina accanto: Monaco, 25 settembre 1937. Ricevimento di benvenuto al Führerbau in Königplatz durante la visita del duce a Monaco, dal 25 al 29 settembre. (akg-images/Mondadori Portfolio)

Nella pagina successiva: 29 settembre 1937. Mussolini e Hitler nell'ultimo giorno del duce a Monaco. (Mondadori Portfolio/Archivio GBB)

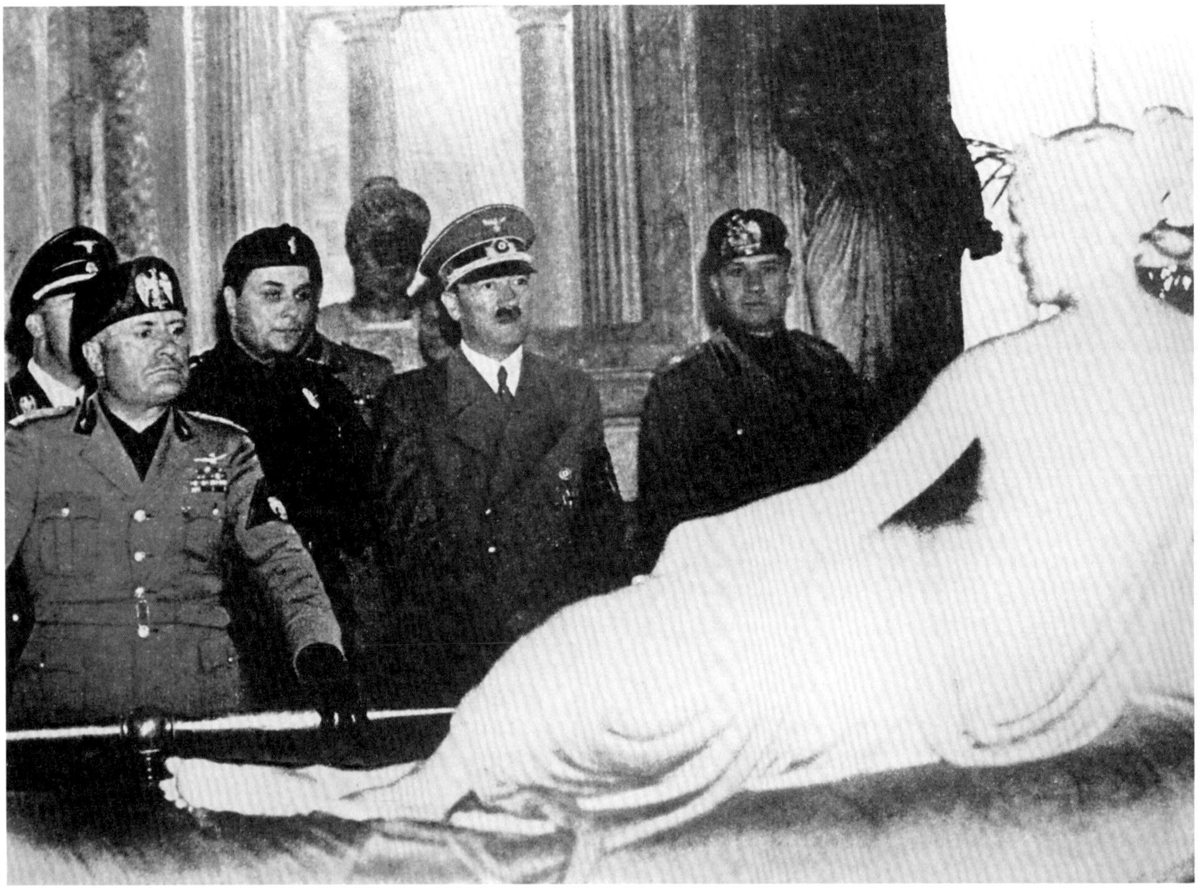

Galleria Borghese (Roma), maggio 1938. Viaggio di Hitler in Italia. Il Führer ammira la statua di Paolina Borghese di Antonio Canova. (Mondadori Portfolio/Fototeca Gilardi)

determinante»: il 25 marzo firmò un patto di amicizia con la Jugoslavia, quindi un accordo simile con Austria e Ungheria.

Poi però Mussolini andò in visita ufficiale a Berlino, nel settembre 1937, e si sbilanciò più di quanto Ciano avrebbe voluto: «Il fatto che io sia venuto in Germania non significa che domani andrò altrove» disse in un discorso al popolo tedesco. «Quando si è amici, marciare insieme sino in fondo [...]. L'importante è che i nostri due grandi popoli, i quali formano una imponente, sempre crescente massa di centoquindici milioni di anime, siano uniti in una sola incrollabile decisione.» L'effetto immediato del viaggio fu, negli altri paesi, un più che giustificato allarme, cui contribuì l'accoglienza spettacolare riservata a Mussolini.

Le misure di sicurezza adottate furono drastiche: l'itinerario del treno del duce fu circondato da un fitto cordone di SS e di polizia, e poco prima della visita ci furono rastrellamenti e deportazioni a Dachau di chiunque fosse anche solo sospettato di attività sovversive. I dirigenti del partito lanciarono appelli locali per assicurare la presenza di folle osannanti: gli inadempienti incorrevano nel licenziamento o nell'arresto. Quando scese dal treno alla stazione di Monaco, Benito si trovò circondato di fronde e bandiere mentre risuonavano le note dell'*Inno a Roma* di Puccini. Hitler lo attendeva in uniforme.

Il duce, il Führer e il loro seguito di gerarchi rappresentavano visivamente un nuovo ordine, fondato sul rifiuto della democrazia e del bolscevismo. A impressionare Benito, più che la cortese e vaga conversazione con Hitler, furono le manovre militari della Wehrmacht a Mecklenburg, gli stabilimenti Krupp, l'imponente scenografia allestita nel centro di Berlino. La folla riempiva tutto lo spazio urbano, suddiviso in settori organizzati dal partito.

Il ministro della Propaganda Joseph Goebbels era riuscito a dare al duce ciò che aveva sempre desiderato, come più in piccolo aveva fatto Balbo a Ferrara nei primi anni, con «appena» ventimila fascisti. La celebrazione culminò con una tribuna allestita in un'immensa pianura accanto allo stadio olimpico, dove l'ospite sfoggiò sé stesso arringando in tedesco più di seicentocinquantamila persone. Benito poté sognare che il prossimo passo fosse parlare al mondo intero. Esaltò la comune lotta contro il bolscevismo, ribadì che nessun altro governo aveva lo stesso consenso di quelli italiano e tedesco, annunciò la costruzione di un «nuovo ordine» europeo.

A discorso avviato iniziò a scendere una pioggia fitta e insistente. L'immenso uditorio si inzuppò con resistenza stoica, lasciandosi sfuggire qua e là scherzosi cori «du-ce, duce», che in tedesco suonavano come «doccia, doccia». Benito rimediò un raffreddore e, su consiglio dell'ipocondriaco Hitler, passò la serata a mollo nella vasca da bagno. Nonostante gli starnuti e la congestione nasale, la manifestazione gli restituì la convinzione di essere la guida di una nuova Europa. «Una simile accoglienza non l'hanno mai data neanche ai re, agli imperatori, a nessuno», gongolò con Clara al ritorno: «Il popolo tedesco è conquistato. Ha sentito la mia forza».

Poi Hitler, l'11 marzo 1938, compì l'*Anschluss* – l'annessione dell'Austria – senza curarsi dell'Italia. Dopo avere dato l'ordine scrisse una lettera privata a Mussolini assicurando che la mossa era nel pieno interesse dei loro paesi. Benito rispose di considerare la questione chiusa, in nome dell'amicizia fra i loro popoli. «Non lo dimenticherò mai», gli rispose Hitler, portato in trionfo a Vienna con celebrazioni che fecero fremere Benito di rabbia e d'invidia: «Neanche noi meridionali arriviamo a tanto», sbottò con l'amante, sfogando la frustrazione prima con il sesso, poi con gli schiaffi.

Per reazione politica, invece, si riavvicinò alla Gran Bretagna con gli accordi di Pasqua firmati il 16 aprile 1938. Churchill scrisse al ministro degli Esteri Anthony Eden che il patto «costituisce un assoluto trionfo per Mussolini che ha ottenuto la nostra cordiale acquiescenza alla conquista dell'Abissinia, alle fortificazioni erette in Mediterraneo contro di noi, alle violenze in Spagna»; ma riconobbe pure che era un passo avanti verso la pace, perché incoraggiava il duce «a combattere l'invadenza della Germania nel bacino danubiano».

Sullo stesso tema Ciano commentò nel diario: «L'opinione pubblica lo accoglierà con immenso favore anche perché vede nell'accordo uno sganciamento possibile da Berlino». Il giorno della firma una folla festante si accalcò sotto il balcone di Palazzo Venezia, osannò il passaggio della macchina di Ciano; l'ambasciatore inglese, James Eric Drummond, conte di Perth, comunicò al proprio governo che «dall'aspetto generale della folla e dall'assenza di camicie nere [...] questa manifestazione era completamente spontanea». Sul perché di tale entusiasmo non potevano esserci dubbi: gli italiani non volevano l'alleanza con i nazisti. Tantomeno un'altra guerra.

Mussolini non ne tenne conto. Al contrario approfondì il legame personale con Hitler attraverso scambi di messaggi e doni, poi invitò il Führer in Italia dal 3 al 9 maggio 1938, forzando al massimo l'organizzazione del partito perché venisse ricevuto calorosamente. Visto che Hitler sarebbe arrivato in treno si provvide a riverniciare le facciate delle case lungo il tragitto del convoglio, dal Brennero a Roma. Un impegno non da poco. (Lascio a voi, se volete, il calcolo dei chilometri.)

Per l'arrivo di Hitler nella capitale fu terminata a tempo record la stazione Ostiense, piccola, moderna e poco distante dalle vestigia romane. Lì Adolf, capo di Stato, venne accolto dal suo pari grado, Vittorio Emanuele III, mentre Benito rimase in secondo piano. Un paradosso che indispettì un po' tutti mentre lui la visse con filosofia, abituato com'era a dissimulare, mediare, recitare.

Il cancelliere era ospite del re al Quirinale, e la visita venne gestita con tanto di minuziose istruzioni da parte del ministro degli Esteri tedesco circa le esigenze personali di Hitler e della sua corte. Per esempio ogni menu dovette includere un'alternativa vegetariana, con pane e acqua provenienti dalla Germania. Venne chiesta anche una fornitura di libri sui siti e i monumenti che l'ospite avrebbe visitato. I preparativi dettero l'opportunità di approfondire la cooperazione tra la Gestapo e la polizia fascista, che fornì informazioni sugli ebrei e gli oppositori tedeschi emigrati in Italia. Poco prima della visita, Benito in persona approvò l'arresto di centinaia di ebrei e fuoriusciti tedeschi presenti sul territorio nazionale.

Lo spettacolo notturno di Roma doveva stordire il Führer: il corteo passò da Porta San Paolo al Colosseo, poi lungo via dell'Impero, fino al Vittoriano, a Palazzo Venezia e al Quirinale. Hitler trovò insopportabile il viaggio sulla carrozza a fianco del re, che gli inflisse un colloquio in francese. Il Führer considerava la monarchia, con tutti i suoi apparati, relitti del passato, e in seguito consigliò a più riprese Mussolini di rompere con il re, fino a quando non fu proprio Vittorio Emanuele III a realizzare il suo desiderio.

Il protocollo di corte restò indigesto alla folta delegazione tedesca, composta da buona parte del gotha del regime nazista, consorti incluse. L'unica a spassarsela fu Eva Braun, compagna di Hitler, che non avendo legami formali con lui era dispensata da ogni obbligo: insieme alle sue assistenti si godette Roma.

Benito dedicò subito al Führer alcuni incontri a quattrocchi che ne dissiparono l'umor nero: il primo al Quirinale, il secondo nel suo immenso studio di Palazzo Venezia. I tedeschi in quell'occasione insistettero per firmare un patto di stretta alleanza, ma il duce non cedette: intuì che Hitler sognava una nuova guerra di vasta portata, mentre l'Italia aveva bisogno di tempo per riprendersi dai salassi etiope e spagnolo.

Il 4 maggio i due dittatori si immersero nel bagno di folla di piazza Venezia, e Hitler vide alla luce del sole il Vittoriano, i fori e il Pantheon. Il giorno successivo la delegazione si spostò a Napoli, dove i tedeschi assistettero a imponenti manovre con cui la Regia marina dimostrò – millantando – di essere pronta alla conquista del Mediterraneo. Il 6 maggio, tornati a Roma, i nazisti seguirono il loro capo in alcuni siti archeologici e museali della capitale: le Terme di Diocleziano, il Mausoleo di Augusto, il museo dell'Ara Pacis e la Galleria Borghese. Dopo i ricevimenti e altre manovre militari all'aperto, il viaggio di Stato terminò con una tappa a Firenze. Le delegazioni videro Palazzo Pitti e gli Uffizi, assistettero a manifestazioni e cerimonie culminate con il saluto di Hitler e Mussolini dal balcone di Palazzo Vecchio. L'accoglienza costò al comune oltre 19 milioni di lire.

«È stato troppo bello!» dichiarò Hitler alla stampa italiana: «La nostra, credetemi, è un'amicizia che non si può costruire artificiosamente». Attraversato il confine del Brennero, scrisse al duce: «Le giornate che ho trascorso con lei nel suo splendido paese hanno prodotto in me inestinguibili profonde impressioni». Quanto a Benito, era inebriato dalla propria capacità ipnotizzatrice sul discepolo-alleato-rivale. «Ormai nessu-

Monaco, settembre 1938. Leader europei alla Conferenza di pace. Da sinistra a destra: Neville Chamberlain (Gran Bretagna), Édouard Daladier (Francia), Adolf Hitler, Benito Mussolini e Galeazzo Ciano. (Ann Ronan Picture Library/Heritage-Images/Mondadori Portfolio)

na forza potrà mai separarci» gli aveva detto durante l'ultimo ricevimento, godendosi lo sguardo grato e infervorato dell'interlocutore. «Sai, questi tedeschi sono simpaticissimi e Hitler è un ragazzone quando è con me» raccontò a Claretta.

Il trionfo in Italia galvanizzò Hitler, incoraggiandolo a procedere per la propria strada, l'effetto contrario a quello che auspicava Mussolini: ora due grandi potenze «antiplutocratiche» avevano dimostrato la loro unione, anche se non era ancora un'alleanza militare. Va detto che il legame non era solo formale: con le sanzioni innescate dall'invasione dell'Etiopia, l'Italia aveva dovuto rinunciare al carbone britannico per importare quello tedesco.

Alla fine di settembre il Führer provocò una grave crisi con la Cecoslovacchia pretendendo il territorio dei Sudeti, una regione abitata da quasi tre milioni di tedeschi e con importanti stabilimenti industriali, fra cui le acciaierie Škoda. Questa volta si rischiava la guerra, perché Francia e Gran Bretagna proteggevano la Cecoslovacchia. Benito, invece di approfittare dell'occasione per colmare il fossato con le democrazie, applicò la sua strategia abituale: pur avendo già deciso da che parte stare, temporeggiò recitando il ruolo del ragionevole, lasciando che fossero gli altri a prendersi la responsabilità degli avvenimenti. Quando il 28 settembre il governo inglese di Neville Chamberlain chiese ufficialmente a quello italiano di mediare con Hitler, in poche ore il duce organizzò per il 29 e il 30 una conferenza a Monaco, convocando il francese Édouard Daladier, Chamberlain e Hitler.

Come faceva con Hitler, tenne lontani gli interpreti anche con Chamberlain e Daladier, cercando di esprimersi nella loro lingua. Con il francese se la cavava bene, con l'inglese meno. Comunque, grazie alla sua mediazione, la Germania ridusse le pretese, mentre Francia e Gran Bretagna acconsentirono alla cessione di gran parte dei Sudeti. Solo Churchill, irriducibile avversario dell'*appeasement*, con il suo leggendario dono della sintesi preannunciò le conseguenze di quell'arrendevolezza: «Potevano scegliere tra il disonore e la guerra; hanno scelto il disonore, avranno la guerra».

L'opinione pubblica fu impressionata da alcuni dettagli scenografici: mentre i rappresentanti francesi e britannici erano vestiti in abiti civili, italiani e tedeschi erano in uniforme. Benito, inoltre, apparve per la prima volta senza il caratteristico fez, ma con un nuovo e marziale berretto a visiera simile a quello di Hitler. L'uno in grigio e l'altro in bruno, i due caporali della Grande guerra percorsero le strade di Monaco come due generali. Benito si compiacque di esibire maggiore autorevolezza.

Tornò in Italia soddisfatto del notevole successo personale ma sgradevolmente sorpreso dalle entusiastiche manifestazioni popolari ricevute «dal Brennero a Roma, dal Re ai contadini», come scrisse Ciano nel diario, e non per ringraziare della riverniciatura delle facciate. Benito era pronto alla guerra mentre il popolo lo celebrava come salvatore della pace.

Intanto erano in corso le trattative italo-francesi che avrebbero potuto isolare Hitler, ma sarebbero naufragate per l'intransigenza di Parigi, per le manovre tedesche, per il legame che ormai rendeva quasi impossibile staccarsi dalla Germania e per il viscerale odio antifrancese di Mussolini. Il 16 dicembre fece inscenare una manifestazione, prima alla Camera e poi nelle piazze, in cui si chiese l'annessione di Tunisia, Corsica, Nizza, Savoia e Gibuti. Gli italiani erano sensibili a queste rivendicazioni, irrealizzabili senza una guerra alla Francia a fianco della Germania. Benito cercava così di orientare in senso filotedesco l'opinione pubblica «della quale, però», scrisse Ciano nel diario il primo gennaio 1939, «se ne frega». Lo dimostrava continuando a confondere le acque per alimentare la propria immagine di abile mediatore. Appena dieci giorni dopo ricevette in pompa magna Chamberlain a Roma: al banchetto, al quale lui e i gerarchi si presentarono in borghese, celebrò l'amicizia tra Italia e Gran Bretagna, pur continuando a non fornire alcuna certezza circa la politica estera dell'Asse. Il doppiogioco era reciproco, perché mentre Ciano inviava i verbali dei colloqui a Hitler, Chamberlain disponeva nuove manovre militari congiunte con la Francia.

Nonostante le blandizie pubbliche, tra i governi nazista e fascista, il 15 marzo si registrò l'ennesima crisi, quando la Germania, sempre senza avvisare l'Italia, annetté la Boemia e fece della Slovacchia un protettorato tedesco. La nuova mossa era gravissima, perché Hitler non era andato contro i trattati di Versailles, bensì contro l'accordo di Monaco patrocinato da Mussolini, irrispettosamente lasciato all'oscuro fino a cose fatte. Benito sfogò la frustrazione con Ciano: «Ogni volta che Hitler prende uno stato mi manda un messaggio». A Claretta invece confidò, per nascondere l'umiliazione: «Al posto di Hitler avrei fatto lo stesso».

«Si rende conto della reazione ostile del popolo italiano», annotò Ciano, «ma afferma che ormai conviene far buon viso al gioco tedesco ed evitare così di renderci "a Dio spiacenti ed ai nimici suoi"». Tuttavia il duce rinviò la firma del patto, convinto dell'«impossibilità di presentare adesso al popolo italiano un'alleanza con la Germania»; con uno dei suoi gesti a effetto in cui la forma sovrasta la sostanza, dispose un concentramento di forze nel Veneto per intervenire nel caso i nazisti avessero innescato una sommossa in Jugoslavia.

***

Ciano nel frattempo era ormai decisamente antitedesco. Però, nel momento più sbagliato, commise un errore grave con l'impresa che preparava da tempo per assicurarsi un posto di primo piano nella storia patria come degno accrescitore dell'impero: l'invasione dell'Albania, il 7 aprile 1939. Era convinto che la mossa avrebbe fermato l'espansione tedesca verso i Balcani e Benito voleva mostrare ai tedeschi di sapere usare i loro stessi metodi, stanco dei soliti inconcludenti *cialtroni* di casa nostra. Ce l'aveva con il re: «Se Hitler avesse avuto tra i piedi una testa di cazzo di Re non avrebbe mai potuto prendere l'Austria e la Cecoslovacchia».

L'impresa d'Albania fu come il rapimento della propria moglie, perché di fatto il piccolo regno era, da anni, una sorta di protettorato italiano. Per di più l'aggressione dette la misura dell'impreparazione italiana alla guerra. Il diplomatico Filippo Anfuso – amico di Ciano, poi deputato del Movimento sociale italiano, quindi non sospettabile di antifascismo – scrisse: «Se gli albanesi avessero posseduto un corpo di pompieri ben addestrato ci avrebbero gettati nell'Adriatico». Tutto era stato preso sottogamba. Le forze armate vennero avvisate all'ultimo momento, come se la faccenda non riguardasse l'esercito; fu messa insieme una spedizione raccogliticcia senza coordinamento fra le tre armi; non venne considerato il pescaggio del porto di Durazzo e partirono navi che non poterono entrare; lo stesso Mussolini, in Gran consiglio, dette un saggio dell'inefficienza raccontando il sorprendente caso degli addetti ai collegamenti che non conoscevano la radio in dotazione.

La conquista dei «quattro sassi», come Vittorio Emanuele III definì l'Albania, di cui il 12 aprile era diventato re, fece perdere alle democrazie ogni illusione sulle intenzioni pacifiche di Mussolini. Gran Bretagna e Francia garantirono aiuto a Grecia e Romania contro eventuali aggressioni, come avevano fatto con la Polonia dopo l'occupazione nazista della Boemia; il presidente americano Franklin Delano Roosevelt intervenne per la prima volta nelle questioni europee chiedendo a Italia e Germania di impegnarsi a non attaccare altre nazioni. Così si aggregava e si consolidava la coalizione che avrebbe sconfitto l'Asse.

Conclusa l'impresa albanese, Ciano era soddisfatto, Benito irremovibile. «Noi non possiamo cambiare politica perché non siamo delle puttane», disse al ministro, che dal maggio 1939 gli rispondeva – ma soltanto sul diario – con frasi di critica sempre più serrata: «Adesso l'incoerenza di Mussolini è veramente disorientante per chi deve lavorare con lui.» La coscienza di essere nel giusto diffidando della Germania fece il resto. Galeazzo diventò insofferente, colmo di rancore represso nei confronti di colui che, di lì a poco, in sfuriate pubbliche e private, etichettò con l'epiteto spregiativo di «vecchio».

Un rapporto del partito comunicava: «Non manca chi mormora che già l'Italia si avvii ad essere una luogotenenza di Hitler». Ormai però il duce si era rassegnato a essere il secondo di Hitler, nessuno poteva contrastare la Germania, tanto meno le «imbelli» democrazie. Lo spingevano a proseguire la partita il senso dell'onore, la volontà di non rappresentare più «l'Italia delle combinazioni, cioè l'Italia puttana delle democrazie» come ripeteva, ma l'Italia dell'uomo nuovo fascista. Infine era preoccupato per la stabilità del regime, che avrebbe risentito del contraccolpo per un distacco dalla politica dell'Asse: se il popolo era ostile, molti settori delle gerarchie

Berlino, 22 maggio 1939. Hermann Goering, Benito Mussolini, Adolf Hitler, Galeazzo Ciano e, dietro, Rudolph Hess e Heinrich Himmler dopo la firma del Patto d'acciaio. (Tallandier/Bridgeman Images/Mondadori Portfolio)

fasciste erano a favore. I legami economici con l'industria tedesca erano sempre più forti (e vantaggiosi – sottobanco – per alcuni gerarchi). Fidando nel proprio prestigio presso il Führer, e tranquillizzato dalle affermazioni tedesche, Benito credeva che avrebbe potuto tagliare grosse fette della torta di cui il più potente amico stava per impossessarsi. Il 26 marzo, parlando agli esponenti del partito radunati al Foro Mussolini, dichiarò: «L'Asse non è soltanto una relazione fra due Stati; è un incontro di due Rivoluzioni che si annunziano in netta antitesi con tutte le altre concezioni della civiltà contemporanea».

Dette dunque ordine a Ciano – che eseguì malvolentieri e male, cioè in un modo svantaggioso per l'Italia – di concordare l'alleanza con la Germania. Il patto, discusso a Milano il 6 e il 7 maggio 1939, venne firmato a Berlino il 22 dello stesso mese: si chiamava Patto di amicizia e di alleanza fra Italia e Germania. Benito suggerì di chiamarlo Patto di sangue, alla fine passò alla storia come Patto d'acciaio. Impegnava a partecipare «automaticamente» a qualsiasi guerra che coinvolgesse l'alleato. Benché fossero consapevoli di non poter combattere prima del 1943, il duce e Ciano non chiesero di fissare un limite tem-

Nella pagina accanto: Berghof, 11-12 agosto 1939. Il ministro degli Esteri Joachim von Ribbentrop, Hitler e Galeazzo Ciano nella residenza montana del Führer. Foto scattata dal fotografo personale di Hitler, Heinrich Hoffmann. (akg-images/Mondadori Portfolio)

Roma, 10 giugno 1940. Discorso di Mussolini che annuncia alla folla l'entrata in guerra dell'Italia. (Mondadori Portfolio/Fototeca Gilardi)

porale, rassicurati dalle promesse tedesche di volere la pace nei successivi quattro-cinque anni; non venne prevista una clausola di reciproca consultazione prima di prendere decisioni gravi, né che il conflitto non iniziasse per un attacco alla Polonia, che si sospettava imminente. Eppure i segnali dell'inaffidabilità tedesca erano ormai tanti.

Soltanto alcuni giorni dopo la firma, il duce inviò al Führer un *memorandum* per ribadire che l'Italia aveva bisogno di almeno tre anni per preparare la guerra. Trascorsi due mesi, a luglio, gli assicurò che l'Italia sarebbe stata pronta a scendere in campo se la Germania avesse ritenuto giunto il momento. Difficile capire se, quanto e quando Benito millantasse o credesse alle sue stesse mistificazioni. Facile immaginare che non lo capisse neppure il Führer.

L'11 e il 12 agosto Ciano incontrò Hitler, con il ministro degli Esteri Ribbentrop, nella residenza montana del Führer, Berghof. Galeazzo recuperò l'appello a mantenere la pace per quattro anni. Gli venne risposto che la Germania avrebbe aggredito la Polonia, che era pronta a una guerra più vasta, e che l'Italia avrebbe potuto ottenere il controllo dei Balcani. Come ultima sorpresa gli comunicarono che la Germania stava per concludere un patto di non aggressione con l'Urss. Veniva così messo in crisi uno dei pilastri del fascismo: l'anticomunismo. La notizia arrivò a Benito il 23 agosto, mentre era sulla spiaggia di Castel Porziano, con Claretta, per provare un nuovo motoscafo. «Se domani ci fosse una guerra farei la vita dell'assente» si limitò a commentare, per non dare importanza alla notizia davanti a lei.

Nei giorni successivi Clara fu costretta a letto, secondo ricerche di Mirella Serri poteva essere incinta di qualche settimana e forse quel malessere fu un aborto spontaneo. Non dette mai un figlio a Benito, è facile immaginare che l'avrebbe voluto.

***

Ciano tornò a Roma infuriato con i tedeschi, nient'altro che traditori: fu soprattutto per opera sua se Mussolini non entrò subito nel conflitto.

Il primo settembre la Germania aggredì la Polonia, dando inizio a quella che si sarebbe chiamata Seconda guerra mondiale, con l'immediato intervento di Gran Bretagna e Francia. Consapevole dell'impossibilità di intervenire, Benito si consumava per la paura di perdere autorevolezza in ambito nazionale e internazionale. Alla fine prevalse la prudenza.

Il mancato rispetto del Patto d'acciaio fece infuriare Hitler, che detestava dover dare ragione ai suoi uomini contro gli italiani. Inaugurò così un carteggio con Mussolini che gli psicologi definirebbero passivo-aggressivo, presentando la guerra come una «lotta per la vita e per la morte» imposta dalle democrazie: «Il nostro destino ci legherà tuttavia l'uno all'altro» e «Se la Germania nazionalsocialista fosse distrutta dalle democrazie occidentali, anche l'Italia fascista andrebbe incontro a un grave avvenire». Il futuro era chiaro.

Queste pressioni alimentavano la frustrazione e l'invidia del «nuovo Cesare» nei confronti di tutti quei «nordici» già in armi. «Si strozzassero almeno», sbottò con Clara il 10 settembre, «vorrei che si distruggessero, si dilaniassero e poi, quando si fossero bene bene bastonati fino a essere esausti, arriverei io a dare una pugnalata alla schiena all'uno e all'altro». La tattica di lasciar scannare tutti per rimanere l'unico forte – sperimentata con il socialismo, il combattentismo e lo Stato italiano – non funzionava più. «Sto rischiando tutto quel che ho fatto», aggiunse una settimana dopo, per giustificarsi di avere trascurata l'amante: «Non è vero che se non vedo te vedo altre. Diciamo che ho da fare... sono una belva in gabbia».

Il 30 settembre 1939 fece introdurre l'imposta ordinaria sul patrimonio e quella generale sulle entrate, per sostenere le spese militari; nel frattempo aveva fatto porre il paese in stato d'allerta e intensificato le esercitazioni, ma erano palliativi al suo desiderio di intervenire nella guerra. Il 29 ottobre destituì dalla segreteria del Pnf Achille Starace e mise al suo posto Ettore Muti, decorato con la medaglia d'oro e tre d'argento nella guerra di Spagna: un segnale.

La «non belligeranza» (come preferì chiamarla, invece dell'odiata parola neutralità) gli faceva pensare al tradimento, non solo e non tanto dell'alleato. Sentiva di tradire prima di tutto sé stesso, lo spirito del fascismo. Come disse a Bottai il 7 settembre, continuando a non intervenire «se anche si salva la Patria, va a picco il Regime, che poggia sul prestigio e sulla predicazione militare, guerriera». Per lui un'Italia senza i valori che le aveva dato il fascismo non era degna nemmeno di essere considerata. Inveiva contro i «pacifondai» e Ciano annotò quale fosse «il suo vero sogno: quello di diventare condottiero militare del paese in guerra». Poi: «In fondo non è che egli vuole ottenere questo o quello: vuole la guerra. Se pacificamente potesse avere anche il doppio di quanto reclama, rifiuterebbe». Mussolini vedeva nella guerra l'occasione per il «salto» antropologico che sognava, trasformare gli italiani in guerrieri, non resisteva alla tentazione di forzare il cambiamento nel corso della sua vita. Lo dichiarò senza mezzi termini a Clara il 12 novembre: «Ho cinquantasei anni... anche ammettendo che io arrivassi a settanta, me ne rimangono altri tredici. Non ho tempo, ho fretta!».

L'italiano fascista, per Benito, doveva essere pronto a morire, non a perdersi in calcoli economici o di opportunità. «Il suo antagonista è il popolo», annotò Bottai nel diario, il 15 aprile 1940. A Ciano il duce aveva detto, il 29 gennaio: «Quando in un popolo sono gli istinti della vita vegetativa che predominano, non c'è, per salvarlo, che l'uso della forza». E l'11 aprile: «Per fare grande un popolo bisogna portarlo al combattimento, magari a calci in culo. Così farò io». Lo stesso giorno lo ripeté a Clara, cambiando la destinazione dei calci: «Non credevo, dopo anni di esercizio e calci negli stinchi, di trovarmi di fronte questa gente debole e vile! Ma non si illudano di uscirne intatti, a meno che non vogliano essere qualificati almeno per cinquant'anni di storia». Questi pensieri, che provocarono ogni suo passo successivo, dimostrano un'incomprensione totale della realtà: se il popolo non si decideva a divenire guerriero, bisognava «temprarlo» con il sacrificio.

Anche gli industriali erano contrari alla guerra, la non belligeranza dava impulso al commercio e alla borsa. Eppure Mussolini fece sapere negli ambienti diplomatici e militari che nella primavera seguente l'Italia sarebbe intervenuta. Il 18 marzo 1940 venne organizzato un incontro tra il duce e il Führer. Il luogo scelto fu il Brennero, che accolse i dittatori con un'abbondante nevicata. Non ci furono cerimonie o grandi folle: era un colloquio d'affari. Benito ribadì l'impreparazione dell'Italia, Hitler rispose che poteva restare neutrale, se voleva, ma che allora sarebbe rimasta una potenza di second'ordine nel Mediterraneo e nell'Europa centrale; se invece fosse intervenuta, la vittoria contro gli Alleati sarebbe stata completa. Al contrario, avvertì Hitler, se la Germania fosse stata sconfitta... «lo sarebbe anche l'Italia» lo sovrastò Benito.

Si persuase giorno dopo giorno che la guerra sarebbe stata veloce e vittoriosa. Tanto più quando, il 10 maggio, la Germania aggredì la Francia attraverso Belgio e Olanda, sconfisse in pochi giorni l'esercito francese e costrinse quello inglese a una precipitosa ritirata in patria, da Dunkerque. Ciano rimase pressoché l'unico a non credere alla vittoria tedesca. Il re, i militari, i gerarchi e gran parte del popolo erano certi che non convenisse permettere alla Germania – che poi si sarebbe vendicata – di vincere da sola: bisognava approfittare della situazione per arraffare qualcosa. «Il paese vuole la guerra; fino a quando potrai prolungare questa neutralità che è un disonore?» chiedeva persino Edda al padre. Il 9 giugno Benito trascorse il pomeriggio con Clara, che annotò: «Parla di dado tratto, è preoccupato, dice che è l'ultima domenica che passeremo insieme. Suona un po' il violino, stiamo insieme. È distratto».

Il giorno dopo, 10 giugno, Benito dichiarò guerra a Francia e Gran Bretagna. Con «qualche migliaio» di morti, pensava, l'Italia avrebbe avuto un posto di prim'ordine al dovizioso banchetto della pace: forse era il pensiero che lo distraeva dall'amante mentre suonava il violino, senza confidarlo a Clara. Quattro giorni dopo Parigi capitolò. Persino Ciano passò dal pessimismo cupo al più roseo inventario di aspettative: il 7 luglio presentò a Hitler la lista delle richieste italiane, oltre a Nizza, Corsica, Malta e Tunisia, l'Italia voleva il controllo diretto o indiretto del Medio Oriente e di buona parte dell'Africa settentrionale.

Hitler – pubblicamente – si rallegrava con il duce per la «storica decisione». Con i suoi generali commentava, sprezzante: «Questa è la peggiore dichiarazione di guerra al mondo».

***

I nove mesi di non belligeranza fecero più male che bene all'Italia. Non evitarono – ritardandoli soltanto – lutti e distruzioni, e il paese arrivò alla guerra in condizioni peggiori che nel settembre 1939. Dal punto di vista militare ci si rafforzò poco. Si guadagnò molto con il commercio e le forniture ai belligeranti (in prevalenza a Francia e Gran Bretagna), ma così si dette sostegno al nemico. Nonostante gli informatori della polizia comunicassero il contrario, nel settembre 1939 i vertici fascisti erano convinti che tutti in Italia fossero rassegnati alla guerra e, per ciò, decisi a combatterla. Nel giugno 1940 non era più vero. La solidità dell'Asse era stata messa in discussione, si erano rinvigorite le correnti filoinglesi e filofrancesi e si era diffusa l'opinione che l'Italia avrebbe vinto davvero non combattendo.

Nel giugno 1940 tutti credevano a un conflitto che sarebbe durato poche settimane. Si rivelò subito lo stato disastroso dell'esercito, equipaggiamenti mediocri e insufficienti, scarsa organizzazione, deficienze di comando. Eppure Benito se la prendeva con i francesi: «Nessuna compassione, nessuna pietà per questa spregevole gente... È veramente un popolo che deve perire: orgoglioso, presuntuoso, carico di egoismi e di presunzione». Ma già nella breve campagna alpina di giugno proprio contro la Francia, in cinque giorni, tra gli italiani vi furono oltre seicento morti, duemilaseicento feriti e duemilacinquecento congelati.

Il 28 giugno, dopo appena 18 giorni di guerra, l'aereo di Italo Balbo venne abbattuto dalla contraerea italiana mentre volava sul cielo di Tobruch. Era terminato un attacco britannico dal cielo, e a terra si credeva che gli inglesi fossero tornati. Tuttavia l'episodio originò sospetti per cui sarebbe stato Mussolini a dare l'ordine di uccidere il maresciallo dell'aria e governatore della Libia, che non aveva nascosto la sua ostilità all'alleanza con la Germania e al conflitto. Tutti gli studi successivi hanno dimostrato che si trattò davvero di un incidente. Certo è che il duce si limitò a commentare: «Un bell'alpino, un grande aviatore, un autentico rivoluzionario. Il solo che sarebbe stato capace d'uccidermi». Un sollievo.

Il duce guerriero credeva di poter utilizzare l'arma che aveva fatto di lui un brillante giornalista e improvvisatore: la velocità. Aveva funzionato per arrivare al potere, poi con i resistenti sloveno-croati e libici, con gli etiopi e con gli albanesi, il suo ordine era «vincere velocemente, con *qualsiasi* mezzo». In Spagna non aveva potuto farlo, e abbiamo visto come fosse frustrato dalla «guerra lenta» di Franco.

Il 12 luglio, in una delle telefonate trascritte con cura da Clara, Benito assicurò:

«Ci so fare io, sai, in queste cose! Sono diabolico anche nelle decisioni di guerra. Io comando dal mio ufficio, dal mio tavolo, e credo di non aver da lamentarmi». Voleva una guerra-lampo italiana parallela, tempestiva e letale quanto la *Blitzkrieg* tedesca, e i primi a essere scagliati nella mischia furono i «suoi» bersaglieri. Hitler, stratega altrettanto dilettante, reagì con una velata critica tra le righe: «In realtà, Duce, è solo lo spirito e la volontà che formano l'uomo e che sono allo stesso tempo le sue armi più forti». Il discepolo si ergeva a maestro con toni da guru.

Il 18 luglio il nuovo equilibrio tra i due dittatori fu suggellato con l'invito a Monaco per una prima riunione di guerra. Dopo le accoglienze trionfali tributate all'alleato, Hitler lo requisì per due ore in un colloquio a quattrocchi che si rivelò una lezione bellica. Possiamo immaginare il duce mentre dissimula il fastidio blandendo l'interlocutore con commenti compiaciuti, osservazioni pertinenti, congratulazioni ragionate.

Quando si trattò di parlare del bottino della vittoria – davanti a Ciano, ai diplomatici e ai militari –, Hitler colpì forte: prima dichiarò che l'Italia non avrebbe partecipato ai negoziati per la capitolazione francese, poi infranse i sogni territoriali del duce. Mussolini e tutti gli italiani presenti si aspettavano che i seicento morti sacrificati sulle Alpi avrebbero portato in dono la Corsica, Tunisi, Gibuti. Invece Hitler li lasciò ai francesi assieme alla Francia meridionale, li voleva alleati nella costruzione del nuovo ordine europeo. Fu un brutto colpo per Benito; per di più, durante il ritorno, il suo treno dovette fermarsi a causa di un'incursione aerea. Non era la guerra che aveva immaginato. Il senso di frustrazione crebbe quando, nelle settimane successive, Hitler rifiutò – cortesemente – l'offerta di truppe e aerei: aveva buoni informatori e conosceva lo stato dell'industria bellica fascista.

Al contrario di quanto si potrebbe pensare, Mussolini aveva risparmiato sulle spese militari. Basti dire che nel 1913-14 coprivano il 36,43 per cento del bilancio, nel 1923-31 il 31,70 e nel 1931-35 il 25,03. (Un raffronto con il periodo successivo ha meno senso, a causa delle spese per le guerre di Etiopia e di Spagna.) Il duce non predispose per tempo – ne era consapevole – neppure la ristrutturazione industriale, indispensabile in vista di un conflitto. La preparazione cominciò solo tra il 1937 e il 1938, in previsione di una guerra nel 1942-43 o più tardi.

«Il problema delle artiglierie ha importanza fondamentale: non mi fa dormire. Noi abbiamo le artiglierie di venti anni fa», ebbe a dire l'8 maggio 1939. La leggenda per cui i militari lo avrebbero ingannato sulla reale condizione dell'esercito è, appunto, una leggenda. È vero invece che molti generali, mostrandosi deboli e opportunisti, cedettero alla sua volontà nelle varie fasi del conflitto, senza cercare di correggerlo. In particolare, fin dall'inizio, lo fu il capo di stato maggiore, maresciallo Badoglio. Sui suoi rapporti con Mussolini vale l'immagine colorita offerta dal generale Emilio Faldella: «Non c'è dubbio che il veicolo era guidato da un conducente estroso, che ne ignorava la struttura e lo guidava senza meta precisa, con accentuata tendenza ad andare fuori strada, ad ignorare le regole, sprezzando consigli ed ammonimenti; purtroppo mancò nel maresciallo quella tanto maggiore energia che sarebbe stata necessaria per imporre la propria volontà, onde evitare il danno, e la forza di gettare sul piatto della bilancia il proprio prestigio, ponendo il dilemma: o accettare i suoi punti di vista od accettare le dimissioni».

Nell'estate del 1940, i successi tedeschi alimentavano le speranze di aprire nuovi fronti vittoriosi. Mentre la Gran Bretagna sembrava sul punto di crollare, a settembre Benito si presentò in divisa tropicale annun-

Brennero, 18 marzo 1940. Joachim von Ribbentrop, Mussolini e Hitler discutono sul ruolo dell'Italia nel conflitto mondiale. (Album/Archivo ABC/Heinrich Hoffmann/Mondadori Portfolio)

ciando che presto avrebbe «liberato» l'Egitto dagli inglesi. Con il dominio dell'Africa nord-orientale e del canale di Suez, e con le altre sponde in mano amica, Roma – padrona del Mediterraneo – avrebbe potuto lanciarsi verso l'Oceano Indiano e oltre, assicurava la propaganda, visto che a fine settembre le potenze dell'Asse firmarono il patto tripartito con il Giappone.

Il 4 ottobre Benito incontrò ancora Hitler, al Brennero. Il Führer era nervoso per la mancata invasione della Gran Bretagna, Benito provò a stemperare la tensione con autorevoli sorrisi, ora aveva l'avanzata in Egitto di cui andare orgoglioso. Di tutte le questioni toccate, sembrò che entrambi volessero aggirare la più importante: la mancanza di un coordinamento concreto tra le forze italiane e tedesche.

Poi il duce decise di prendersi una rivincita su Hitler. Il 28 ottobre, giorno sacro per il regime, l'Italia attaccò la Grecia, che pure aveva un governo dittatoriale ispirato al fascismo. Per Benito, però, era un figlio indegno, visto che non accettava l'egemonia italiana e preferiva la tutela britannica. Il Führer ricevette la notizia in Francia e, furibondo per l'apertura di un nuovo fronte, volle improvvisare un incontro lo stesso giorno. Il colloquio si tenne a Firenze, pavesata a tempo record sotto una forte pioggia. Benito era fiducioso e compiaciuto; Hitler, con la solita cortesia affettata, finì per offrirgli reparti di paracadutisti scelti. Una proposta beffar-

Nella pagina successiva: Mussolini con un contingente di milizie fasciste in partenza per l'Unione Sovietica. Primo a sinistra, il generale Ugo Cavallero. (akg-images/Fotoarchiv für Zeitgeschichte/Mondadori Portfolio)

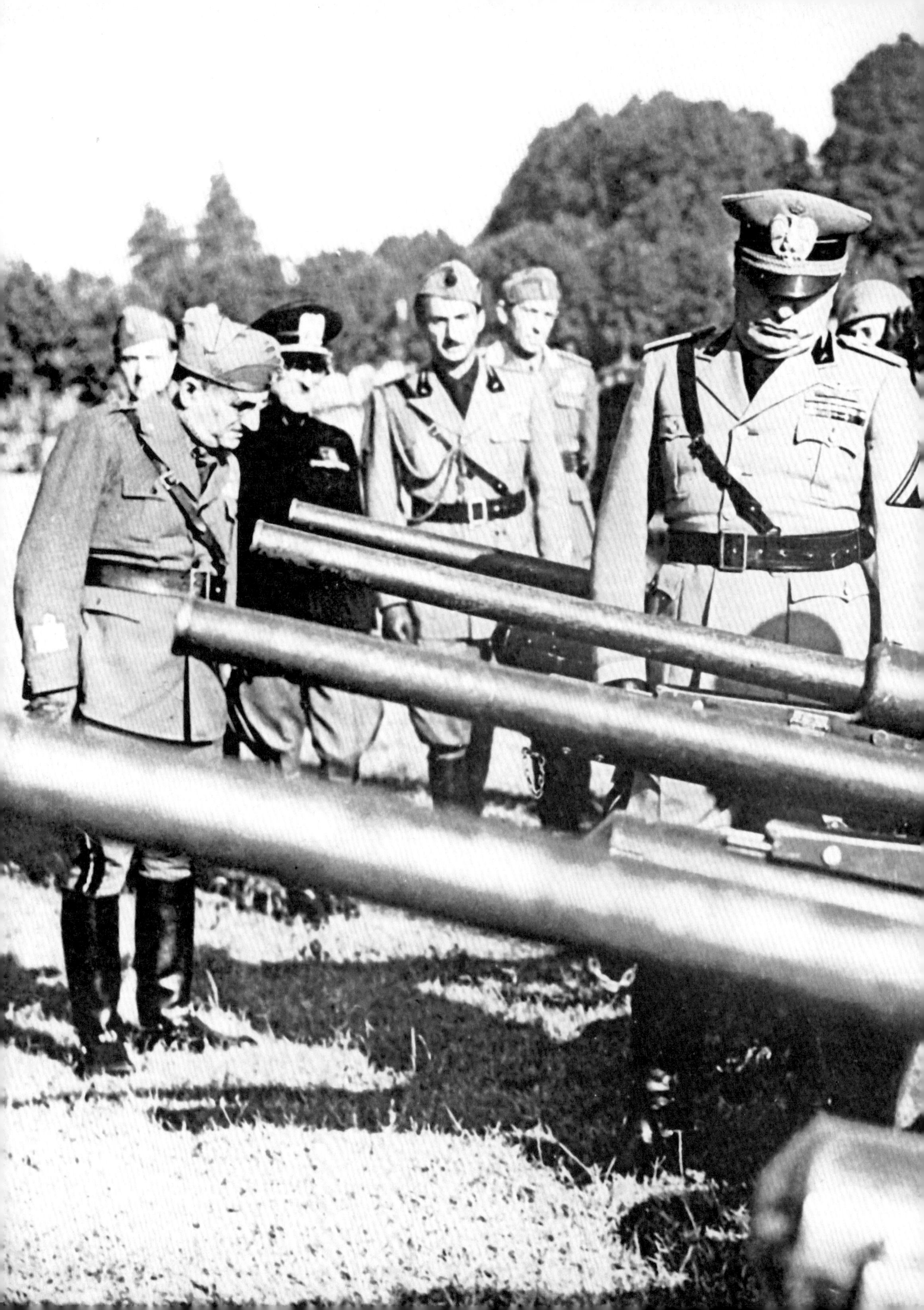

Foresta di Romint, 29 agosto 1941. Mussolini e Hitler al Reichsjägerhof Rominten, il castello di caccia che Hermann Goering (al centro, tra i due) utilizzava come quartier generale. Con loro Alfred Jodl (a destra) e Wilhelm Keitel (sullo sfondo), subito dopo l'arrivo. (akg-images/Mondadori Portfolio)

da, con il senno di poi, visto quanto accadrà il 12 settembre 1943. Va detto che il Führer volle sempre mantenere il legame con l'uomo Mussolini, addebitando i fallimenti italiani ai gerarchi o alla debolezza intrinseca del suo popolo. Fece lo stesso quando a perdere fu lui. Nel gennaio 1941 vietò a generali e politici di «intraprendere qualsiasi cosa potesse offendere il Duce», e rifiutò di unificare sotto il comando tedesco le forze dell'Asse, per salvare il rapporto con Benito.

La campagna di Grecia fu un nuovo, tragico, smacco: dei cinquecentomila italiani mandati su quel fronte, ne morirono quasi trentanovemila. Mussolini, consapevole della portata del disastro, decise di fare dei gerarchi e dell'esercito i capri espiatori e ne mandò molti a combattere, per dare l'esempio e per dimostrare «come si governa il paese solo con i direttori generali». Tra loro c'era l'antinterventista Grandi, che proprio al fronte cominciò a pensare alla necessità di spodestare il duce, ne parlò a Bottai e si avvicinò al re.

Il 5 dicembre 1940, Mussolini provocò le dimissioni di Badoglio – che sarà il suo successore alla guida dell'Italia – e affidò il suo posto al generale Ugo Cavallero, che aveva una visione più moderna della guerra ma che poco poté fare in uno scontro – oltre quello greco – dove si richiedevano forze di gran lunga superiori.

Il duce si fece organizzare visite lampo al fronte, e insistette per essere copilota dell'aereo, voleva essere immortalato come condottiero sul campo. Ai primi di marzo 1941 arrivò nei pressi di Tirana e si esaltò per l'entusiasmo dei giovani di leva che lo circondavano: «Credevano di sognare nel vedermi fra loro... se la meritano questa soddisfazione, poveri ragazzi, che muoiono perché io lo ordino. Sono magnifici» disse a Clara il 2 marzo. Nei giorni successivi si avvicinò alla linea del fuoco. Il teatro era molto diverso dalla marcia trionfale che sognava, ma anche davanti all'atroce spettacolo degli ospedali da campo, raccontava a Clara sempre la stessa storia: «Cantavano e gridavano "Vinceremo"... Squarciati nel ventre, poveri ragazzi... Ho fatto bene a venire qui, qui dove veramente c'è lo spirito altissimo dell'Italia voluta da me. Meravigliosi». Era convinto che la generazione plasmata da lui potesse accettare – e infliggere – tutta quella sofferenza in nome della sua rivoluzione, per lui. «Dato che so che i figli per legge naturale sono contrari ai padri, io seguo i figli. Devo guardare alla nuova generazione: è quella che occorre alla mia idea, è quella che devo curare, è quella che mi comprenderà» predicava alla sua amante ventinovenne, loro coetanea.

Gli italiani dovettero rendersi conto di essere stati mandati allo sbaraglio, e molti aggiunsero l'attacco fallimentare contro la Grecia all'elenco delle colpe di Ciano: i soldati erano caduti sui monti dell'Epiro solo per ingrandire il feudo personale del ministro degli Esteri. C'era chi invocava l'esclusione del «generissimo» dal governo e un rimpasto capace di dare uno scossone e nuova credibilità al regime. Ma quanto accadeva andava imputato a Mussolini, che aveva tenuto per sé, lungamente, i ministeri militari e aveva la pretesa di guidare un esercito in guerra – si era attribuito, irritando parecchio il re, il comando delle operazioni – senza averne la preparazione né le capacità.

Nel 1941, l'impressionante avanzata dell'Asse aveva raggiunto il culmine e stava entrando nella fase calante, si registrarono le prime batoste. All'inizio dell'anno l'offensiva in Egitto venne fermata da un contingente anglo-indiano, tra aprile e maggio i britannici guidavano etiopi e somali alla riconquista dell'intera Africa orientale, e in meno di un anno l'esercito italiano perse il giovane impero.

Urgeva un nuovo incontro con l'alleato. Il Führer lo convocò a Berghof. A Benito non piacque essere trattato come un luogotenente chiamato a rapporto – passi per Ciano, ma per lui era inaccettabile – e dispose che l'incontro restasse riservato, ma la notizia trapelò. Il 19 gennaio 1941, il duce arrivò nella piccola stazione montana e trovò il Führer in attesa, senza fanfare né cerimonie. La figura asciutta e il cappotto essenziale di Hitler ne esaltavano la condizione di uomo più potente d'Europa. In Mussolini, il vistoso aquilotto sulla visiera e il cappotto scuro con doppia fila di bottoni erano impietosi con il suo fisico appesantito, tutto in lui appariva troppo pomposo.

Nonostante i fatti, l'atteggiamento del Führer non era cambiato. Se ai suoi generali infliggeva sfuriate isteriche, con il duce si mostrava addolorato, quasi dimesso. Il suo atteggiamento condiscendente infastidiva Benito, che fra cene e proiezioni di cinegiornali dovette sorbire diverse lezioni su strategia e politica prima di tornare a Roma gonfio di bile. Si sfogò con Dino Alfieri, divenuto ambasciatore a Berlino: «Troppo mi ha fatto sentire e pesare la sua bontà, la sua generosità, la sua forza e superiorità... aspetti a cantar vittoria».

Non fece in tempo a pianificare una nuova offensiva da sbattere in faccia all'alleato: i britannici sfondarono le linee in Nord Africa occupando il porto di Tobruch e catturando venticinquemila soldati italiani. I tedeschi dovettero indossare l'uniforme tropicale e le truppe italiane poterono riprendere l'avanzata grazie ai panzer dell'Afrikakorps del generale Erwin Rommel, che con il grado di tenente aveva contribuito all'umiliante sconfitta di Caporetto, nella Prima guerra mondiale.

«Mussolini ha perso gran parte della reputazione», annotò Goebbels nel diario. A risollevarla, oltre alla propaganda italiana, era sempre Hitler che, tra i mormorii dei suoi gerarchi, il 30 gennaio dichiarò pubblicamente: «Quando ci stringiamo la mano, la nostra è una stretta di uomini d'onore!». In privato scrisse a Benito di essere pronto a fare tutto il necessario «per aiutarvi a superare una situazione che a lungo andare avrà sfavorevoli effetti psicologici non solo nel resto del mondo ma anche nel vostro stesso popolo». Hitler temeva la caduta del regime fascista, e offrì a Benito un'occasione per risalire la china. A fine marzo, a mezzanotte, il duce ricevette un telegramma in cui gli comunicava di avere ordinato l'invasione della Jugoslavia per risolvere la questione greca e gli chiese-ordinò di partecipare. Il fascismo poteva coronare il sogno coltivato dai nazionalisti italiani fin dal 1919: disgregare la Jugoslavia in un nugolo di staterelli e portare l'Adriatico e i Balcani sotto l'egemonia di Roma.

L'aggressione congiunta delle truppe tedesche, italiane e ungheresi provocò la capitolazione immediata degli jugoslavi facendo gongolare Benito. Oltre a conquistare il proprio «cortile di casa» e a sottomettere i «barbari slavi», gli italiani sembravano voler dimostrare di essere guerrieri feroci e razzisti quanto i loro alleati, distrussero villaggi, fucilarono in massa i civili, organizzarono deportazioni.

I nuovi confini si estendevano ben oltre le storiche «terre irredente»: vennero trasformate in province italiane la città slovena di Lubiana e buona parte della multilingue costa dalmata. Per la popolazione refrattaria al nuovo ordine, l'anno successivo l'esercito ripeté la strategia sperimentata in Cirenaica, allestendo a Gonars e ad Arbe campi di concentramento in cui passarono oltre sedicimila civili ebrei, sloveni e croati di tutte le età.

Il resto del territorio venne spartito con tedeschi, ungheresi, bulgari e soprattutto con la Croazia, Stato fantoccio affidato formalmente al principe Aimone di Savoia e governato dal dittatore Ante Pavelić, che doveva il proprio esercito di nazionalisti ustascia alle risorse messe a disposizione da Benito dagli anni Venti. L'ordine nazifascista costò agli jugoslavi oltre un milione di morti.

In aprile la penisola ellenica venne conquistata dai tedeschi e offerta in omaggio all'alleato. Alcuni mesi dopo Benito sbarcò ad Atene da vincitore: «È molto più piccolo del Campidoglio» disse prima di posare in occhiali da sole e sahariana sportiva davanti al Partenone. Era in forma, dimagrito grazie allo sport quotidiano, alla dieta obbligata e alla sensazione che il vento stesse cambiando. I maligni insinuavano che invidiasse l'ascetismo ipocondriaco di Hitler; noi sappiamo che a consumarlo erano stati i dolori allo stomaco, diventati cronici per via delle sconfitte.

L'occupazione della Grecia costò cara. Hitler fu costretto a rinviare l'attacco all'Unione Sovietica, con una grave conseguenza: l'arrivo dell'inverno russo.

***

La mattina del 22 giugno 1941, Benito venne svegliato da una telefonata nella sua villa di Riccione. Era giunta la lettera con cui Hitler comunicava l'attacco all'Urss. Gli fu letta al telefono. Il Führer offriva a Mussolini di inviare truppe sul fronte ucraino, assieme a Ungheria e Romania. «Da quando ho preso questa decisione,» precisava «sento il mio spirito nuovamente libero». La risposta di Benito non si fece attendere: «L'ascesso andava tagliato. Mi rendo perfettamente conto che lunghe meditazioni hanno preceduto la Vostra decisione, poiché la guerra

Brest-Litovsk, 26 agosto 1943. Mussolini e Hitler visitano le truppe. (akg-images/Mondadori Portfolio)

contro la Russia è – soprattutto – una guerra contro lo spazio, ma a tutti coloro che ritorneranno su taluni precedenti storici, basterà ricordare che oggi lo spazio è vinto dai motori dei carri armati e degli aeroplani e dalla eccezionale capacità manovriera dei vostri generali e dei vostri soldati. [...] Sono sicuro che la campagna contro la Russia bolscevica si concluderà con una trionfale vittoria e che tale vittoria sarà il preludio di quella totale sul mondo anglosassone».

L'invasione dell'Unione Sovietica era un avvenimento troppo grandioso perché Benito si facesse accecare dall'invidia per l'allievo-rivale che ormai lo scavalcava apertamente. Doveva preparare subito la partecipazione italiana, e – sebbene relegato al ruolo di luogotenente – era deciso a far sentire il proprio peso. Hitler mise insieme un esercito multilingue, composto da tre milioni di tedeschi e seicentonovantamila soldati di altre nazionalità. Mussolini ordinò la creazione di un contingente di duecentotrentamila uomini, subito definito Armata italiana in Russia (Armir).

La partecipazione alla crociata dette alla propaganda fascista nuova linfa con un appello a tutti gli italiani – fascisti o no – che desideravano lo sradicamento del comunismo. Sulla campagna di Russia venne costruita una narrazione «smussata» che si rivelò utile anche durante la guerra fredda, rappresentando i nostri soldati bonari al confronto con nazisti e sovietici spietati. Nella realtà, in Russia la campagna fascista fu aggressiva quanto quella nei Balcani: al

Nella pagina successiva: Il duce incontra un gruppo di mutilati e vedove di guerra. Dietro di lui, Achille Starace, capo della Milizia. (Universal History Archive/UIG/Bridgeman Images/Mondadori Portfolio)

razzismo antislavo e alla controguerriglia si aggiunse la componente ideologica. Due anni dopo le violenze della «marcia vittoriosa» saranno rovesciate con il dramma della disfatta e della disastrosa ritirata, con oltre ottantaquattromila italiani morti o dispersi.

Il destino della guerra fu deciso senza che l'Italia potesse minimamente pesare. Il 25 agosto 1941, Benito, per discutere con l'alleato, dovette attraversare l'Europa e infilarsi nella «tana del lupo», il quartier generale del Führer nei boschi di Kętrzyn, in Polonia, allora parte della Germania col nome Rastenburg. Hitler – il gioco era ormai quasi noioso – evitò di criticare le truppe italiane ma esaltò quelle finlandesi. Glissò sulle richieste dell'alleato riguardo ai territori francesi, poi parlò del possibile intervento degli Stati Uniti. Dopo il colloquio, i due capi volarono in Ucraina, vicino al fronte: assistettero alle manovre, visitarono città semi-fantasma, apparirono negli accampamenti e consumarono il rancio tra ufficiali e truppe. L'occasione era ghiotta per la propaganda, che mobilitò giornalisti e fotografi.

Avendo sorbito ore di logorroiche lezioni strategiche, per giunta in una lingua non sua, Benito non resistette a una rivalsa. Quando si trattò di riprendere il volo, si mise al comando dell'aereo. Hitler accettò, imbarazzato ma rassicurato dalla presenza di un pilota, che risultò decisivo: appena prese quota, l'apparecchio iniziò a sobbalzare. Tutto si risolse tra le risate nervose del Führer e degli altri passeggeri gallonati: «Che favore stavamo facendo a Stalin!» chiosò Hitler.

Mussolini rientrò in Italia fiducioso. L'avanzata incontrava una forte resistenza ma sembrava inarrestabile. Nelle settimane successive, l'Armata rossa perse oltre un milione di uomini e in settembre le forze dell'Asse entrarono a Kiev. In novembre altri Stati satellite del Reich – Romania, Finlandia, Danimarca, Slovacchia – aderirono al patto anti-Comintern e, come in Jugoslavia, nei territori conquistati vennero arruolate milizie collaborazioniste che agevolarono la repressione e la pulizia etnica. Sembrava che la crociata fosse inarrestabile.

Il 7 dicembre, gli Stati Uniti subirono l'attacco giapponese a Pearl Harbor, seguito quattro giorni dopo dalle dichiarazioni di guerra di Germania e Italia. Per l'occasione il duce ordinò un'adunata in piazza Venezia, che gli servì a motivare il paese (e sé stesso) con le collaudate coreografie trionfali. Tra le acclamazioni delle camicie nere, «Giap-pone! Giap-po-ne!», affermò che il conflitto si era esteso per colpa del presidente americano Roosevelt, destinato a trovare pane per i suoi denti: «I formidabili colpi che sono già stati inferti alle forze americane mostrano di quale tempra siano i soldati del Sol Levante.»

Non potendo fare molto altro, si sfogò con il suo stesso partito. Dopo la breve parentesi di Muti, aveva nominato segretario del Pnf, in piena guerra, il grigio Adelchi Serena. Il 26 dicembre lo sostituì con Aldo Vidussoni, 27 anni, mutilato in Spagna: doveva trasformare il Pnf in una macchina più militarizzata, estremista.

Nei primi mesi del 1942, l'Armata rossa fermò la marcia su Mosca. Benito era in balia di una frustrazione rabbiosa. Aveva sopportato tutto dai tedeschi finché erano utili, ma ora non portavano neppure risultati e l'insofferenza cresceva. Nonostante i proclami roboanti e le dichiarazioni perentorie sulla vittoria prossima, era nauseato dalle proprie narrazioni: «Tutto mi delude. Tanti anni di lotte, e poi...» confidò a Clara in quel periodo. Esasperato, rimpiangeva di non avere preso altre strade: «Quando io vidi sorgere Hitler al potere, dissi: qui bisogna mettere un freno; vidi lontano e volli il famoso Patto a quattro che poi cadde nel nulla». Nei giorni successivi ritrattò: «Questa è una guerra di religione: è la guerra all'idea». Credeva ancora nella vittoria

Ciampino, luglio 1942. Mussolini legge un messaggio del Governo giapponese alla presenza del colonnello Giuseppe Casero, capo di gabinetto del ministero dell'Aeronautica, del segretario di partito Aldo Vidussoni (ultimo a destra, di profilo), dell'ufficiale di navigazione Publio Magini e di alcuni militari giapponesi. (Mondadori Portfolio)

finale e quando a giugno Rommel riconquistò Tobruch, la propaganda annunciò il rientro vittorioso in Egitto. Fioccarono fotografie e filmati del duce alla guida di un aeroplano diretto in Libia. Sempre più tonico e sportivo, posava nell'uniforme tropicale o a torso nudo, circondato da soldati e da capannelli di coloni abbronzati, sorridenti.

In luglio, alla vigilia del sessantesimo compleanno, decise di regalare a Clara – e a sé stesso – uno slancio di ottimismo rievocando la strategia che l'aveva portato al potere: «Sono come il gatto con il topo: sta lì davanti al buco ore e giorni ad aspettare, e poi... zam! Sopra! Lo vedrai! Tornerò in Africa... andrò in prima linea su di un carro armato a fianco di Rommel! Voglio combattere! E ti ritroverò al ritorno e tu mi dirai "Leone del deserto"...». Avere sessant'anni, all'epoca, significava essere all'inizio della vecchiaia. Il suo slancio aveva del patetico e del surreale, visto che sognava per sé l'appellativo del patriota libico che aveva fatto impiccare proprio per conquistare quelle dune.

L'ottimismo poté durare poco. Gli Stati Uniti cominciarono a riprendersi contro il Giappone, e in novembre sbarcarono in Marocco e Algeria, dandogli una soddisfazione amara, perché si aspettava quella mossa mentre Hitler sosteneva che avrebbero puntato sulla Corsica o sulla Sardegna. Intanto le città italiane erano sempre più indifese sotto i bombardamenti nemici. All'inizio del 1943, i sovietici respinsero gli aggressori a Stalingrado e fu quasi del tutto persa l'Africa settentrionale, dove da tempo non arrivavano rifornimenti perché spesso intercettati e distrutti dagli inglesi.

Luglio 1942. Il duce insieme a un gruppo di alti ufficiali passa in rassegna gli equipaggi di una formazione di bombardieri in Cirenaica. (Mondadori Portfolio)

Intanto le voci sui traffici economici della famiglia Petacci facevano venire a Benito attacchi d'ulcera, ma a piegarlo in due per la malattia erano le sempre più frequenti incursioni aeree sulle città italiane e sui convogli marittimi, che tagliavano i rinforzi e i rifornimenti alle truppe d'Africa: «Quando penso a questi poveri ragazzi che vanno giù come sassi, senza nessuna possibilità di salvarsi, terrorizzati da elementi con i quali non hanno confidenza, presi dal panico, senza saper nuotare, mi sento rivoltare il sangue». Perso nel suo mondo, si sentiva vittima di una casta militare codarda e incapace. «Non è l'ulcera che mi accoppa, Clara, è il veder distrutti e inutili vent'anni di lavoro e di fatica,» lamentò il 20 dicembre 1942 «tutti fuggono, tutti scappano presi dal panico. [...] La natura umana è vile». Lo consolò in parte il permesso, concessogli da Hitler, di occupare la Savoia e la Corsica nel quadro più ampio dell'occupazione tedesca della Francia di Vichy con il pretesto di «migliorarne la difesa».

Alla fine del 1942, suggerì a Hitler una strategia in pieno stile mussoliniano: dal momento che l'attacco a est era stato fermato, perché non avviare trattative con i sovietici? Alcune concessioni a Oriente sarebbero bastate per concentrare tutte le forze contro le demoplutocrazie. Ciano, inviato a fare la proposta, ebbe un'accoglienza gelida: Hitler, più lucidamente, aveva chiara l'indisponibilità dei russi a trattare e – perentorio – disse all'alleato di vietare alle truppe italiane di arretrare. Quando vide che l'imposizione restava lettera morta, i tedeschi si accontentarono di usare i lenti alleati per coprire la loro ritirata di fronte all'Armata ros-

1942. Mussolini tra le madri italiane durante una manifestazione del regime. Da *Duce e popolo*, volume di propaganda. (Mondadori Portfolio/Fototeca Gilardi)

sa. Il naufragio umiliante della sua proposta di pace separata con i russi e la disastrosa ritirata incrudelì il rancore di Benito contro i militari: «Se ne fregano di vincere. Non si fa che indietreggiare...».

***

Il 23 dicembre 1940 Mussolini, in pieno disastro della guerra alla Grecia, parlando con Ciano disse una frase terribile: «Gli italiani del 1914 erano migliori di questi di oggi. Non è un bel risultato per il Regime, ma è così». In realtà gli italiani si batterono né meglio né peggio di quanto fecero nella Prima guerra mondiale. Vent'anni di educazione fascista non li aveva trasformati in un popolo guerriero, e l'esercito non era più fascista del resto del paese, di cui rispecchiava lo stato d'animo verso il regime. Fra gli ufficiali medi e alti c'erano fascisti fanatici, qualche silenzioso antifascista e una stragrande maggioranza di quieti filofascisti pronti a cambiare idea. Quanto alla Milizia, non si distinse dall'esercito, ebbe le sue battaglie, vittorie, sconfitte, senza che la camicia nera rivelasse speciali attitudini al sacrificio o all'eroismo. Grottesca fu, invece, la sua fine, visto che era nata e si era ingigantita per difendere il duce e il fascismo: il 25 luglio 1943 restò a guardare gli avvenimenti e il suo comandante, Enzo Galbiati, la consegnò a chi aveva rovesciato Mussolini.

Furono più combattivi i giovanissimi che, cresciuti nel regime, erano passati direttamente dalla Gil alla Milizia. Permeati di fede e bellicismo, molti (soprattutto gli studenti) videro nel conflitto la possibilità di mettersi alla pari dei vecchi fascisti che avevano fatto la Prima guerra mondiale e la rivoluzione. Accarezzando la speranza di poter costruire, dopo, un *nuovo* fascismo, alcuni furono protagonisti di atti eroici e un gruppo di loro compì una sommossa per andare al fronte. Alla fine del 1940, oltre ventiquattromila giovani fascisti erano stati radunati a Padova (dove avevano ricevuto una visita di Benito), convinti di essere mandati a combattere. Lo stato maggiore dell'esercito informò quei ragazzi non addestrati che, invece, erano stati messi in congedo per «dedicarsi studio et lavoro durante prossima stagione invernale». Alla notizia scoppiò un tumulto e, di fronte a tanta determinazione, si optò per l'addestramento di 2.387 volontari sopra i diciotto anni. Due battaglioni combatterono con valore nel deserto, a Bir-el-Gobi, alla fine del 1941, e in tutta la campagna d'Africa: su un totale di 2.282 uomini ci furono 899 caduti, 391 dispersi e 390 feriti.

Anche Benito ebbe l'atroce esperienza di un figlio morto in guerra, e nemmeno in combattimento. Dei tre maschi, Bruno era il suo preferito, quello che più gli somigliava, che era più vicino all'ideale del nuovo italiano: semplice, sportivo, audace. Aveva ottenuto il brevetto di pilota militare a 17 anni e a 18 aveva combattuto in Etiopia, poi come volontario in Spagna. Deteneva record di volo, e la passione per gli aerei gli costò cara. Il 7 agosto 1941 morì, a 23 anni, mentre provava un bombardiere, vicino a Pisa; aveva una figlia di neppure un anno e mezzo, Marina.

Il trasporto della salma da Pisa alla tomba di famiglia, a Predappio, avvenne fra due ali di folla commossa, e fu forse l'ultima volta che tutti gli italiani si strinsero intorno al duce. Benito scrisse, di getto, *Parlo con Bruno*, sotto forma di lettera al figlio: «Bruno! Il mio Bruno! Brunone come ti chiamavo quando ti accarezzavo con violenza i capelli. Bruno, cos'è accaduto?». È un libro commovente, finché non precipita nella retorica: «Tutto quello che io ho fatto o farò è nulla a paragone di quanto tu hai fatto. Una sola goccia del sangue che sgorgò dalle tue tempie lacerate e scorse sulla tua faccia impallidita, vale più di tutte le mie opere presenti, passate future. Poiché solo il sacrificio del sangue è grande; tutto il resto è effimera materia. Solo il sangue è spirito, solo il sangue conta nella vita degli individui e in quella dei popoli: solo il sangue dà la porpora alla gloria».

La retorica si sposa bene alla vittoria, non alla sconfitta.

***

La Seconda guerra mondiale portò meno lutti della Prima, dove i caduti erano stati seicentottantamila e i feriti oltre un milione. Nella Seconda, fino al 1943, i militari caduti furono 197.066, i dispersi 28.000, i civili morti 28.208. Dal 1940 al 1945, le vittime civili salirono a 85.000, i militari morti o dispersi a 319.207, quelli feriti a 320.00. Comunque, in molte famiglie arrivavano ogni giorno notizie dei loro cari caduti, feriti, mutilati, fatti prigionieri: magari mentre si ascoltava – doverosamente in piedi se si era in pubblico – il bollettino di guerra che, annunciando l'«immancabile vittoria», cercava di mascherare sconfitte palesi.

Già nel 1941 l'Italia era stremata: cibo, carta, ferro, stagno, rame e cuoio erano divenuti beni preziosi; i mezzi pubblici cessavano il servizio alle 22, dal primo novembre fu vietata la circolazione delle vetture a benzina. I prezzi di pane, riso e pasta erano stati abbassati da febbraio ma il regime aveva diminuito la razione giornaliera di pane: 150 grammi per chi non lavorava, 250 per i lavo-

Nella pagina accanto: Benito Mussolini e i suoi figli Bruno e Vittorio. (CCI/Bridgeman Images/Mondadori Portfolio)

LUCE

ratori semplici, 350 per chi faceva lavori pesanti, 450 per quelli pesantissimi. Alla fine del 1942 venne introdotto il «rancio unico» nei ristoranti, minestra, verdura e frutta. I caffè e le pasticcerie furono chiusi, saponi, vestiti e scarpe sottoposti a tesseramento.

In tre anni il costo della vita raddoppiò, e oltre; il regime non riusciva a frenare la spinta inflazionistica. Se nel 1933 in una famiglia impiegatizia romana media i prodotti agricoli incidevano sulle spese per il 25 per cento, nel periodo bellico l'incidenza salì al 75 per cento: un calcolo che non tiene conto della borsa nera, dove i prezzi per generi di prima necessità erano da sette a dieci volte superiori al normale.

La pericolosa accusa di disfattismo aleggiava sul capo di ogni italiano, tutti venivano rimproverati di non sacrificarsi abbastanza. Nel 1935 l'oro alla patria era stato donato volentieri e spontaneamente, ora le requisizioni di pentole per fornire ferro e rame alle industrie sembravano un'intollerabile prepotenza, tanto più che il regime non riusciva a fermare la borsa nera, per cui sembrava infierire sui buoni essendo debole con i malvagi. La gente non capiva e non accettava: aveva dato fiducia al duce, l'aveva sostenuto, aveva obbedito senza fiatare, anzi applaudendo le sue decisioni. Da parte sua, lui si era proclamato forte, invincibile, perfetto, aveva garantito ogni possibile vittoria.

Gli italiani si sentivano ingannati e perseguitati ingiustamente. Riconoscevano ancora il fascismo del carnevale e delle feste sacre quanto quello della vita quotidiana; non si dispiacevano troppo delle piccole penitenze e perlopiù non sentivano il peso di quelle grandi, come la mancanza di libertà, collettiva e individuale, sacrificata sull'altare del quieto vivere: ma non potevano subire una simile quaresima. Dov'erano la forza e le vittorie promesse in cambio dell'ossequio?

Il bisogno produsse una fioritura dell'italianissima arte che Benito avrebbe voluto annullare, l'arte di *tirare a campare,* di cui i gerarchetti si fecero maestri approfittando del loro piccolo potere per vivere meglio degli altri. Peggio: nel marzo-aprile 1943, soprattutto a Torino e Milano, ci furono scioperi che coinvolsero oltre centomila operai. Da vent'anni se ne era persa la memoria, e fu l'ultimo campanello d'allarme – inascoltato – per Benito.

***

Intanto i gerarchi nazisti proseguivano la loro «soluzione finale», lo sterminio di ebrei e «indesiderabili». Non è chiaro quanto Benito e i suoi conoscessero la sistematicità dello sterminio. Di certo intellettuali fascisti come Giovanni Preziosi lodarono pubblicamente il concentramento in massa degli indesiderabili. A ottobre 1942, Heinrich Himmler, il regista dell'operazione, illustrò al duce le modalità della deportazione. Riassumendo per Ribbentropp il colloquio con Mussolini del 15 ottobre, non aveva accennato al progetto di massacro sistematico, riferendo solo delle sue «prove generali», mascherate da esigenze belliche: «Gli ebrei sono stati deportati da tutta la Germania e dai paesi da noi occupati, poiché essi sono ovunque responsabili di sabotaggio, di spionaggio e di resistenza, come della formazione di bande. In Russia abbiamo dovuto fucilare un rilevante numero di ebrei, uomini e persino donne, poiché colà anche le donne ed i bambini erano divenuti informatori dei partigiani. Il duce da parte sua confermò che questa era l'unica possibile soluzione». Non ci sono controprove che Himmler abbia riferito correttamente il colloquio a Ribbentrop. D'altra parte il duce dette disposizioni di consegnare ai tedeschi gli ebrei della Dalmazia.

Fu una delle molte disposizioni mussoliniane che i militari in loco ignorarono o aggirarono, anche con il consenso di Ciano. Benito

Clara Petacci con suo padre Francesco Saverio, medico dei palazzi apostolici e direttore della clinica privata Villa del Sole, all'inizio degli anni Quaranta. (Mondadori Portfolio/Archivio GBB)

sapeva di non avere una presa assoluta, come quella di Hitler, sui suoi. Lo invidiava per questo. «È inutile, non è possibile continuare così» sbottò con Clara in dicembre. «Fintanto che i miei collaboratori non crederanno a questa mia infallibilità di vedute – datami dal destino –, io avrò sempre i dispiaceri che ho oggi». Le sue vanterie con l'amante erano dimostrazioni palesi di una debolezza crescente. In maggio annullò gli appuntamenti per giorni, lavorava a Villa Torlonia o alla Rocca delle Caminate, interruppe persino gli incontri con Clara. Quando la riceveva aveva bisogno dell'«aiutino», una pillola di Hormovin che gli forniva il padre di lei: per beffa, il farmaco veniva dalla Germania.

***

Nell'aprile 1943, mentre gli Alleati preparavano l'offensiva finale in Nord Africa, Benito venne convocato da Hitler a Klessheim. Tutto era pronto perché l'incontro si svolgesse come sempre, con gli stessi modi pedanti, cortesi, paternalistici del Führer, ma Benito arrivò zoppicando accompagnato dal suo medico. Si teneva costantemente il ventre, si piegava in due, non si concentrava. Con una preoccupata prodigalità che non aveva mai dedicato a nessuno e che stupì tutti, Hitler mise a disposizione del duce un appartamento nel castello e lo invitò a prolungare la permanenza per riposarsi e farsi visitare da un'équipe guidata dal suo medico personale. Da un anno il dolore cronico del duce faceva impazzire il clan Mussolini e tutti i luminari mobilitati. In autunno il dimagrimento era diventato evidente e la pressione scendeva spesso sotto i valori raccomandati. Poi, dopo fasi acute, l'ulcera concedeva periodi di miglioramento. All'inizio del 1943 sembrava essersi calmata, grazie alle cure, alla dieta e ai momenti di riposo, ma non lo abbandonò mai.

Durante il soggiorno a Klessheim venne organizzato un gruppo di lavoro per esaminare la situazione in Italia. Con Himmler, Benito studiò la creazione di formazioni della Milizia altamente ideologizzate per azzittire il dissenso, a ogni livello. Il piano fu sospeso dal 25 luglio 1943 e ripreso durante la Repubblica sociale. Tutto faceva pensare che gli Alleati preparassero l'attacco alla «fortezza Europa», e il bastione più traballante era la penisola italiana. Per questo motivo, su richiesta dello stesso Benito, a inizio maggio Hitler ordinò l'invio di cinque divisioni in Italia meridionale, affidate al feldmaresciallo Albert Kesselring.

Il 5 maggio il duce apparve al balcone di Palazzo Venezia per un'adunata di camicie nere e manifestò «La certezza che i sanguinosi sacrifici di questi tempi duri saranno compensati dalla vittoria». Una settimana dopo le ultime forze dell'Asse in Nord Africa si arresero. Adesso gli Alleati potevano attaccare l'Italia in qualsiasi momento. L'11 giugno sbarcarono a Pantelleria, il 13 a Lampedusa.

In Italia si discuteva senza pudore di un'invasione imminente e il 5 luglio Benito fece divulgare il discorso al direttorio del partito sul probabile attacco degli Alleati: «Bisogna distinguere tra "sbarco", che è possibile, "penetrazione", e, finalmente, "invasione". [...] Bisogna che non appena il nemico tenterà di sbarcare, sia congelato su quella linea che i marinai chiamano del "bagnasciuga", la linea della sabbia dove l'acqua finisce e comincia la terra. Se per avventura dovessero penetrare, bisogna che le forze di riserva, che ci sono, si precipitino sugli sbarcati, annientandoli sino all'ultimo uomo». Il discorso viene ricordato per la confusione tra bagnasciuga e battigia (già all'epoca se ne mormorava), finendo per concentrare l'attenzione sull'errore e trascurare la gravità dell'ammissione.

Nelle settimane seguenti, mentre la polizia presidenziale rafforzava il cordone di sicurezza intorno alle residenze dei Mussolini, con il pieno assenso di Benito calavano nella penisola altre tre divisioni corazzate tedesche in assetto tropicale.

***

Le massime gerarchie, divise da ventennali contrasti interni, furono le ultime a prendere l'iniziativa di tentare qualcosa, qualsiasi cosa, per risolvere la disastrosa situazione politico-militare, mentre da tempo monarchia, militari, industriali, politici prefascisti e antifascisti cercavano la soluzione per sbarazzarsi di Mussolini e portare l'Italia fuori dall'alleanza con i tedeschi e dalla guerra.

A gennaio 1943 in tanti si erano rivolti a Ciano perché consigliasse al suocero ciò che loro non osavano e non potevano suggerire al duce: la pace separata. Industriali come Alberto Pirelli, militari come Vittorio Ambrosio, politici come Grandi e Bottai spingevano in quella direzione. Benito confermava «la decisione di marciare con la Germania sino alla fine». Non poteva ammettere di avere sbagliato, un dio non sbaglia. Il 2 febbraio 1943 sostituì il capo di stato maggiore Cavallero con il generale Vittorio Ambrosio. Tre giorni dopo – nel quadro di un massiccio «cambio della guardia», come aveva ribattezzato i rimpasti governativi – vennero congedati i gerarchi più «tiepidi», tra cui Bottai, ministro dell'Educazione nazionale, Grandi, ministro della Giustizia, e Ciano, cui fu assegnata l'ambasciata presso la Santa Sede. Saranno proprio loro a provocare la svolta decisiva.

Totalmente compreso nel ruolo di dio del fascismo e guida spirituale, prima che politica, dell'Italia, Mussolini considerava dettagli il malcontento e ciò che ne derivava. Le sue mosse adesso dovevano servire a scuotere il paese, che chiedeva vittime sacrificali. Nei discorsi parlava di fede, coscienza, sacrificio, volontà. Confermava quanto aveva detto l'anno prima: «Noi vogliamo non soltanto i portatori materiali della tessera: noi vogliamo i portatori della fede. E nemmeno di una fede che abbia degli aspetti superficiali, che sia il balbettio di formule. No. Una fede che sia profondamente sentita, che sia compenetrata, sangue del nostro sangue, carne della nostra carne, per cui si rischi la vita e quindi tutti i rischi».

La fede non era radicata fino al martirio, e «tradirono» persino i grandi sacerdoti del fascismo. Il cambiamento al vertice del partito, con Carlo Scorza nuovo segretario dal 19 aprile 1943, non scongiurò quel che sarebbe accaduto tre mesi dopo. Scorza era un duro squadrista toscano caduto in disgrazia perché odiato da Starace. Benito lo ripescò per dare una scossa al Pnf. Il segretario si mise al lavoro con energia e – scrisse al duce – con «un'interpretazione fedele e mistica delle Vostre direttive». Ma era poco capace politicamente e del resto ebbe pochissimo tempo, ottenne soltanto di porre fine alla polemica contro la borghesia. In un discorso «alle gerarchie nazionali e provinciali», il 5 maggio, disse: «L'essere spregevole che noi designiamo col nome di "borghese" è un individuo cinico, freddo, calcolatore, pauroso e che non appartiene a nessun ceto sociale e può essere di tutti i ceti sociali». L'impresa gli fu possibile perché nel frattempo Mussolini aveva corretto il proprio pensiero: se continuava a non amare la borghesia, adesso il vero nemico era quella ricchissima, mentre di giorno in giorno risorgeva il suo antico amore socialista per il «popolo». Erano anticipazioni della Repubblica sociale italiana.

Di tutto ciò il popolo, amato o non amato, non si interessava, aveva altre preoccupazioni. L'11 luglio la gente ascoltò il bollettino numero 1141 e sentì quel che si aspettava da mesi: «Il nemico ha iniziato questa notte l'attacco contro la Sicilia». Era l'offensiva inarrestabile di duemiladuecentosettantacinque navi da trasporto, duecentottanta navi da guerra e milleottocento mezzi da sbarco, con centocinquantamila uomini della VII Armata americana al comando di George Patton e dell'VIII Armata britannica al comando di Bernard Law Montgomery. Il 13 luglio fu chiaro che la Sicilia era indifendibile: l'esercito, che condivideva gli umori del paese, si era battuto poco e male.

Sempre il 13 un gruppo di gerarchi – fra cui Scorza, Bottai e il sottosegretario agli Esteri Giuseppe Bastianini – decise di fare un «passo» presso Mussolini per chiedergli la convocazione del Gran consiglio, che non si riuniva dal 1939 in omaggio al motto «non disturbate il pilota». All'udienza, il 16, si presentarono anche Farinacci, De Vecchi, De Bono, Giuriati. Di certo il duce ripensò al «pronunciamento» dei consoli della Milizia che il 31 dicembre 1924 l'aveva spinto a instaurare la dittatura, ma a differenza di allora quegli uomini erano divisi e incerti. Farinacci aveva in mente una completa integrazione politico-militare con i tedeschi nella condotta della guerra, cioè voleva affidarla a loro; Scorza auspicava che il potere effettivo venisse preso da un Pnf riportato alle origini rivoluzionarie e ristrutturato totalitariamente. Gli altri intendevano discutere il da farsi. Mussolini, infastidito, promise una prossi-

Nella pagina successiva: Passo di corsa con Benito Mussolini, gerarchi e militari. Alla destra del duce Achille Starace.
(Universal History Archive/UIG/Bridgeman Images/Mondadori Portfolio)

ma riunione. Sembrò poco, la montagna che partorisce il topolino. Non sarà così.

Il duce si curò poco o niente di quel che gli avevano detto, aveva un chiodo fisso. Abbandonando il fronte orientale, secondo lui, le truppe dell'Asse avrebbero potuto riequilibrare le sorti della guerra su quello occidentale. Lo scriveva e ripeteva a Hitler in ogni occasione, inascoltato. L'evidente crisi bellica – e interna – esigeva un nuovo incontro al vertice. A venire in Italia fu Hitler, per rafforzare il prestigio del duce. L'incontro si tenne il 19 luglio in Veneto, nei pressi di Feltre. Benito aveva concordato – con il sottosegretario agli Esteri Bastianini e il nuovo capo di stato maggiore Ambrosio – di porre a Hitler un *ultimatum*: o la Germania dava all'Italia aiuti tali da potersi difendere o l'Italia non poteva continuare la guerra.

Circondato da diplomatici e ufficiali, il Führer stavolta usò con il duce una cortesia gelida e perentoria: gli raccomandò durezza nel fronte interno e impose più determinazione per le truppe italiane, pena il blocco dei rinforzi tedeschi. Benito ascoltava in silenzio, sprofondato su un divano, muto, assorto in una specie di sonnambulismo che lo avrebbe colto sempre più spesso. Annuì quando Hitler menzionò la necessità di un «repulisti» tra i suoi fedeli. La conversazione fu interrotta dalla notizia che gli Alleati avevano bombardato Roma, per la prima volta. Mussolini non ne fu dispiaciuto perché, disse, così «finisce il mito della Roma papale», intangibile dalla guerra. Invece l'attacco – con cinquecento bombardieri che sganciarono quattromila bombe – costò circa tremila morti, undicimila feriti e dette un'altra spallata al regime e al prestigio del duce: mentre lui era a «prendere ordini dal tedesco», tra le macerie apparve Pio XII, quasi a ricordare che Roma aveva un altro capo. Mussolini non capì che la maggior parte dei suoi uomini era pronta a voltargli le spalle che il suo popolo era sul punto di iniziare il più spettacolare cambio di casacca della storia italiana.

***

A Roma si respirava l'atmosfera delle trame catilinarie. Incontri, chiacchierate informali, riunioni, documenti scritti, cancellati e riscritti, convocazioni e telefonate, lettere e colloqui privati. Gli attori di questa scena sotterranea erano disuniti tranne che nel desiderio di allontanare Mussolini. Grandi tornò a Roma, da Bologna, il 20 luglio; dopo il suo arrivo, il gruppo fascista antimussoliniano cominciò a organizzarsi.

Intellettuale, spirito critico, sottile interlocutore, poliglotta attento alle sfumature, Grandi può essere inteso come il controcanto di Benito, greve, sensuale, acclamato dalle folle e grandioso nei gesti: rappresentava il respiro leggero della diplomazia europea contro i discorsi appassionati e la magniloquenza del regime. Il re lo aveva nominato conte di Mordano e una battuta – forse di Bottai – diffusa nei circoli del potere giocava sul «contadino divenuto conte Dino».

«Caro Grandi,» gli aveva scritto Benito nel 1932 invece di destituirlo «ti prego di mettere il tuo posto di ministro degli Esteri a mia disposizione. Domattina alle otto verrò a prendere le consegne a Palazzo Chigi. Mussolini». Freddo calcolatore, Dino aspettò undici anni prima di prendere la rivincita. Ambasciatore a Londra fino al 1939, lì crebbe la sua visione «giolittiana» del fascismo per cui occorreva passare da un regime totalitario a uno Stato parlamentare conservatore. Bottai, che lo apprezzava intellettualmente ma non umanamente, sospettandolo non a torto di opportunismo, scrisse in un appunto di diario del 1947: «Sempre l'uomo amò le vie tortuose, il doppio gioco, di cui può essere considerato un antesignano. Egli riuscì

Feltre, 19 luglio 1943. Benito Mussolini e Adolf Hitler a Villa Gaggia. (Tallandier/Bridgeman Images/Mondadori Portfolio)

per vent'anni a essere il più smaccato "mussoliniano" e il più subdolo "antimussoliniano": e tra l'uno e l'altro di questi atteggiamenti gli mancò il destro di essere fascista. Voglio dire, di comprendere il fascismo nella sua storica evoluzione e di schierarsi con chi lottava per dargli un contenuto e un metodo...». Lo stesso Grandi confidò a Ciano, nel 1942: «Non so come ho fatto a contrabbandarmi per fascista durante vent'anni».

Da Benito si sentì tradito lui, sempre: «Per Mussolini» scrisse «erano corrotti tutti coloro che non la pensavano come lui». Fu il primo a manifestare la necessità di destituire il duce, e nelle sue memorie spiegò così il proprio comportamento:

> Da molti secoli non era apparsa nella vita della nazione una personalità di tanta forza e di tanto fascino, di tanto potere carismatico, capace di inebriare uomini e folle. Non ho mai subito e soggiaciuto a questo suo innegabile fascino, ma l'ho sempre considerato come la più grande forza politica che la nazione possedesse. Grande nelle sue qualità, e altresì nei suoi difetti umani, il problema non era di combatterlo, bensì di rendere questa forza feconda nell'interesse della nazione. Mussolini era come una fiumana irrompente che bisognava canalizzare, una fiamma viva che occorreva trasformare in calore perché non bruciasse. Fare di lui e della sua straordinaria magia uno strumento di bene per il paese. Collaborare alla sua grandezza non attraverso un'obbedienza ottusa ed inerte, ma attraverso una fedeltà consapevole e costante, essergli fedele anche nelle disobbedienze e far sì che quest'ultime anziché diminuire ingrandissero il suo merito: così io ho inteso sempre la mia fedeltà, convinto che fedeltà ed obbedienza non sono sinonimi.

Non esistono fonti certe per chiarire quanto Grandi e Vittorio Emanuele III avessero concordato le loro mosse. Il re, tre mesi prima, gli aveva assegnato il Collare dell'Annunziata, facendolo diventare suo «cugino».

Venezia, 18 maggio 1940. Vittorio Emanuele III inaugura l'ultima Esposizione internazionale d'arte del tempo di pace. Da sinistra Giuseppe Bottai, Dino Grandi e Eugenio di Savoia, il duca di Ancona. (Mondadori Portfolio/Fototeca Gilardi)

Il progetto di Grandi prevedeva di esautorare Mussolini affidando tutti i poteri a Vittorio Emanuele III, il quale avrebbe dovuto nominare capo del governo il vecchio generale Enrico Caviglia – in un gabinetto formato da cattolici, liberali, fascisti moderati – e dichiarare guerra alla Germania: una guerra disastrosa ma che, se intrapresa subito, avrebbe messo automaticamente l'Italia dalla parte degli Alleati, senza bisogno di trattative. Nell'incontro che ebbero il 4 giugno, il re incoraggiò Grandi a realizzare la prima parte del piano (contro Mussolini) attraverso il Gran consiglio, mentre non si pronunciò sul resto: aveva già scelto Badoglio come capo del governo e di rimanere, temporaneamente, a fianco della Germania. Erano decisioni prese – sembra, molto in questa vicenda è ancora da dimostrare – il 19 luglio, dopo l'incontro di Feltre.

Il 22 luglio gli Alleati arrivarono a Palermo, accolti con entusiasmo dalla popolazione. Nel pomeriggio Bottai – Grandi gli aveva letto la bozza del suo ordine del giorno – andò da Ciano per tastargli il polso, senza però dirgli quel che si stava preparando. Lo trovò scettico: «Non crede nell'efficienza del Gran consiglio» annotò Bottai. Lo stesso pomeriggio Grandi anticipò a Mussolini quanto avrebbe detto alla riunione. Benito non batté ciglio, era sicuro di sé, da mesi gli arrivavano notizie di complotti d'ogni genere, e temeva quello dei gerarchi meno degli altri. Contava sulla solidarietà del re, che l'aveva ricevuto l'ultima volta proprio il 22 (quando Vittorio Emanuele III aveva già deciso di sostituirlo) e gli aveva assicurato la sua amicizia. Il duce era convinto che il re non avrebbe tenuto conto del parere del Gran consiglio, e probabilmente sarebbe stato così, se l'esito di quel voto non avesse fatto comodo al suo piano.

Il 23 luglio anche Ciano entrò, per ultimo, nel gruppo ristretto degli uomini che stesero e «piazzarono» nel Gran consiglio l'ordine del giorno che la storia attribuisce soltanto a Grandi. Bottai e Grandi non erano certi di coinvolgerlo, né avrebbero voluto il suo voto contro il suocero, per un comprensibile rispetto umano. Glielo dissero quel giorno e glielo ripeterono durante la seduta, ma Galeazzo fu irremovibile: «Se mio padre fosse vivo,» disse con voce commossa «sarebbe con voi. Vorreste impedirmi di fare quello che faccio in suo nome?».

Grandi ha sempre sostenuto di essere andato alla seduta portando due bombe a mano, per la peggiore evenienza: «Se Mussolini avesse dato l'ordine di farli arrestare,» ricordò in delle interviste e per scritto «avrebbero scatenato l'irreparabile nella stessa sala del Gran consiglio» affinché il loro sacrificio non fosse inutile. Bottai, con una cupa allusione, scrisse sul diario che se Mussolini «vorrà mettersi di traverso, il taglio della decisione passerà su di lui con la inesorabilità di una conclusione fatale». Teniamo presente che i due uomini, raffinati e colti, erano ex squadristi e capi di squadristi. In particolare Bottai aveva già fatto tre guerre, le due dette «mondiali» e quella d'Etiopia, unico fra i gerarchi a combattere davvero sui vari fronti. Luigi Federzoni, all'epoca presidente dell'Accademia d'Italia, nelle sue memorie afferma che «non pochi» componenti del Gran consiglio «erano venuti bene armati». Non pochi, cioè più di due. Continua Federzoni: «Uno di essi mi rimorchiò in un cantuccio e con aria alquanto spaccona trasse di sotto la palandrana di prescrizione due bombe a mano, meravigliandosi poi che io non mi fossi similmente premunito». Non c'è bisogno del nome per riconoscere il tipico fare di Ciano. Un'altra testimonianza rafforza l'ipotesi: l'ambasciatore Filippo Anfuso il pomeriggio dopo la seduta andò a trovarlo all'ambasciata presso la Santa Sede e con sorpresa vide sulla scrivania dell'amico «due o tre bombe a mano» che non c'erano mai state prima.

***

La riunione inizia alle 17,15 del 24 luglio a Palazzo Venezia, nella sala del Pappagallo, vicina a quella dove per tanti anni i gerarchi si erano presentati per prendere ordini. Al centro di una fila di tavoli disposti a U, come d'abitudine Benito parlò per primo, tentando di sviare la discussione sui problemi militari. Dopo due insipidi interventi di De Bono e De Vecchi presero la parola Bottai, Grandi e Ciano, in logica successione di argomenti, come avevano stabilito. Bottai aprì la strada spostando il discorso dal piano militare a quello politico e ponendo sotto accusa «l'apparecchio di comando insufficiente». Seguì Grandi, che ne propose la sostituzione con uno spietato esame della situazione italiana e fascista dopo vent'anni di regime. Poi lesse l'ordine del giorno e la seduta assunse il suo vero tono, drammatizzato dal brusco modo con il quale Grandi si oppose alla proposta del duce di rimandarla.

Tutti aspettavano il momento di Ciano. L'ambasciatore a Berlino Alfieri ricordò che, appena Galeazzo si alzò per parlare, Mussolini posò su di lui uno sguardo attento e intenso, fissandolo per tutto il tempo. All'inizio, Benito era tranquillo, Galeazzo non sarebbe riuscito a metterglisi contro. Ciano parlava, netto e sicuro, senza atteggiamenti polemici. Il duce reclamava la fedeltà ai patti con

la Germania? A venire meno agli accordi erano stati – sempre – i tedeschi, sin dall'inizio. «Fu nel 1939 che voi accettaste» disse rivolgendosi al suocero, occhi negli occhi «di firmare l'alleanza, quando Hitler si impegnò a non sollevare questioni tali da provocare una guerra.» Noi, insistette, sconsigliammo i tedeschi dall'aprire le ostilità prima del 1943-1944, ma loro – contro ogni patto – diedero fuoco alle polveri, e così per ogni iniziativa di guerra: «Tutti gli attacchi successivi a quello alla Polonia ci furono comunicati all'ultim'ora. Insomma, la nostra lealtà non fu mai contraccambiata. Ogni accusa di tradimento, fatta dai tedeschi a noi, potrebbe essere incontrovertibilmente ritorta. Noi non saremmo, in ogni caso, dei traditori, ma dei traditi». Ce l'aveva fatta. Aveva contribuito a affossare il mito del duce davanti ai gerarchi rivelando come si era fatto trattare da Hitler.

Secondo Federzoni «quello fu per Mussolini il momento di più amara esasperazione. Gli occhi roteanti lampeggiavano d'ira appena contenuta, e le mascelle fattesi scarne masticavano visibilmente tacite imprecazioni e sinistre promesse contro il genero infedele». Secondo l'ex sottosegretario all'Interno Guido Buffarini Guidi: «La faccia che fece quando parlò Ciano non potrà mai essere descritta».

Dopo il suo intervento fu decisa una pausa. I gerarchi si radunarono in capannelli discutendo a bassa voce. Grandi, intanto, raccoglieva le firme sotto l'ordine del giorno. Quando arrivò a Ciano erano forse già la maggioranza, anche per questo cercò di dissuaderlo dal mettere il suo nome, Galeazzo però insistette, si appellò ancora alla memoria del padre, pretese di firmare. E firmò, quasi con euforia.

Alla ripresa, Grandi mostrò il documento al duce, che lo guardò rapidamente, senza commenti, e riaprì la seduta. Parlarono, pro o contro, alcune figure di secondo piano e, finalmente, lui. Benito rovesciò le accuse, sostenne che la spaccatura tra fascismo e popolo andava attribuita all'arricchimento di qualche gerarca. La colpa dunque era dei sacerdoti del regime, non del suo dio: «Può darsi che il fascismo delle origini fosse diverso dall'attuale, anzi lo era certamente» disse commentando la ricostruzione di Grandi. Ma che «vi fosse qualcuno che pensasse di potere dissociare oggi la dittatura e la mia persona dal regime fascista, è ciò una ben pericolosa illusione. Fascismo, rivoluzione, partito, dittatura e Mussolini sono inseparabili ormai». Era vero. Aggiunse che non accettava di essere «giugulato», si dichiarò sicuro della fiducia e dell'amicizia di Vittorio Emanuele III, affermò che forse il re non avrebbe voluto riprendere il comando quando tutto andava male, e che – in caso contrario – questo avrebbe significato la caduta del regime. Concluse, nel modo enigmatico che usava da tempo, sostenendo di avere la chiave per risolvere la situazione bellica «Ma non vi dirò quale». Lo sconcerto fu enorme. Grandi lo ricorda così:

> Guardai intorno a me. Molti visi, sul principio attoniti, ora apparivano effettivamente scossi. Egli aveva riguadagnato di colpo tutto quello che sembrava avere prima perduto. Tutte le leve egli aveva saputo muovere al momento giusto e con la sua sapienza consumata, aveva parlato, a tutti e a ciascuno, direttamente; aveva minacciato, lusingato, posto a ciascuno il proprio dilemma, risposto per ciascuno al proprio interrogativo segreto, obblighi di fedeltà, amore di patria, responsabilità, onore, dubbio, interesse. Egli era ancora, malgrado tutto, il mago e il padrone.

Il gerarca reagì con determinazione, accusando il duce di ricattarli, e concluse che se il problema era scegliere tra la fedeltà a lui e

14 settembre 1940. Dino Grandi in una foto scattata durante un volo aereo e pubblicata nel numero 46 della rivista tedesca «Koralle». (Ullstein bild/ullstein bild via Getty Images)

quella alla patria «non si può esitare un solo istante». Scorza, che tutti pensavano d'accordo con Grandi, sorprese con un nuovo ordine del giorno in cui esaltava il duce e il suo ruolo, pur criticandolo per non essere stato «abbastanza dittatore». Era il segretario del Pnf, ex squadrista fra i più determinati. La fronda vacillò, molti valutarono di ritirare le firme, Ciano tentò di fare marcia indietro, proponendo un nuovo ordine del giorno collettivo. Allora intervenne Bottai, e le sue parole furono decisive. Gli ordini del giorno presentati – se ne era aggiunto un terzo, filotedesco, di Farinacci – non differivano nella sostanza (in realtà il loro senso era diversissimo) ma dichiarò di votare per quello di Grandi perché era giusto che fosse il re a decidere: così sdrammatizzò l'atmosfera e convinse i dubbiosi.

Alle 2 di notte del 25 luglio, dopo nove ore e mezzo, Benito mise ai voti l'ordine del giorno Grandi. Quando fu il momento, Ciano – come tutti – si alzò per esprimere il voto. Il suocero socchiuse gli occhi per fissarli meglio in quelli del genero. Galeazzo sostenne lo sguardo e il suo «sì» fu chiaro e forte. Forse in quel momento sarebbe piaciuto a Edda.

L'aspetto più sorprendente e meno esaminato della seduta è che ci fu chi votò l'ordine del giorno senza capire bene cosa significasse per il regime. Grandi e Bottai si aspettavano di raccogliere 12 voti, invece ne ebbero 7 in più. C'era anche chi neppure sospettava una caduta di Benito. Ha scritto De Felice: «Alcuni pensavano ad una imbalsamazione del "duce", altri volevano aiutarlo ad uscire dall'immobilismo; più di uno, certo, voleva una riorganizzazione del regime, un allentamento della dittatura in quegli aspetti che lo rendevano meno efficiente e più inviso, ma da questo a pensare ad una sua liquidazione ce ne correva». I favorevoli furono dunque 19, 7 i contrari, Giacomo Suardo si astenne, Farinacci votò per il proprio ordine del giorno.

Benito si alzò con fare e tono indifferenti: «Voi avete provocato la crisi del regime. La seduta è tolta», e se ne andò.

«Come un cinghiale ferito» mormorò Ciano a Scorza.

Un brusio si levò nella sala, un coro incerto a metà fra lo sbigottimento e la felicità. Chi aveva votato lucidamente a favore si augurò che Mussolini, di sua volontà, si facesse da parte.

Per quanto sorpreso, Benito credeva di risolvere tutto con il re; e di essere riuscito a identificare i ribelli, per sbarazzarsene, ma non pensò mai all'ipotesi di farli arrestare: fra loro c'erano quattro collari dell'Annunziata, suo genero e alcuni degli uomini più importanti del regime; sarebbe stato, nei confronti della guerra, come perdere parecchie battaglie tutte insieme.

Il re decise di approfittare del voto del Gran consiglio. Il pomeriggio del 25 convocò il duce nella sua residenza urbana di caccia, Villa Savoia, oggi sede dell'ambasciata egiziana e circondata dal popolare parco oggi chiamato Villa Ada.

Rincasato alle prime luci dell'alba, Benito dormì un paio d'ore prima di levarsi come se niente fosse e di mangiare un piatto di riso con verdure. Ricevuta la convocazione del re iniziò a prepararsi: la memorialistica successiva ha insistito sul fatto che indossasse un completo blu, investendo questo dettaglio di significati circa le «reali intenzioni» del duce. In realtà, con buona pace dell'iconografia abituale, quindi voluta o approvata dal duce stesso, vestiva in giacca e cravatta per gran parte delle sue giornate, fatte di lavoro d'ufficio e colloqui privati come quello – appunto – del 25 luglio.

Rachele gli raccomandò di non andare all'appuntamento con il re, come lo aveva esortato ad arrestare i «frondisti». In entrambi i casi sprecò fiato, eppure il ruolo di Cassandra che pare assumere è un altro dettaglio di questa vicenda sfruttato da chi cerca appigli e conferme per rimarcare lo scollamento di Benito dalla realtà. Di certo il clan Mussolini – Edda e Galeazzo a parte – sentiva avvicinarsi il momento in cui lo Stato avrebbe chiesto conto dei privilegi, di ogni tipo, accumulati in vent'anni. Non stupisce che in quelle ore Rachele abbia organizzato di tutta fretta l'esodo dalla capitale della famiglia e dei suoi beni.

Mussolini fu privato allo stesso tempo del potere e della libertà, con sgomento dei gerarchi, che non desideravano la sua fine ma avrebbero voluto conservarlo, inanime come una reliquia. Il colloquio con il re non fu lungo, e soltanto al termine Benito si rese conto di avere perso il comando. Quando scese la scalinata della villa con il segretario De Cesare, si trovò di fronte cinque carabinieri. Per la prima volta dopo anni era circondato da uomini armati e non ai suoi ordini. Udì dal capo del drappello una di quelle formule cortesi e inconfondibili che si usano per arrestare una persona di rango:

«Duce, in nome di S.M. il Re vi preghiamo di seguirci per sottrarvi ad eventuali violenze da parte della folla».

«Ma non ce n'è bisogno!» rispose Benito allargando le braccia.

«Duce, io ho un ordine da eseguire.»

«Allora seguitemi» cedette, e fece per andare alla sua macchina pensando che la pattuglia l'avrebbe scortato come la «presidenziale» aveva fatto per vent'anni. Questa volta però era diverso:

«No, Duce, bisogna venire con la mia macchina». Gli indicarono un'ambulanza parcheggiata sullo spiazzo. Benito si lasciò accompagnare, ribellandosi solo quando i due carabinieri fecero per entrare nell'abitacolo con lui e il segretario:

«No! Gli agenti no!»

L'ultimo a salire fu il comandante del drappello, il tenente colonnello Giovanni Frignani. Poche settimane dopo comandò la pattuglia che uccise l'ex segretario del Pnf Ettore Muti; poi, entrato nella Resistenza, finì trucidato alle Fosse Ardeatine. Altri gerarchi vennero arrestati, fra cui Bottai, alcuni riuscirono a nascondersi o fuggire, come Grandi.

***

Cosa si agitava nella mente di Benito in quelle ore? Le testimonianze sono troppe, contraddittorie, rilasciate a distanza di tempo e spesso con finalità politiche diverse. Nuovi incroci di documenti hanno fatto ipotizzare che fosse meno sorpreso da quella crisi di quanto sostenne in seguito, durante la Repubblica sociale, quando presentò il 25 luglio come un tradimento «di palazzo» verso di lui. Le memorie dei congiurati diffuse nel dopoguerra accreditarono questa versione per rimarcare il loro contributo alla caduta del regime.

Il 22 luglio Scorza gli aveva dato il testo dell'ordine del giorno Grandi e Mussolini decise di convocare in ogni caso la riunione, ignorando il suo timore di tradimento. Quando Scorza insistette parlandogli di una fronda in combutta con il re, Benito sbottò: «No, io non credo ai complotti, non credo a questi gialli. Il re è leale con me e io sono fedele al re». Eppure sembra impossibile non sapesse che già nei giorni precedenti il sovrano fosse informato dell'imminente riunione e che alcuni generali, fra cui Giuseppe Castellano e Vittorio Ambrosio, stavano stendendo piani per assumere maggiori poteri.

Abbiamo già visto come Benito cercasse in tutti i modi di salvare la disastrosa situazione bellica attraverso strumenti politici: se la chiusura del fronte orientale era impossibile e l'invasione della penisola certa, occorreva salvare per lo meno la propria immagine e quella del fascismo di fronte all'opinione pubblica e alla storia. La maggiore condivisione dei poteri avrebbe indispettito Hitler, ma avrebbe permesso a Mussolini di distribuire le colpe della guerra italiana non solo sul fascismo e sul suo duce, ma anche sulla monarchia, sulle istituzioni e, in ultima analisi, su tutto il popolo.

Alcuni indizi fanno credere che avesse in mente questa manovra: prima del 25 luglio discusse con alcuni collaboratori la possibilità di un rimpasto di governo, con la concessione di maggiore autonomia ai ministri e, soprattutto, con la rinuncia al dicastero della guerra, che deteneva dal 1933, e la restituzione del comando supremo delle forze armate al re. Inoltre, secondo una minuta della riunione del 25 luglio redatta da Luigi Federzoni (e acquisita di recente dall'Archivio centrale dello Stato), parte della discussione si concentrò proprio sulla necessità di motivare il popolo italiano a sostenere la guerra a fianco di Hitler, presentandola come interesse della nazione, non solo del fascismo: si sarebbe operata così una prima distinzione fra Italia e regime.

Insomma, Benito sembrava pronto a sostenere qualsiasi nuovo ruolo pur di salvare la propria immagine e quella del regime. Se avesse accelerato la crisi interna del fascismo, risolvendola assieme ai gerarchi e al re, avrebbe potuto «cadere in piedi» e mantenere un ruolo centrale. Giovanni Giuriati, che partecipò alla riunione del 16 luglio, sostenne che Benito *voleva* essere sfiduciato e destituito. Il segretario Nicola De Cesare raccontò che, prima di essere ricevuto a Villa Savoia, il duce gli avrebbe detto: «Vado a rimettere tutto nelle mani del sovrano».

Forse Mussolini aveva previsto che avrebbe dovuto trovare capri espiatori e mele marce da gettare in pasto all'opinione pubblica. Non ultimi i membri della famiglia Petacci, accusati di traffici lucrosi dagli stessi gerarchi fascisti e nazisti. Era roso dal fastidio per tutti quei parassiti e – pressato dalla necessità di ripulire la propria immagine – aveva tenuto l'amante alla porta per diverso tempo. Forse si spiega così la conversazione che ebbe con Clara subito dopo la riunione. Alle quattro meno un quarto del 25 luglio lei alzò il ricevitore, trepidante:

«Com'è andata?»

«Come vuoi che andasse» rispose lui.

«Mi spaventi.»

«C'è poco da spaventarsi. Siamo giunti all'epilogo... alla più grande svolta della storia.»

«Ma che hai Benito mio, non ti capisco.»

«La stella si è oscurata.»

«Non tormentarti, spiegami», insistette lei.

«È finito tutto. Occorre che anche tu cerchi di metterti al riparo.»

Al di là delle congetture e della memorialistica, ci sono i documenti prodotti in quel momento, pochi ma significativi. Dopo l'incontro con il re e l'arresto, Benito dichiarò formalmente di avere preso atto della decisione e di essere pronto a collaborare con il nuovo governo. Nelle ore successive, mentre si trovava «detenuto» nell'appartamento del comandante della caserma dei carabinieri in via Legnano, ricevette una comunicazione del successore Badoglio: «Quanto è stato eseguito nei Vostri riguardi è unicamente dovuto al Vostro personale interesse, essendo giunte da più parti precise segnalazioni di un serio complotto verso la Vostra Persona. Spiacente di questo, tiene a farVi sapere che è pronto a dar ordini per il Vostro sicuro accompagnamento, con i dovuti riguardi, nella località che vorrete indicare».

La risposta di Benito fu immediata e conciliante: «Desidero ringraziare il maresciallo d'Italia Badoglio per le attenzioni che ha voluto riserbare alla mia persona. Unica residenza di cui posso disporre è la Rocca delle

Nella pagina accanto: Galeazzo Ciano e Edda Mussolini, all'inizio degli anni Trenta. (Bridgeman Images/Mondadori Portfolio)

Pompei, 25 ottobre 1931. Mussolini durante la visita agli scavi archeologici. Nello stesso giorno ha visitato Ercolano e ha tenuto un discorso in piazza del Plebiscito a Napoli. (Mondadori Portfolio/Courtesy Everett Collection)

Caminate, dove sono disposto a trasferirmi in qualsiasi momento. Desidero assicurare il maresciallo Badoglio, anche in ricordo del lavoro comune svolto in altri tempi, che da parte mia non solo non gli verranno create difficoltà di sorta, ma sarà data ogni possibile collaborazione. Sono contento della decisione presa di continuare la guerra cogli alleati, così come l'onore e gli interessi della patria in questo momento esigono, e faccio voti che il successo coroni il grave compito al quale il maresciallo Badoglio si accinge per ordine e in nome di Sua Maestà il re, del quale durante ventuno anni sono stato leale servitore e tale rimango. Viva l'Italia».

Il duce affidò a un ufficiale un biglietto per Rachele: «Il latore ti dirà quello che mi è accaduto. Tu sai quel che il mio stato di salute mi permette di mangiare, ma non mandarmi molto: solo qualche vestito, perché non ne ho, e dei libri. Non posso dirti dove sono, ma posso assicurarti che sto bene. Resta calma e bacia i ragazzi». Rachele ricevette il messaggio assieme a una lettera di Badoglio che le chiedeva di provvedere al vitto del prigioniero. La donna e i suoi aiutanti prepararono subito un bagaglio con pollo, uova, pomodori, frutta, olio, vestiario e letture.

***

Il trasferimento nel castello romagnolo, il più fastoso simbolo del potere acquisito dal clan Mussolini, era impensabile. Il «complotto verso la vostra persona» di cui parlava Badoglio con un eufemismo era in realtà un sentimento diffuso contro le figure simbolo di un regime che fino a quel momento era stato indiscutibile e intoccabile. Un clima che eruppe in un modo che né Benito né i gerarchi fedeli o «frondisti» né i militari avevano previsto.

Era sera quando la radio comunicò le dimissioni del «cavalier Benito Mussolini» e che il maresciallo Badoglio aveva assunto la guida del governo, senza fascisti. Il nuovo capo del governo non si preoccupò d'indorare la pillola: «La guerra continua. L'Italia, duramente colpita nelle sue province invase, nelle sue città distrutte, mantiene fede alla parola data, gelosa custode delle sue millenarie tradizioni. Si serrino le file attorno a Sua Maestà il Re e Imperatore». L'Italia, dunque, continuava la guerra al fianco dei tedeschi, ma intanto il fascismo non c'era più. Festante, il popolo scese in strada.

Tra le prime destinazioni ci fu, non stupisce, Villa Torlonia. Il cordone di polizia dovette contenere una folla vociante fuori dai cancelli. All'interno Rachele organizzava i bagagli della famiglia, che includevano valigie di decorazioni e gioielli. Lanciò l'allarme alle ville dei figli e dei loro parenti, perché si preparassero a partire. Il comando della polizia, seguendo probabilmente la richiesta di Benito, dispose il loro trasferimento alla Rocca delle Caminate.

Per i romani, oltre ai ministeri e alle sedi del partito, c'erano altri due luoghi da assaltare: gli indirizzi degli odiati Petacci. Prima venne attaccato lo studio del padre di Clara, in via Nazionale, poi la villa della Camilluccia, invasa da dimostranti e giornalisti che in poche ore produssero succosi articoli su quel covo lussuoso e sul patrimonio non facilmente trasportabile che vi era rimasto. Nei mesi successivi la casa, requisita, divenne un rifugio per orfani di guerra.

Sulla sera del 25 luglio Corrado Alvaro scrisse: «C'erano donne del popolo, quelle che soffrono tutta una vita, che erano vive e veramente felici per un giorno. Una a Campo di Fiori, con un bandierone tricolore, urlava, ed era veramente la libertà, qualcosa di luminoso, che saliva dalla sua sofferenza di povera donna». In realtà la gente, più che la gioia per la libertà, festeggiava la speranza della pace: tutti credevano che, con la caduta di Benito, la guerra sarebbe finita.

L'elefantiaco e all'apparenza onnipotente Pnf si dissolse in un minuto, come la Milizia. Il popolo rinnegava il fascismo: non in quanto tale ma perché l'aveva condotto alla sconfitta. I manifestanti si erano iscritti a quelle che Benedetto Croce definì «le liste degli antifascisti dell'ultim'ora». Leo Longanesi, fulminante, annotò che «gli italiani si dividono in quarantacinque milioni di fascisti e in quarantacinque di antifascisti». La notte furono abbattuti i simboli del fascismo, gettati i distintivi del Pnf che si dovevano tenere all'occhiello (a non portarli si rischiava una breve sospensione dal partito, o almeno un brusco rimprovero), tanto che erano stati soprannominati «cimici». Una leggenda racconta che i tombini di Roma ne furono ingorgati.

Il crollo del regime non portava né la libertà né la pace, bensì un'altra dittatura con un governo composto in prevalenza da militari e alti burocrati. Il capo di stato maggiore dell'esercito Mario Roatta aveva comandato le truppe italiane durante la guerra di Spagna e ordinò che, in caso di tumulti, si sparasse «sempre a colpire come in combattimento»: nella settimana successiva al 25 luglio, i militari uccisero ottantuno cittadini e ne ferirono trecentoventi, perlopiù scioperanti. Solo in seguito, più che altro per volontà degli Alleati, il governo Badoglio avrebbe attenuato la sua durezza e si sarebbe aperto al dialogo con i partiti antifascisti.

***

Per una parte della storiografia e della memoria popolare italiane esiste un crinale canonico: di qua tutto quello che avvenne fino al 25 luglio 1943, di là la volontà di non

TORINO
Anno 77 - Num. 177
Ogni numero 30 centesimi
(Spedizioni in abbonamento postale)
Telefoni: dal n. 40-943 al n. 40-949

LA STAMPA

LUNEDI
26 Luglio 1943
Edizione GIORNO
UFFICI: VIA ROMA VIA BERTOLA (GALLERIA DE «LA STAMPA»)

INSERZIONI - Prezzi per millimetro di altezza, larghezza di colonna: Annunzi commerciali, L. 12 - Finanziari, L. 16 - Necrologie, L. 18 - Pubblicità economica condizioni in testa alle singole rubriche - Nel testo del giornale (tel. 41-329): Arte cinematografica - Fiori d'arancio - Seguendo la cronaca - Divertimenti - Onorificenze: L. 40 per linea in corpo 6. Pagamento anticipato. Rivolgersi alla U. P. I. - Via Roma 260 - telefoni 53-425 - 53-426. Il Giornale si riserva il diritto di rifiutare le inserzioni che giudica non pubblicabili. — ABBONAMENTI: Italia, Albania, Impero e Colonie: Sei numeri settimanali: Anno L. 75, Semestre L. 38, Trimestre L. 20. Estero: Anno L. 175, Semestre L. 88, Trimestre L. 45. - Sette numeri, compresa l'edizione del lunedì: Italia, Albania, Impero e Colonie: Anno L. 87, Semestre 44, Trimestre 23. Estero: Anno L. 209, Semestre 102, Trimestre 52. — C. C. P. N. 2/1360.

BADOGLIO A CAPO DEL GOVERNO
LE DIMISSIONI DI MUSSOLINI ACCETTATE DAL RE

Un messaggio del Sovrano: "L'Italia per il valore dei suoi soldati, per la decisione di tutti i suoi cittadini ritroverà la via della riscossa" - Il proclama del Maresciallo: "Assumo il Governo militare con pieni poteri. La guerra continua. Chiunque turbi l'ordine pubblico sarà inesorabilmente colpito"

IL COMUNICATO UFFICIALE

ROMA, 26 luglio

Sua Maestà il Re e Imperatore ha accettato le dimissioni dalla carica di Capo del Governo Primo Ministro Segretario di Stato presentate da Sua Eccellenza il Cavaliere Benito Mussolini; ed ha nominato Capo del Governo Primo Ministro Segretario di Stato Sua Eccellenza il Cavaliere Maresciallo d'Italia Pietro Badoglio.

Vittorio Emanuele agli Italiani

ROMA, 26 agosto

S. M. il Re e Imperatore ha rivolto agli Italiani il seguente proclama:

« Italiani!

« Assumo da oggi il comando di tutte le Forze Armate. Nell'ora solenne che incombe sui destini della Patria ognuno riprenda il suo posto di dovere, di fede e di combattimento: nessuna deviazione deve essere tollerata, nessuna recriminazione può essere consentita. Ogni italiano si inchini dinnanzi alle gravi ferite che hanno lacerato il sacro suolo della Patria.

« L'Italia, per il valore delle sue Forze Armate, per la decisa volontà di tutti i cittadini, ritroverà nel rispetto delle istituzioni che ne hanno sempre confortata l'ascesa, la via della riscossa.

« Italiani!

« Sono oggi più che mai indissolubilmente unito a Voi dall'incrollabile fede nell'immortalità della Patria ».

VITTORIO EMANUELE III

Controfirmato: *Badoglio*

Roma, 25 luglio 1943.

Il proclama di Badoglio

ROMA, 26 luglio.

S. E. il Maresciallo d'Italia Pietro Badoglio ha rivolto agli Italiani il seguente proclama:

« Italiani!

« Per ordine di S. M. il Re e Imperatore assumo il governo militare del Paese, con pieni poteri.

« La guerra continua.

« L'Italia, duramente colpita nelle sue provincie invase, nelle sue città distrutte, mantiene fede alla parola data, gelosa custode delle sue millenarie tradizioni.

« Si serrino le file attorno a S. M. il Re e Imperatore, immagine vivente della Patria, esempio per tutti.

« La consegna ricevuta è chiara e precisa: sarà scrupolosamente eseguita, e chiunque si illuda di poterne intralciare il normale svolgimento o tenti turbare l'ordine pubblico, sarà inesorabilmente colpito.

« Viva l'Italia!

« Viva il Re!

« Firmato: Maresciallo d'Italia Pietro Badoglio ».

Grandi manifestazioni del popolo romano al Re, a Badoglio, all'Esercito

Roma, 26 luglio.

Non appena il popolo romano è venuto a conoscenza della notizia trasmessa per radio che Sua Maestà il Re aveva assunto il comando delle Forze Armate ed aveva nominato Capo del Governo il Maresciallo Badoglio, si è riversato per le strade manifestando tutta la sua soddisfazione ed il suo entusiasmo.

Man mano le strade dell'Urbe, malgrado la tarda ora e l'oscuramento, hanno assunto un aspetto di grande esultanza patriottica. Al grido di Viva l'Italia! Viva il Re! Viva Badoglio! Viva l'Esercito! ed al canto dell'Inno di Mameli, si sono formati imponenti cortei con cartelli improvvisati e bandiere tricolori che si sono diretti verso il Quirinale.

Al loro arrivo i manifestanti hanno trovato la piazza già gremita di folla acclamante alla Maestà del Re ed a Casa Savoia.

Mentre gran parte della folla sostava ancora ad acclamare il Sovrano altri cortei si formavano e si dirigevano verso il Ministero della Guerra dove altissime acclamazioni all'Italia ed alle Forze Armate si sono levate.

In altri punti della città, e particolarmente davanti alle sedi dei giornali si svolgevano analoghe manifestazioni patriottiche al grido di Viva l'Italia!

Una grandiosa manifestazione ha avuto luogo a Piazza Venezia dove, invaso il cortile del palazzo, ha dimostrato la propria esultanza e la sua indefettibile passione per le sorti della Patria.

Dilagando per il Corso, una enorme fiumana di popolo proveniente da Piazza Venezia, si è portata a Piazza Colonna, dove ha espresso ancora una volta il suo inequivocabile patriottismo al canto dell'Inno di Mameli, della Canzone del Piave e dei vecchi inni del Risorgimento italiano.

Dovunque il popolo dell'Urbe ha riconfermato la sua profonda fiducia negli immortali destini della Patria sotto l'augusta guida del suo Sovrano e affidati alle sue valorose Forze Armate. (Stefani).

A MILANO

Milano, 26 luglio.

Malgrado l'ora avanzata, la notizia che Sua Maestà il Re ha assunto il comando di tutte le Forze Armate ed ha nominato Capo del Governo il Maresciallo d'Italia Pietro Badoglio, si è diffusa rapidamente in tutta la città suscitando fervide manifestazioni di patriottismo tra grandi acclamazioni al Re Imperatore, all'Italia ed al Maresciallo Badoglio. (Stefani)

A BOLOGNA

Bologna, 26 luglio.

Nonostante l'ora tarda in cui è stata conosciuta, la notizia del cambiamento del Governo ha suscitato il più vivo entusiasmo patriottico. Si sono subito formati cortei che con alla testa grandi bandiere tricolori hanno percorso le vie centrali della città e si sono poi spinti fino alla periferia. Nei rioni popolari al grido di *Viva l'Italia! Viva il Re! Viva Badoglio!* (Stefani)

La dura lotta in Sicilia

L'urto nemico, contenuto nei settori orientale e centrale del fronte, si è ripetuto intenso sull'ala settentrionale del nostro schieramento - Un piroscafo colpito ad Augusta - 14 aerei abbattuti

Bollettino n. 1156

Il Quartier Generale delle Forze Armate ha diramato nel pomeriggio di ieri il seguente Bollettino N. 1156:

In Sicilia si è anche ieri duramente combattuto. L'urto nemico, contenuto nei settori orientale e centrale del fronte, si è ripetuto particolarmente intenso sull'ala settentrionale del nostro schieramento.

Nostri bombardieri colpivano un piroscafo di medio tonnellaggio nel porto di Augusta. Cacciatori e minori unità navali germaniche abbattevano negli ultimi due giorni undici velivoli, un altro apparecchio veniva distrutto dalla nostra caccia sulle coste calabre.

Livorno è stata bombardata da formazioni aeree: danni non gravi, vittime in corso di accertamento. Due velivoli precipitavano colpiti dal tiro delle artiglierie della difesa.

A seguito delle incursioni aeree dei giorni scorsi, sono state accertate le seguenti perdite tra la popolazione civile: a Bologna, 97 morti e 270 feriti; ad Aquino (Frosinone), 4 morti e 10 feriti per scoppio ritardato di bombe; a Capo Rizzuto un morto e 2 feriti; a Livorno 17 feriti, di cui due gravi.

La terza incursione su Livorno

Case operaie distrutte

Livorno, 26 luglio.

La terza incursione aerea nemica su Livorno si è verificata la notte di sabato. I pirati dell'aria sono giunti sulla città a mezzanotte e mezzo, accolti dal nutrito fuoco delle batterie contraeree e vi si sono avvicendati durante 50 minuti. In tutto questo tempo hanno compiuto i consueti delitti colpendo circa 300 case di abitazione appartenenti alla piccola borghesia e al ceto operaio.

Nel rione di San Marco numerosi blocchi di case popolari sono stati colpiti, così come sono stati obbiettivo della malvagia furia nemica le case degli impiegati del rione giardino di Coteto, costruito dalla Cassa di Risparmio in una località eccentrica di Livorno lungo la via Aurelia, lontano cioè dalla cinta cittadina. Insieme alle bombe numerosi spezzoni incendiari hanno appiccato il fuoco a quartieri di abitazione.

Case coloniche di inermi cittadini a Salviano e nel podere «La Padula» sono state fatte segno a ripetuti lanci di bombe. Infine altre bombe sono state gettate dalla cieca ira nemica sul borgo Marino di Quercianella; la più pacifica e ridente spiaggia della riviera Livornese dove non esiste alcun obbiettivo militare e dove non si trovano che famiglie di sfollati, donne e bambini.

Nella notte, appena terminata l'incursione, sono entrati prontamente in funzione i servizi di soccorso. Ieri mattina, dopo febbrili ore di lavoro notturno, tutti i servizi pubblici hanno ripreso in pieno il loro ritmo e la città ha continuato i suoi traffici. I livornesi sono gente dura che, ancora una volta, ha dato prova di virile fermezza.

Una Messa propiziatoria celebrata a Gorizia

Gorizia, 26 luglio.

Gorizia si è ieri idealmente unita ai combattenti che difendono il sacro suolo della Patria mediante la celebrazione di un rito che per l'austera cornice entro la quale si è svolto e per la plebiscitaria partecipazione di popolo e di organizzati ha assunto il rilievo di un significato profondo, fornendo la misura della italianità di questa terra e della fede che questa gente nutre nei destini d'Italia.

Di fronte ad un imponente schieramento di rappresentanze militari, di popolo e delle varie associazioni e con la partecipazione delle maggiori autorità, dei famigliari dei Caduti e di un folto stuolo di feriti di guerra, il cappellano militare Padre Emo Noci ha celebrato nel parco delle Rimembranze su un altare da campo eretto presso il Mausoleo dedicato ai Caduti in guerra una solenne Messa propiziatoria.

Quindi ha pronunciato una patriottica orazione affermando che l'ora dura che batte sul quadrante della storia impegna in modo decisivo l'onore e l'avvenire del popolo italiano e che tutti devono oggi unirsi e stringersi intorno agli eroici combattenti per far della penisola quel baluardo di fede e di azione contro cui la tracotanza dell'invasore dovrà fatalmente frantumarsi.

Dopo un breve raccoglimento osservato dalla folla è scaturito spontaneo per il vasto un vastissimo grido con cui il popolo ha espresso la sua volontà di durare e sostenere il peso dell'attuale urto per il sicuro avvenire della Patria che non potrà non essere vittorioso.

Sorvoli di aerei sul territorio svizzero

Lisbona, 26 luglio.

Un comunicato pubblicato a Berna dice che durante la notte dal 24 al 25 luglio, dalle ore 0,37 alle 0,47 aeroplani di nazionalità sconosciuta hanno sorvolato il cantone di Ginevra. Essi provenivano dalla Savoia e si dirigevano verso nord-ovest. Inoltre alle ore 2,43 la regione di Chiasso è stata sorvolata da apparecchi stranieri. E' stato dato l'allarme a Ginevra e nel distretto di Mendrisio.

Anche questa notte aerei britannici hanno sorvolato la Svizzera. L'allarme è stato dato verso le ore 0,40 a Ginevra e in alcune altre città della Svizzera occidentale.

Ancora deplorazioni per l'incursione su Roma

Berna, 26 luglio.

Il giornale *Patrie Valaisenne* stigmatizza il bombardamento di Roma affermando che non vi è una sola coscienza cristiana e non vi è anima di uomo civile che non ne sia rimasto sdegnato. Un grido di esecrazione ha infatti risuonato in tutta la cristianità ed oltre in tutto il mondo, civile per deplorare l'attacco alla Città Eterna.

Tutta la stampa del Marocco spagnolo, senza distinzione religiosa, continua a dedicare intere pagine al bombardamento di Roma sottolineando la profonda sensazione da esso prodotta in tutto il mondo cattolico. L'indignazione per l'incursione contro la città sacra del cattolicesimo e culla della civiltà, viene espressa con parole roventi.

Viva il Re!

In un'ora estremamente critica della vita nazionale, la voce del Re ha risuonato alta, forte e risoluta, annunciatrice di decisioni di cui è superfluo sottolineare la portata agli Italiani. E' la Dinastia che, come già in altri momenti non meno gravi per il paese, prende in sua mano ogni iniziativa e ogni potere, e assume di fronte alla storia le supreme responsabilità. La ispira la saggezza millenaria, che ha guidato il popolo, attraverso i più ardui frangenti, sulle vie della salvezza, sormontando difficoltà e ostacoli che parevano insuperabili. L'assiste, chiamato alla direzione del Governo della Nazione, un Soldato di salda tempra, il cui prestigio non ha mai subito eclissi tra il popolo, che istintivamente guardava a Lui come a una riserva preziosa di sane energie, di quadrata esperienza, di costruttiva capacità organizzatrice.

Ma questa voce, augusta come la voce stessa della Patria, ci comanda la disciplina e la concordia: *« Nessuna deviazione dev'essere tollerata, nessuna recriminazione può essere consentita. Ogni italiano si inchini dinanzi alle gravi ferite che hanno lacerato il sacro suolo della Patria »:* sono le parole del Messaggio regale.

Chi non sente la santità e l'urgenza irresistibile di questo imperativo non ha cuore d'italiano. Le prove, che ci attendono, sono di quelle che rivelano compiutamente gli uomini, ne mettono in piena luce i tratti morali: nessuno si macchi dell'inescusabile delitto di dar sfogo, in un momento come questo, a un desiderio di piccole vendette, o ai meschini risentimenti determinati da preoccupazioni personali. Un popolo che, quando la Patria è in pericolo, non sa reprimere in sè le sollecitazioni dei livori settari, per far fronte, unito e compatto, al nemico che avanza, perderebbe ogni titolo a sopravvivere, e segnerebbe con le sue stesse mani la propria fatale condanna. Oggi si tratta di scongiurare una catastrofe, che ci travolgerebbe tutti, come collettività e individui, anche coloro che oggi pensassero di negare o di tradire la suprema legge della solidarietà nazionale, e che sarebbero forzati a conoscerla nella generale rovina. E' l'ora di guardare dinanzi a noi, non dietro a noi: indugiare a considerare il passato sarebbe estrema follia, quando è l'avvenire che è in giuoco, quando sono i futuri destini del Paese che dobbiamo preservare dalla rovina.

L'obbedienza a questo comandamento solenne è la condizione dell'avverarsi del Vaticinio Regale: perchè il Messaggio del Re, se ci ammonisce sul pericolo che minaccia, ci conforta con una alta, vibrata affermazione di fede sulla sorte della nostra Patria immortale. L'Italia non può perire, e l'Italia non perirà, se sapremo stringerci con ferrea decisione, con impegno totale, con abnegazione senza riserve, intorno al grande, canuto Vegliardo, che impersona oggi e sempre l'anima immortale e l'istinto vitale di tutto il popolo, il Suo popolo.

Viva il Re!

Il comunicato germanico

Attacchi sovietici respinti in varî settori del fronte

Berlino, 26 luglio.

Dal Quartier generale del Führer, il Comando supremo delle Forze Armate ha comunicato:

« Nei settori della testa di ponte del Kuban e lungo il Miuš sono falliti parecchi attacchi nemici d'importanza locale, che, in parte, sono stati respinti a mezzo di contrattacchi.

Lungo il medio Donez, la attività offensiva dei sovietici è notevolmente diminuita. Potenti formazioni sovietiche di fanteria e di carri armati hanno cercato, ancora una volta invano, di operare uno sfondamento nella zona di Bjelgorod.

Nel settore di Orel, sono cessati i combattimenti, caratterizzati da alterne vicende. I sovietici sono stati respinti in parecchi punti, grazie a riusciti contrattacchi. Infiltrazioni locali aperte dal nemico sono state bloccate.

« A sud del lago Ladoga, anche ieri tutti gli attacchi operati dai sovietici con l'impiego di forze rilevanti sono falliti con perdite particolarmente elevate per l'avversario.

« Nei combattimenti che hanno avuto luogo durante la giornata di ieri, i bolscevichi hanno perduto 125 carri armati.

« Negli ultimi combattimenti nel settore del Mius si è particolarmente distinta la 16ª Divisione di fanteria corazzata renano-Westfalica.

« In Sicilia hanno avuto luogo ieri soltanto limitate azioni locali, che non hanno portato al nemico alcun successo. Formazioni di cacciatori e di apparecchi distruttori sono intervenuti nei combattimenti terrestri. L'artiglieria contraerea ha incendiato nello Stretto di Messina una motosilurante nemica.

« Nella scorsa notte si sono avuti nuovamente numerosi scontri davanti alla costa olandese tra le unità tedesche di scorta ad un convoglio e motosiluranti britanniche. Una di queste è affondata mentre cinque altre sono state incendiate e parecchie danneggiate. Una nostra unità è andata perduta. Parte dell'equipaggio ha potuto essere salvata.

« Nelle acque dell'estremo Nord, apparecchi da caccia germanici hanno respinto, nelle ore antimeridiane di oggi, un attacco di formazioni aeree nemiche ad un convoglio germanico. Dei 35 apparecchi nemici attaccanti, 17 sono stati abbattuti, dei quali 11 bombardieri.

« In seguito ad attacchi diurni di bombardieri nordamericani sul territorio norvegese, la popolazione ha avuto ingenti perdite in morti e feriti. Specialmente a Drontaeim si sono avuti danni particolarmente gravi agli edifici in quartieri di abitazione.

« Una grossa formazione di bombardieri britannici ha eseguito, la notte scorsa, un attacco terroristico contro la città di Amburgo, in seguito al quale si sono avute gravi perdite fra la popolazione civile e notevole distruzione di case di abitazione, istituti culturali ed edifici pubblici. Le forze della difesa contraerea hanno abbattuto sul territorio costiero della Germania nord-occidentale e sulla Norvegia, secondo le notizie fino ad ora pervenute, 17 bombardieri attaccanti. Nei vani tentativi di attacco svolti da formazioni aeree nemiche su Creta, già annunciate ieri, sono stati abbattuti complessivamente 21 apparecchi nemici nel cielo dell'isola ».

26 luglio 1943. Prima pagina del quotidiano «La Stampa» che riporta la caduta del fascismo e la nomina del maresciallo Badoglio a capo del Governo. (Mondadori Portfolio/Fototeca Gilardi)

mischiare le iniziative dei gerarchi o le decisioni del re con la lotta di chi si oppose, armi in pugno, al fascismo. È innegabile però che chi il 25 luglio si schierò contro Mussolini per restituire i poteri politici e militari al re – soprattutto Grandi e Bottai – aveva la piena coscienza che Benito era il regime, e che abbattere l'uno significava il crollo dell'altro.

Benito invece distinse, fra i votanti, i traditori, i complici e gli ignari. Appartenevano alla prima categoria (consci di quello che stavano facendo Grandi, Bottai, Ciano, Federzoni, De Marsico; alla seconda, che è più difficile inquadrare, Acerbo, Albini, Alfieri, Bastianini, De Stefani, forse anche De Vecchi e De Bono; alla terza gli altri, figure di secondo piano molte delle quali partecipavano per la prima volta a una seduta del Gran consiglio in virtù di cariche appena assunte, come Tullio Cianetti, ministro delle Corporazioni. Tre degli ignari (tanto da non pensare neppure a mettersi in salvo) vennero fucilati per tradimento: Luciano Gottardi, Giovanni Marinelli, Carlo Pareschi.

In realtà non ci fu tradimento, né sul piano giuridico né su quello morale: il Gran consiglio era un organo consultivo che espresse un parere legittimo. Quella dei gerarchi fu piuttosto un'abiura, e come tale sembrò anche più grave ai religiosi del fascismo. All'abiura si aggiungeva il sacrilegio nei confronti del nume.

I «congiurati» non credevano più, ma fra i tre principali – Grandi, Bottai, Ciano – la posizione era diversissima. Il primo era deciso ad abbattere, insieme a Mussolini e al regime, il fascismo. «Siamo noi che, indipendentemente dal nemico, dobbiamo dimostrarci capaci di riconquistare le nostre perdute libertà» scrisse nel diario a metà maggio. «Mussolini, la dittatura, il fascismo, debbono sacrificarsi, cedere il posto ad una nuova classe dirigente. Debbono "suicidarsi" dimostrando con questo loro sacrificio il loro amore per la Nazione, compiendo con questo sacrificio l'ultimo grande servizio che la Nazione in questo tragico momento domanda loro.» Grandi non abiurò neppure, perché non credeva da lungo tempo. Sul piano della coerenza morale sono da criticare di più i suoi anni precedenti che non il 25 luglio.

Bottai era pronto a sacrificare Mussolini, il regime e la sua classe dirigente (compreso sé stesso) ma credeva si dovesse salvare l'idea del fascismo. Su Benito scrisse nel diario, poco prima di andare alla seduta: «Non è più questione di "tradire" o di "non tradire", ma d'avere il coraggio di confessare il tradimento da lui compiuto giorno per giorno, dalle prime delusioni a questo crollo morale. Non un'idea, non un patto, un istituto, una legge, cui egli abbia tenuto fede. Tutto fu da lui guastato, distorto, corrotto, sulla scia d'un empirismo presuntuoso, eppure accorto, fondato sul disprezzo degli uomini e dei loro ideali». Mussolini avrebbe dovuto scegliere tra «un'estrema rigenerazione del Fascismo in una comunione aperta e sincera con la Nazione, o per una rimessa a questa delle sue sorti».

Ciano era il meno toccato dagli ideali. Gli importava poco del fascismo, accampava un generico patriottismo non disgiunto da interessi personali, era l'unico a credere ancora – con infinita ingenuità – di avere un futuro politico, addirittura come possibile *successore*. Poche ore prima della seduta aveva detto all'amico Zenone Benini: «Vedrai che alla fine [Mussolini] se ne andrà, e noi in qualche modo ci aggiusteremo. Con Bottai e Grandi non si litigherà. Uno andrà agli Interni, un altro agli Esteri; poi ci si scambierà i posti».

Nella pagina successiva: Padova, 24 settembre 1938. In occasione della visita alla città, Mussolini si rivolge alla folla accorsa in piazza Prato della Valle. (Mondadori Portfolio/CSU Archives/Everett Collection)

Parte quarta

NAUFRAGIO FRA DUE LAGHI

«Hitler è stato colto di sorpresa! Mai sarebbe dovuto accadere un simile oltraggio. Perché non mi avete informato?», sibilò l'ambasciatore Hans Georg von Mackensen a Buffarini Guidi, che nel pomeriggio del 25 luglio – dopo avere incontrato una altrettanto furente Rachele a Villa Torlonia – si era precipitato a Villa Wolkonsky, sede dell'ambasciata tedesca. Hitler non aveva gradito affatto la defenestrazione di Mussolini. La mattina del 26 luglio si sfogò con il feldmaresciallo Günther von Kluge: «È stato formato questo nuovo governo che naturalmente dichiara ufficialmente di collaborare ancora con noi. Naturalmente è tutta una copertura per guadagnare qualche giorno [...]. Il tradimento degli italiani – vorrei dire – era nell'aria. [...] Dove sia il Duce non lo so. Appena vengo a saperlo lo porto fuori subito coi paracadutisti».

Il fatto che il governo italiano non rivelasse neppure a lui dove fosse Mussolini aggravava il nervosismo di Hitler. In ogni caso, tramite le autorità italiane, si affrettò a mandare a Benito un segno di vicinanza largamente pubblicizzato dalla stampa tedesca: il 29 luglio, per il suo compleanno, gli fece recapitare la raccolta delle opere di Nietzsche in un'edizione pregiata.

Già dal 25 luglio il feldmaresciallo Kesselring pianificava l'occupazione di Roma, ma il Führer – non volendo fornire pretesti per reazioni ostili al nuovo governo – ordinava pazienza. Da non confondere con immobilismo. Il 26 luglio, con la scusa di resistere all'avanzata alleata, Hitler fece aggiungere divisioni corazzate scelte a quelle in partenza per l'Italia, concordate in precedenza con Mussolini per consolidare le difese.

Il dittatore aveva intuito bene: in agosto cominciarono le trattative segrete con gli Alleati per l'accordo che sarebbe stato firmato il 3 settembre a Cassibile e reso pubblico cinque giorni dopo, alla radio, da Badoglio: «Ogni atto di ostilità contro le forze angloamericane deve cessare da parte delle forze italiane in ogni luogo. Esse però reagiranno a eventuali attacchi di qualsiasi altra provenienza».

Dal momento che il Centro e il Nord ormai erano una piazzaforte di reparti scelti tedeschi, il governo, nell'urgenza di salvare i vertici dello Stato, trovò necessario che il re e lo stato maggiore si trasferissero a Brindisi, ovvero in un'area del meridione ancora in mano italiana ma più vicina al territorio occupato dagli Alleati. Roma fu lasciata al proprio destino e ci furono i primi scontri tra tedeschi e italiani, benché la dichiarazione ufficiale di guerra alla Germania del «Regno del Sud», come veniva e viene chiamato spesso, sia datata 13 ottobre.

I tedeschi, preparati, disarmarono quasi tutto l'esercito, che in qualche caso resistette: tra settemila e dodicimila militari furono uccisi e seicentomila deportati nei campi d'internamento in Germania. Nel frattempo le forze armate germaniche occuparono due terzi dell'Italia, ripristinarono le organizzazioni fasciste e sequestrarono quantità enormi di materiali utili alla guerra e alla vita civile. A proposito del comportamento dell'ex alleato e della scarsa resistenza dell'esercito, Joseph Goebbels, ministro della Propaganda nazista, scrisse nel diario: «Il vecchio Hindenburg aveva ragione quando disse che nemmeno Mussolini sarebbe mai riuscito a fare degli italiani altro che degli italiani». La frase spiega il comportamento successivo dei nazisti.

***

Nella pagina precedente: Gran Sasso, settembre 1943. Benito liberato dalla prigionia in Abruzzo grazie a un'incursione delle forze armate tedesche il cui comando fu affidato da Hitler al generale Kurt Student (dettaglio). (Giancarlo Costa/Bridgeman Images/Mondadori Portfolio)

Gran Sasso, 12 settembre 1943. Mussolini attorniato da alcuni degli uomini che presero parte all'«Operazione Quercia», il piano voluto da Hitler per la liberazione del duce. A sinistra il capitano delle SS Otto Skorzen. (Peter Newark Military Pictures/Bridgeman Images/Mondadori Portfolio)

Abbiamo lasciato Benito in una caserma dei carabinieri. Da lì fu portato prima a Gaeta poi – su una corvetta della Marina – a Ponza, dove restò per una decina di giorni. Nell'isola era confinato il socialista Pietro Nenni, che scrisse sul diario: «Ora vedo col cannocchiale Mussolini: è anch'egli alla finestra, in maniche di camicia e si passa nervosamente il fazzoletto sulla fronte. Scherzi del destino! Trent'anni fa eravamo in carcere assieme, legati da un'amicizia che pareva sfidare le tempeste della vita… Oggi eccoci entrambi confinati nella stessa isola: io per decisione sua, egli per decisione del re e delle camarille di corte, militari e finanziarie, che si sono servite di lui contro di noi e contro il popolo e che oggi di lui si disfano nella speranza di sopravvivere al crollo del fascismo». Pure Mussolini ricordò l'episodio, attribuendosi il merito di avere salvato la vita al capo socialista, catturato a Parigi dai nazisti e trasferito in Italia, invece che in un campo di concentramento: «Quando dopo il 25 luglio mi tradussero a Ponza, vi era confinato anche Nenni. Oggi sarà un uomo libero. Ma se è ancora in vita, lo deve proprio a me. Sono molti anni che non lo vedo, ma non credo sia cambiato molto».

Benito fu poi trasferito a La Spezia, quindi – su un incrociatore – sull'isola della Maddalena, in Sardegna. I tedeschi lo stavano cercando per liberarlo, e il giorno prima di un colpo di mano nazista venne portato sul Gran Sasso, nell'albergo in pieno stile fascista di Campo Imperatore, a 2.120 metri di quota. Qui ebbe a disposizione un grande appartamento, con personale di servizio. Gli era consentito ricevere posta, giornali e persino visite selezionatissime, comprese giovani avvenenti, secondo testimonianze locali da prendere con le pinze. I carabinieri incaricati della sua sorveglianza, d'altronde, si comportavano da guardie del corpo più che da carcerieri.

Su quel periodo Mussolini scrisse i *Pensieri pontini e sardi*: «Dopo quindici giorni non so ancora che cosa sono o piuttosto che cosa sono diventato»; non c'è autocommiserazione, piuttosto una commiserazione del popolo, colpevole di non essersi lasciato «forgiare». «Si passa dal massimo dell'esaltazione al massimo dell'esecrazione. Delle tre anime di Platone le folle posseggono le prime due: la vegetativa e la sensitiva; manca loro la superiore, l'intellettiva. Non ho difficoltà a credere che milioni di italiani che ieri mi esaltarono, oggi mi esecrano e maledicono il giorno in cui nacqui ed il paese che mi vide nascere e tutta la mia razza forse nei morti, certamente nei vivi.» Allo stesso modo, Benito passava dall'esaltazione del fascismo alla certezza che pure «il ricordo di me» sarebbe scomparso.

8. Il fascismo era una iniziativa che ha interessato il mondo ed indicato nuove strade. È impossibile che tutto sia crollato. Quando ripenso oggi ai compiti, alle realizzazioni, al lavoro ed alle speranze di questi venti anni mi chiedo: Ho forse sognato? Era tutta un'illusione? Era tutto superficiale? Non vi era nulla di profondo?
9. Il ricordo di me e del mio destino sarà cancellato fra pochi anni e si estinguerà subito dopo. Probabilmente non era sincero, sull'ultimo punto. Era sincero invece scrivendo che avrebbe voluto soltanto essere lasciato in pace, ritirarsi alla Rocca delle Caminate, o ovunque fosse, per dedicarsi alle proprie memorie. Vuole tornare giornalista, e ha una storia davvero straordinaria da raccontare, un sicuro successo mondiale che avrebbe ristabilito la sua verità.

L'8 settembre lo travolse. Quando alle 19.45 la radio annunciò l'armistizio, ebbe la vera consapevolezza della fine e dell'impossibilità di una vecchiaia tranquilla: senza la «sua» guerra, anche il fascismo – che in realtà sperava gli sopravvivesse – si sarebbe inabissato. Dopo due giorni di cupa catalessi affidò gli ultimi appunti a un funzionario, si chiuse in camera e cercò di tagliarsi le vene con una lama Gillette. Lo fece goffamente e, a quanto pare, anche rumorosamente, perché i carabinieri irruppero nella camera per soccorrerlo. Le sue scuse farfugliate e qualche garza ben stretta misero fine all'episodio, lasciando ancora oggi il dubbio se si trattasse davvero di un gesto disperato o di un modo per manifestare disperazione da parte di un uomo in balia delle due forze opposte che stavano decidendo le sorti dell'Italia e della sua stessa vita.

In agosto, i corpi speciali tedeschi avevano già identificato il luogo della detenzione. Il Gran Sasso si trovava in una zona sotto controllo nazista e c'era tutto il tempo per mandare un convoglio armato a prelevare il prigioniero. Ma la liberazione del duce era un'azione troppo significativa per non essere trasformata in un'impresa eroica delle forze armate tedesche. Il piano, «Operazione Quercia», venne affidato da Hitler al generale Kurt Student, fondatore dei paracadutisti, che a sua volta ne affidò la realizzazione al maggiore Harald-Otto Mors. La mattina del 12 settembre un commando di paracadutisti guidati da Mors e dal capitano delle SS Otto Skorzeny atterrò su Campo Imperatore con il supporto di dodici alianti. Mors arrivò in funivia, e Skorzeny si prese tutto il merito. Una colonna di terra era pronta a intervenire in caso di necessità. Dopo una breve scaramuccia con alcuni italiani – morirono una guardia campestre e un carabiniere – un gruppo di paracadutisti piombò nella stanza di Mussolini. «Duce, il

Führer mi ha mandato a liberarvi» gli disse Skorzeny. «Sapevo che non mi avrebbe abbandonato» ribatté Benito.

Nel dopoguerra Mors dette un ritratto desolante di un uomo che non sembrava certo pronto a ritornare sotto i riflettori: «Segni della delusione e della sofferenza si leggevano su un volto molto più eloquente delle parole di circostanza. [...] Quando i fotografi e l'operatore del cinegiornale Ufa chiesero se potesse uscire dall'albergo per sfruttare le migliori condizioni di luce, disse stancamente in tedesco: "Fate di me quel che volete"».

Nelle fotografie del viaggio verso il Reich, una grande quantità, appare in borghese. Il cappello e il bavero del cappotto lasciano intravedere un volto smagrito, un sorriso appena accennato, solo lo sguardo era vivo e determinato. Durante il viaggio si mostrò eccitato e loquace, si informò sull'azione, sugli equipaggiamenti, sul funzionamento del velivolo, condivise impressioni. Dopo una tappa a sud di Roma alloggiò a Vienna, all'Hotel Imperial, dove ricevette una prima telefonata di Hitler. Nonostante le misure di sicurezza, quando lasciò l'albergo fu riconosciuto dai passanti, che lo applaudirono. Gli sembrava passata un'eternità dall'ultima volta che era accaduto, e gli fece bene, ne fu rinvigorito.

A Monaco venne accolto da picchetti d'onore e poté riabbracciare Rachele, che si era rifugiata in Germania con Vittorio, Romano, Anna Maria. Avevano – come al solito – due stanze distinte, ma passarono la notte insieme. «E adesso cosa facciamo? Cosa farai?» chiese lei. «Come tante altre volte ricominceremo da zero» le rispose. Erano più di trent'anni che non ricominciavano da zero.

La mattina prese l'aereo che finalmente l'avrebbe condotto alla «tana del lupo». Sulla pista di Rastenburg lo attendeva Hitler, e fu accolto con tutti gli onori, circondato da capannelli di alti ufficiali e personalità. Quell'incontro, bersagliato dai click delle macchine fotografiche e impresso nelle pellicole delle cineprese, sembrava ricalcare il primo, a Venezia, con ruoli invertiti. Allora Hitler era un aspirante vassallo che andava in abito borghese a omaggiare il condottiero della nuova Europa, in uniforme.

Hitler strinse la mano di Benito, a lungo, sorridendogli come si fa con un amico bisognoso di consolazione. Poi si fece discretamente da parte per permettergli l'abbraccio con il figlio Vittorio, arrivato nelle settimane precedenti insieme a dei gerarchi – tra cui Farinacci e Pavolini – che intendevano costituire un governo nazifascista. Le immagini del trasferimento alla corte del Führer furono subito diffuse tramite la propaganda, la stampa internazionale e persino con volantini lanciati su tutta l'Italia: «Così Adolfo Hitler ha serbato al suo amico Mussolini la fedeltà». Il messaggio era netto: amicizia, sì, ma la guerra per la «nuova Europa» aveva un solo, e nobile, capo.

Benito si trovava ancora al centro di passioni e interessi, più estremi di prima, senza sentirne l'emozione. In Germania tanto meno. Il 18 settembre, da Monaco, si rivolse agli italiani, alla radio: «Dopo un lungo silenzio ecco che nuovamente vi giunge la mia voce e sono sicuro che voi la riconoscete...» Nei *Pensieri Pontini e Sardi* aveva scritto: «Il sangue, la infallibile voce del sangue, mi dice che la mia stella è tramontata per sempre». E: «Quando un uomo crolla col suo sistema, la caduta è definitiva, soprattutto se quest'uomo ha passato i sessant'anni». Non riuscì a prevedere che il peggio doveva ancora venire.

Nella pagina successiva: Gran Sasso, settembre 1943. Il duce sarà condotto in Germania, prima a Monaco e poi a Rastenburg, con un viaggio che fece tappa a Roma e Vienna. (Giancarlo Costa/Bridgeman Images/Mondadori Portfolio)

Rastenburg, 14 settembre 1943. Hitler accoglie con tutti gli onori formali Benito Mussolini appena arrivato in aereo da Monaco. (SeM Studio/UIG/Bridgeman Images/Mondadori Portfolio)

***

A Monaco si riunì tutta la famiglia, inclusi i Ciano, per un tragico errore di Edda. Per lei la politica non era la ragione più alta della vita. La seguiva con lo spirito eccitato di una dilettante entusiasta. Non la sostenevano né l'acume né una cultura adeguata, conformava tutto a schemi grossolani, dividendo gli uomini in eletti e reprobi. Era una manichea, tranciante nei giudizi, epidermica e impulsiva nelle simpatie e nelle antipatie, pronta a emettere sentenze e a evocare scenari futuribili. Il panorama internazionale era per lei una gigantesca tavola di risiko, meglio di poker – vista la sua passione –, un agone spietato in cui per primeggiare occorrevano massicce dosi di rapidità e scaltrezza. Però era convinta, a dispetto dell'emancipazione ritagliata per sé, che in quel mondo dovessero essere gli uomini a comandare.

Peccato non essere nata maschio. Per lei nei maneggi e nelle trappole della politica l'uomo mostrava il suo più profondo valore, e questo spiega perché l'ammirazione verso il padre toccasse l'idolatria. Lui aveva sempre saputo uscire vincente dalle situazioni più insidiose, anche quando la sorte non gli arrideva né prometteva soluzioni a portata di mano. Aveva creato dal nulla una rivoluzione apprezzata nel mondo persino dagli irriducibili democratici. Lui, infine, aveva mostrato quanto un genio venuto dal nulla, fidando solo in sé stesso, potesse trasformare un paese, le convinzioni e gli immaginari di un popolo. E come il popolo italiano, suggestionata dai suoi disegni imperiali Edda credeva che l'Italia meritasse di diventare una grande potenza.

Il padre aveva fatto bene a riporre l'avversione pregiudiziale verso Hitler, liquidato all'inizio come un «pazzo pericoloso» e come un «orribile degenerato sessuale». L'uomo di cui derideva l'aspetto – con quei baffetti alla Charlot e movenze che lo rendevano «una specie di marionetta dai gesti meccanici e ridicoli» – le suscitava un'indefinibile attrazione. Comprensibile, ricordando l'ammirazione di Edda per il duce e le somiglianze che vedeva tra i due. Sia Benito sia Adolf avevano saputo riscattare origini modeste. Entrambi si erano impegnati a «forgiare» un uomo nuovo modellato sulle loro personalità. Il Führer era un altro esemplare, più estremista e determinato, di una concezione della vita lontana dalle mediazioni e dai compromessi, basata su una visione radicale e anche estetica della politica. Era convinta persino adesso che Hitler provasse verso Benito la stessa sudditanza psicologica di un tempo. Ma si sbagliava. O meglio questo non influiva sulle decisioni del Reich in merito alle sorti sue e di Ciano.

Alla fine di agosto, mentre Edda e Galeazzo erano convinti di essere diretti in Spagna, portati dai tedeschi sotto la protezione di Franco, atterrarono vicino a Monaco. Per uno scalo tecnico, li avevano rassicurati. Edda fu persino ricevuta da Hitler con i soliti onori. L'arrivo del padre, infine, le permise di continuare a illudersi, sperando in un epilogo diverso da quello che ci ha consegnato la storia.

Così, prima di venire rimandato in Italia – corrucciato più che mai – con l'incarico di formare uno Stato in cui non credeva, Benito affrontò una specie di ultima cena familiare con i figli, la moglie e Galeazzo. Edda aveva convinto il padre che gli unici veri traditori erano Grandi, Bottai e Federzoni, mentre tutti gli altri, compreso il marito, erano stati degli «imbecilli in buona fede». Il duce abbracciò il genero. Seduto a capotavola, vestito con un abito borghese scuro, il nodo della cravatta fatto alla meno peggio, aveva alle spalle una finestra da cui filtrava la luce debole di quella sera piovosa, sufficiente tuttavia a mostrare i lineamenti invecchiati. Solo gli occhi, troppo grandi per il volto dimagrito, conservavano un po' della loro forza, ma comunicavano lo spirito della rassegnazione più che della rivalsa.

Mangiò poco, qualche cucchiaiata di brodo di verdura, assorto in pensieri che nessuno cercava di interpretare. Galeazzo invece sembrava tornato quello di un tempo. Forse era la felicità del rinato amore di Edda a renderlo sereno, solo che a lui la serenità non riusciva bene, sempre accompagnata com'era da un contegno superiore, da un atteggiamento di distanza – elevata – dalle cose. Non lo faceva apposta, non voleva essere arrogante, non ne avrebbe avuto motivo. Era fatto così e questa natura, che fino a ieri aveva indispettito la moglie, lo rendeva ancora più odioso alla suocera. Era elegante, di un'eleganza eccessiva con il vestito grigio chiaro e il fazzoletto candido che spuntava dal taschino della giacca. Aveva i capelli pettinati con tanta brillantina e cura, si permise persino il lusso della sagacia commentando la povertà della cena: un'anatra, poche patate lesse e una fetta di burro giallastro.

Dall'altra parte del tavolo, Rachele e Edda, entrambe in silenzio, l'una con gli occhi nel vuoto, cupi, l'altra presente solo nel fisico, infastidita da qualsiasi pensiero diverso dalla fuga e dalla salvezza. Dell'Edda polemica di un tempo non c'era traccia: la guerra, l'alleanza, il fascismo, il nazismo, che tanto l'avevano appassionata, ora erano parole senza significato. Rachele aveva già dichiarato quel che avrebbe fatto a Galeazzo: «Gli sputo in faccia se mi viene vicino!». Non lo fece, però prima della cena lo prese da parte aggredendolo con parole che purtroppo ci sono arrivate soltanto nel linguaggio artefatto dei compilatori delle sue memorie e che si possono sintetizzare con «Traditore, me la pagherai!».

***

Durante la prigionia, quando a Benito era stato detto che lo si teneva nascosto per timore che i tedeschi, liberandolo, lo avrebbero rimesso al potere, aveva reagito con ira: «Questa è la più grande delle umiliazioni che mi si può infliggere. E si può pensare che io possa andarmene in Germania e tentare di riprendere il governo con l'appoggio tedesco? Ah no davvero!». Ma in settembre accettò – dovette accettare – di rimettersi a capo del fascismo e di quella parte d'Italia, da Salerno in su, occupata dai nazisti. Hitler aveva voluto, preteso, quella soluzione per l'antico legame e perché gli serviva qualcuno che svolgesse opera di polizia nella penisola.

Rispetto al duce i tedeschi erano diffidenti, a ragione: «Dobbiamo cominciare a poco a poco» scrisse Goebbels «a fare una croce su Mussolini dal punto di vista politico. [...] Non è più quello di un tempo e non si può più contare su di lui come fattore politico, specie perché non ha più autorità». Continuava: «Il Führer è ancora in dubbio [...] ma, per cominciare, intende fare pressione sul duce perché metta ordine e disciplina almeno nella propria famiglia. Soltanto allora riuscirà a ristabilire l'ordine in seno al Partito fascista e in seguito anche in Italia». Hitler sentenziò: «Uno dei primi atti del nuovo governo dovrà essere la condanna a morte dei traditori del Gran consiglio». Primo tra tutti il conte Ciano, che definì quattro volte traditore: della patria, del fascismo, dell'alleanza con la Germania, della famiglia. «Se fossi al vostro posto,» aggiunse guardando negli occhi Benito «niente mi avrebbe trattenuto dal fare giustizia con le mie stesse mani. Ma ve lo consegno: è preferibile che la condanna a morte abbia esecuzione in Italia».

«È il marito di mia figlia che adoro, si tratta del padre dei miei nipotini»: così, senza convinzione, il duce tentò il suo debole rifiuto alle imposizioni di pietra del Führer, che rincarò il verdetto definendo Ciano il «Satana del movimento fascista», il rinnegato, la rovina dell'Italia. La ricetta studiata dai nazisti aveva pochi, amari ingredienti: imporre a Mussolini la nascita di uno Stato nell'Italia settentrionale in grado di restaurare il fascismo e punire i traditori, mettere al muro Ciano, mandare in una casa di correzione la moglie Edda, che doveva ritrovare un po' di giudizio.

***

Alcuni giornalisti italiani trasmettevano da Radio Monaco notiziari e appelli alla fede. Spesso veniva mandato in onda il nuovo *Credo* dei fascisti: «Credo in Dio onnipotente, Signore del cielo e della terra, credo nella giustizia e nella verità, credo nella resurrezione dell'Italia fascista. Credo in Mussolini e nella vittoria finale dell'Italia». Da quella radio il duce parlò chiamando gli italiani a combattere accanto ai tedeschi e a continuare l'opera rivoluzionaria del fascismo.

Al nuovo Stato, dette il nome di Repubblica sociale italiana, un'etichetta altisonante, ma la sua funzione era identica a quella dei tanti governi sottoposti alla volontà dei tedeschi, come si vide da subito: il primo Consiglio dei ministri del governo fascista repubblicano si svolse il 23 settembre a

Nella pagina accanto: 1937. Edda con i figli Fabrizio, Marzio e Raimonda in un ritratto della celebre fotografa Ghitta Carell Klein. (Mondadori Portfolio/Archivio GBB)

Roma, a Villa Wolkonsky. Le redini del vero potere erano in mano a Rudolf Rahn, ambasciatore e plenipotenziario del Reich nella penisola, che ebbe l'ultima parola quando si trattò di scegliere il generale Rodolfo Graziani – l'uomo che aveva terrorizzato etiopi e libici – come ministro della Difesa nazionale, così era stato significativamente ribattezzato il ministero della Guerra.

Di Alessandro Pavolini, segretario del Partito fascista repubblicano, fino a quel momento si pensava che non avesse grinta né attitudine al comando. Giornalista e scrittore, sembrava sempre svagato, talora sospettoso, spesso indeciso. Ciano, che lo aveva inserito nelle alte sfere del regime, lo favoriva per l'irresolutezza, che lo rendeva docile. A Salò, in una situazione estrema, Pavolini mostrò invece l'altro aspetto del proprio carattere. «Sono fiorentino e fazioso» disse di sé con orgoglio: continuò la lotta in un fanatismo ascetico che gli impediva di provare pietà o compassione verso chicchessia, e di meno verso i compagni del passato. «I ponti alle nostre spalle sono bruciati», era il suo motto e fece quanto in suo potere – pure di più – perché Ciano venisse fucilato.

Renato Ricci – fondatore e presidente dell'Opera nazionale balilla dal 1927 al 1937 – era al comando della Milizia e si trovò a guidare, in un conflitto vero, molti giovani che da bambini aveva educato astrattamente alla bellezza della guerra; scoprì che l'insegnamento non era stato vano, perché i giovanissimi della Guardia nazionale repubblicana erano più duri, ideologizzati e determinati dei vecchi squadristi, come del resto gli ex balilla che avevano «tradito» e ora combattevano dall'altra parte, con i partigiani: tutti furono più spietati nella guerra civile che non contro i nemici esterni.

A fine 1943, Benito lavorò con Graziani al reclutamento delle classi 1924-25-26; per i renitenti era prevista la fucilazione. Oltre a costituire la Guardia nazionale repubblicana, nella quale confluirono giovani di leva, carabinieri, miliziani e polizia dell'Africa Italiana, Graziani sedusse Benito suggerendo di ricostituire un esercito «apolitico» con i militari italiani internati, cui fu offerto di entrare in nuove divisioni armate e addestrate in Germania. L'intero progetto venne minato dalla diffidenza dei tedeschi e dalla ribellione alla coscrizione dei giovani italiani.

La «nuova Italia» nazifascista era ridimensionata anche nei confini: Benito accettò che le tanto celebrate «terre redente» – Alto Adige, Trentino, Venezia Giulia, l'intero litorale Adriatico – passassero sotto il controllo dei governatori militari tedeschi. I centri del potere furono distribuiti dai nazisti intorno al lago di Garda, facilmente raggiungibile dalla Germania. Nel corso dell'autunno ville, palazzi, alberghi di lusso divennero residenze per alti funzionari, sedi istituzionali, ministeri. Lo Stato fascista fu presto ribattezzato nel linguaggio comune Repubblica di Salò: da quella cittadina partivano i comunicati del ministero degli Esteri e le notizie dell'Agenzia Stefani, fondata a metà Ottocento, già organo ufficiale del governo fascista, rimpiazzata dall'Ansa dopo la guerra; inoltre, nascevano a Salò gli zelanti proclami del ministero della Cultura Popolare, gestito dal ministro Fernando Mezzasoma e dal giovane Giorgio Almirante, che nel dopoguerra sarà a capo del partito neofascista Movimento sociale italiano.

La Repubblica sociale doveva riconoscere che il vero, grande errore del fascismo era stato abdicare ai princìpi repubblicani e socialisteggianti dell'epoca sansepolcrista per trasformarsi in una dittatura sfruttata dai borghesi più ricchi e conservatori. Occorreva ripristinare la fede rivoluzionaria al servizio degli interessi popolari e nazionali. Erano utopie anacronistiche e velleitarie, a cui però credettero migliaia di giovani, guidati chi dall'entusiasmo per un redivivo populismo socialista, chi dal sentimento di onore e fedeltà schiacciato dal tradimento della monarchia, chi dalla volontà di una contrapposizione belluina contro la maggioranza degli italiani che aveva voltato le spalle al regime.

Da subito, tedeschi e fascisti iniziarono a rastrellare gli ebrei italiani e a deportarli nei lager del Reich. Il 16 ottobre 1943, nell'antichissima comunità ebraica di Roma ne furono prelevati 1.007, di cui solo 16 tornarono. La «soluzione finale» arrivò il 30 novembre: dopo una riunione con Mussolini, il ministro dell'Interno Guido Buffarini Guidi ordinò alla polizia l'arresto sistematico dei cittadini «di razza ebraica». Fu allestito un campo di concentramento a Fossoli, anticamera al viaggio della morte che non si concludeva necessariamente nei confini del Reich: un campo di sterminio con tanto di forno crematorio era pronto anche nella Trieste nazista. Furono deportate quasi ottomila persone e settemilacinquecento furono assassinate.

La prima assemblea nazionale del Pfr si riunì a Castelvecchio di Verona il 14 novembre 1943 e approvò i 18 punti programmatici della Repubblica sociale italiana. Il principio fondamentale era una negazione, «non è il regime che ha tradito la monarchia ma la monarchia che ha tradito il regime». Occorreva dunque annientare le plutocrazie «parassitarie e fare del lavoro, finalmente, il soggetto dell'economia e la base infrangibile dello Stato»; bisognava «eliminare i traditori, in particolare quelli che fino alle 21,30 del 25 luglio militavano, talora da parecchi anni, nelle file del Partito e sono passati nelle file del nemico». L'appello finale del duce fu: «La nostra volontà, il nostro coraggio e la nostra fede ridaranno all'Italia il suo volto, il suo avvenire, le sue possibilità di vita e il suo posto nel mondo». Benito si appoggiava ancora a un argomento teologico, religioso e dunque indiscutibile.

***

Fu sistemato a Gargnano, nella lussuosa Villa Feltrinelli affacciata sul lago e trasformata in fortezza. La famiglia Feltrinelli, diventata ricchissima con il commercio di legnami, fu costretta a lasciare la villa: vi abitava anche Giangiacomo, 17 anni, che dopo una prima adolescenza da giovane fascista diventerà partigiano, editore fortemente a sinistra e nel 1970 fondatore dei clandestini Gruppi d'Azione Partigiana (Gap): morì nel 1972 durante la preparazione di un attentato.

Rachele, con i figli, raggiunse Benito in novembre e rivoluzionò la dimora come aveva fatto a Villa Torlonia e alla Rocca delle Caminate. Portò anche qui il suo esercito di domestici e aiutanti romagnoli, cui fece riarredare gli appartamenti e allestire gli orti e l'allevamento. Al tempo stesso riuscì a «espellere» gradualmente gli uffici del governo e il corpo di guardia tedesco, confinandoli nei palazzi dei dintorni. Gli uffici erano nella vicina Villa delle Orsoline, sempre di proprietà dei Feltrinelli e ora di proprietà dell'università statale di Milano. Il vecchio percorso tra Villa Torlonia e Palazzo Venezia ora si limitava a una breve passeggiata.

Pur avendo ricreato il proprio regno, Rachele doveva sopportare il viavai di soldati e giornalisti tedeschi. Persino la dieta del marito era controllata dai medici inviati da Hitler, che proibirono gli amati bicchieri di latte sostituendoli con integratori di loro composizione. Rachele non ebbe da ridire, anzi: «Non lo avevo mai visto così agile e vitale. Scomparsi i dolori atroci allo stomaco, aumentato il vigore fisico».

Nonostante i frequenti allarmi aerei, il ritmo quotidiano di Benito non cambiò. La mattina, prima di trasferirsi alle Orsoline, faceva una partita di tennis. Rientrava per il pranzo, poi si concedeva una lunga pausa di chiacchiere con i figli, partite a carte e solitari. Dopo i pomeriggi trascorsi «in ufficio», o con Clara (rieccola), rincasava per la cena, poi guardava un film, ascoltava la radio o si godeva i progressi al pianoforte di Romano, ormai sedicenne. Lo rilassava vedere lui e Anna Maria immersi nell'illusione di un'adolescenza normale.

La guardia, benché diretta dalle SS, era affidata a un reparto di militi scelti della Legione M, detta anche Guardia del Duce. La presenza nel reparto di diversi giovani marchigiani e romagnoli accentuò il ripiegamento della piccola corte su sé stessa e l'impressione, per Benito, di essere poco più di un podestà medievale.

Sulla camicia nera, nelle occasioni ufficiali, adesso indossava un'uniforme verde senza gradi. In privato lo si vedeva spesso in borghese o in tenuta sportiva, andava in bicicletta e si sfiancava a tennis. Appariva molto dimagrito, oltre alla dieta rigida veniva curato con farmaci prescritti dai medici mandati da Hitler; uno di questi, Georg Zachariae, iniziò una cura con ormoni e vitamine: «Dopo una settimana, allorché lo stato del malato era leggermente migliorato, continuai con iniezioni di ormoni femminili, dapprima in pari dose, che aumentava man mano che il miglioramento progrediva». Gli ormoni femminili nell'uomo possono essere usati contro ipertensione e per abbassare il colesterolo «cattivo» a favore di quello «buono».

Il 10 ottobre, Benito scrisse a Clara una lunga lettera. «Oggi siamo inermi, bisogna ricominciare dalle fondamenta ed è quello che sto facendo. [...] Se Dio è giusto, dovremmo vincere. Comunque – malgrado tutto – io inciterò gli italiani al combattimento e così almeno l'onore sarà salvo». Le dichiarazioni all'amante rivelano un uomo dall'emotività altalenante che conosciamo e che non dovette stupire neppure Claretta. Né quel giorno né in seguito. Nella lettera del 2 dicembre sembra quello di un tempo: «Il lavoro torna a prendermi. E mi ci butto in pieno. Potessi rimettere in piedi questa nostra cara, grande, bella Italia, smembrata e devastata». Dopo pochi giorni si affonda: «Tu dimentichi che io sono praticamente inesistente. Che la mia autorità è nulla. Il mio potere, zero». Commentando la morte di Filippo Tommaso Marinetti per malattia, il 2 dicembre 1944: «Oggi – veramente – mi piacerebbe di essere morto. Il che avverrà fra non molto. Vedi Marinetti. L'età buona – il decennio funebre – sta fra i sessanta e i settant'anni». Il fondatore del Futurismo aveva 68 anni.

Tutto ciò veniva consegnato a fiduciari che facevano la spola sul litorale fino a Gardone Riviera, dove Mussolini aveva fatto trasferire Clara a Villa Fiordaliso, delizioso palazzo a bordo lago. Nelle lettere Benito si lamentava del controllo sulla sua linea telefonica: ogni conversazione veniva trascritta, tradotta in tedesco e inviata al quartier generale del Führer. «Questa specie di ingabbiamento in cui sono mi deprime e mi esaspera» si sfogò in dicembre. E due mesi dopo: «Io conto meno del due di coppe. Chi governa l'Italia non sono io. Io faccio da "paravento"... Il popolo mi disistima e mi odia».

A Clara poteva confessare l'inconfessabile, la consapevolezza che la Repubblica sociale fosse un grande inganno ai danni degli italiani ancora credenti in lui, sempre meno: «Tutti sono contro. Tu dividi con me il privilegio dell'odio universale, cioè di fascisti, antifascisti, indifferenti». Nel tripudio di rivelazioni seguito al 25 luglio, le trame del clan Petacci erano diventate per l'opinione pubblica – di qualunque orientamento – l'emblema di un regime clientelare e corrotto come la peggiore Italietta.

Avendo l'amaro privilegio di conoscere la realtà che la propaganda di Salò nascondeva, Benito sapeva delle accoglienze festanti che gli italiani riservavano agli Alleati e scriveva

Settembre 1944. Clara Petacci in una delle ultime foto. (Mondadori Portfolio/Archivio GBB)

a Clara: «Il popolo italiano nelle sue masse è accecato da una mai vista nella storia della follia collettiva [*sic*], è la vittima che benedice il carnefice! È il bombardato che benedice il bombardiere». Per giustificare l'umiliazione, nell'aprile 1944 recuperò le proprie antiche teorie sulla divisione della schiatta italica tra patrizi e liberti: «Troppi italiani hanno l'anima dello schiavo. Poco da fare. Ho sognato. Tremendamente sognato».

Clara era capace di scuoterlo, non accettava i toni lamentosi e li rigettava al mittente. Oltre a mantenere un entusiastico fanatismo fascista, non voleva credere al crollo del suo idolo e sapeva bene che Hitler e Salò rappresentavano un baluardo per la fortuna della propria famiglia. A dicembre gli scrisse: «Vivi, sei forte, sei nel pieno delle tue facoltà mentali, sei sempre il più grande. Supera ciò che prima ti ha danneggiato: rinnovati, non protocollarti, sii agile [...]. Vogliono impastoiarti e impedirti la libertà di movimento. Ritorna quello del 1924-25 – ricorda! – e quello del 28 ottobre!». Non temeva di essere spietata, come quando a febbraio 1944 tentò di spingerlo fuori dalla corte di Gargnano: «Guardo te: come uomo, te come Duce, e dico che precipi-

Gargnano, marzo 1944. Mussolini in veranda a Villa Feltrinelli con il medico tedesco Georg Zachariae. (Mondadori Portfolio)

ti verso la completa rovina. [...] Sei travolto dagli avvenimenti: non li domini. Sei soffocato nel marasma, perduto nella nebbia di una serie di pettegolezzi, di giudizi mal dati, di affermazioni infondate...».

Nell'aprile 1944 Clara espose la sua soluzione con parole semplici e violente: «Quel che conta oggi è dimostrare che tu sei l'unico e il solo che possa salvare la Patria, che non ti sei mangiato gli attributi ma che piuttosto di un secondo 25 luglio uccidi di persona, come Hitler a suo tempo». Riguardo agli oppositori, non aveva dubbi: chi «ha osato perpetrare un'azione offensiva, umiliante e addirittura inconcepibile ai danni del tuo Governo, costituito e sanzionato da Hitler, questo qualcuno deve pagare inesorabilmente con la vita». Clara vedeva in Hitler il salvatore dell'Europa e l'unico che potesse resuscitare il suo Ben, al quale consigliò nel gennaio 1944 di incontrarsi più spesso con il Führer: «Ti comprende e ti ama. [...] È bene che vi incontriate: questo ti servirà anche per uscire dall'ambiente pestifero, di respirare un po' di aria pulita e vigorosa, di ritrovare te stesso vicino al tuo camerata fraterno in colloqui elevati e interessanti».

Invocava una maggiore spietatezza, Clara se l'aspettava da lui, verso gli «indesiderabili». «Sono antisemita per istinto razziale, direi per dignità di razza» gli scrisse. D'altronde era in stretto contatto con le SS tramite il fascinoso attendente Franz Spögler – che suscitava la pruriginosa gelosia di Benito – e soprattutto con Buffarini Guidi. Nei tedeschi e negli esponenti più estremisti del nuovo fascismo cercava una sicurezza che rischiava di sgretolarsi a ogni incontro con Benito o quando riceveva da lui una lettera simile a quella del 4 febbraio: «La mia è un'opera limitata di carattere amministrativo. Io sono una specie di podestà di un grande comune con poteri nettamente circoscritti».

Come a Palazzo Venezia, Benito investiva buona parte della giornata a occuparsi di piccoli affari riguardanti il territorio, i postulanti, l'amministrazione civile o militare, la rassegna stampa: ora più che mai si dedicava a quella proveniente dai paesi nemici e dalla Svizzera. Su di lui incombeva la tentazione narcisistica di vedersi narrato, rappresentato, storicizzato, e quando il narratore non era lui o le schiere sempre più sottili degli adulatori, quella tentazione diventava puro masochismo. Ritagliò il giudizio severo che il primo febbraio 1944 gli dedicò il giornale socialista svizzero «Libera Stampa»: «Mussolini [...] ha perso ormai tutte le possibilità di diventare un "eroe" perché non ha saputo morire "in bellezza" come i fascisti hanno sempre dichiarato di voler morire. Ora altre morti pesano su di lui. Mussolini è diventato solo un tragico cadavere vivente». Benito fece avere l'articolo a Clara, con un appunto: «Ho chiesto cinque copie di quel giornale. Se potessi gli manderei a dire che ha ragione. Io sono un cadavere vivente e ridicolo».

Leggeva con avidità la cronaca dell'«altra Italia», archiviando fotografie e sottolineando brani sulla fraternizzazione tra il popolo e gli invasori, oppure quelli che comunicavano la revoca della sua cittadinanza onoraria in città più o meno grandi. Dopo il 1923, quando la maggior parte dei municipi erano retti da sindaci o commissari simpatizzanti, e ancora di più dopo che furono sostituiti con podestà scelti dal partito, Benito era stato proclamato quasi ovunque cittadino onorario. Visse abbastanza per vedere diverse città rinnegarlo, mentre altre mantengono l'onorificenza ancora oggi, come la stessa Salò. A oltre un secolo dalla fondazione dei Fasci di combattimento e della marcia su Roma, il confronto tra favorevoli e contrari alla revoca provoca dibattiti e polemiche pressoché quotidiani.

***

Ottobre 1944. Il duce e Alessandro Pavolini, secondo da sinistra, segretario del Partito fascista repubblicano, posano con alcuni volontari del corpo ausiliario delle Brigate nere. (Mondadori Portfolio)

I cittadini della Repubblica sociale vivevano miseramente anche se – almeno per il cibo – meglio di quanto avvenisse al Sud, dove il governo Badoglio era incapace di riavviare la produzione e gli Alleati, a differenza dei tedeschi, non erano interessati a farla riprendere. Nell'Italia meridionale quasi metà della popolazione soffriva la fame e si arrivò così alla disperazione, alla degenerazione tragica descritte da Curzio Malaparte nel romanzo *La pelle*. Al Nord gli aspetti più tremendi della situazione furono invece l'odio tra italiani e il rischio continuo di cadere vittime di una delle quattro forze che se ne contendevano il controllo: partigiani, fascisti, tedeschi e Alleati, che bombardavano metodicamente – la Rsi non aveva quasi difesa aerea – e spesso lanciavano volantini pericolosi come le bombe: «Combattete come potete, dove potete, con violenza! Incitate alla rivolta! Sparate sui fascisti!». Chi veniva trovato con un volantino era fucilato sul posto.

Nonostante la totale disillusione, Benito contribuì in modo fondamentale a scavare il solco di odio e a rendere normale la violenza come mezzo e fine della resistenza fascista. I suoi proclami, i suoi ordini e la sua stessa presenza motivarono le formazioni che affiancavano – e a volte oltrepassavano in brutalità – l'occupante tedesco. Al solito, Mussolini era mosso da una competizione più o meno evidente con i nazisti. A volte si presentava come moderatore della loro crudeltà: in diverse occasioni si lamentò apertamente con Rahn e Kesselring per le rappresaglie indiscriminate verso la popolazione, le stesse applicate in Europa centrale; trovava inammissibile che gli italiani venissero trattati alla stregua degli «orientali». Poté così cercare di riacquistare credito fra la popolazione, per esempio quando nel marzo 1944 inoltrò ai tedeschi – invano – l'appello dei familiari di alcuni operai piemontesi scomparsi nel nulla dopo avere scioperato.

***

I problemi dell'interpretazione della Resistenza non riguardano il suo indubbio valore morale e simbolico (quindi tanto più importante), quanto quello militare e politico. Gli effetti bellici tendono a passare in secondo piano nel quadro dello scontro tra grandi potenze, eppure non furono affatto secondari: la Resistenza tenne impegnate le forze naziste e fasciste sul fronte interno; mobilitò una vasta rete di assistenza/connivenza nella popolazione dando una spallata al mito del consenso; fece in modo che gran parte delle forze antifasciste, anche radicalmente diverse, collaborassero per un obiettivo comune; cacciò – temporaneamente o definitivamente – le truppe dell'Asse da diverse aree del Nord Italia *prima* dell'arrivo degli americani. Sul lungo periodo, la lotta resistenziale permise di includere il popolo italiano nella battaglia contro il nazifascismo, che mirava a organizzare l'intero pianeta sulla base di una gerarchia razziale.

A partire dagli anni Novanta del Novecento, complice la fine della guerra fredda e la crisi della Prima repubblica italiana, si è diffusa una narrazione che tende a interpretare la celebrazione della Resistenza antifascista quasi come una «religione laica» nata per reazione al fascismo. Questa narrazione si poggia sul fatto che, nell'immediato dopoguerra e per tutti gli anni Cinquanta, la sinistra comunista creò un'agiografia della Resistenza presentandola come la tanto attesa rivoluzione da completarsi: paradossalmente, nella visione della destra, quella «rivoluzione incompiuta» era speculare all'interpretazione che la Repubblica sociale italiana aveva dato di sé.

Più articolata è l'interpretazione storiografica, ormai acquisita, per cui il periodo 1943-45 è definito dal triplice aspetto di conflitto – di liberazione, di classe e civile – proposto da Claudio Pavone in *Una guerra civile*, del 1991. La Resistenza fu una guerra di liberazione condotta contro il nemico tedesco, che veniva visto come l'alleato del fascismo, il responsabile delle stragi e della disfatta in guerra, il «barbaro teutonico» nemico perenne delle genti mediterranee, il criminale nazista che voleva ridisegnare inaccettabili equilibri mondiali e limiti nazionali.

Il concetto di liberazione della nazione è indivisibile da quello della guerra di classe: la Repubblica sociale subordinava tutte le classi alla patria, quindi al regime, secondo il modello fascista; i partigiani – molti erano comunisti, in particolare quelli dell'Italia centrale – consideravano la lotta per «l'indipendenza nazionale» anche come lotta del proletariato contro l'alta borghesia, prima asservita e gratificata dal fascismo, poi fedele all'imperialismo tedesco attraverso la Rsi. L'origine proletaria e l'ideologia di tanti partigiani identificavano il nemico in un ritratto nel quale il capitalista, il fascista e l'alleato di Hitler erano la stessa persona. Non era sempre così, non tutti gli imprenditori e i grandi capitalisti collaborarono con il nazismo né aderirono alla Repubblica sociale, come non tutti i partigiani erano operai, contadini e marxisti. Soltanto il motivo classista, però, spiega la saldatura tra motivazioni patriottiche e antifasciste che nel dopoguerra sarebbe stata strumentalizzata soprattutto dai comunisti.

La tesi della guerra civile ha incontrato le opposizioni più forti, ma una guerra civile ci fu, perché il popolo e le istituzioni si divisero e si organizzarono, si armarono e si

Aprile 1944. Mussolini durante una visita alle unità italiane in un'area di addestramento militare. (akg-images/Fotoarchiv für Zeitgeschichte/Mondadori Portfolio)

combatterono per annientare l'altra parte o ricondurla alla «ragione»: questo è il significato di guerra civile. Il motivo che induceva alcuni partigiani (e induce tuttora alcuni storici e politici) a rifiutare questa definizione non è cambiato nel tempo: si temeva e si teme che considerare entrambe le fazioni come combattenti di una guerra civile significhi appiattire e sterilizzare le ragioni di chi ha vinto. Il problema crebbe per la necessità dei comunisti di accreditarsi come il partito che aveva liberato l'Italia, non come il vincitore di una guerra di italiani contro altri italiani. Prima, per esempio il 5 ottobre 1943, «l'Unità» parlava esplicitamente di «guerra contro l'aggressore nazista; guerra civile contro i fascisti suoi alleati; lotta politica contro le forze reazionarie». Subito dopo la Liberazione, la denominazione «guerra civile» era quasi nella natura delle cose: Emilio Sereni, nel rapporto del 6 agosto 1945 al primo congresso del Comitato di liberazione nazionale (Cln, l'organizzazione politica e militare composta dai principali partiti antifascisti), definiva ripetutamente il periodo 1943-45 «due anni di guerra civile»; nel 1947, Alessandro Galante Garrone sostenne che quella combattuta era stata una «sanguinosa guerra civile»; Leo Valiani, Aligi Sassu, Francesco Scotti, Paolo Spriano, Luigi Meneghello e molti altri ribadirono nel tempo lo stesso pensiero.

L'accettazione del concetto di guerra civile non implica dimenticare il significato morale della Resistenza o dell'antifascismo vero, cioè inteso come difesa concreta e quotidia-

Gargnano (Lago di Garda), 28 ottobre 1944. Mussolini passa in rassegna un reparto di legionari della Guardia nazionale prima della consegna della bandiera di combattimento. I militari salutano con il pugnale. (Mondadori Portfolio/Fototeca Gilardi)

na della libertà e delle libertà: permette di considerare il fascismo non soltanto un crimine, un peso e un'onta perenne sulle coscienze italiane ma anche come un momento significativo della storia nazionale, con una sua dignità, intellettuale, politica. Questa dignità – è bene ricordarlo – fu di fatto garantita dalla Repubblica italiana, che benché nata dall'antifascismo permise al Movimento sociale italiano di entrare in Parlamento.

Fatte le necessarie precisazioni, lasciamo lo scontro delle idee e torniamo alla guerra. L'alleato padrone ostacolava l'impiego dei soldati fascisti al fronte e Benito convogliò molte energie per scagliare i fedeli superstiti contro la «piaga» dei partigiani, che per ragioni pratiche e ideali rappresentavano la spina nel fianco della sua repubblica. Nell'inverno del 1944 accelerò la creazione di reparti addestrati, politicizzati e mobili per fronteggiare l'avversario, che usava piccoli gruppi di uomini armati nelle campagne e nelle città. Queste cellule, note come Gruppi azione patriottica (Gap), nonostante la fitta rete di sorveglianza e repressione della polizia e della Gestapo, tramite rapide azioni in bicicletta o a piedi riuscirono a colpire gerarchi, ufficiali della Milizia o figure simbolo: il filosofo Giovanni Gentile ne fu la vittima più illustre.

Le autorità nazifasciste applicarono da subito la tattica di controguerriglia e minaccia di vendetta già usata, secondo la formula «testa per dente», durante l'occupazione della Jugoslavia: ogni azione partigiana avrebbe portato a violente ritorsioni nei confronti di detenuti o di civili. La responsabilità veniva fatta ricadere interamente sui partigiani, nell'intento di distaccarli dalla popolazione e sabotare la rete di sostegno e di omertà alla base della Resistenza. Quel legame restò saldo, in compenso la narrazione che attribuiva ai partigiani la colpa delle rappresaglie è ancora incastonata in alcune frange dell'opinione pubblica: una rivincita postuma del duce.

Nei mesi di Salò, i prefetti e i comandi dei reparti armati ricevevano una pioggia di pressioni. Mussolini pretendeva «la soluzione del problema mediante il radicale impiego della forza». Come in Cirenaica e in Jugoslavia, esigeva dai suoi sottoposti una maggiore decisione nel praticare la violenza quotidiana, tanto più che ora i ribelli erano compatrioti rinnegati. A farlo imbestialire era l'atteggiamento dei nazisti e dello stesso Hitler, che non perdevano occasione di ricordargli – con la solita cortesia velenosa – la disponibilità a farsi carico di rappresaglie e rastrellamenti. Ossessionato dal bisogno di dimostrare che il fascismo non era da meno, scrisse ai capi provincia: «Poiché taluni leoni vegetariani continuano a parlare di una eccessiva indulgenza del governo della Repubblica, siete pregati di mandare telegraficamente i dati delle esecuzioni avvenute di civili e militari con processo o sommarie».

L'indulgenza che i tedeschi criticavano non era vera indulgenza, era la «violenza chirurgica» che Benito voleva adottare per piegare gli italiani. Non c'era più tempo, né modo, per forgiarli. Una politica indiscriminata del terrore – con eccidi e rappresaglie, in particolare nei centri urbani – avrebbe prodotto l'effetto opposto a quello auspicato, erodendo il prestigio che restava al duce e che gli era indispensabile.

Il 23 marzo 1944, i Gap di Roma uccisero con una bomba, in via Rasella, 33 soldati tedeschi e due civili; la sera stessa Mussolini venne informato che i tedeschi avrebbero scatenato una rappresaglia esemplare e – roso dalla rabbia verso i ribelli e la capitale quasi perduta – lasciò che si vendicassero come ritenevano. Le vittime alle Fosse Ardeatine, luogo scelto per la vendetta, furono 335 tra detenuti comuni, antifascisti, ebrei e partigiani.

Durante la rappresaglia il duce zittì bruscamente il dubbioso Buffarini Guidi, sostenendo che fosse pienamente «legale», secondo il diritto internazionale. Il suo ripensamento non ebbe a che fare con la legge. In giugno gli Alleati entrarono nella capitale e a fine luglio le immagini dei cadaveri putrefatti e malamente occultati furono dannosissime per la Repubblica sociale; il 10 agosto, a seguito di un attentato a una camionetta tedesca che provocò anche vittime civili (la dinamica e i responsabili non sono mai stati accertati), le SS e i militi della Legione autonoma Ettore Muti prelevarono quindici antifascisti dalle carceri e li fucilarono a piazzale Loreto, lasciando i corpi – così com'erano caduti – in esposizione per l'intera giornata. Per i milanesi, molti obbligati armi alla mano a passare lì davanti, fu un trauma non attutito dalla pratica di rimbalzare la responsabilità sui partigiani. Mussolini ne era consapevole, e protestò con Rahn: «Da azioni condotte in questo modo [...] otterremo tre risultati: Odio da parte della popolazione verso le Forze Armate tedesche ed italiane; accrescimento delle file dei ribelli di molta gente, che per paura di essere presa e portata in Germania preferisce darsi alla montagna; diserzione degli operai ed impiegati dal lavoro e dagli uffici». Non poteva immaginare una quarta conseguenza: il montare della rabbia partigiana avrebbe gettato il suo corpo, il corpo di Clara e di quindici gerarchi sul selciato di quella piazza. L'ira dei milanesi avrebbe fatto il resto.

Benito non criticava tanto l'azione, quanto il luogo e il metodo: secondo lui in città era necessario agire con operazioni di polizia condotte con precisione e spietatezza come sapevano fare le efficienti squadre di investigatori e torturatori guidate da Mario Carità e Pietro Koch. Per lui la repressione su larga scala era necessaria in provincia, dove voleva che i fascisti affiancassero e addirittura superassero in ferocia i nazisti.

***

Nell'estate del 1944 il fronte si avvicinò all'Appennino tosco-emiliano e le forze nazifasciste lanciarono un'offensiva contro la Resistenza, soprattutto contro le «repubbliche partigiane» nate in Piemonte. Ammise lo stesso Graziani: «Il Governo controlla – e solo fino a un certo punto – la stretta fascia piana a cavaliere del Po. Tutto il resto è virtualmente in mano ai ribelli [...]. Praticamente il Governo non è più rappresentato che nei grandi centri». L'efficace durezza con cui venne condotta l'azione soddisfece Mussolini, che si complimentò con il generale Archimede Mischi: «Bisogna liberarsi di questa odiosissima piaga col ferro e col fuoco».

Definì la Legione Tagliamento «la legione del mio cuore» perché diramava – e applicava – bandi come questo: «I paesi i cui abitanti sparassero contro un milite della Gnr o ad altri agenti della forza pubblica o di un militare germanico saranno incendiati; l'uccisione di un militare [...] costerà la vita a dieci individui del luogo». Oppure: «La popolazione deve sentire il peso dell'atto compiuto dai banditi che protegge». Sapeva che i partigiani crescevano e che gli stessi tedeschi scendevano a patti con loro, facendo infuriare i fascisti. Nell'ottobre 1944, Mussolini scrisse a Rahn: «Le "bande" sono diventate "brigate" e "divisioni" regolarmente inquadrate e comandate da generali di carriera, sottoposti a uno stato maggiore centrale. [...] In molti luoghi le autorità locali militari tedesche sono venute a patti "modus vivendi" coi partigiani».

Nell'autunno del 1943, i ribelli dichiarati oscillavano tra i duemila e i quattromila; nella primavera del 1944 raggiunsero i trentamila e raddoppiarono in estate, con la creazione delle repubbliche partigiane, la liberazione di Roma e di Firenze. Queste cifre riguardano i combattenti che formavano stabilmente le bande alla macchia, una scelta spesso scoraggiata dallo stesso Comitato di liberazione nazionale. Soprattutto d'inverno sarebbero state troppo vulnerabili al freddo, alla fame e all'apparato repressivo repubblicano.

Le cifre ufficiali non considerano le decine di migliaia di uomini e donne che agivano in incognito, infiltrati nelle fabbriche, negli uffici e persino nelle forze armate fasciste. Alla Resistenza dei mesi difficili vanno poi aggiunti diecimila ex prigionieri slavi e disertori tedeschi. A rinfoltire i ranghi della Resistenza erano in buona parte renitenti alla leva fascista, che nella primavera del 1944 richiamò circa duecentocinquantamila uomini. A fine aprile 1945, con l'appello all'insurrezione generale contro le autorità repubblicane e la campagna per il contenimento della rabbiosa ritirata tedesca, uscirono allo scoperto oltre duecentomila partigiani. Le loro motivazioni erano varie quanto i movimenti e i partiti che avevano scelto la lotta armata, spesso uniti soltanto da quest'unico scopo. I giovani più politicizzati – a qualunque partito appartenessero – avevano spinte fortissime perché, non educati né alla libertà né alla democrazia, le avevano scoperte e amate da soli.

L'esercito fascista e la Guardia nazionale repubblicana erano composti in grande parte da cittadini di leva, molti dei quali aderirono per evitare le persecuzioni alle proprie famiglie o di essere fucilati per diserzione. Diverso è il discorso per la Decima Mas e le formazioni politicizzate come le Brigate nere e le Legioni autonome, composte da volontari scelti. In quei casi la Rsi si rivelò capace di scoprire e polarizzare energie rimaste inerti per anni: coinvolse uomini che durante il regime erano stati estranei o ostili al fascismo, per esempio alcuni socialisti massimalisti superstiti che credevano di poter finalmente costruire uno Stato più giusto. Inoltre fu sostenuta da fascisti disillusi dall'andamento poco rivoluzionario del regime, e che ora vedevano l'*idea* finalmente liberata della zavorra dei traditori e dei borghesi.

Ci furono poi molti giovani e giovanissimi colti da sentimenti religiosi verso la patria e il suo profeta, a testimonianza che l'educazione fascista non era stata vana. Mussolini ordinò alla propaganda di presentare lo Stato repubblicano come la più pura espressione del fascismo delle origini: mentre l'alleanza con i Savoia aveva tarpato le ali alla rivoluzione, ora quella con Hitler avrebbe permesso di costruire un'Italia repubblicana e sociale, diretta erede di quella auspicata da Mazzini. «Se avrete ancora dei figli,» scriveva un repubblicano diciottenne «insegnate loro soprattutto di essere italiani. Non parlate loro dei partiti che furono e di quelli che saranno alla loro epoca: educateli soltanto al culto della patria.» Del resto, l'appello al sentimento patriottico coesisteva in tutte le forze politiche che combattevano il fascismo. Anche Palmiro Togliatti, da Radio Mosca, aveva invocato una «decisione virile»: «Non sia detto che il popolo italiano, dimentico del suo passato, assista indifferente allo strazio della sua patria».

***

Non possono mancare, in una storia come questa, una guerra in famiglia e un processo pubblico, accompagnati dal mistero di un diario segreto e di una bella spia. Il diario è quello di Ciano: atti d'accusa circostanziati, giorno dopo giorno, contro i tedeschi. Secondo Edda, le gerarchie naziste dovevano temerne la pubblicazione, occorreva metterli subito al sicuro. Raggiunse Roma il 27 settembre 1943 e li recuperò a fatica. Magrissima, pesava quaranta chili, si fece visitare da un illustre medico di fiducia che le consigliò una clinica vicino a Parma. La posizione era strategica, vicino alla Rocca delle Caminate, dove Benito era tornato al lavoro e dove aveva convocato la prima seduta del nuovo governo. Edda si ricoverò sotto falso nome. Poteva finalmente sfogliare i diari di Galeazzo e inorridì per quello che lesse sui nazisti e sul padre, come se Gallo non glielo avesse raccontato tante volte. Ora li odiava, non credeva più né al duce né nel fascismo, non le importava più della guerra e della politica, rivoleva il suo uomo, trattenuto a Monaco. E Ciano tornò.

Il 19 ottobre venne caricato su uno Junker 52, scortato da una decina di SS ghignanti, lo avevano sempre invidiato quanto detestato. I loro capi gli avevano detto che lo riportavano in Italia dove avrebbe potuto servire la Repubblica sociale come colonnello dell'aviazione, quel che il conte Ciano aveva chiesto al suocero più di un mese prima. Era l'ennesima menzogna, a cui Galeazzo credeva più per disperazione che per convinzione. Infatti non viaggiava da combattente, era un prigioniero. A Verona, caposaldo tedesco, le SS lo consegnarono ai soldati della Repubblica sociale. Il questore, da cui Ciano si aspettava il saluto ossequioso cui era abituato, senza dire una parola lo colpì con due terribili manrovesci. Poi lo dichiarò in arresto.

Oltre che generissimo e traditore, inviso a tutti (Alleati, italiani di ogni parte e nazisti), per i «repubblichini» – così venivano sprezzantemente chiamati dai nemici – era il simbolo della degenerazione borghese e opportunista del fascismo. La sua morte veniva considerata un balsamo indispensabile per guarire le ferite di un regime che per vent'anni aveva potuto tutto e ora era crolla-

Verona 1944. Galeazzo Ciano in cella poco prima della fucilazione. (Mondadori Portfolio/Fototeca Gilardi)

to come un castello di sabbia. Dopo il 25 luglio i pettegolezzi sul suo patrimonio erano diventati articoli di giornale. Una voce diffusa tra il popolo gli attribuiva beni per l'incredibile cifra di un miliardo. Non doveva essere lontana dal vero se nel 1941 Vittorio Emanuele III – uomo d'affari accorto e pignolo quanto, ovvio, informato – aveva valutato i suoi beni intorno ai novecento milioni. Lo riferì a Mussolini, «che strabuzzò gli occhi e rimase senza fiato».

Alla bionda spia tedesca Frau Felizitas Beetz, ovvero Hildegard Burkhardt, i nazisti assicurano libero accesso alla cella di Ciano per avere informazioni sui diari. Edda, che poteva incontrare il marito molto meno, temeva che il padre fosse disposto a sacrificarlo pur di rimanere a galla. Incontrò Benito, lo aggredì, lo minacciò di scatenare uno scandalo gigantesco contro di lui, forte delle rivelazioni che nei diari si soffermano sulle sue responsabilità. Aveva capito che i nuovi potenti della Repubblica sociale volevano la testa di Galeazzo, *in primis* Pavolini. Non si rassegnava, anche se la prostrava vedere il padre ridotto così, irriconoscibile, incapace di dirle altro se non: «Stai calma. Hai bisogno di riposarti. Sei troppo nervosa».

Il massimo dello sforzo dialettico di Mussolini fu in queste parole: «Io non credo né

Verona, 11 gennaio 1944. Galeazzo Ciano, ultimo a destra con il cappotto, subito prima di essere ucciso da un plotone di esecuzione. Con lui furono fucilati Emilio De Bono, Luciano Gottardi, Giovanni Marinelli e Carlo Pareschi. (Mondadori Portfolio/Archivio GBB)

ho mai creduto che la condanna di questi uomini possa giovare al paese e al ristabilimento della nostra situazione interna!». Eppure concluse: «Non posso far nulla». Salvare il genero equivaleva a perdere del tutto la fiducia dei suoi ultimi seguaci, furibondi vendicatori. In lui il calcolo politico stava prevalendo sul sentimento, era deciso a non intervenire, covava la speranza assurda che qualcosa di imponderabile, o qualcuno di impensato, potesse salvare Galeazzo e gli altri imputati. Edda invece poteva affidarsi solo a sé stessa.

Adesso, per lei, Benito era un rivoluzionario fallito e piegato ai tedeschi che l'avevano sempre ingannato. Non sarebbe diventata loro complice, sarebbe diventata la loro nemica implacabile, l'eroina che li avrebbe sfidati fino in fondo per salvare il padre dei suoi figli. Ora aveva di nuovo una passione per cui valeva la pena di vivere e di morire.

La mattina del 26 dicembre 1943 si precipitò nello studio del padre. Era una furia con gli occhi fulminanti d'ira, non supplicava più, incalzava; non pregava, aggrediva. Il duce non sapeva placarla, ribadiva che tutto era affidato alla giustizia, lui non poteva fare nulla. L'uomo che aveva sempre scommesso e vinto, che aveva indovinato tutte le giocate, ora aveva davanti a sé la figlia prediletta che lo odiava. La guardò sbattere i pugni sul tavolo, inondato di parole irripetibili e investito dall'ultimo anatema: «Sei pazzo, tu e quelli che come te si fanno ancora illusioni! L'avete persa questa sporca guerra! I tedeschi resisteranno ancora qualche mese, non di più. Te ne rendi conto? E condanni Galeazzo in queste condizioni?». Edda avrebbe voluto prenderlo a schiaffi, ma riuscì a trattenersi, in un'ultima stilla di pietà per quell'uomo che commiserava nella sua malinconica debolezza. Ecco com'era finito il duce degli italiani.

Lui si sentiva esausto, stanco di vivere. Era stato tradito anche dall'uomo a cui aveva affidato fiducie immeritate, premi e incarichi esaltanti e inappropriati. Merita di morire. No, è il marito di mia figlia. Ma ha tradito, mi ha abbandonato. Non l'ha fatto per vedermi finito, ha sbagliato anche lui, è il padre dei miei nipoti, Edda, i tre nipoti... incubi, giorno e notte. Sapeva che la condanna di Galeazzo era indispensabile per venire rispettato da chi ancora moriva nel suo nome. Cercava di rafforzarsi con sofismi filosofici o con scatti umorali. Scacciava le illusioni, convincendosi che il dovere lo chiamava a scelte decisive e senza compromessi. Altre volte si affacciava in lui la considerazione quasi rassegnata – estranea alla sua natura violentemente artefice del proprio destino – di trovarsi dinnanzi a giudizi universali che si compivano per un disegno già scritto. Si sforzava di pensare ad altro, cercava un'indifferenza impossibile. Era assalito dai sensi di colpa e dalle esitazioni, eppure sperava di sentire una voce che lo consolasse e lo autorizzasse, forte e formidabile, al gesto già deciso, alla punizione esemplare, a quell'idea terribile. Nient'altro che la morte. Per Ciano e per i traditori.

Dopo avere tentato con alcuni gerarchi nazisti uno scambio impossibile – i diari contro la liberazione di Galeazzo –, Edda riuscì a rifugiarsi in Svizzera. A processo già iniziato scrisse a Hitler: «Führer, soltanto il fatto che i nostri soldati sono caduti a fianco a fianco sui campi di battaglia mi ha sinora trattenuto dal passare al nemico. Se mio marito non verrà liberato secondo le condizioni che ho specificato al vostro generale, nessuna considerazione mi tratterrà più. Già da qualche tempo i documenti sono nelle mani di persone autorizzate a farne uso, e non solo nel caso che accada qualcosa a mio marito, bensì anche nel caso che accada a me, ai miei bambini, alla mia famiglia. Ma se, come credo e spero, le mie condizioni saranno accettate e noi saremo lasciati in pace ora e nel futuro, non si sentirà più parlare di noi. Sono dispiaciuta di essere costretta a fare questo passo, ma voi comprenderete».

Scrisse anche al «Duce», come lo chiama pur dandogli del tu, per calcare il disconoscimento del padre: «Duce, ho atteso fino a oggi che mi dimostrassi un minimo sentimento di umanità e di giustizia. Ora basta. Se Galeazzo fra tre giorni non sarà in Svizzera, secondo le modalità che ho fatto conoscere ai tedeschi, tutto ciò che so, con prove alla mano, sarà usato in forma spietata. In caso contrario e qualora tutti noi Ciano saremo lasciati vivere tranquilli e sicuri, non sentirete più parlare di noi. Edda Ciano».

Quel tentativo estremo riuscì soltanto ad avvelenare, se possibile di più, le notti insonni di Benito. Ha scritto Wilhelm Harster, capo nazista della Pubblica sicurezza in Italia: «Nella Repubblica sociale, come in ogni dittatura, il rispetto della legge non era mai superiore alla precisa volontà del capo. Bastava che alzasse il telefono e desse un ordine. E voglio vedere chi si sarebbe azzardato, dei suoi, a non eseguirlo». A chi gli era vicino sembrava che, durante il processo, Mussolini sedesse in aula con gli imputati, piuttosto che con i giudici.

Processati a Verona dall'8 al 10 gennaio 1944, i «traditori» del 25 luglio furono condannati a morte: dei sei presenti in aula, cinque vennero fucilati l'11 gennaio (Ciano, Marinelli, De Bono, Pareschi e Gottardi), Cianetti ebbe la condanna a morte commutata in trent'anni perché la mattina del 25 luglio aveva scritto a Mussolini ritirando il proprio voto. La sentenza fu un mostro giuridico, ma rinnovò la liturgia della religione fascista, che aveva bisogno di vittime immolate sul proprio altare; uccidendole, in realtà, la Rsi si liberò simbolicamente dei presunti responsabili del fallimento del regime, assolvendo il duce.

Ciano – consapevole dell'epilogo fin dall'inizio – per non danneggiare i compagni di sventura accettò che l'avvocato presentasse la richiesta di grazia, certo che sarebbe stata inutile. Seguì una lunga notte in cui nessuno voleva firmare il rigetto della richiesta dei condannati, passata di mano in mano senza arrivare mai sul tavolo di Mussolini, nel timore che la accettasse.

Non credo che l'avrebbe firmata, non poteva, e non sarebbe servito. Nino Furlotti, già a capo dello squadrismo veronese, dopo la marcia su Roma si era ritirato dalla politica, disgustato dall'impantanamento della rivoluzione. Nella Rsi pretese l'onore di comandare il plotone d'esecuzione e ventitré anni dopo dichiarò: «Se Ciano fosse stato condannato all'ergastolo, sarebbe morto durante il trasporto in cellulare tra l'aula del processo in Castelvecchio e il carcere degli Scalzi. Non l'avremmo giustiziato in aula per ragioni di opportunità, benché avremmo potuto farlo. Tutti volevamo che Ciano fosse fucilato. Lo volevamo e basta.»

Il 10 gennaio, Benito stette tutto il giorno in ufficio, senza tornare a casa per il pranzo. Alle 15 il suo segretario, Giovanni Dolfin, lo informò sulla sentenza: «Si è seduto al suo tavolo, immobile, pallidissimo. Alza dopo qualche istante gli occhi verso di me, come per chiedermi di ripetere le parole che sembra non avere udite e, appoggiando il busto

Gargnano (Lago di Garda), inverno 1943-1944. Mussolini alla macchina per scrivere a Villa Feltrinelli. (Mondadori Portfolio/Archivio GBB)

contro la spalliera della poltrona, mi dice: "E Ciano? Avete particolari?". Ciano è al centro di ogni suo pensiero. Sembra calmissimo, ma il suo viso è contratto, e le sue palpebre sono più arrossate del solito. Non credo abbia dormito in queste notti. Anche i suoi crampi allo stomaco, che erano quasi scomparsi, lo hanno ripreso. Tace per qualche minuto, sembra riflettere. Poi, alzandosi bruscamente in piedi, quasi per sollevarsi da una oppressione che lo tormenta, mi dice: "Il dilemma che io ho posto al Gran consiglio era chiaro! Votare l'ordine del giorno Grandi significava aprire la crisi del regime e la mia successione: precipitarsi, in altri termini, nel baratro. Grandi, Bottai, Federzoni, Albini, e gli altri sapevano tutto questo, ed hanno coscientemente provocato la catastrofe. Né furono mossi, come si ama far credere, dall'amore del paese, ma da fini inconfessabili, del tutto personali! Ciano non ignorava neppure lui questi fini, ed ha giocato la partita estrema con loro!"». Il ricordo di Dolfin prosegue: «Risedendosi al tavolo, ha continuato con forza: "I veri colpevoli sono fuori! Se ho superato me stesso con questo atto estremo, è perché spero che sia utile, come mi hanno fatto capire da tutte le parti, al paese! Io non ho mai avuto la libidine del sangue!"». Da oltre vent'anni, ormai, non faceva più distinzione alcuna tra fascismo e paese, mentre ne faceva fra sé e fascismo, fra sé e paese: si era sempre sentito migliore di entrambi, figurarsi riguardo ai fascisti e agli italiani.

Non tornò a casa neppure la sera. Rimase in ufficio, dove ricevette la lettera crudele di Edda, dopo mezzanotte. Gliela portò Harster. La lesse, da solo. E da solo passò ore che forse possono toccare persino la sensibilità del più determinato dei suoi nemici di allora, di oggi e del futuro. Lo immaginiamo immobile, pallidissimo, vagare con lo sguardo e con la mente nei ricordi. Edda piccola e magra, la cavallina matta che va a trovarlo nel carcere di Milano; quel matrimonio a Villa Torlonia con tanta gente, tutti felici, e lui con la tuba, e Grandi, proprio Grandi, testimone dello sposo; quel nipotino nato in Cina che non avevano voluto chiamare come desiderava lui e che fra poco avrebbe compiuto tredici anni, orfano; Bruno con Galeazzo in Etiopia; l'impero, la Spagna, l'Albania, pareva che non dovesse finire mai; il maledetto Patto d'acciaio, non bisognava fare la guerra, aveva ragione Galeazzo; il 25 luglio, il suo sì forte, netto; Hitler con gli occhi spiritati... «quattro volte traditore».

Alle 5 alzò la cornetta del telefono e chiamò il comandante delle SS in Italia Karl Wolff. Fu il suo unico tentativo di salvare Galeazzo:

– Pronto? Parlo con il generale Wolff?
– Sì, Duce.
– Scusi l'ora importuna, ma, dopo la lettera di mia figlia, sono perplesso.
– L'ordine del Führer è di considerare il caso Ciano come una questione di esclusiva ed assoluta natura interna italiana. L'autorità tedesca in Italia non deve ingerirsi. Come comandante delle SS in Italia non posso pronunciarmi.
– Lo so, lo so. Ma io la prego di darmi un parere personale e confidenziale.
Il generale delle SS tacque, perplesso. Poi rispose:
– Va bene, Duce. Ma solo come camerata e come uomo, e secondo il punto di vista tedesco.
– Allora?
– L'enigma, a mio avviso, è questo: deve lei lasciarsi ricattare, e, di conseguenza, graziare il genero?
– Come si comporterebbe lei?
– Al suo posto, rimarrei inflessibile.
– Cosa ne pensa il Führer?
– Il Führer non crede che si darà corso alla sentenza.
– Una mancata esecuzione potrebbe nuocermi nella considerazione del Führer?
– Sì, e molto.
– E Himmler?
– Himmler ritiene probabile l'esecuzione.
– La ringrazio, generale. Studierò le soluzioni. Mi riservo di telefonarle ancora.
– A sua disposizione, Duce.

Benché si fosse lasciato la strada aperta per un'altra telefonata, non la fece. Mancavano cinque ore al momento in cui lo avvisarono che la sentenza era stata eseguita. Altre cinque ore di pensieri, diversi. Dalla finestra guarda un lago gelido, nella notte di gennaio, non ha mai amato i laghi, né fiumi né mare, gli fanno l'effetto di un tradimento. Quella telefonata è stata uno schiaffo. Hitler non crede che la sentenza verrà rispettata. L'Italia è divisa, quel ridicolo re, traditore davvero, laggiù, gliela contende. Roma. Rivedrà mai Roma? Le folle sotto il suo balcone. Rachele. Tutti quelli che l'hanno seguito, pronti a morire per lui.

Alle 10 Dolfin gli dette la notizia. «È sempre seduto al suo tavolo: alza gli occhi verso di me, e si leva lentamente gli occhiali, fissandomi per alcuni attimi, in silenzio. Il suo sguardo sembra opaco, assente. Poi, come preso da una improvvisa ansia, d'impeto, mi chiede: "E Ciano?" Mi ascolta in silenzio; il suo volto è teso come lo sguardo. Non perde una sillaba. Il suo viso è di un pallore terreo: le sue mani martellano incessantemente il tavolo. Ho finito; mi sembra che egli attenda ancora di sapere qualche cosa che io ignoro, e che è dentro di lui. Quando, finalmente, riprende a parlare, e le sue parole riempiono il silenzio, il timbro della sua voce è cupo, aspro, irato. "Devono saperlo," prorompe "anche di là dalle Alpi, come sanno morire gli italiani! Hanno voluto questo processo, e voi sapete che cosa io pensavo! Le cosiddette ragioni di Stato hanno imposto questo atto supremo, ma gli italiani diranno domani che il sanguinario sono stato io!..."»

Il mattino convocò il Consiglio dei ministri. Prima di aprire la seduta annunciò «Giustizia è fatta!» con il tono e l'aspetto da DUCE, tutto maiuscolo, appena riconquistato di fronte ai suoi uomini.

Mancavano quattordici mesi alla sua morte ma, disse nel marzo 1945: «Da quella mattina di gennaio sto morendo». Era sempre più legato agli affetti familiari, ai rimpianti, ai rimorsi, come capita a chi si avvicina alla fine, e nel tempo che gli restò Galeazzo tornò spesso nella sua vita. Era lui che, ossessionato, voleva farcelo tornare. Non per il senso di colpa, troppo semplice. Doveva ammettere che – pure se avesse voluto – non avrebbe potuto salvarlo e, peggio, doveva accettare che molto probabilmente – anche se avesse potuto – non l'avrebbe salvato. Parlava del genero con molti dei suoi visitatori e cercò uno per uno chi aveva assistito alle ultime ore del condannato. Si affannava a ribadire che Ciano era morto bene, che era meno colpevole di altri, che la condanna era inevitabile. L'ambasciatore Rahn poté impedirgli a stento di pubblicare un articolo con espressioni di apprezzamento sull'operato del genero come ministro degli Esteri. Si infuriava ogni volta che ne sentiva parlare male o che i giornali, succedeva spesso, ricordavano le ricchezze accumulate dai Ciano.

Il giorno dopo l'esecuzione poté leggere le ultime lettere di Galeazzo per Edda e la madre. Durante la lettura gli tremavano le mani, poi scrisse a entrambe e non si può dire quale delle due corrispondenze sia la più dolorosa. Con Edda comunicava anche per il tramite di don Giusto Pancino, un prete che la figlia aveva conosciuto da ragazza e che faceva la spola fra la Svizzera e Gargnano. Il primo messaggio di Edda per il padre fu: «Gli dica che la sua situazione mi fa pena; gli dica che due sole soluzioni potranno riabilitarlo ai miei occhi: fuggire o uccidersi»; era il 23 marzo, può essere un caso che fosse proprio il venticinquesimo anniversario della nascita del fascismo? Due mesi dopo: «Porto il nome insanguinato di mio marito con orgoglio. E questo valga per te, per i tuoi servi e per i tuoi padroni».

I messaggi di Benito erano sommessi, quasi umili: «Cara Edda, il tanto bravo Padre Pancino mi ha portato la tua risposta e le tue notizie che attendevo con ansia. Mi rendo conto della tua situazione e spero che un giorno più o meno lontano ti renderai conto della mia, e personale e politica». Risposta: «L'ingiustizia e la vigliaccheria degli uomini e tua mi hanno fatto tanto soffrire che ormai non posso più soffrire oltre. Prego solo che tutto finisca presto».

La vedova di Galeazzo Ciano fu di parola. Benito riebbe il rispetto e l'amore della figlia quando anche lui venne fucilato. Prima di quel giorno, Edda firmò il contratto per la pubblicazione negli Stati Uniti dei diari 1939-1943. Benito non fece in tempo a leggerli, ma già da molti mesi la stampa nemica e quella neutrale pubblicavano «sensazionali rivelazioni» e anticipazioni. Benché fossero dei falsi, erano abbastanza verosimili per dargli modo di affrontare il discredito che avrebbero gettato sulla sua figura storica e umana. Proprio lui aveva consigliato a Galeazzo di tenere un diario, se ne ricordava benissimo. Ma era accaduto cento anni prima, almeno così gli sembrava.

***

Nella disperata difesa della Rsi e di sé stesso, Mussolini tentò la carta della socializzazione per restituire un contenuto rivoluzionario al nuovo fascismo. Il programma – di fatto mai applicato – prevedeva l'acquisizione da parte dello Stato delle aziende di interesse pubblico, l'immissione dei lavoratori nella loro gestione e la ripartizione degli utili tra proprietari e lavoratori. La socializzazione non piaceva ai tedeschi, che volevano il controllo assoluto della produzione; ovviamente non piaceva neanche ai proprietari e, meno scontato, lasciava freddi gli stessi lavoratori, che la giudicavano una misura propagandistica.

Il 6 giugno 1944 iniziò lo sbarco alleato in Normandia che annunciava la riconquista dell'Europa continentale. In quel mese un rapporto personale inviato a Benito dal capo del Servizio assistenza degli internati italiani in Germania, Marcello Vaccari, diceva senza mezzi termini: «I lavoratori considerano la socializzazione come uno specchio per le allodole, e si tengono lontani da noi e dallo specchio». A fine novembre espose al figlio Vittorio, che dirigeva la sezione tedesca del Partito fascista repubblicano, l'idea di far arruolare gli italiani in Germania nel Volkssturm, la milizia suicida per la difesa territoriale in cui i nazisti facevano confluire vecchi e ragazzi.

Alla Fiat, per l'elezione dei consigli di fabbrica, il 9 marzo 1945, votò solo l'1,3 per cento degli aventi diritto. La socializzazione contraddiceva oltre venti anni di storia del regime, che aveva riconosciuto ai proprietari la gestione esclusiva delle aziende. Allo stesso modo l'interminabile polemica antimonarchica non spiegava come il fascismo avesse potuto convivere per tanti anni con la monarchia, anzi rafforzava l'idea che Mussolini avesse mantenuto al potere dei traditori. La Rsi finì così per compromettere l'essenza religiosa del fascismo, l'infallibilità.

Per giustificare il proprio fallimento, Benito tentava di vivere su una pianta negandone i frutti e tagliandone i rami. Di conseguenza la maggioranza dei repubblicani, delusa e confusa, subì sempre meno il fascino di quel dio che implicitamente rinnegava sé stesso; solo una minoranza continuò a credere che fosse ingannato da chi gli stava vicino. Le masse non rispondevano più al fascino del capo e ai richiami della religione della patria, non si riconoscevano in quel fascismo più crudele della guerra. Ma la spirale era inarrestabile e la Rsi puntò proprio su uno dei valori tipici della cultura fascista, la violenza contro il nemico. Il bagno di sangue che chiuse l'epopea della Repubbli-

Mussolini visita con Hitler la sala conferenze nel quartier generale del Führer, distrutta dopo l'attentato del 20 luglio 1944. (akg-images/Mondadori Portfolio)

ca sociale era una conseguenza diretta del tentativo di un ritorno alle origini.

Il 26 giugno 1944 venne istituito il corpo delle Brigate nere, comandato da Pavolini, entrambi incarnazione della componente fanatica e disperata della Repubblica di Salò. «Le Brigate Nere sono una famiglia che combatte una guerra di religione» ripeteva il segretario del partito. All'ambasciatore Rahn spiegò: «Gli italiani non amano essere chiusi in caserma, inquadrati, irreggimentati, dover sottostare all'addestramento, portar vistose e pesanti divise. Il movimento partigiano ha successo perché il combattente nelle file partigiane ha l'impressione di essere un uomo libero. [...] Bisogna, quindi, creare un movimento antipartigiano sulle stesse basi e con le stesse caratteristiche». Curiosa motivazione per il gerarca di un regime che aveva fatto della disciplina militare e militaresca uno dei propri punti basilari.

Con le Brigate nere Pavolini giunse a un livello di violenza tale che lo stesso Wolff (lupo di nome e di spirito) lo accusò di «eccessi terroristici». Pavolini sapeva che la guerra era persa, che il fascismo era finito, e voleva la bella morte, con le armi in pugno. Su questo slancio romantico subì uno sberleffo del caso – in un combattimento con i partigiani venne ferito al sedere –, ma fu l'u-

Nella pagina successiva: Rastenburg, luglio 1944. Hitler e Mussolini con, da sinistra, Hermann Goering, Heinrich Himmler e il generale Bruno Loerzer. (Art Media/Heritage-Images/Mondadori Portfolio)

Milano, 16 dicembre 1944. Mussolini esce dal Teatro Lirico con il segretario del Partito fascista repubblicano Alessandro Pavolini con (alle sue spalle) il sottosegretario alla presidenza del consiglio Francesco Maria Barracu dopo il discorso alle Camicie nere. (Mondadori Portfolio)

nico che, nella colonna in fuga della quale faceva parte Mussolini, resistette ai partigiani: uscì sparando all'impazzata dal camioncino penosamente adattato ad autoblindo con fogli di lamiera, si gettò nel lago, già ferito al viso e al corpo, fuggì a nuoto, fu inseguito in barca, lo raggiunsero, gli spararono alle gambe con un fucile a pallini, lo colpirono alla testa con un remo. Non morì. Lo fucilarono in piazza mentre gridava «Viva l'Italia!».

Il senso che si voleva dare alle Brigate e ai combattenti repubblicani, e che molti sentivano sinceramente, era la purezza dell'ideologia trasformata in durezza cristallina. Tra rastrellamenti, rappresaglie e massacri dimostrativi, durante la parabola della Repubblica sociale le forze tedesche e fasciste uccisero oltre diecimila civili. I caduti della Resistenza – in battaglia e in prigionia – furono quarantaquattromilasettecento, cui vanno aggiunti i circa quarantamila militari, che non avevano aderito all'esercito fascista, morti nei lager tedeschi.

Di quella violenza «tracce se ne rinvengono anche tra i resistenti», ha scritto Claudio Pavone. «Tracce» è una stima imprecisa e prudente: l'ossessione per la violenza e la morte eroica era un'eredità generalizzata del fascismo per chi voleva affermare progetti ideali e sociali. Non basta dire che la guerra è guerra: è evidente che nella guerra civile ci fu – da entrambe le parti – l'argomento teologico della «guerra giusta». Non si uccideva solo per motivi politici, militari o di vendetta, si uccideva senza pietà, senza distinzione e senza limite, a volte senza motivo. Ognuno credeva di possedere la verità, e si arrogava il diritto di ridurre l'avversario senza forza né parole, di sterminarlo: la Resistenza fu anche una guerra di religione il cui dogma principale, come per i fascisti, non era convertire i miscredenti, era farli scomparire dal creato. Con la Liberazione giunse, inevitabile, il momento delle vendette e della purificazione. È stato calcolato che alla fine di aprile 1945 i partigiani uccisero tra i dodicimila e i quindicimila fascisti, ormai sconfitti. La strage continuò pure dopo.

Il tema è stato fin dall'inizio inquinato da omertà, narrazioni incontrollate e forzature. Basti pensare che nel 1952 si diffuse l'astronomica cifra di trecentomila fascisti uccisi, sopravvissuta anche quando venne smascherata come un falso dal suo stesso creatore: il giornalista Guglielmo Giannini, fondatore del movimento dell'Uomo qualunque, la mise in circolazione per influire sul dibattito intorno all'approvazione della legge Scelba. La legge, che instituì il reato di apologia del fascismo, non impedì ai fascisti di costruire una loro memoria, una loro storia e un loro martirologio. Il deputato missino Giorgio Pisanò, ex milite della Muti e della Decima Mas, che dedicò imponenti volumi al fascismo e alla guerra civile, fissò in circa trentacinquemila le vittime fasciste dopo la Liberazione. Studi più recenti e più obiettivi – a partire da quelli di Mirco Dondi – che non sempre riescono a distinguere tra giustiziati e morti in combattimento, hanno calcolato quasi diecimila fascisti morti.

***

«Anche i tedeschi hanno i loro traditori, e nemmeno tanto bravi», commentò Benito parlando al figlio Vittorio il 20 luglio 1944 mentre attraversavano il Reich in treno. Il Führer aveva convocato il duce, e durante il viaggio era arrivata la notizia di un attentato dinamitardo a Hitler – andato a vuoto – e del fallito colpo di Stato della Wehrmacht, soffocato in poche ore. La bomba piazzata nella «tana del lupo» era esplosa durante una riunione a cui avrebbe dovuto partecipare anche Mussolini. È altamente probabile che i congiurati sperassero di eliminare pure lui. Per errori di calcolo, Hitler rimediò solo qualche contusione e, dopo avere cambiato i vestiti laceri, si precipitò alla stazione per accogliere l'ex maestro, ora luogotenente. Benito lo trovò leggermente curvo, coperto da una mantella e, dal momento che il braccio destro era ferito, gli strinse calorosamente la mano sinistra.

Hitler lo condusse a esaminare i suoi vestiti e la sala distrutta. Poi conversarono seduti sulle macerie: Hitler disse che la situazione era difficile ma che presto l'avrebbe ribaltata; probabilmente fece riferimento alle nuove tecnologie che stava perfezionando. Il clima del colloquio permise a Benito di segnare alcune piccole vittorie, dopo l'umiliazione subita con la perdita di Roma, un mese e mezzo prima. Ottenne la consegna di diversi ufficiali di marina condannati dai tedeschi e riuscì a far sì che gli internati impiegati nell'industria bellica avessero lo *status* di lavoratori civili.

Fra i congiurati che avevano attentato a Hitler, quelli non fucilati sul posto furono processati e impiccati con il filo di ferro. Nelle settimane successive Mussolini raccolse con cura tutti gli articoli riguardanti l'attentato. Aveva molti punti in comune con il 25 luglio 1943. I congiurati erano aristocratici militari, in buona parte membri della classe dirigente che aveva sostenuto il regime e ora voleva evitare che lo Stato si schiantasse nella folla corsa imposta dal dittatore. Come in ogni altro aspetto, anche in questo caso gli avvenimenti tedeschi avevano superato per drammaticità quelli italiani.

***

Benito comunicò con Edda un'ultima volta, alla fine del 1944, mandandole molto denaro, la quota che le spettava per la vendita del «Popolo d'Italia». Lei accettò perché ne aveva bisogno «ma appena posso te lo restituisco. Non voglio avere niente da te». Furono le parole d'addio per l'altro amore deluso della sua vita, il più grande e appassionato.

Dalla vendita del giornale – testata, edificio, tipografia – Mussolini ricavò ottantasei milioni di lire e centomila franchi svizzeri (pari a ventitré milioni di lire), che probabilmente gli servirono proprio per la quota di Edda. C'è chi sostiene che la parte in franchi fu fornita da Churchill, per motivi legati alla fantomatica corrispondenza con Mussolini: una vicenda suggestiva, ma non dimostrata e nella quale non entreremo, per non alimentare la fantastoria. Certo è, invece, che per Benito quel giornale era l'impresa della vita, a parte il fascismo, un suo orgoglio professionale, e che l'averlo perduto fu un dolore.

Nello stesso periodo si vide «infangare» la terra natale. Il 9 dicembre scrisse a Clara: «Tutta la nostra Romagna [...] è ora sotto il gioco odiatissimo dei negri, polacchi e simili bastardi». Dovette prendere atto anche della vittoria sovietica e di una sconfitta per lui forse più bruciante: «Il comunismo ha creato un popolo "militare"; il fascismo non vi è riuscito! Dipende dal popolo o dalla dottrina? Terribile dilemma». Terribile è il semplicismo del suo dilemma.

Vicino alla fine, il duce si interrogava pure su questioni più concrete, come l'opportunità di abbandonare l'isolamento del Garda: «Cosa faresti se domani io decidessi di lasciare questo pettegolo borgo» scrisse a Clara il 12 dicembre «e mi stabilissi a Milano almeno per una settimana su quattro del mese?». Tornò nella sua «città santa» pochi giorni dopo, con il pretesto di pronunciare un discorso commemorativo per il federale Aldo Resega, nell'anniversario della sua uccisione per mano dei partigiani. Fu il primo comizio pubblico dopo la caduta del regime. La Scala era inagibile per i bombardamenti e venne scelto il teatro Lirico, a pochi metri da via Paolo da Cannobio, dove tutto era cominciato. La prossimità accentuò la malinconia di Benito che, sconfortato, si sfogò con Clara mentre finiva e limava il testo: «Quanto al mio discorso [...] sarà l'ultimo».

Milano fu imbandierata, ripulita, rastrellata accuratamente. L'apparizione del duce era preziosa per sostenere la Repubblica, e confluirono fascisti da tutte le province, molti in reparti armati. Le poltrone del teatro erano riservate ai gerarchi e ai membri delle istituzioni, il popolo avrebbe seguito il discorso tramite megafoni nel centro cittadino.

Mussolini visse quel ritorno sulla scena come una medicina, dando poco peso a dettagli che invece il pubblico notò: per la prima volta nella sua carriera di tribuno lesse il discorso con tanto di occhiali. Si potrebbe pensare a una strategia di comunicazione, per dare di sé un'immagine diversa, se non avesse esibito le modulazioni oratorie di sempre. Semplicemente non riusciva più a fare a meno degli occhiali, e non voleva parlare a braccio – non poteva permetterselo – in quell'occasione così speciale. Lanciò strali contro i traditori, annunciando con toni messianici la riscossa. «Camerati, cari camerati milanesi! Rinuncio ad ogni preambolo ed entro subito nel vivo della materia del mio discorso» esordì, scagliandosi contro la «cricca monarchica» che alleandosi con le «plutodemocrazie» stava portando il paese e l'Europa al collasso. Ripercorse la storia del suo nuovo regime, fondato sul popolo rimasto fedele alla crociata dell'Asse e soprattutto al fascismo, quello puro e

Nella pagina accanto: Benito Mussolini in una foto probabilmente scattata nel 1944. (Mondadori Portfolio/Archivio GBB)

originario. Sottolineò: «Il programma del fascismo repubblicano non è che la logica continuazione del programma del 1919 [...]. Il seme è gettato. Qualunque cosa accada, questo seme è destinato a germogliare». Parlava della socializzazione, il progetto che gli permetteva di costruire un nuovo apparato propagandistico-retorico. Evocò lo scenario fantastico di una «resistenza anti-alleata» nell'Italia occupata: «Credo di essere nel vero se affermo che le popolazioni della valle del Po non solo non desiderano, ma deprecano l'arrivo degli anglo-sassoni».

Senza fare riferimenti espliciti, vagheggiò di armamenti avveniristici, dette per imminente una svolta nella guerra grazie alle «armi nuove» di Hitler, «tali da ristabilire l'equilibrio e successivamente la ripresa dell'iniziativa nelle mani germaniche. [...] Certo è che la serie delle sorprese non è finita; e che migliaia di scienziati germanici lavorano giorno e notte». Dal momento che «le forze armate tedesche [...] sono in una fase di crescente sviluppo e potenza», la roccaforte degli italiani liberi doveva resistere in attesa del riscatto dell'Italia e dell'Europa: «Noi vogliamo difendere, con le unghie e coi denti, la valle del Po». Il pubblico gridò «sì». «Noi vogliamo che la valle del Po resti repubblicana in attesa che tutta l'Italia sia repubblicana.» Urla entusiastiche: «Sì! Tutta!». «Il giorno in cui tutta la valle del Po fosse contaminata dal nemico, il destino dell'intera nazione sarebbe compromesso; ma io vedo, io sento, che domani sorgerebbe una forma di organizzazione irresistibile ed armata, che renderebbe praticamente la vita impossibile agli invasori. [...] I sei partiti antifascisti si affannano a proclamare che il fascismo è morto, perché lo sentono vivo. Milioni di italiani confrontano ieri e oggi; ieri, quando la bandiera della patria sventolava dalle Alpi all'equatore somalo e l'italiano era uno dei popoli più rispettati della terra.»

Concludendo: «Già si notano i segni annunciatori della ripresa [...] È Milano che deve dare e che darà gli uomini, le armi, la volontà e il segnale della riscossa». La riscossa sembrò arrivare davvero per i cittadini fiduciosi nella propaganda e per i gerarchi più esaltati: nelle stesse ore i tedeschi lanciarono la micidiale controffensiva nelle Ardenne, che sulle prime fermò l'avanzata verso Berlino degli Alleati. Ma i più lucidi e informati non si facevano illusioni, compreso Mussolini, che dopo avere esortato pubblicamente a riconquistare la Valle Padana iniziò a discutere con Graziani e Pavolini la possibilità di allestire una roccaforte in Valtellina.

Milano gli regalò comunque tre giorni memorabili. Aveva sentito la propria voce risuonare nel teatro tra gli applausi e le invocazioni dei gerarchi, e nei due giorni successivi si concesse giri in automobile per la città, tra ali di militi e cittadini acclamanti. Fece tappa in piazza San Sepolcro e in piazza Duomo, improvvisando altri piccoli comizi, circondato da fedelissimi e da drappelli di giovani soldati, scelti tra i più entusiasti e aitanti. Affacciato al balcone di Palazzo Carmagnola espresse alla folla, insieme a uno sfogo razzista, un compiacimento romantico: «Se qualcuno [...] dei nostri multicolori nemici, e dico multicolori perché accanto a pochi bianchi bastardi sono genti di tutte le razze, avesse assistito alla sfilata di oggi in via Dante si sarebbe convinto che, malgrado il grigiore di questo autunno, la grande primavera della Patria è imminente». Benito non si poteva permettere di vedere ciò che verbalizzò la polizia: chi lo applaudiva era «gente in divisa; il resto era quasi distratto e poco entusiasta». Alcune grida ostili furono subito messe a tacere in un modo che è facile immaginare.

Assurdamente inorgoglito dai commenti della stampa, che lodava il suo «coraggio» a mostrarsi tra la gente, Benito scrisse a Clara: «Un capo deve sapere rischiare un colpo di pistola». E, se Milano «è in gran parte rasa al suolo», «come gente è piena di vita». Infine, il proposito di tornare: «Milano attende ora il governo. Non si può più a lungo restare nel budello della gardesana».

Era proprio in quel «budello» che i tedeschi lo volevano, a prendere ordini senza tenere concioni che a Berlino apparivano grottesche. Mezzasoma si lamentò con Rahn per lo scarso rilievo dato in Germania al discorso, «quasi si trattasse di un avvenimento di secondaria importanza»; il ministro della Propaganda esaltava «i provvedimenti sociali presi dal Governo della Repubblica, provvedimenti che del nostro Governo dimostrano la vitalità e la volontà di agire in senso europeo». Per i nazisti erano aria fritta.

Com'era prevedibile, il ritorno a Gargnano prostrò Benito, mettendolo di fronte alla realtà e alle sue stesse menzogne: «Io non sono che un ridicolo personaggio. Io sono un fantoccio grottesco. Io sono preso in giro bellamente» scrisse a Clara. «La valle del Po va alla malora e le unghie non si vedono e i denti meno ancora. Ciò che ho detto nel discorso di Milano è stato ignorato in Germania. Prossimamente andrò improvvisamente in una piazza a parlare. Al punto in cui sono le cose, non mi importa di essere ucciso. Lo desidero ardentemente». Il 6 gennaio 1945 rincarò la dose: «Quelli vengono avanti. Dove sono le unghie e i denti per difendere la valle del Po? Al lato opposto».

Nella lettera di due giorni dopo, il crollo si manifestò totale: «Io non sono più nulla. Io sono un personaggio ormai del tutto insignificante. E tu, d'altronde, non mi ami più». Mancavano poco più di cento giorni alla fine.

***

Fantasticava su una riscossa di Hitler e seguiva ossessivamente i minimi progressi delle truppe tedesche. Mentre il suo feudo si restringeva sempre di più, attendeva la battaglia risolutiva nell'Europa del nord.

Le visite pubbliche gli davano sollievo, soprattutto quelle alle divisioni impiegate nella lotta antipartigiana o in addestramento. «Vado tra i soldati che mi vedranno sempre – io spero – volentieri» scrisse a Clara il 24 gennaio 1945, prima di passare in rassegna la Divisione Italia, ottenendo solo una risposta sgradevole: «A che scopo vai a rischiare la vita? Per vedere ancora delle divisioni che non combatteranno? Per prendere in giro te stesso e gli uomini che vedrai, e noi tutti insieme?».

Clara è una complessa comprimaria nella tragedia. Lo blandiva, lo esortava all'estremismo più spietato e quando lui la evitava lo investiva di insulti che sembravano uscire dalla coscienza collettiva: «Sei un autentico disgraziato. Ti disprezzo» gli scrisse in quell'inverno. «Quando un uomo che io consideravo un Capo, un Dio e per il quale voglio o volevo morire – sino all'ultimo per lui – è ridotto in questo stato di alienazione... basta! [...] Io non ti posso più seguire». Appena i litigi sfumavano, rimaneva l'angoscia della fine: «Tutto è buio e la possibilità di una disfatta tedesca è talmente spaventevole che annichilisce». Di fronte alla disperazione e alla delusione per la caduta del suo dio, Clara non mostrava dubbi: «Il tuo destino – sia in bene che in male – è il mio, e viceversa. Io non ho alcuna preoccupazione di carattere fisico né di carattere morale. Non finirò viva nelle mani dei ribelli e dei bonomiani e anglo-russi-americani: ciò è certo». La storia la smentì.

Con il nuovo anno il fisico di Benito riprese a declinare. «Non si ha impunemen-

Nella pagina successiva: Bergamo, 1944. Passando in rassegna la Brigata nera Leonessa, Mussolini saluta un giovanissimo volontario. (akg-images/Mondadori Portfolio)

Milano, anni Trenta. Mussolini e il cardinale Alfredo Ildefonso Schuster al termine di una visita del duce. (Mondadori Portfolio)

te, cioè senza gli oneri connessi, l'età di anni sessantadue. Spaventevole cifra! Per fortuna sono già morto» scrisse a Clara il 4 febbraio 1945. E qualche giorno dopo: «Che bella cosa quando si sarà nel regno delle ombre». Il 3 marzo le confidò: «Troppa gente ricevo e qualcuno con evidenti segni di pazzia». Erano i fanatici che gli portavano falsità, illusioni.

Anche l'amore per Clara aveva il sapore della fuga, continua quanto impossibile. Il loro rapporto si consumava proprio nel cuore del potere tedesco sul Garda, nella Gardone Riviera fiorita a fine Ottocento grazie a danarosi intellettuali e imprenditori germanici, poi resa celebre dal Vittoriale di d'Annunzio. Affacciata sul lago c'è Villa Fiordaliso, l'alcova scelta da Clara benché la trovasse «troppo poco moderna». Era protetta dalle SS di guardia, con il beneplacito di Benito, che già nel novembre 1943 aveva ricevuto rapporti su progetti di attentati ai Petacci da parte sia di partigiani sia di fascisti.

La sorveglianza dei tedeschi andava stretta a entrambi, e spesso si proteggevano dagli sguardi indiscreti incontrandosi a Villa Fiordaliso per poi sgattaiolare nella vicina Torre San Marco, un falso medievale trasformato in darsena privata da d'Annunzio. La loro semiclandestinità era necessaria per confondere la rete di spie e informatori mobilitati da Rachele, ora meno che mai disposta a sopportare i tradimenti del marito, tanto più con «quella donna». La sua gelosia era esasperata dalle critiche aperte degli stessi funzionari fascisti per le trame politiche e finanziarie che Marcello e Clara Petacci ordivano con i vertici nazisti in Italia.

Il 3 aprile 1945 Rachele decise di affrontare la rivale a viso aperto. Nonostante una forte pioggia, la testa insaccata nel foulard, si fece accompagnare a Villa Fiordaliso e pretese di vedere la «signora». Nemmeno le SS di guardia la fecero desistere. La giovane dovette apparire nell'atrio e fu subito investita dalle urla dell'attempata contadina, che ricordò così la scena: «Le gridai che era odiata da tutti [...] e continuava a sciogliersi in lacrime». L'ufficiale SS addetto a Claretta riportò dettagli più brutali e precisi: «Siete una puttana! Che eleganza. Veste bene la mantenuta di un capo di Stato. E guardate me che l'ho sposato! Cosa credete di essere? Credete di aver fatto perdere la testa a mio marito ma mi fate ridere, perché ne ha avute tante ma tante, siete stata tradita anche voi, e forse ha tradito più voi che me... non vi vuole bene me lo ha detto ieri che se vi levate dai piedi gli fate un piacere... e fate un piacere a tutti». Clara si difese con il silenzio, abilmente. «Finirete male, signora» ha raccontato Rachele di averle urlato alla fine, prima di lasciarsi allontanare da Buffarini Guidi subito accorso.

Benito seppe quasi in diretta dello scontro e – come aveva sempre fatto durante le crisi familiari – ne restò lontano. Quella notte rimase nel suo studio a Villa delle Orsoline, mentre le due donne affrontavano ognuna il proprio smarrimento.

Tornata a Villa Feltrinelli, Rachele tentò il suicidio inghiottendo candeggina, la cameriera se ne accorse in tempo e la fece vomitare. Rachele non voleva morire, rincorreva un passato perso, il presente era invivibile, il futuro angosciante. Benito fu informato prontamente. «Non aveva il coraggio di venire da me» ricordò Rachele «anche se si macerava nel timore di perdermi. A un certo punto mi fece recapitare un biglietto che mi commosse: con grande umiltà mi domandava se desideravo vederlo». La raggiunse, non sappiamo cosa le disse ma riuscì a ricostruire una parvenza di equilibrio in quel rapporto ormai compromesso.

Allo stesso tempo Benito scrisse all'amante che, crollata dopo l'incontro, si era ripresa con del cognac e alcune gocce di

Salò, marzo 1944, Villa Feltrinelli. Da sinistra, Orsola Buvoli, moglie di Vittorio, Rachele, Guido, figlio di Orsola e Vittorio, Romano, Vittorio. Alle spalle del duce, dopo due persone non identificate, Maria, figlia di Bruno, accanto alla madre, Dina Ruberti, e Anna Maria. (Mondadori Portfolio)

cardiotonico. Le inviò un biglietto breve, passionale e retorico, conosceva i gusti di Clara: «Mi piacerebbe stare almeno una notte ancora con te, svegliarci insieme e salutare dalle finestre spalancate il lago e il sole... Il nostro avvenire è sospeso a un filo. Si decide attraverso l'urto della guerra». Nei giorni successivi, il fantasma di d'Annunzio sembrò venirgli in aiuto: Clara fu trasferita all'interno delle mura del Vittoriale, a Villa Mirabella, messa a disposizione dall'architetto Gian Carlo Maroni, sovrintendente del Vittoriale. Per un curioso incrocio di destini, in quella villa il Vate ospitava la moglie quando andava a trovarlo, mentre teneva le amanti in casa. Il duce avrà pensato che d'Annunzio, stavolta, lo aveva battuto.

Fu un soggiorno breve, Benito iniziò a progettare la fuga dal Garda, e Clara era determinata a seguirlo.

***

Rimbalzavano notizie e smentite sulla disponibilità del governo elvetico a concedergli asilo, e Mussolini conservava tutti gli articoli sull'atteggiamento della Svizzera nei confronti dei vertici fascisti. Mandando i ritagli a Clara, il 5 aprile, commentò: «Gli svizzeri non si disturbino. Non li disturberò». Nondimeno continuò a informarsi e a predisporre un arroccamento vicino al confine elvetico.

Da mesi Pavolini e gli irriducibili di Salò premevano per la creazione di una roccafor-

Mussolini a Gargnano, all'esterno della villa sede del quartier generale delle forze armate, attorniato da fedelissimi e collaboratori (tra cui Francesco Maria Barracu) parla agli ufficiali della Guardia nazionale repubblicana. (Istituto Luce Cinecittà/contrasto)

te in Valtellina, il cosiddetto Ridotto alpino repubblicano: decine di migliaia di uomini armati sarebbero confluiti in caverne e trincee d'alta quota, dove il duce avrebbe resistito fino alle trattative con gli angloamericani, alla riscossa tedesca o alla morte eroica.

Il 4 aprile, durante l'ultima riunione sul Garda del Pfr, Pavolini ordinò ai fascisti di entrare nelle forze armate del partito. Il nemico incalzava da ogni lato. Mentre i tedeschi distoglievano forze dalla penisola per schierarle in difesa di Berlino, i partigiani si preparavano a uscire allo scoperto anche nel cuore della Rsi. Tra la fine di marzo e i primi di aprile la sezione lombarda del Cln annunciò l'imminente insurrezione, il nemico doveva decidere: «arrendersi o perire». Deporre le armi significava avere salva la vita, che sarebbe proseguita in un campo di concentramento. Per gli ufficiali delle formazioni politiche fasciste, invece, non ci sarebbe stato scampo, il plotone d'esecuzione era assicurato. Dopo giorni di discussioni, il 12 aprile fu deciso il futuro dei vertici del regime. Il Comitato di liberazione nazionale Alta Italia (Clnai) dichiarò Mussolini, Graziani, Pavolini – tra gli altri – «traditori della patria e criminali di guerra» passibili di arresto e di fucilazione.

La condanna del dittatore fu comminata e diramata proprio nel giorno della morte del presidente americano Roosevelt. La sua scomparsa riaccese in Benito la speranza di un naufragio degli accordi di Jalta, con un capovolgimento di alleanze: fascisti e democrazie uniti in un fronte anticomunista. Un mese prima, il 13 marzo, aveva scritto al cardinale di Milano Alfredo Ildefonso Schuster chiedendogli di inoltrare agli Alleati una proposta di accordo da applicare nel momento in cui le truppe tedesche avrebbero lasciato il territorio italiano. Le forze armate fasciste si impegnavano a mantenere l'ordine pubblico e a collaborare con le truppe alleate nella repressione di «ogni movimento incontrollato ed estremista di formazioni irregolari o di piazza (bande partigiane, comuniste, comizi, scioperi ecc.)». Il duce si impegnava a sciogliere il governo fascista e a trasmettere i poteri a un'assemblea costituente con la partecipazione di tutti i partiti. In cambio, agli Alleati veniva chiesto di garantire l'incolumità dei fascisti, abolire ogni pratica di epurazione – già in atto nel Regno del Sud – e riservare eventuali processi a reati indipendenti dalla guerra. Mussolini pensava addirittura, si illudeva, di potere negoziare la sorte dei capi del regime. La proposta fu recapitata e rigettata categoricamente, senza possibilità di trattativa.

Il duce non si rassegnò e, sempre per il tramite del cardinale, considerò la possibilità di un passaggio di consegne ai socialisti in cambio dell'incolumità dei fascisti. Per preparare il terreno sarebbe arrivato a concedere la grazia a un gruppo di partigiani condannati. Era un ultimo colpo di coda politico destinato a cadere nel vuoto.

Conscio dell'imprevedibilità della sorte che aspettava lui e l'Italia, continuò da un lato a galvanizzare gli estremisti e dall'altro a ragionare con chi riteneva l'ultima resistenza una chimera da esaltati. Il 19 marzo scrisse a Clara: «Posto che ormai non posso fare la guerra, debbo fare della politica. A Gargnano non si fa, non si può fare. Quindi trasporto le mie tende a Milano». Doveva uscire dal supersorvegliato «budello del Garda»: nella *sua* città avrebbe recuperato la libertà d'azione necessaria a negoziare, adunare, improvvisare e, all'occorrenza, sparire. Il 16 aprile convocò il Consiglio dei ministri e annunciò la partenza per l'indomani: in due giorni avrebbe esaltato gli italiani, com'era avvenuto in dicembre con il discorso del Lirico, e riunito i fedeli. Poi sarebbe tornato, assicurò.

Rachele ha raccontato i loro ultimi attimi insieme, mentre Benito stava per salire sull'auto: «All'improvviso si voltò e mi fissò per qualche istante, poi tornò verso casa, attraversò l'anticamera e la sala centrale e uscì sulla veranda che dava sul giardino e il lago. Abbracciò con uno sguardo tutto il paesaggio [...]. Sembrò respirare profondamente, poi alzò la testa verso la finestra della sua camera, come ascoltando qualcosa. In effetti, anche se i suoni non venivano da lì, era Romano che suonava il pianoforte nel salotto vicino». Ecco il ricordo di Romano: «Accennavo le note della *Vedova allegra* di Franz Lehár; mio padre aveva avuto in regalo l'originale dello spartito dal compositore ungherese e si entusiasmava ogni volta che io ne suonavo la musica. [...] Quando lo vidi entrare nella stanza, pensai che volesse ascoltarmi per qualche momento stando in piedi dietro a me, come aveva fatto altre volte. Invece mi abbracciò. "Ciao Romano" mi disse con una voce bassa e malinconica che non era la sua: "continua a suonare". Uscì nel cortile e raggiunse l'auto».

Vittorio, più grande di undici anni, aveva tutt'altri progetti. Dopo il 25 luglio era stato in prima linea nella costituzione di un nucleo di «resistenza» fascista a fianco dei nazisti e nella Repubblica sociale era uno dei più stretti collaboratori del duce. In veste di «segretario particolare», ricopriva incarichi fiduciari per il capo, fosse per gli interessi dello Stato o per quelli del clan. Il più delicato fu mettere al sicuro i fondi a disposizione di Mussolini presso la Banca d'Italia: le vicende di questo tesoro sono state documentate da una recente indagine di Federi-

Milano, 23 aprile 1945. Mussolini con il segretario del Partito fascista repubblicano Alessandro Pavolini, e la figlia naturale Elena Curti. (Mondadori Portfolio)

co Fubini, che ha incrociato la documentazione del dirigente Niccolò Introna con gli archivi della Banca d'Italia. Nelle relazioni di Introna emerge l'impatto della presidenza Mussolini sulle riserve auree dello Stato: delle seicento tonnellate d'oro depositate nel 1931 – cui si aggiunsero le quasi sessanta raccolte con l'oro alla patria e i saccheggi in Francia e Jugoslavia –, nel 1943 erano rimaste circa centoventi tonnellate.

Il 6 ottobre 1943 Benito incaricò Vittorio di ritirare dalla Banca d'Italia i due conti a disposizione della presidenza, uno con quasi dieci milioni e l'altro con 135.263 lire, e di farli trasferire, a suo nome e a quello del padre, in due filiali della banca rispettivamente a Verona e Brescia, pretendendo un rendimento del 4 per cento. Il conto di Brescia servì a coprire le spese degli apparati di Salò e probabilmente della famiglia Mussolini. Il conto veronese, intestato a Vittorio, rimase pressoché intonso fino a quando il padre lo raggiunse a Milano. Vittorio ritirò cinque milioni e li tenne a loro disposizione in prefettura finché entrambi lasciarono la città, il 25 aprile. Il denaro della presidenza del Consiglio fu forse diviso con il padre prima della partenza e confluì in parte nella fortuna sequestrata a Dongo, lo vedremo, in parte sparì assieme a Vittorio.

***

Da Gargnano partì un convoglio. Oltre all'auto presidenziale, la lussuosa Alfa Romeo 2300 Torpedo, c'erano altre cinque vetture con il seguito, un furgone di bagagli, una camionetta della Guardia del duce e quattro autocarri con un battaglione SS contraereo. Tutto era organizzato dai due ufficiali SS che Hitler aveva messo alle calcagna del duce – il capitano Otto Kisnat e il sottotenente Fritz Birzer – con l'ordine di proteggerlo e, ancora di più, sorvegliarlo,

La visita a Milano non fu né pubblicizzata né celebrata. Benito si stabilì nella sede della prefettura, massiccio palazzo in corso Monforte, a pochi isolati dal duomo, trasformato in fortezza dalla Legione Muti. Il dittatore ebbe una maratona di riunioni con i rappresentanti delle istituzioni cittadine e statali, capi militari, rappresentanti politici e giornalisti. Poche le comunicazioni e gli atti ufficiali. Il primo fu un messaggio a Hitler, con gli auguri per il compleanno e per la «storica missione» contro giudaismo e bolscevismo.

Mussolini continuava a premere per negoziare almeno con una parte della Resistenza, che si manifestava con forza in città, nonostante gli agguerriti e brutali pattuglioni delle Brigate nere, della Muti e della Decima Mas. Il 21 aprile, mentre i russi entravano a Berlino, assisté a una parata di giovani fascisti in uniforme, entusiasti. Sembrava rianimarsi solo in occasioni come questa Benito, quando si metteva sull'attenti con l'ormai celebre copricapo grigio a bustina, senza gli occhiali. In tutti gli altri momenti, in privato e nelle riunioni, appariva piccolo, magro, con gli occhi roteanti dietro una spessa montatura nera. Nelle fotografie private di questo periodo appare più un intellettuale che un condottiero, un artista dall'aria sciatta e pensosa. Senza l'aura poetica e il fascino del periodo *bohémien*.

Probabilmente in prefettura apparve altrettanto trascurato e assorto, durante l'ultimo Consiglio dei ministri. Uscì allo scoperto, annunciando di voler negoziare un passaggio dei poteri con i rappresentanti del Clnai che permettesse ai fascisti di smobilitare o di ritirarsi da Milano senza conseguenze. Si discusse del Ridotto Alpino: Pavolini assicurò di poter radunare oltre cinquantamila brigatisti pronti a tutto, Graziani cercò di zittirlo sbottando «ormai siamo al si salvi chi può»; ne nacque un alterco che chiuse in modo poco edificante la riunione e la vita istituzionale della RSI. Come sempre, di fronte a scontri tra i suoi sottoposti, Mussolini non partecipò alla discussione; poi convocò, separatamente, il generale responsabile del Ridotto Alpino, ordinandogli di accelerare i lavori. La minaccia della roccaforte fascista sulle Alpi gli serviva per le trattative.

Nelle ore seguenti la notizia dell'arrivo di truppe italiane e alleate a Bologna si incrociò con l'annuncio di un imminente sciopero generale coordinato dal Clnai. Il duce – che un mese prima aveva consegnato alla curia la proposta di una repressione fascio-statunitense contro le forze partigiane in nome dell'ordine costituito – il 22 aprile fece chiamare il giornalista Carlo Silvestri, ex oppositore ora mediatore con gli antifascisti, per elaborare un'offerta di segno opposto. Il messaggio per il Partito socialista e il Partito d'azione, affidato a Silvestri, diceva: «Poiché la successione è aperta in conseguenza all'invasione angloamericana, Mussolini desidera consegnare la Repubblica sociale italiana ai repubblicani e non ai monarchici, la socializzazione e tutto il resto ai socialisti e non ai borghesi. Della sua persona non fa questione. Come contropartita chiede che l'esodo dei fascisti possa svolgersi tranquillamente». Per «esodo» si intendeva lo scioglimento o la ritirata delle formazioni armate fasciste a fianco dei tedeschi. Il giorno dopo, Silvestri conobbe la prevedibile risposta del dirigente socialista Sandro Pertini: la proposta del dittatore non era da prendere in considerazione. Mussolini adesso poteva giocare solo la carta del Ridotto Alpino: l'arroccamento fascista in Valtellina avrebbe pesato nelle trattative e, se le cose si fossero messe male, avrebbe permesso di temporeggiare.

Il 24 aprile, Benito ricevette la risposta di Hitler al suo messaggio d'auguri e il telegramma chiuse per sempre la corrispondenza tra i due. Dalla richiesta – ignorata – di una fotografia autografata del duce da parte di un promettente estremista d'origine austriaca, era cambiato il mondo, e non in meglio né per loro né per il mondo. Il messaggio del Führer, pubblicato il 25 aprile sull'*ultima* prima pagina del «Corriere della Sera», è l'epitaffio teutonico perfetto di quell'amicizia letale: «La lotta per l'essere o il non essere ha raggiunto il suo punto culminante. Impiegando grandi masse e materiali, il bolscevismo e il giudaismo si sono impegnati a fondo per riunire sul territorio tedesco le loro forze distruttive al fine di precipitare nel caos il nostro continente. Tuttavia, nel suo spirito di tenace sprezzo della morte, il popolo tedesco e quanti altri sono animati dai medesimi sentimenti si scaglieranno alla riscossa, per quanto dura sia la lotta, e con il loro impareggiabile eroismo faranno mutare il corso della guerra in questo storico momento, in cui si decidono le sorti dell'Europa per i secoli a venire».

Intanto a Milano, all'insaputa dei fascisti, gli ufficiali tedeschi stavano negoziando – con la Resistenza e gli Alleati – il ritiro delle truppe. La sera del 24 aprile, quando il suo stretto collaboratore Bruno Spampanato arrivò in ufficio a prendere disposizioni, Benito gli disse soltanto: «Siamo al dunque, non ci sono ordini, non posso più dare ordini». Durante la notte i reparti fascisti in città si scontrarono con i partigiani e gli operai che occupavano gli stabilimenti in periferia. Nonostante avesse ancora a disposizione interi reparti di fascisti motivati e armati fino ai denti, all'alba del 25 aprile il controllo di Mussolini si riduceva al centro di Milano. I tedeschi sembravano scomparsi: i pochi reparti presenti stavano asserragliati, in attesa di ritirarsi.

Sfidando le strade percorse da pattuglie, alle 8 del mattino i dirigenti del Clnai riuscirono a riunirsi clandestinamente per incontrare il rappresentante degli Alleati Max Salvadori. Erano pronti a organizzare l'insurrezione e preparare il passaggio dei poteri. Venne stesa una serie di decreti, tra cui – più epitaffio che sentenza – spicca questo: «I membri del Governo fascista e i gerarchi del fascismo, colpevoli di aver contribuito alla soppressione delle garanzie costituzionali, di aver distrutto le libertà popolari, creando il regime fascista, compromesso e tradito le sorti del paese e di averlo condotto all'attuale catastrofe, sono puniti con la pena di morte e nei casi meno gravi con l'ergastolo».

Alle 13, il Clnai diramò via radio l'ordine di insurrezione generale, invitando tutti i resistenti all'assedio dei centri del potere. Era prematuro, i reparti corazzati di Mussolini dominavano saldamente il centro città, dove continuavano a confluire rinforzi dai dintorni. Il centro della roccaforte urbana era l'edificio della prefettura, affollato da profughi, ufficiali delle colonne arrivate o in partenza. Il duce era impegnato in un turbine di riunioni e colloqui. Trascorse il primo pomeriggio discutendo con i vertici del governo sulla ritirata in Valtellina e della possibilità di attuarla attraverso accordi con l'ala socialista del Clnai: i fascisti avrebbero ceduto i poteri ottenendo in cambio l'uscita dalla città. Mussolini era deciso a realizzare questo progetto, l'unico che gli avrebbe permesso di recuperare la libertà d'azione fuori Milano, diventata una trappola ancora più letale del Garda.

Dovette assistere, come il giorno precedente, a battibecchi tra militari e fascisti. I militari conclusero comunque una propria trattativa separata, deponendo le armi al Corpo volontari della libertà (Cvl). Nel frattempo lo sciopero e l'annuncio dell'insurrezione avevano paralizzato la città, che a metà pomeriggio appariva deserta. Tra le 15 e le 16 Benito ricevette la comunicazione che attendeva da ore, sarebbe stato ricevuto nella curia, in piazza Fontana. L'industriale Gian Riccardo Cella, cui aveva venduto «Il Popolo d'Italia», aveva ottenuto l'aiuto dell'arcivescovo di Milano, cardinale Schuster, per organizzare l'impossibile: un incontro tra Mussolini e gli esponenti della Resistenza, fissato per le 17.

Benito volle con sé gli intermediari – industriali, democristiani – e gli esponenti del suo governo; Graziani, che a differenza degli altri ufficiali continuava a dirsi fedele, cercò di non partecipare ma fu mandato a prendere dal duce. La delegazione partigiana si fece attendere per circa un'ora. Nonostante emissari e salvacondotti, non era stato facile per i capi della Resistenza confluire in città dalle loro sedi clandestine e percorrere strade brulicanti di militi. Il cardinale approfittò dell'attesa per tentare di persuadere Mussolini alla resa incondizionata. Il figlio del fabbro anticlericale, mangiapreti lui stesso, era nelle mani di un prelato.

***

Del colloquio ci è rimasta solo la testimonianza del cardinale, resa pubblica pochi mesi dopo. Quando l'ospite entrò nello studio, Schuster trattenne a malapena lo stupore: il duce era un ometto magro e pallido quanto lui, «col volto totalmente disfatto che mi fa l'impressione di un uomo quasi inebetito». Mussolini lo stupì una seconda volta mostrandosi cortese e brillante, si accomodò sul divano, accettò rosolio e biscottini, divagò con il cardinale su possibili precedenti storici di quanto stavano vivendo. Si paragonò a Napoleone e ai suoi cento giorni dopo l'Elba; Schuster – non da meno – a san Benedetto, che incontrò il re gotico Totila a Montecassino. Ma se Totila era morto in battaglia trascinando allo stesso destino i suoi guerrieri, Mussolini poteva ancora arrendersi, lo incalzò il prelato. Benito rivelò che avrebbe sciolto tutti i reparti e si sarebbe ritirato in Valtellina con tremila uomini.

«Ha intenzione di continuare la guerra sulle montagne?»

«Ancora per un poco ma poi mi arrenderò.»

«Non illudetevi, Duce, io so che le camicie nere che vi seguiranno non sono che trecento...»

Mussolini accennò un sorriso, di quelli che si fanno quando si scoprono le carte. «Forse saranno un po' di più, ma non di molto. Non mi fo illusioni». Aveva indossato la maschera adatta per quell'interlocutore colto e moderato. Dava spiegazioni, esibiva senza nascondimenti il piano che aveva preparato nelle settimane precedenti: prima la tregua con il Cln, mettendo sul piatto la resa a Milano e il passaggio pacifico dei poteri, infine l'arroccamento e l'accordo con gli Alleati. Finì persino per lodare l'Inghilterra e assicurò che la Germania non si sarebbe più sollevata.

Arrivarono il generale Raffaele Cadorna (capo del Cvl), Achille Marazza (rappresentante democristiano del Clnai), Riccardo Lombardi (rappresentante del Partito d'azione e designato come prefetto per la Milano liberata); poco dopo vennero fatti entra-

Milano, 26 aprile 1945. Sandro Pertini alla manifestazione del Cln a piazza Sempione. (Mondadori Portfolio/Archivio GBB)

re gli uomini del duce, il sottosegretario alla presidenza del Consiglio dei ministri Francesco Maria Barracu, il generale Graziani e il prefetto Paolo Zerbino. È stato ipotizzato che l'assenza di socialisti e comunisti fosse dovuta alla volontà deliberata di escluderli da ogni tipo di accomodamento. Una tesi plausibile, visto chi aveva organizzato l'incontro, ma bisogna considerare la confusione di quelle ore e la difficoltà di rintracciare e spostare gli esponenti antifascisti, ancora tutti in clandestinità. Comunque, per la prima volta da più di vent'anni, Mussolini si trovò di fronte avversari dichiarati.

Quando Schuster fece le presentazioni, il duce non risparmiò strette di mano veloci e formali, sapeva come comportarsi in questi casi: ascoltava con pensosi sguardi bassi salvo poi cercare immediatamente gli occhi altrui nell'atto di rispondere. Eppure Marazza intravide in lui un conflitto interiore: «Su quella faccia passava a tratti come un'ombra oscura, come d'un moto d'ira subito contenuto, che lasciava il posto al sorriso forzato di chi vuol riconciliarsi un interlocutore difficile».

Marazza teneva le redini della delegazione, dal momento che – chiarì subito Cadorna – quelle erano trattative politiche. Sul fronte militare, infatti, c'era ben poco da

Nella pagina successiva: un altro momento della manifestazione del Cln a Milano il 26 aprile 1945. (Istituto Luce Cinecittà/contrasto)

LUCE

Il cardinale Alfredo Ildefonso Schuster fu proclamato beato nel 1996 da Giovanni Paolo II. (Archivio/A3/Contrasto)

trattare: l'insurrezione sarebbe iniziata da un momento all'altro e la città sarebbe divenuta un campo di battaglia. Lo sguardo di Mussolini si fissò su Marazza: «E così, avvocato, cosa ha da dirmi?».

«Non ho altro da chiedere se non di arrendersi senza condizioni.»

Il duce, però, di condizioni ne aveva eccome: garanzie per i gerarchi e i militi che si sarebbero arresi, concessione a lui e agli ultimi fedeli di ritirarsi in Valtellina. I delegati del Clnai sapevano di non avere forze sufficienti per contrastare il presidio nazifascista, ciononostante bluffarono mantenendosi fermi nelle loro richieste: prima la resa, poi i dettagli. Assicurarono che i fascisti, compresi i membri della Muti e della Decima Mas, sarebbero stati trattati come prigionieri di guerra. Le famiglie non sarebbero state toccate. Tuttavia, chiarirono, sarebbero stati costituiti tribunali incaricati di identificare e giudicare i criminali di guerra. Poi si passò a discutere di un eventuale concentramento fuori città di tutti i soldati fascisti, disarmati. Benito temporeggiò, chiese precisazioni, rilanciò per la Valtellina. Cercava una via d'uscita che gli permettesse di negoziare ancora. Almeno sulla minaccia del tribunale.

In quel momento Graziani scompigliò improvvisamente le carte, menzionando i tedeschi, esclusi dal colloquio. Secondo quanto racconterà nel suo memoriale difensivo, il generale sostenne che aveva appena saputo delle trattative segrete tra Wolff e il Clnai per la resa delle truppe tedesche in Italia. Secondo Marazza, invece, si limitò a lamentare il tradimento verso la Germania, e di avere ribattuto che «i tedeschi stanno trattando la resa con noi da sette giorni». La rivelazione fece calare il gelo, poi innescò tra le due delegazioni una discussione sui concetti di onore e tradimento. Mussolini, dopo qualche istante di silenzio, sbottò: «Ci hanno sempre trattati come dei servi e infine ci hanno tradito». Avevano solo umiliato e sfruttato i fascisti, sostenne, ma quella notizia cambiava tutto, persino la sua posizione politica: «Riprendo nei confronti della Germania la mia libertà d'azione». Con quella frase, nel gergo politico-diplomatico, ruppe l'alleanza coi tedeschi davanti ai delegati del Clnai. «Ora tornerò in prefettura e telefonicamente ne darò l'annuncio ufficiale al Console generale germanico» disse prima di alzarsi. «Tornerò fra un'ora» assicurò, mentendo.

Sulle scale il gruppo dei capi fascisti incrociò un uomo magro e nervoso che saliva di corsa senza riconoscerli, o comunque senza badare troppo a loro. Era il socialista Sandro Pertini, antifascista della prima ora, in quel momento rappresentante del Clnai e trentatré anni dopo presidente della Repubblica italiana. Quella mattina aveva lanciato il proclama radiofonico dell'insurrezione; informato della riunione troppo tardi – forse intenzionalmente –, riuscì a partecipare al dibattito tra i delegati del Clnai con l'ex ministro fascista Carlo Tiengo, arrivato quando la delegazione fascista se n'era andata, per negoziare con Cadorna la resa dell'esercito repubblicano in città.

In attesa del ritorno di Mussolini, si discuteva il suo destino. Quando sentì parlare di una possibile consegna agli Alleati, Pertini – a nome del Clnai – fu irremovibile: la resa doveva essere incondizionata e sarebbero stati gli italiani a giudicare il duce. L'intervento probabilmente fu decisivo per gli eventi successivi, perché Tiengo corse subito a informare Mussolini che, se si fosse arreso al Clnai, non avrebbe mai incontrato gli Alleati.

Nel frattempo il duce era tornato in prefettura, sempre più caotica e affollata. Appena sceso dall'auto si trovò di fronte il sottotenente delle SS Fritz Birzer, il «cane da guardia» che gli era stato messo alle costole. «Il vostro generale Wolff ci ha traditi» lo liquidò prima di salire a grandi passi verso il suo ufficio. Anche i tedeschi dovevano intendere che era tempo di lasciarlo andare, e tutti coloro che lo circondavano ora sapevano dove si sarebbe diretto, o credevano di saperlo. Si chiuse nello studio e si attaccò al telefono.

Parlò con i Petacci, che si erano trasferiti a Milano poche ore dopo di lui. Quel pomeriggio Clara e Marcello – con la sua famiglia – avevano caricato un'auto di bagagli preziosi e si erano diretti verso la prefettura decisi a unirsi alla corte del duce, quali che fossero i suoi piani. Negli ultimi giorni Benito non aveva mai visto Clara: «Quei manigoldi mi hanno trattato male e me la pagheranno» le disse «da domani inizia un'epoca nuova». Dopo avere riassunto il colloquio in arcivescovado, le annunciò che sarebbe partito, passando dal voi al tu: «Non mi dovete seguire, non siete altro che un peso in più... siamo alla fine, non lo capite? Per la Germania i giorni sono contati... gli dèi se ne vanno... non interessarti più di me». Lei era determinata a seguirlo, era informata di tutti i possibili piani di Ben. Due giorni prima la sorella Miriam aveva cercato di convincerla a unirsi a lei e ai genitori in fuga per la Spagna, ma Clara era determinata: «Non rinunzierò ad aiutarlo...».

Dopo l'amante, la famiglia: Benito dette ordini riguardo Rachele, Romano e Anna Maria, già a Monza per disposizioni precedenti: sarebbero stati scortati a Como, era lì, infatti, che aveva deciso di dirigersi. In quella città – ancora saldamente in mano repubblicana – avrebbe potuto attendere gli eventi; per di più era a un passo dalla Svizzera, un dettaglio importante se si considera che in quelle ore comparve in prefettura Buffarini Guidi, impegnato in una trattativa riservata con i rappresentanti elvetici per eventuali salvacondotti ai vertici fascisti.

***

Rachele non si separò mai da Romano e Anna Maria. Dopo il 25 aprile cercarono di attraversare il confine svizzero ma vennero respinti. Arrestati e rinchiusi a Como, appresero la notizia della morte di Benito. Di trasferimento in trasferimento, sotto il controllo degli Alleati, furono confinati a Ischia, un confino migliore di quello degli oppositori del *pater familias*: fino al 1957 ebbero a disposizione una casa in una tenuta riservata. Lì Rachele poté continuare a tessere una fitta rete di relazioni, lavorare per la tutela del ricordo di Benito e, soprattutto, ricostruire il clan. Visse fino al 1979, partecipando talvolta a raduni nostalgici. Romano intraprese una brillante carriera di musicista fino alla morte, nel 2022. Non si occupò mai di politica, a differenza delle figlie Alessandra e Rachele.

***

Mentre Benito ordinava ai collaboratori di preparare bagagli, fondi e documenti da trasferire, scoppiò l'ennesimo dibattito con i gerarchi: «Qui continuano ad arrivare fascisti da tutte le provincie per restare con voi e voi ve ne andate» protestò il federale di Milano Vincenzo Costa, mentre Pavolini annunciava al duce che i suoi brigatisti volevano e dovevano seguirlo ovunque, in Valtellina o a Como. Le testimonianze su quegli istanti ci consegnano un Benito febbrile, impenetrabile e soprattutto determinato a partire con meno «scocciature» possibili. Dal suo punto di vista aveva ripreso la libertà d'azione non solo con i tedeschi ma anche con i seguaci, davanti ai quali indossò un'altra maschera, quella del capo magnanimo che non vuole trascinare altri nella propria tragedia: «Lascio Milano per evitare che diventi un campo di battaglia tra fascisti e antifascisti. Non voglio più incontrarmi con quei signori del comitato. I fascisti sono liberi, sono liberi dal giuramento di fedeltà nei miei confronti. Il loro comportamento è stato eroico. Ma è venuto il momento di separarci».

Nel cortile del palazzo era pronto un convoglio di auto scortato dalla Muti. Ignorando chi lo supplicava di non partire, si diresse veloce verso la vettura presidenziale, dove prese posto con un piccolo seguito e con Nicolò Bombacci, che molte vite prima era stato uno dei fondatori del Partito comunista e aveva

L'autocarro tedesco sul quale Mussolini ha tentato la fuga verso Dongo, in un fotogramma del video ripreso casualmente da un cineamatore a Musso. (Alamy/Ipa)

aderito alla Rsi. Alle altre auto del seguito, affollate e stracolme, si aggiunsero quelle di Clara e Marcello. Dopo alcuni minuti di tensione con i tedeschi di Birzer, che bloccarono l'uscita fino a quando anche loro furono pronti a partire, la colonna del duce varcò i cancelli della prefettura in direzione Como.

Mussolini ora esercitava autorità diretta solo su una corte nomade di circa quaranta civili e venticinque militari, distribuiti su dieci automobili e due blindati. Proprio quella sparizione senza resa, però, lo rendeva temibile per gli avversari e per la popolazione, che avrebbero dovuto affrontare ancora per giorni gli agguerriti brandelli delle sue milizie e le colonne tedesche in ritirata.

Il 25 aprile Milano venne liberata. Quando la sera il convoglio del duce arrivò a destinazione, Como brulicava di fascisti. Mussolini aveva trovato una nuova roccaforte per attendere rinforzi e soprattutto guadagnare tempo per sparire, mascherando l'intenzione a chi lo scortava: a Birzer assicurò che Como era una tappa per Merano e, dunque, per la Germania; a Pavolini che si trattava di un «precampo» per la Valtellina. Ne erano convinti i brigatisti neri che arrivarono nelle ore successive e che, secondo una stima, uniti alle forze già presenti avrebbero costituito un presidio di oltre settemila uomini. Altre formazioni irriducibili cercavano di raccogliersi intorno al duce per l'estrema resistenza. Nonostante i monti vicini fossero sotto il controllo delle divisioni comuniste e socialiste, Mussolini avrebbe avuto forze sufficienti per difendersi dai partigiani e attendere gli Alleati, che in effetti sarebbero arrivati a Como tre giorni dopo. Eppure i giovani brigatisti confluiti in città la mattina del 26 aprile non trovarono nessuno per cui combattere e morire. Mussolini aveva deciso di seguire un altro piano, era determinato a raggiungere il confine svizzero.

Quella sera telefonò a Rachele raccomandandole di mettersi in salvo con Romano e Anna Maria. Le disse: «Non c'è rimasto più nessuno, è finita... io seguo il mio destino». Era persuaso, a ragione, che la moglie e i figli minori avrebbero potuto cavarsela. Non poteva dire la stessa cosa per Clara e i Petacci, ma non incluse nemmeno loro, al momento, nel piano di fuga.

Soltanto un gruppo di gerarchi, con il seguito – fra cui Nicolò Bombacci, Fernando Mezzasoma, Paolo Zerbino, Ruggero Romano –, fu avvisato della partenza. Poco dopo le 4, carichi di denaro e bagagli, il duce e i gerarchi lasciarono Como percorrendo la costa del lago verso nord. La nuova meta era il paese di Grandola, a un passo dal confine svizzero. Qui il gruppo si radunò all'hotel Miravalle, in quel momento sede della Milizia confinaria. È probabile che, con questo colpo di mano, il duce volesse salvarsi, oltre che dai nemici e dai sostenitori italiani, anche dai tedeschi: secondo quanto raccontò Karl Wolff, la scorta di Birzer aveva l'ordine di impedire a ogni costo la sua fuga in Svizzera. Ucciderlo era tra le opzioni.

La notizia della partenza trapelò velocemente. Durante la mattinata il duce fu presto raggiunto dal resto del seguito e dai Petacci. Quando vide Clara e i suoi parenti, Benito non poté trattenere un moto di stizza. La presenza dell'amante e di suo fratello – impopolari anche tra i fascisti – non solo rendeva più visibile e lento il gruppo, ma toglieva a Mussolini la concentrazione necessaria per pianificare le mosse successive.

Nella sua camera al Miravalle, oltre alla tensione del momento, Benito dovette affrontare una violenta discussione con Clara, imbestialita per il tentativo di fuga e per la presenza nel seguito della bionda e avvenente volontaria ventiquattrenne Elena Curti. Era una gelosia ingiustificata, Elena era figlia di Benito, un'altra, nata una settimana prima della marcia su Roma da una relazione con la sarta Angela Cucciati. Benché non fosse stata riconosciuta, la ragazza aveva vissuto nel mito del padre-duce e – pur sotto il fuoco incrociato di Rachele, Edda e Clara – a diciotto anni era riuscita a incontrarlo e a farsi apprezzare fino a essere inclusa nel circolo di Pavolini.

Conclusa la guerra trascorse cinque mesi in carcere, si trasferì in Spagna per diversi decenni, rientrò in Italia e morì quasi centenaria nel 2022.

***

La mattina del 29 aprile 1945, Edda si svegliò alle 9,30 e dalla finestra la luce le annunciò un altro giorno di primavera inutilmente bello. Riabbassò le palpebre e accese la radio allungando un braccio, come d'abitudine. Sentì parlare un uomo con la voce molto eccitata. Diceva: «Benito Mussolini è stato giustiziato da un gruppo di partigiani, rappresentanti del popolo italiano, insieme alla sua amante Claretta Petacci». La notizia la colse distratta, avvolta da un'oscura incoscienza, con gli occhi spenti. La voce ora commentava l'esposizione del cadavere a piazzale Loreto. Disse che proprio in quell'istante una donna – che aveva perso cinque figli in un bombardamento – stava sparando un intero caricatore di rivoltella contro il corpo già straziato di suo padre. Continuò ad ascoltare, poi svenne.

Estradata in Italia dopo quattro mesi, scontò un anno di confino a Lipari prima di tornare libera grazie all'amnistia Togliatti.

Tornata a vivere nelle proprietà della famiglia Ciano tra Roma e Capri, la «contessa» riallacciò i rapporti con la madre. Nel 1957, Rachele poté lasciare il confino di Ischia, con il clan riunito e una forza politica che venerava la sua eredità. Tornò in Romagna e fino al 1974 non prese alcuna pensione, dal momento che il marito aveva rifiutato lo stipendio come presidente del Consiglio, ma dopo una lunga causa giudiziaria ottenne quella di reversibilità per i venti anni e otto mesi nei quali Benito aveva ricoperto la carica. Come lui, Rachele aveva comunque i suoi introiti editoriali e poté mantenere sempre un dignitoso tenore di vita grazie anche a donazioni private e ai finanziamenti del Movimento sociale italiano.

Finché Rachele visse, ogni tanto Edda abitò insieme a lei in Romagna, dove la madre era ancora proprietaria della Rocca delle Caminate e di Villa Carpena, la casa nelle campagne di Forlì acquistata quando Benito era direttore dell'«Avanti!» e poi ampliata. Venduto il castello e rientrata in possesso della villa – che nel frattempo era stata destinata a rifugio per sfollati – Rachele ci passò il resto della vita. Per le sue poche visite a Roma aveva comprato un piccolo appartamento nel quartiere Africano, voluto da Benito e abitato perlopiù da impiegati dello Stato che fingevano meno degli altri romani di non essere stati fascisti.

Edda e Rachele non parlavano più da tempo di quel che le aveva divise: ognuna viveva un dramma simile a quello dell'altra, e per questo crudele paradosso erano solidali almeno nel ricordo dei loro uomini, entrambi fucilati. C'era stato il tempo dell'odio giurato, della madre che malediceva la figlia, della figlia che urlava alla madre. Ora quella frattura profonda poteva essere sanata con la più semplice e umana delle motivazioni: «Mia madre» disse una volta Edda «ha difeso il suo uomo, io il mio».

***

Nel pomeriggio del 26 aprile 1945 Benito e Clara uscirono dalla stanza rappacificati e con l'intenzione di proseguire insieme. Mentre lei si ritirò in camera a stipare gioielli e abiti in un bagaglio più ristretto (cucendo dei preziosi persino nella biancheria intima), lui scese per affrontare gli ufficiali tedeschi che l'avevano ritrovato. Mantenne la calma, ammise di avere mandato Buffarini Guidi a trattare l'ingresso in Svizzera, ma dal momento che non era più possibile sarebbe partito con loro per Merano.

Durante il pranzo, seppe della condanna a morte che, diramata dal Cln dopo la sua scomparsa da Milano, era stata annunciata dalla stampa e dalla radio. In quelle ore gli fu proposto di attraversare il confine a piedi, usando i sentieri che dal paese di Buggiolo portavano ai varchi aperti nelle reti da contrabbandieri e fuggitivi dal regime. L'opzione venne subito scartata, era impossibile trascinare seguito e bagagli in boschi percorsi da pattuglie partigiane. Si seppe che Buffarini Guidi e il ministro dell'Economia corporativa Angelo Tarchi, mandati in avanscoperta al confine svizzero, erano stati arrestati dalla Guardia di finanza, passata agli ordini del Cln. Benito decise di prendere ancora tempo.

Tutto il convoglio tornò in riva al lago, a Menaggio. In poche ore il paesino si riempì di uomini armati. Dopo Mussolini e il suo seguito di gerarchi e SS, da sud arrivò Pavolini con un'autoblindo e un drappello di camicie nere, parte degli uomini che il duce aveva lasciato al loro destino a Como. Quel pugno di brigatisti esaltati e SS rappresentava una scomoda guardia del corpo, alimentava la visibilità del duce, rallentava i suoi movimenti, gli dava poca libertà d'azione. Lo stallo s'interruppe poco dopo, quando un'imponente colonna tedesca di 38 camion si fermò nell'abitato. Erano duecento soldati bene armati, ma non avevano alcuna intenzione né di restare né di combattere, si trattava di un reparto della contraerea che aveva ricevuto l'ordine di ritirarsi in Germania. Lo comandava il tenente della Luftwaffe Hans Fallmeyer, determinato a evitare ogni scontro con i partigiani e a raggiungere al più presto Merano – e il confine – senza perdere un uomo.

Grazie alle insistenze di Birzer, Fallmeyer lasciò che le vetture delle SS e dei capi fascisti si aggregassero ai suoi camion nella marcia verso il Reich. Benito a quel punto non aveva altra scelta se non seguire i tedeschi: a parte la determinazione di Birzer a non lasciarlo vivo nelle mani del nemico, quella scorta ingente gli avrebbe permesso di guadagnare tempo.

Alle 7 del 27 aprile la colonna partì in direzione Merano. Gli uomini più ricercati del momento non viaggiavano come latitanti, le loro lussuose vetture erano incolonnate in un convoglio militare di camion e autoblindati che si snodava per circa un chilometro sulla stretta strada panoramica. Erano convinti che i partigiani non avrebbero attaccato una simile forza, anche se fossero stati in numero maggiore, e almeno in parte avevano ragione.

La zona era presidiata dalla 52esima Brigata Garibaldi. I suoi capi erano comunisti determinati, e nonostante disponessero di pochi uomini e non avessero alcuna intenzione di ingaggiare battaglia con i tedeschi in ritirata, decisero di tentare il tutto e per tutto. Sapevano che nella colonna c'erano i fascisti, bisognava fermarli e assicurarsi che tra loro non vi fosse il ricercato numero uno. Appena passato il paese di Musso – sembra una presa in giro –, i camion tedeschi furono fermati da alcune raffiche provenienti da un posto di blocco. Fallmeyer chiese di parlamentare e le trattative durarono alcune ore. Il capo della brigata partigiana, il «comandante Pedro» – nome di battaglia che nascondeva quello, più vistoso e poco «rosso», del conte Pier Luigi Bellini delle Stelle –, bluffò sul numero dei suoi uomini e impose le condizioni: i tedeschi avrebbero potuto proseguire, ma nel successivo paese di Dongo i camion sarebbero stati perquisiti per sincerarsi che non vi fossero italiani.

Centinaia di metri più indietro, seminascosti nell'affollamento di militari e veicoli, i capi fascisti discutevano tra quelli risoluti a combattere e altri rassegnati a consegnarsi. Benito – lo immaginiamo remissivo, dopo una resistenza istintiva – si lasciò convincere da Birzer a travestirsi da soldato tedesco e a confondersi tra i militari a bordo di una camionetta. In un'intervista rilasciata nel 1981, l'ufficiale delle SS ricordò: «Claretta Petacci supplicò il Duce di ascoltare il mio consiglio. Così Mussolini, anche se malvolentieri, indossò il cappotto della Divisione FlaK e si mise l'elmo d'acciaio sotto il braccio. Salì poi sul camion dalla parte posteriore per non essere visto dai partigiani che si trovavano davanti alla nostra colonna». Fallmayer acconsentì dubbioso, a condizione che non vi fossero altri clandestini.

Quei momenti restano come un'infamia nella storia del fascismo e nella sua stessa mitologia fondata sull'onore, la lotta, il martirio: nel momento fatale, il duce era pronto a fuggire travestito, lasciando la sua donna e i suoi ultimi fedeli al loro destino. Furono loro a persuaderlo a salvarsi? Fu minacciato di morte dalle SS? Sono supposizioni poco plausibili. Se fosse stato pronto alla «bella morte», Benito avrebbe potuto rimanere al suo posto e l'avrebbe trovata, forse per piombo tedesco, certamente per quello italiano.

Supporre e interpretare i pensieri di Benito, il suo stato d'animo, le motivazioni intime, è stato la filigrana di queste pagine.

Germasino, novembre 1960. L'ex partigiano Merga indica il punto nel quale si fermò la macchina che portava Benito Mussolini da Dongo a Germasino. (Mario De Biasi per Mondadori Portfolio)

Esercizio complesso, tanto più all'avvicinarsi della fine. Se consideriamo le scelte di tutta la sua vita, sembra plausibile che con quel travestimento cercasse di volgere a proprio favore una situazione senza via d'uscita, e l'unico mezzo che aveva a disposizione erano le camionette affollate di soldati tedeschi. Doveva mostrare ai nazisti di essere un alleato fedele, guadagnare altro tempo, con nessun pensiero per i posteri.

Indossati un cappotto e un elmetto da sergente tedesco, si accovacciò sul fondo del camion numero 34, la corporatura snella e il volto scavato contribuirono a confonderlo nel gruppo di coscritti non troppo giovani ammassati nella penombra. Fu la sua ultima maschera.

I camion tedeschi si rimisero in moto, l'autoblindo e le vetture fasciste tentarono di fare dietrofront. Alcuni gerarchi cercarono di nascondersi a Musso, ma trovarono solo porte chiuse o gente che li consegnò al Cln locale. Pavolini cercò, con la sparatoria già raccontata, una morte in battaglia che non ottenne.

Nel frattempo la colonna di Fallmeyer proseguì fino alla piazza di Dongo, dove si fermò per permettere l'ispezione dei camion. Fu un momento caotico, partigiani e Guardia di finanza dovettero controllare uomini, masserizie e armamenti districandosi tra civili curiosi e vocianti, tedeschi nervosi armati di tutto punto. Si procedeva lentamente, minuziosamente, circolava la voce che alcuni gerarchi e forse lo stesso duce si fossero infiltrati nella colonna. Fu scovato quasi subito il ministro dei Lavori pubblici Ruggero Romano, travestito da tedesco.

Alle 16 venne ispezionato il camion numero 34, c'era nervosismo tra i tedeschi. Il maresciallo della Guardia di finanza Francesco Di Paola, che coordinava la perquisizione, raccontò nel suo rapporto:

> Ordinai al partigiano Negri Giuseppe da Dongo di salire su quel [*sic*] autocarro ed eseguire una minuziosa perquisizione indicandogli anche di guardare bene sotto i materiali che si trovavano dietro il posto di guida perché vi era qualche cosa che assomigliava alla figura di un uomo. Il Negri obbedì e salito sul camion iniziava la perquisizione mentre io sorvegliavo sempre le mosse dei soldati tedeschi. Quando il Negri si avvicinò al punto dove io precedentemente gli avevo indicato ed alzate le coperte, mi accorsi che i militari suddetti dichiararono [...] che ivi era un loro camerata ubriaco. Il Negri non si convinse delle dichiarazioni dei militari tedeschi e alzata la coperta vide Mussolini. [...] Bill [*il vicecommissario della Guardia di finanza Urbano Lazzaro*] salì sull'automezzo e scorto Mussolini lo invitò a scendere.

Il ricordo di Lazzaro è più dettagliato. «Lo chiamai. Prima gli dissi: "Camerata!" Niente, nessuna risposta. Allora feci: "Eccellenza!" Ancora niente. Provai così: "Cavalier Benito Mussolini!" Ebbe come una scossa elettrica. Saltai sul camion e, di fronte al suo stupore, gli dissi: «In nome del popolo italiano, io l'arresto». Di Paola prosegue: «Mussolini lo seguì e si portò verso la parte posteriore del camion per scendere. I soldati tedeschi rimasero fermi al loro posto, mentre Mussolini li guardava e quasi con lo sguardo li invitava a reagire, come poi si è saputo che Mussolini era convinto che alla sua scoperta i militari tedeschi dovevano fare uso delle armi».

Nonostante la tensione visibile e le armi cariche, i tedeschi si guardarono bene dal reagire. «Non ho paura, lo so che non mi faranno del male» fu la risposta di Benito alle rassicurazioni del finanziere Lazzaro. Mentre il gruppo fendeva la folla, gli chiesero dove fossero Vittorio e il generale Graziani. «Non lo so» rispose lapidario: sapeva che suo figlio era uno dei primi sulla lista dei ricercati.

Gli vennero presi il mitra, la pistola e le due valigette di documenti che aveva con sé, poi – circondato da un cordone di finanzieri e partigiani – fu portato a Palazzo Manzi, sede del municipio. Lungo il tragitto incontrò faccia a faccia il sindaco e i rappresentanti del Cln locale, al potere in quel momento. Una situazione che aveva vissuto centinaia di volte, ma mai da prigioniero. Forse lo pensò anche il sottosegretario alla presidenza del Consiglio Francesco Maria Barracu. Introdotto nella sala assieme agli altri gerarchi, vedendo il capo gridò un patetico «Viva il duce!», con tanto di braccio alzato, seguito da risate e beffe dei presenti.

Nella splendida Sala d'Oro ingombra di funzionari e armati, Benito si spogliò immediatamente del cappotto tedesco, rimanendo con la camicia nera, i pantaloni grigi della Milizia e gli stivali. Venne fatto sedere su una delle panche lungo la parete. Lazzaro guidava i suoi spostamenti, le sue mosse, e riassunse così il dialogo con il prigioniero.

«Desidera qualcosa?»

«Grazie, un bicchiere d'acqua.»

«Perché mai lei si trovava sul camion con i tedeschi mentre invece i suoi ministri erano sull'autoblindo?»

«Non lo so, mi hanno messo lì. Forse mi hanno tradito all'ultima ora.»

Quanto segue invece è riportato nelle memorie del comandante Pedro, arrivato poco dopo, che ebbe con Benito uno scambio di battute:

«Io sono il Comandante qui, posso garantirle che nessuno le farà nulla.»

«Grazie.»

«Se ha bisogno di qualcosa dica pure.»

«Grazie, sono stati tutti gentili qui. Ho già avuto quel che ho chiesto.»

Lo spettacolo offerto dai prigionieri nascose agli occhi della folla un viavai di portatori tra le camionette e il municipio. Sulle camionette tedesche, sull'autoblindo e sulle vetture erano stati rinvenuti bagagli dal contenuto preziosissimo. Non si trattava *solo* di denaro, gioielli e vestiti dei gerarchi e dei Petacci, né *semplicemente* del bagaglio del duce con banconote e oltre trenta chili d'oro, suddivisi in lingotti, anelli e medaglie donati negli anni Trenta con la campagna oro alla Patria. Il bottino più prezioso era nella valigia personale di Mussolini. Oltre a contanti e assegni per il valore di decine di migliaia di lire, aveva uno scomparto che conteneva circa trecentocinquanta documenti riservati.

L'«oro di Dongo», come fu definito quel tesoro dalla vasta letteratura giornalistica che si occupò delle sue sorti, sparì presto. Denaro e documenti vennero raccolti e inventariati dal capo di stato maggiore della Brigata Luigi Canali, «Neri», e dalla sua compagna, la partigiana Giuseppina Tuissi, «Gianna». I due scomparvero nei giorni successivi, molto probabilmente uccisi da altri partigiani. Le ragioni non sono state mai del tutto chiarite: una superficiale e fortunata narrazione giornalistica le collega alla sparizione dell'oro di Dongo, senza considerare che in precedenza la coppia era stata catturata e torturata dai fascisti, quindi era sospettata di avere rivelato importanti informazioni sul movimento resistenziale. In ogni caso, la loro storia resta un mistero. Riguardo il tesoro, testimonianze attendibili lasciano intuire che presumibilmente fu distribuito tra i comandi partigiani e il Partito comunista. Il destino dei documenti del dittatore è più fosco, e rappresenta la perdita davvero grave per la storia. Se Mussolini aveva deciso di portarli con sé, quei documenti dovevano essere – o apparirgli – assi nella manica.

Dalle testimonianze incrociate degli ufficiali che li presero in custodia per primi sembra che i plichi riguardassero la vita intima del principe ereditario Umberto, come se Benito immaginasse già di dover trattare da oltre confine con un nuovo monarca. Ancora più importante, sembra che altri plichi custodissero un carteggio fra Mussolini e Churchill prima e durante l'inizio del conflitto a proposito di una pace separata tra Gran Bretagna e Italia. Se vogliamo seguire l'ipotesi di un carteggio del quale non è mai stata dimostrata l'esistenza, è possibile sia che Benito abbia intrapreso tali manovre, sia che in seguito abbia pensato di utilizzarle per ricattare Churchill e restare a galla. In ogni caso il mistero dell'oro di Dongo è ancora insoluto, come altri enigmi intorno alle ultime ore del duce.

Nel pomeriggio del 28 aprile la notizia della cattura trapelò velocemente. Molti ambivano a mettere le mani su Mussolini, e il caos attorno al palazzo non era un buon segno. Il comandante Pedro decise di portare il duce – e il federale del Fascio di Como, Paolo Porta – nella caserma della Finanza del piccolo borgo di Germasino. Il brigadiere Giorgio Buffelli, che sedeva sul sedile posteriore con i prigionieri, durante il viaggio cercò di riempire il silenzio avviando un dialogo surreale. «Questa è la seconda volta che vi fanno prigioniero» esordì, in imbarazzo. «Caro ragazzo, altare polvere, polvere altare», rispose Benito con il distacco tipico delle *celebrità*. Poi si informò sui luoghi che attraversavano, ottenendo risposte evasive e caute. Arrivati nell'ufficio del comando della Finanza, i due prigionieri ebbero della spuma fresca.

Secondo il ricordo dei finanzieri e dei partigiani che li sorvegliarono, Mussolini e Porta erano piuttosto tranquilli e quasi loquaci.

Il maresciallo Francesco Nanci, nel rapporto scritto dopo poco più di una settimana, raccontò di avere discusso a lungo con i prigionieri, iniziando con una polemica sul trattamento riservato alla Guardia di finanza dal governo di Salò, poi passando a criticare le milizie fasciste, quindi l'intera politica estera di Mussolini. Il prigioniero accettò la discussione, ma badò a criticare i tedeschi: «Sono stati dei vigliacchi perché non solo non mi hanno lasciato fuggire ma mi hanno lasciato prendere. Continuavano solo a buttarmi addosso coperte su coperte per soffocarmi». E quando il carceriere gli chiese quanto ci sarebbe voluto all'Italia per riprendersi dal conflitto, rispose: «Almeno tre generazioni». Se intendeva il tempo necessario perché una forma di destra – molto diversa dalla sua – tornasse al potere, ci si avvicinò. Se si riferiva a una ripresa economica e sociale, ne bastò una.

Quando Pedro annunciò che sarebbe tornato a Dongo, Benito disse «Mi saluti la signora» lasciando intendere che avrebbe gradito notizie su Clara. In compagnia di Porta e dei brigadieri consumò una cena adatta alle sue abitudini: minestra, frittata, verdura cotta.

«Secondo te cosa mi faranno?» domandò dandogli del tu al brigadiere Buffelli, che a distanza di decenni ha riferito il loro dialogo.

«La giudicheranno» disse, dando al duce del lei. Fino a qualche giorno prima il voi sarebbe stato d'obbligo.

«Per che cosa?»

«Pensi lei di che cosa.»

«Ma prima di giudicare me, giudicheranno il re.»

Nel rapporto rilasciato dallo stesso Buffelli a ridosso degli eventi, il brigadiere affermò che Benito chiuse il discorso con una certezza: «Al tribunale avrò molte cose da dire e dimostrerò che in questi 18 mesi ho salvato l'Italia da sciagure peggiori». Preclusa ogni possibilità di fuga, non gli restava che concentrarsi sulle fasi successive e mostrarsi collaborativo con i suoi carcerieri.

La radio aveva iniziato a dare conto della cattura del duce con dettagli quanto meno distorti, se non fantasiosi, così Buffelli gli chiese di scrivere due righe per ricostruire com'erano andate le cose. Benito vergò con la sua calligrafia inconfondibile: «La 52a Brigata Garibaldina mi ha catturato oggi venerdì 27 aprile nella piazza di Dongo. Il trattamento usatomi durante e dopo la cattura è stato corretto». Non lo poteva sapere, ma furono le sue ultime parole scritte. Alle 23 circa chiese di dormire e fu accompagnato in una cella della prigione, dove nel frattempo era stato portato un letto comodo. «Il duce non dorme mai» si saranno detti i suoi carcerieri, ammiccando.

Intanto si era scatenata una vera competizione per prenderlo in custodia. Le autorità alleate mobilitarono diversi agenti, con la collaborazione del governo Badoglio e del generale Cadorna: per loro, Mussolini vivo sarebbe stata un'arma efficace per la prosecuzione della guerra contro Hitler e per il dopoguerra. Allo stesso tempo, invece, il Comitato insurrezionale del Clnai (Pertini, Valiani, Longo e Sereni) si trovò d'accordo sulla necessità di affermare l'indipendenza *politica* della Resistenza italiana dagli angloamericani e far valere gli ordini già emanati il 25 aprile: il capo del fascismo doveva essere fucilato prima che gli Alleati potessero appropriarsene.

La sera del 27, aprile il Comitato incaricò un commando di portare Mussolini e i

Nella pagina accanto: Dongo, aprile 1945. Il partigiano e avvocato Pier Luigi Bellini delle Stelle («comandante Pedro») e il partigiano Urbano Lazzaro («Bill») in posa insieme a altri uomini dopo l'arresto di Benito Mussolini e dei gerarchi fascisti. (Mondadori Portfolio)

gerarchi a Milano, vivi o morti. I quattordici uomini scelti erano comandati da Walter Audisio, detto «colonnello Valerio», e da Aldo Lampredi, detto «Guido».

Nelle stesse ore, mentre le truppe angloamericane si avvicinavano a Como, Pedro tornò a prendere il prigioniero, lo camuffò con delle bende e cercò – senza successo – di consegnarlo agli agenti del Sud o agli Alleati. Non è chiaro cosa avvenne in quelle ore. Pedro era il comandante delle forze locali e poteva disporre dei trasferimenti del prigioniero nei luoghi che riteneva più sicuri. In quel momento nella zona di Como c'erano ancora scontri tra fascisti, partigiani e Alleati, le cui avanguardie si stavano avvicinando. Il trasferimento era necessario perché gli Alleati e gli agenti del Sud stavano tentando tutto il possibile per recuperare Mussolini nonostante la presa di posizione del Cln. Gli Alleati poterono servirsi di una talpa, ovvero dello stesso Cadorna, che incaricò il rappresentante del Corpo volontari della libertà a Como, il tenente colonnello Sardagna, di organizzare la consegna del prigioniero agli americani. Sardagna a sua volta dovette avvertire Pedro di quella missione la sera stessa della cattura. Doppio e triplice gioco, spie, confusione involontaria e cambi di fronte rendono il lavoro dello storico complesso e la vicenda appassionante per i complottisti.

Non è dato conoscere quali fossero le reali intenzioni di Pedro quando partì con Benito da Germasino. Fatto sta che la vettura tornò a Dongo per prelevare Clara. Nelle ore precedenti i Petacci erano stati smascherati: Marcello – all'inizio scambiato per Vittorio Mussolini – era stato arrestato. Quanto a Clara, fu lei stessa a sciogliere il nodo; quella sera Pedro entrò nella sua cella, le disse di Benito e lei insistette per raggiungerlo. Il partigiano accolse la sua richiesta probabilmente per scansare ogni responsabilità, chiunque avesse disposto di Mussolini si sarebbe fatto carico del destino di Clara.

Nel buio della vettura i due amanti si ritrovarono per non lasciarsi più. Vista l'incertezza del momento, con i monti battuti da partigiani, americani, tedeschi e fascisti, tutti pronti a far fuoco, Pedro li portò a Giulino, un borgo di Mezzegra, nella casa dei De Maria, una famiglia di contadini che nei mesi precedenti aveva nascosto diversi resistenti. Qui Benito e Clara avrebbero trascorso la notte sotto la sorveglianza di due giovani partigiani, mentre Pedro tornò a Dongo per concordare le mosse successive. A Lia, la padrona di casa, non fu detto chi fossero i due misteriosi ospiti, ma è quasi certo che riconobbe Mussolini appena il volto gli fu liberato dalle bende. In ogni caso non scambiò mai una parola con lui, soltanto con la «signora», che si sforzava di essere cortese.

I due ebbero del latte caldo e furono accompagnati al piano di sopra, in una stanza spoglia, con il lavabo e un letto matrimoniale dove di solito dormivano i figli della coppia. Clara chiese un cuscino in più per Benito, poi si fece accompagnare al bagno, arrangiato in cortile.

Nella notte, mentre i partigiani di guardia stazionavano davanti alla porta, Benito dormì accanto a Clara per la prima volta, in una stanza simile a quella in cui era iniziata la sua vita. Cosa pensarono, cosa si dissero, non lo sapremo mai, ognuno provi – se vuole – a immaginarlo.

Probabilmente non sapremo mai con certezza neanche cosa accadde la mattina dopo. Sulle ultime ore di Benito c'è una letteratura sterminata che non amplieremo. Se è poco credibile l'ipotesi che alla sua morte abbiano partecipato i servizi segreti alleati, ha ancora meno interesse storiografico che a spararGli sia stato questo o quello, lì o più in là. L'unico dato importante è che gli

Dongo, 28 aprile 1945. Fucilazione di 15 gerarchi fascisti della colonna di cui faceva parte Mussolini. (Mondadori Portfolio/Fototeca Gilardi)

Alleati lo reclamavano, vivo, per processarlo come avrebbero fatto a Norimberga con i nazisti. Le forze partigiane invece quel processo non lo volevano, e non solo per furore di giustizia o di vendetta: sapevano che Mussolini avrebbe spiegato al mondo quanto e come gli italiani avevano creduto in lui, quanto erano stati suoi complici e suoi adoratori. Il processo a Benito sarebbe stato anche un processo agli italiani.

***

Nel primo pomeriggio il commando milanese di Audisio e Lampredi arrivò a Dongo. Ottenuta subito una riunione con Pedro e i responsabili locali, il commissario di guerra Piero Terzi consegnò ai nuovi arrivati la lista dei gerarchi catturati, oltre a Mussolini e ai Petacci, e sostenne che era impossibile trasportarli a Milano, con il territorio ancora insicuro. Oltre al rischio che li intercettassero gli Alleati, nella sola giornata del 27 aprile, in Lombardia, i reparti nazifascisti erano stati protagonisti di almeno venti rappresaglie, scontri, eccidi.

Terzi sostenne che i prigionieri erano già condannati, tanto valeva eseguire la sentenza sul posto. Secondo quanto riferì lo stesso Terzi, in quella discussione emerse una notizia non marginale che sarebbe stata omessa dalla pubblicistica successiva: tra i condannati dal Cln c'era anche Clara Petacci, considerata «responsabile quanto il duce». Ignorando l'opposizione di Pedro, Audisio e Lampredi partirono per Giulino facendosi guidare da un commissario politico locale, l'ex calciatore e sindacalista Michele Moretti. Il gruppo ritornò solo nel pomeriggio per annunciare che giustizia era stata fatta e che era necessaria una camionetta per i corpi.

Quel che era accaduto è oggetto di svariate ricostruzioni, in cui l'esecutore di Mussolini è ora Audisio, ora lo stesso Luigi Longo – che nel 1964 succedette a Togliatti alla guida del Pci – in incognito, ora un altro partigiano o addirittura agenti britannici inviati da Churchill per assicurarsi il silenzio perpetuo dell'ex dittatore e possibile ricattatore. A parte l'ultima ipotesi, che ha avuto un'ampia fortuna giornalistica, importa poco chi fu l'esecutore materiale della sentenza. Di certo ebbe un ruolo di rilievo l'ala comunista del Cnlai, che secondo la tradizionale prassi di partito scelse una figura simbolo (il «colonnello Valerio») per incarnare una scelta collettiva.

La ricostruzione diffusa pochi giorni dopo dallo stesso Audisio – che affidò il proprio racconto anche alla stampa – nonostante contraddizioni e integrazioni è a tutt'oggi la più diffusa. Il commando arrivò a destinazione poco dopo le 16. In casa De Maria i due prigionieri si erano svegliati a metà mattina, avevano mangiato pane e salame, attendevano tranquillamente notizie. Audisio si presentò a Mussolini fingendo di essere venuto a liberarlo e Benito, entusiasta, si precipitò fuori dalla porta non lasciando quasi a Clara il tempo di prepararsi.

Le testimonianze su quanto avvenne dopo divergono su diversi dettagli, ma concordano sul fatto che il gruppo salì in auto, che furono percorse alcune decine di metri sulla strada in discesa, che la vettura accostò nello spiazzo antistante al cancello di Villa Belmonte, in un luogo rimasto pressoché identico fino a oggi.

C'è poco da dubitare che, quando Audisio ordinò di scendere e addossarsi al muretto, Benito e Clara capirono. Poi tutto accadde molto velocemente, e almeno sulla prima parte i racconti concordano: Audisio pronunciò la sentenza «in nome del popolo italiano», un mitra si inceppò, poi crepitò la scarica, quindi un colpo di pistola, al cuore di Mussolini.

Sulla fine di Clara, nella versione più diffusa lei ignorò l'ordine di allontanarsi da Ben e, nel momento fatale, si gettò davanti alle canne dei mitra, cadendo falciata nel tentativo di proteggere il suo uomo. I primi resoconti rilasciati dagli esecutori, tuttavia, raccontano altro. Terzi la incluse tra i vertici fascisti condannati e Audisio spiegò che venne fucilata intenzionalmente subito dopo Mussolini. Certo è che, oltre ai colpi del mitra, venne finita con due colpi di pistola.

Nel dopoguerra, con la maggioranza moderata nella nuova Italia repubblicana, Audisio fu portato in tribunale –, come molti altri partigiani – con l'accusa di «eccesso di zelo», e gli stessi capi della Resistenza ne alleggerirono le responsabilità: Clara era una vittima non voluta, morta a causa del suo amore per Mussolini, non per volontà partigiana. Questa rappresentazione confluì nella narrazione dei rotocalchi degli anni Cinquanta e Sessanta, contribuendo a costruire il volto umano del dittatore e a occultare l'anima affarista dei Petacci, simbolo di molte famiglie ancora in auge nel dopoguerra.

Eppure nei documenti, e negli eventi di quel drammatico 28 aprile, il ruolo di Clara e della sua famiglia era chiaro. Nel pomeriggio, quando i gerarchi arrestati a Dongo e radunati sul lungolago per la fucilazione videro che i partigiani stavano per allineare anche Marcello Petacci, urlarono che quel «ruffiano» non era degno di morire con loro. Furono accontentati: pochi minuti dopo giacevano falciati lungo la ringhiera mentre l'«affarista», che aveva cercato di fuggire, galleggiava crivellato nel lago.

Nel tardo pomeriggio Audisio caricò su un camion i corpi di tutti gli uccisi e partì per Milano. Alcune ore dopo Radio Milano liberata diffuse un comunicato secco e inequivocabile: «I Volontari della libertà si sono impadroniti oggi alle 16, a Giulino di Mezzegra, Como, di Mussolini [...], della Petacci e di altri gerarchi di minore importanza giustiziandoli dopo un breve ma regolare processo. Il Clnai dichiara che la fucilazione di Mussolini e complici, da esso ordinata, è la conclusione necessaria di una fase storica che lascia il nostro paese ancora coperto di macerie materiali e morali, è la conclusione di una lotta insurrezionale che segna per la Patria la premessa della rinascita e della ricostruzione». Il comunicato era fin troppo ottimista indicando l'esecuzione del duce come l'atto finale della guerra. A Milano e in tutto il Nord Italia tra il 28 aprile e la prima settimana di maggio vi furono più di cento scontri e uccisioni di civili da parte di reparti nazifascisti. Intanto iniziarono, e sarebbero proseguite, le vendette contro i fascisti.

***

La notte tra il 28 e il 29 aprile i corpi di Benito, di Clara e degli altri arrivarono a Milano in gran segreto, dopo un viaggio accidentato. Prima di entrare in città, Audisio incontrò diversi posti di blocco e rischiò in più di un'occasione di perdere il prezioso carico. Verso le 3 di mattina i cadaveri furono scaricati a piazzale Loreto, che in quel momento era per molti «piazza quindici martiri». La fucilazione e il macabro scempio pubblico del 10 agosto 1944 erano un trauma ancora vivo. Non sappiamo con certezza quando nacque l'idea di portare i corpi sulla piazza allora più venerata di Milano. Il giorno precedente c'era stata una manifestazione, interrotta dagli spari di alcuni militi fascisti asserragliati nei palazzi affacciati sulla piazza. C'era chi aveva intenzione di tornare l'indomani, senza immaginare che vi avrebbe trovato ancora dei fascisti, stavolta morti.

Il gruppo di Audisio sapeva delle manifestazioni in corso e che dunque non poteva esserci luogo migliore per mostrare la fine del dittatore ai milanesi e al mondo. Per le ore successive era previsto l'arrivo in città delle truppe alleate: dopo tante manovre per avere Mussolini vivo, anche gli americani dovevano vedere come gli italiani avessero già giustiziato il dittatore.

Radio Milano liberata proseguiva così il comunicato: «Dell'esplosione di odio popolare che è trascesa in quest'unica occasione a eccessi comprensibili soltanto nel clima voluto e creato da Mussolini, il fascismo stesso è l'unico responsabile». Si volle giustificare così lo scempio che la folla fece dei corpi.

La reazione collettiva andò molto oltre le aspettative. Benché fosse domenica, alle 7 le strade iniziarono a riempirsi. La metropoli semidistrutta, già in fermento per l'annunciato arrivo degli americani e per le prime adunate delle brigate partigiane, fu velocemente percorsa dall'annuncio. Una folla accorse da tutte le direzioni verso piazzale Loreto.

Giunsero per primi i più coinvolti e motivati. C'erano partigiani, partigiane, ragazzi e numerose donne in lutto. I cadaveri al suolo, scomposti, vennero scrutati, rivoltati, messi in posa. Le attrazioni principali erano il volto inconfondibile del duce, con gli occhi socchiusi, e gli abiti eleganti di Claretta. Qualcuno le alzò la gonna, e assieme al raffinato reggicalze impressionò che non indossasse le mutande. Le dettero della «puttana», altri ipotizzarono uno stupro di gruppo, ma nessuno sapeva né che aveva cucito dei gioielli nella biancheria né che in quei giorni aveva le mestruazioni, forse a Giulino

Milano, 29 aprile 1945. Veduta generale di piazzale Loreto ripresa dai palazzi opposti al luogo dove sono stati esposti i cadaveri dei gerarchi fascisti, di Mussolini e di Clara Petacci. (Mondadori Portfolio/Fototeca Gilardi)

aveva lavato la biancheria. In piazza, quella mattina, lo sconcio fu mascherato chiudendole la gonna con una spilla e una cintura attorno alle gambe. A Benito e a qualche gerarca venne messo in mano un puntale o un gagliardetto fascista; la beffa, durata poco, fu ripresa e fotografata.

L'isterismo collettivo ebbe il sopravvento e si iniziò a infierire sui corpi. I più si accontentarono di dare un calcio, altri sputarono sui volti o fin dove arrivavano, altri lanciarono ortaggi, pane nero, quel che avevano sottomano. Alcuni vollero imitare i fascisti del 10 agosto e orinarono sui cadaveri. Benito fu presto sommerso di donne infuriate, una gli sparò – per vendicare, sembra, i figli –, un'altra gli calpestò ripetutamente la testa con il tacco, subito imitata. Dopo poco più di un'ora quel volto celebrato in migliaia di sculture e dipinti non esisteva più; il resto del corpo e i cadaveri ammucchiati sembravano avviati allo stesso destino.

Chi si accalcava in prima linea contro i cadaveri era spinto avanti da una massa che premeva per vedere, partecipare. Carabinieri, partigiani e vigili del fuoco presero il controllo della situazione, a gran fatica furono organizzati cordoni di sicurezza con tanto di scariche in aria e getti d'idranti. Tra le 10 e le 11 di mattina gli ufficiali presenti, consapevoli che lo scopo di molti era dare un «colpo» al tiranno ma che la maggioranza voleva soltanto vederlo morto, decisero di issare i sette corpi più celebri sulla pensilina del distributore Esso, a fianco dell'inizio di corso Buenos Aires. Benito, Clara e Marcello Pe-

Milano, 29 aprile 1945. I corpi di Benito Mussolini e Clara Petacci esposti a piazzale Loreto. (Mondadori Portfolio/ Archivio GBB)

tacci, Pavolini, Mezzasoma, Zerbino e Barracu rimasero appesi a testa in giù per più di due ore, bersagliati da monete e oggetti, insultati e derisi.

L'unico colpo di scena fu l'apparizione di Starace, che in poche ore passò da una tranquilla semiclandestinità a quel lurido palco: sorpreso in tuta da ginnastica per le vie di Milano, come se niente fosse, venne processato, udì la propria condanna a morte, salutò il duce capovolto, venne fucilato e appeso accanto a lui al posto di Barracu, ravvivando le grida e l'interesse per lo spettacolo.

Non si trattava di semplice morbosità. I milanesi, come chiunque avesse abitato nel territorio della Repubblica sociale, avevano percorso strade e piazze col timore di essere rastrellati, a volte imbattendosi nei cadaveri che le milizie appendevano a putrefarsi per giorni: vedere i corpi di Mussolini e dei capi fascisti nelle stesse condizioni liberava la tensione accumulata per mesi, o per anni, con la prova che tutto era *davvero* finito. L'attrice Franca Valeri, allora ventenne figlia di un perseguitato ebreo, corse fuori di casa e sgomitò nella calca per assistere alla scena: «Nessuna pietà», commentò tre quarti di secolo dopo. «Ora è comodo giudicare a distanza. Bisogna averle vissute, le cose. E noi avevamo sofferto troppo».

Di certo in piazza quella mattina c'erano anche dei fascisti (ancora fascisti), spaventati e muti, chi sdegnato, chi con propositi di vendetta. Lo scrittore Carlo Mazzantini, giovane volontario di Salò, ebbe un pensiero che vale per tutti: «Ancora sembrava incre-

Sopra e nella pagina accanto: Milano, 29 aprile 1945. I corpi di Benito Mussolini e degli altri gerarchi fascisti a piazzale Loreto. (Mondadori Portfolio/Archivio GBB, Memento/Mondadori Portfolio)

dibile. Incredibile che fosse esistito, incredibile che fosse morto».

L'ultimo bagno di folla di Benito durò poco più di quattro ore, ma si dilatò fissandosi nella memoria e nella storia grazie a centinaia di fotografie e alle cineprese dei soldati americani arrivati in città giusto in tempo per vedere Mussolini morto. Alcuni soldati e ufficiali si mischiarono alla ressa vociante, passarono tra i corpi facendo il gesto dell'okay. La folla iniziò a scemare.

***

Il luogo dove vennero massacrati e appesi i cadaveri è passato alla storia come piazzale Loreto, ma chi andasse a cercarlo oggi non lo troverebbe nella piazza. Il distributore di benzina ESSO era in uno spazio privo di palazzi all'inizio di corso Buenos Aires, lato destro. Nel dopoguerra lì venne costruito un edificio che oggi è al numero 79 del corso. Al livello della strada c'è un'agenzia della Banca popolare di Milano, più in là un McDonald's, e proprio lì vennero appesi i corpi, ora sarebbero davanti al bancone dove gli avventori vanno a ritirare il vassoio con l'hamburger, le patatine, di solito la Coca-Cola. L'impero non è tornato, ne è arrivato qui un altro.

Nessun cliente sa a quale incrocio della storia si trova. Ci arrivo dopo avere confrontato le fotografie dell'epoca e quelle di oggi, dopo avere contato i passi. Quando entro, sono le 11,30 di lunedì 24 giugno 2024, il locale è affollato. C'è una signora sui quaranta,

opulenta e contenta, direi sudamericana, con una giacca rosa. Dà le spalle al bancone, in attesa, e guarda un neonato dentro una carrozzina blu. Se fossimo nell'aprile 1945, secondo i miei calcoli si troverebbe testa a testa con Benito.

***

Nelle stanze del nuovo potere si cercò di minimizzare o dimenticare quella mattinata. Oltre alle proteste della curia e alle osservazioni scandalizzate degli Alleati, gli stessi vertici del Clnai non apprezzarono l'esplosione inaspettata che gettava una luce selvaggia sulla lotta resistenziale. «L'insurrezione è disonorata» dichiarò Pertini a Sereni, mentre Parri sentenziò: «Nuocerà al movimento partigiano per gli anni a venire». «Avete sbagliato tutto» sbottò Longo di fronte ai compagni, salvo poi ricredersi a mente fredda. «Era necessario che il popolo si rendesse conto che giustizia era stata fatta. Ed era necessario anche per troncare altre violenze e vendette». Se aveva ragione sul primo punto, sul secondo fu contraddetto dai fatti.

Alle 13 i corpi, irriconoscibili, furono rimossi e portati all'obitorio della vicina via Ponzio. La folla si accalcò ai cancelli, edicolanti e venditori improvvisati furono presi d'assalto appena comparvero le prime immagini del dittatore morto.

L'autopsia sul cadavere di Benito fu condotta in un via vai di giornalisti, agenti e curiosi. La testa era una larga maschera di pelle, muscoli e ossa, informe e piatta. I medici constatarono la morte per arma da fuoco avvenuta il giorno precedente e osservarono che il corpo, al momento del decesso, era tonico e in condizioni fisiche molto buone. Come in un'impossibile rivincita, anche senza volto – nudo, inerte, la cucitura grossolana dallo sterno all'inguine coperto da una lunga pezzuola nera – il duce era riuscito a salvare fino all'estremo l'immagine del suo corpo solido, sano, virile.

Sergio Luzzatto ha scritto che quel referto «racconta la vicenda tragica di un corpo aggredito, da morto, con una furia uguale e contraria alla passione che aveva suscitato da vivo», e che «davanti alla salma scempiata di Mussolini, i posteri hanno il dovere di pensare a tutti i partigiani torturati, ai loro corpi esposti, ai cadaveri profanati che non hanno avuto diritto ad alcuna autopsia».

***

Nel libro che aveva dedicato al fratello nel 1932, *Vita di Arnaldo*, Benito scrisse: «Sarei grandemente ingenuo, se chiedessi di essere lasciato tranquillo dopo morto. Attorno alle tombe dei capi di quelle grandi trasformazioni che si chiamano rivoluzioni, non ci può essere pace». Il brano è stato inciso in una lapide di marmo affissa nella cripta della famiglia Mussolini, nel cimitero di San Cassiano a Predappio; è accanto a un grande sepolcro di pietra sovrastato da un busto di Benito e circondato dalle sepolture e dai busti dei suoi familiari.

Prima di approdare là, il corpo ebbe peripezie avventurose. Come quelli di Clara e dei gerarchi fu seppellito a Milano, in una fossa anonima nel cimitero di Musocco. Non ci volle molto perché l'esatta sepoltura del duce (campo 16, tomba 7) fosse scoperta dai nuclei fascisti clandestini. Nella notte tra il 27 e il 28 aprile 1946 – l'anniversario cadeva dopo la Pasqua –, i guardiani del cimitero trovarono il sepolcro vuoto. Lo scalpore per quella sparizione sembrò resusci-

Nella pagina accanto: un giovane partigiano mostra alla fotocamera il cappotto tedesco indossato da Benito Mussolini al momento della cattura. (Mondadori Portfolio)

tare davvero Mussolini, il suo nome tornò a troneggiare sui giornali e i rotocalchi proprio alla vigilia delle prime elezioni dell'Italia democratica.

Il furto del «salmone» fu rivendicato dall'appena costituito Partito democratico fascista fondato da Domenico Leccisi. Nato nel 1920, Leccisi era stato uno dei giovani militi fascisti che durante la Rsi avevano creduto al mito del «ritorno alle origini» e alla propaganda sulla socializzazione. Dopo, aveva riunito un piccolo nucleo clandestino di attivisti per mantenere in vita il sogno rivoluzionario fascista.

Tra dimostrazioni, volantini e arresti, la parabola del gruppo Leccisi durò meno di due anni prima di sciogliersi e confluire nel più ramificato e organizzato Movimento sociale italiano, di cui Leccisi fu deputato per un decennio: un partito fondato alla fine del 1946, alla luce del sole, che riprendeva l'ideologia di Benito con il suo apparato di programmi, mitologie, narrazioni. Dal segno grafico che rappresenta la bara del duce, sorge una fiamma tricolore sulla quale si discute ancora, perché è ancora nel simbolo di Fratelli d'Italia, il partito fondato da Giorgia Meloni – nata nel 1977, democraticamente al governo dal 2022 – dalle ceneri del Movimento sociale italiano e di Alleanza nazionale.

Come quasi tutta l'attività del mondo neofascista clandestino, il ratto del duce si rivelò un'azione fine a sé stessa. I rapitori affidarono la lugubre refurtiva ai frati del convento Sant'Angelo di Milano, che a loro volta la fecero nascondere nella Certosa di Pavia. L'anno non era ancora terminato quando gli organi dello Stato, finalmente informati, trasferirono il corpo nel convento francescano di Cerro Maggiore, a nord di Milano, dove restò nascosto fino a quando il governo di Adone Zoli, un democristiano antifascista da prima della marcia su Roma, dispose la restituzione alla famiglia.

Negli ultimi giorni dell'agosto 1957 Benito compì il suo ultimo viaggio, tornando dove tutto era cominciato, dentro una cassa di legno lunga circa un metro che aveva contenuto sapone. A Predappio, dove lo attendevano Rachele, i familiari e alcune centinaia di militanti neofascisti, la salma ebbe una veglia funebre tra fiori, camicie nere e gagliardetti. Il primo settembre – per caso compleanno di Edda e diciottesimo anniversario dell'inizio della Seconda guerra mondiale – fu celebrata la messa e la bara venne chiusa in un sepolcro di pietra decorato con fasci e posto al centro della cripta. Nei giorni seguenti la cripta fu visitata da migliaia di reduci, attivisti neofascisti, curiosi, giornalisti. Per Predappio iniziava una nuova stagione, mecca del neofascismo e meta turistica grazie al fascino che «l'illustre figlio» continua a esercitare su molti italiani.

Nella pagina accanto: Predappio, 30 ottobre 2022. Un negozio di souvenir del periodo fascista e nazista gremito, a cento anni dalla marcia su Roma. (Francesca Volpi/Getty Images)

BANDIERA € 8,00
NEL DUBBIO MENA!
FELPA MODELLO DIABOLIK € 25,00
€ 30,00
onore e fedeltà
Novità
€ 100
€ 100
€ 130
OFFERTA € 38,00 € 25,00
NOVITÀ APERITIVO VINO FRIZZANTE

Commiato

MUSSOLINISMO E ANTIFASCISMO

Per coloro che lo vissero il fascismo fu molte cose, e tanto diverse: un tempo eroico, una dittatura asfissiante, una parodia all'italiana, un governo qualsiasi (tutti i governi sono malvagi, uno vale l'altro...), un governo forte, l'ignobile politica del capitalismo in crisi, una rivoluzione, una rivoluzione mancata, il baluardo contro il pericolo rosso. Per lo storico non sono considerazioni o categorie valide. Interpretare il fascismo significa soprattutto restituirgli il massimo grado di senso che ebbe nella società in cui si produsse; tentare di capire perché nacque, come si sviluppò e perché cominciò a declinare fino a scomparire. Per lo storico che interpreta l'attualità, significa spiegare perché è impossibile che torni, mancando le condizioni che a suo tempo lo avevano fatto nascere, anche se cento anni dopo la marcia su Roma il partito più votato alle elezioni politiche è stato proprio Fratelli d'Italia.

Per dirsi fascisti o antifascisti occorrerebbe sapere cosa fu il fascismo. E, ancora di più, sapere che in Italia i fascisti furono pochissimi, neanche Mussolini lo era, lo abbiamo visto nella storia che abbiamo raccontato. In pochissimi conoscevano le origini culturali del fascismo, che Giuseppe Bottai e pochi altri intellettuali facevano risalire addirittura alla Rivoluzione francese, che Giovanni Gentile sintetizzava in un culto dello Stato, al di fuori del quale l'individuo è nulla.

Figurarsi se gli italiani si sono mai sentiti nulla, al di fuori dello Stato.

Figurarsi se avevano, e hanno, davvero voglia di sentirsi un popolo guerriero.

Figurarsi che nostalgia hanno della grandezza di Roma, degli stivali, delle marce e della camicia nera. Popolo neanche troppo conservatore, abbiamo dimostrato di non essere affatto reazionari – con i due referendum su aborto e divorzio – e di essere sempre pronti alle divisioni, piuttosto che all'unione.

Anche all'epoca c'erano diversi fascismi, ma a dominare fu sempre il mussolinismo. Il fascismo ideale di Giovanni Gentile, di Giuseppe Bottai – pur sempre un'inaccettabile dittatura, ma pensante e oligarchica – non si realizzò, il mussolinismo sì. Fu la dittatura assoluta di un uomo che, dopo avere creato un sistema, lo disattendeva, improvvisava, riportava tutto a sé. Gli italiani erano mussoliniani, non fascisti, perché in lui si volevano identificare, in un superuomo che chiamavano familiarmente Benito.

Per questo motivo, prima di dichiararsi antifascisti, sarebbe bene dichiararsi antimussoliniani, visto che grande parte del nostro popolo – democraticamente, spaventevolmente – ha continuato a sperare in un capo salvifico (Berlusconi? Renzi? Grillo? Draghi? Meloni?) che di tutto si faccia carico, che tutto risolva per poi attribuircene il merito. Mai la responsabilità, sia chiaro.

Nella pagina successiva: Roma, febbraio 1925, l'anno della instaurazione della dittatura. (Mondadori Portfolio/Archivio GBB)

BIBLIOGRAFIA

La letteratura su Mussolini e sul fascismo è sterminata e in costante evoluzione grazie alla continua scoperta di nuove fonti e prospettive. Questa bibliografia ragionata riporta i volumi che sono stati più utili alla stesura del libro. Fatti salvi pochi casi, segnalati, rimanda alle prime edizioni.
Bibliografia vivente sono Milena Scaramucci e Federico Carlo Simonelli, collaboratori preziosi.

Biografie

La prima celebre biografia di Benito, *Dux*, di Margherita Sarfatti (Mondadori 1926), inaugura la vasta e imprecisa letteratura agiografica fiorita durante il regime.
La biografia di Mussolini più importante e scientificamente valida è stata scritta da Renzo De Felice nei suoi ultimi trent'anni di vita e consiste in otto volumi pubblicati da Einaudi: *Mussolini il rivoluzionario 1883-1920* (1965), i dittici *Mussolini il fascista 1921-1929* (1966, 1968), *Mussolini il duce 1929-1940* (1974, 1981) e il dittico in tre tomi *Mussolini l'alleato 1940-1945* (1990 e 1997, postumo).
Un'altra biografia di rilievo, più breve, è stata scritta negli stessi anni dal britannico Denis Mack Smith, *Mussolini* (traduzione di Giovanni Ferrara degli Uberti, Rizzoli 1981). Si avvalgono di fonti e punti di vista internazionali Pierre Milza, *Mussolini* (traduzione di Gian Carlo Brioschi, Filippo Scarpelli, Carocci 2000), Richard J.B. Bosworth, *Mussolini. Un dittatore italiano* (traduzione di Piero Spinelli, Mondadori 2005) e Hans Woller, *Mussolini, il primo fascista* (traduzione di Gerhard Kuck, Marina Pugliano, Valentina Tortelli, Carocci 2018). *Il caso Mussolini* di Maurizio Serra (Neri Pozza 2021) offre un'analisi dell'uomo e del mito.

Scritti di Mussolini

I discorsi e gli articoli di Mussolini sono stati raccolti da Edoardo e Duilio Susmel in una riedizione dell'*Opera Omnia* in 44 volumi pubblicati tra il 1951 e il 1980 dalla casa editrice La Fenice. Recentemente David Bidussa ha curato una selezione critica degli *Scritti e discorsi 1904-1945* (Feltrinelli 2022).

I – mai ritrovati – diari segreti del dittatore hanno alimentato un giallo storiografico tornato alla ribalta con la pubblicazione dei controversi *Diari di Mussolini (veri o presunti)* per i tipi di Bompiani tra il 2010 e il 2012. Il tema è stato affrontato da Mimmo Franzinelli in *Autopsia di un falso. I* Diari *di Mussolini e la manipolazione della storia* (Bollati Boringhieri 2011).

La vita intima di Mussolini

Indagare il lato umano di Mussolini rappresenta una sfida per lo storico che, oltre a incrociare un numero crescente di fonti primarie, deve destreggiarsi con la memorialistica pubblicata dopo la caduta del fascismo. Pur fondandosi sui ricordi di collaboratori o familiari, questa letteratura è spesso frutto di progetti editoriali che tolgono autenticità alla testimonianza. Il primo e più celebre è il caso di *Memorie del cameriere di Mussolini* (Longanesi 1946), dove il racconto di Quinto Navarra è ampliato e manipolato dalle abili penne di Indro Montanelli e Leo Longanesi. Un'operazione affine ma più rigorosa è quella di Giorgio Pini, che ha trasposto i ricordi di Rachele Guidi Mussolini nei volumi *La mia vita con Benito* (Mondadori 1948) e *Benito il mio uomo* (Rizzoli 1958). Tra i numerosi volumi dedicati ai suoi ricordi segnalo *Mussolini privato* (a cura di Albert Zarca, Rusconi 1973).
Nell'Italia repubblicana, la famiglia Mussolini ha avuto modo di raccontare la propria storia grazie a grandi case editrici. Vittorio è autore di *Vita con mio padre* (Mondadori 1957), poi è stata la volta di Edda Ciano, con *La mia testimonianza* (a cura di Albert Zarca, traduzione dal francese di Maria Grazia Bianchi, Rusconi 1975). Romano ha raccolto i propri ricordi in *Il Duce, mio padre* e *Ultimo atto. Le verità nascoste sulla fine del Duce* (Rizzoli 2004 e 2005). La memoria famigliare del clan viene coltivata anche nella generazione successiva. La figlia di Anna Maria, Edda Negri Mussolini, ha scritto con Emma Moriconi *Donna Rachele mia nonna. La moglie di Benito Mussolini* (Minerva 2015) e, con Mario Russomanno, *I Mussolini dopo Mussolini. Un racconto di famiglia* (Minerva 2022). Nel mio *Un amore fascista. Benito, Edda e Galeazzo* (Mondadori 2005) sciolgo diversi nodi insoluti del dramma di Edda. Sulle relazioni e la prole extraconiugale di Mussolini, segnalo Mimmo Franzinelli, *Il duce e le donne. Avventure e passioni extraconiugali di Mussolini* (Mondadori 2013).
Riguardo al più celebre «amore proibito» di Benito, Clara Petacci, imprescindibili sono i suoi diari: *Mussolini segreto. Diari 1932-1938* (Rizzoli 2009) e *Verso il disastro. Mussolini in guerra. Diari 1939-1940* (Rizzoli 2011). Il carteggio dei due amanti è raccolto in *A Clara. Tutte le lettere a Clara Petacci 1943-1945*, a cura di Luisa Montevecchi (Mondadori 2011). Per uno studio completo su di lei, aggiornato secondo le ultime acquisizioni archivistiche e spogliato della mitologia sentimentale che si moltiplicò dopo la sua morte, si veda Mirella Serri, *Claretta l'hitleriana. Storia della donna che non morì per amore di Mussolini* (Longanesi 2021).

Testimonianze/interviste

Le più celebri interviste al duce si trovano in Emil Ludwig, *Colloqui con Mussolini*, pubblicato per la prima volta da Mondadori nel 1932, e Yvon De Begnac, *Taccuini Mussoliniani* (a cura di Francesco Perfetti, Il Mulino 2011).

Il regime fascista

Per chi voglia orientarsi nella sterminata letteratura sul fascismo, il primo riferimento sono gli studi di Emilio Gentile, a partire da *Le origini dell'ideologia fascista* (Laterza 1975) e *Il culto del littorio. La sacralizzazione della politica nell'Italia fascista* (Laterza 1993), compendiati nell'imponente *Storia del fascismo* (Laterza 2022).
Circa le radici e le diramazioni ideologiche del movimento-partito-regime, sono utili Pier Giorgio Zunino, *L'ideologia del fascismo. Miti, credenze e valori nella stabilizzazione del regime* (Il Mulino 1985) e *Interpretazione e memoria del fascismo. Gli anni del regime* (Laterza 1991); Roger Griffin, *The Nature of Fascism* (in inglese, Routledge 1993). Ho indagato il mondo culturale fascista nella biografia del più colto tra i gerarchi, Giuseppe Bottai, pubblicata prima da Feltrinelli (1976) e poi da Mondadori a partire dal 1996, con continue riedizioni. Sono a mia cura anche Giuseppe Bottai, *Diario 1935-1944* e *Diario 1944-1948* (Rizzoli 1982, 1988 e edizioni successive). Offrono interessanti spunti gli studi di Ruth Ben-Ghiat, *Fascist Modernities: Italy, 1922-1945* (in inglese, California University Press 2001) e *La cultura fascista* (traduzione di Maria Luisa Bassi, Il Mulino 2000). Suggerisco inoltre Alessandra Tarquini, *Storia della cultura fascista* (Il Mulino 2011).
Volendo conoscere lo stato attuale delle ricerche, si considerino i volumi collettanei: *Fascismo e storia d'Italia. A un secolo dalla Marcia su Roma. Temi, narrazioni, fonti*, a cura di Giovanni De Luna (Feltrinelli 2022) e *«Marcia su Roma e dintorni». Dalla crisi dello Stato liberale al fascismo*, a cura di Claudio Natoli (Viella 2024).
Passando all'ascesa del fascismo, ricordo Roberto Vivarelli, S*toria delle origini del fascismo. L'Italia dalla Grande Guerra alla Marcia su Roma*, (Il Mulino, tre volumi: 1967, 1991, 2012). Segnalo il mio *Italo Balbo* che – uscito per la prima volta nel 1984 per Vallardi con il sottotitolo *Lo squadrista, il gerarca, l'aviatore. La biografia, basata su documenti inediti, del più pericoloso rivale di Mussolini* – dopo riedizioni (Garzanti 1983, Mondadori 1998, Bompiani 2013 e seguenti), nel 2024 è tornato in libreria per La Nave di Teseo.
Riguardo alla marcia su Roma, tra le opere più aggiornate: Giulia Albanese, *La marcia su Roma* (Laterza 2006); Ezio Mauro, *L'anno del fascismo. 1922. Cronache della marcia su Roma* (Feltrinelli 2022); Marco Mondini, *Roma 1922. Il fascismo e la guerra mai finita* (Il Mulino 2022); Didier Musiedlak, *La marcia su Roma. Tra storia e mito* (Rubbettino 2024).
Sulle istituzioni del regime, il classico Alberto Aquarone, *L'organizzazione dello stato totalitario* (Einaudi 1965) e Guido Melis, *La macchina imperfetta: immagine e realtà dello Stato fascista* (Il Mulino 2018).
Al consolidamento della dittatura e del suo apparato repressivo Mauro Canali ha dedicato *Il delitto Matteotti. Affarismo e politica nel primo governo Mussolini* (Il Mulino 1997 e edizioni successive) e *Le spie del regime* (Il Mulino 2004).
Sono poche le ricerche generali e sistematiche sulla società italiana durante il ventennio fascista. Oltre alle mie indagini riportate nel volume *Fascisti. Gli italiani di Mussolini. Il regime degli italiani* (Mondadori 1995), significativi sono Patrizia Dogliani, *Il fascismo degli italiani. Una storia sociale* (Utet 2008) e Paul Corner, *L'Italia fascista. Politica e opinione popolare sotto la dittatura* (traduzione di Fabio Degli Esposti, Carocci 2015).
Per approfondire gli aspetti del corporativismo, suggerisco: Alessio Gagliardi, *Il corporativismo fascista* (Laterza 2010); Francesco Perfetti, *Lo Stato fascista. Le basi sindacali e corporative* (Le Lettere 2010) e *Fascismo e riforme istituzionali* (Le Lettere 2013).

L'anima affaristica e corrotta del regime, per decenni nascosta sotto i paramenti della retorica, è stata indagata in Mauro Canali e Clemente Volpini, *Mussolini e i ladri di regime. Gli arricchimenti illeciti del fascismo* (Mondadori 2019) e in Federico Fubini, *L'oro e la patria. Storia di Niccolò Introna, eroe dimenticato* (Mondadori 2024).
Si veda infine il mio *Rapporto al duce* (con il sottotitolo *Il testo stenografico dei colloqui tra i federali e Mussolini nel 1942*, Bompiani 1978, poi Mondadori 2002, quindi di nuovo Bompiani 2020.

Le guerre del fascismo

Per uno sguardo complessivo sulla politica estera fascista si può partire dalle memorie di Dino Grandi, *Il mio paese: ricordi autobiografici*, a cura di Renzo De Felice (Il Mulino 1985). Fonte preziosa è il *Diario 1937-1943* di Galeazzo Ciano, con la curatela di Renzo De Felice (Rizzoli 1946). Al mancato delfino del duce ho dedicato la biografia *Galeazzo Ciano. Una vita 1903-1944* (Bompiani 1979, Mondadori 2001, La Nave di Teseo 2019).
Segnalo, per comprendere il respiro internazionale della politica di Mussolini, Marco Cuzzi, *L'internazionale delle Camicie nere. I CAUR 1933-1939* (Mursia 2005) e Enrica Garzilli, *Mussolini e Oriente* (Utet 2023). L'alleanza con Hitler può essere affrontata iniziando dal classico Frederick William Deakin, *La brutale amicizia. Mussolini, Hitler e la caduta del fascismo italiano* (traduzione di Renzo De Felice, Ornella Francisci, Francesco Golzio, precedentemente uscito come *Storia della repubblica di Salò*, Einaudi 1963), per poi passare ai più recenti Pierre Milza, *Hitler e Mussolini. Tutti i segreti di una tragica amicizia* (traduzione di Giuseppe Maugeri, Longanesi 2015) e Christian Goeschel, *Mussolini e Hitler. Storia di una relazione pericolosa* (traduzione di Michele Sampaolo, Laterza 2019).
Sul rapporto tra fascismo e forze armate, Marco Mondini, *La politica delle armi. Il ruolo dell'esercito nell'avvento del fascismo* (Laterza 2006). Il riferimento bellico più completo resta Giorgio Rochat, *Le guerre italiane 1935-1943. Dall'impero d'Etiopia alla disfatta* (Einaudi 2005). In merito alla politica coloniale del fascismo, oltre alle importanti ricerche in più volumi di Angelo Del Boca, *Gli italiani in Africa Orientale* (Laterza 1976-1984, poi Mondadori 1992) e *Gli italiani in Libia* (Laterza 1986-1988, poi Mondadori 1993-1994), suggerisco Nicola Labanca, *Oltremare. Storia dell'espansione coloniale italiana* (Il Mulino 2002) e *Una guerra per l'impero. Memorie della campagna d'Etiopia 1935-36* (Il Mulino 2005). Riguardo all'intervento in Spagna si vedano Edoardo Mastrorilli, *Guerra civile spagnola, intervento italiano e guerra totale* («Revista Universitaria de Historia Militar», vol. 3, n. 6, 2014) e Gabriele Ranzato, *L'eclissi della democrazia. La guerra civile spagnola e le sue origini 1931-1939* (Bollati Boringhieri 2004).
Sulla Seconda guerra mondiale: Enzo Collotti, *L'Europa nazista. Il progetto di un nuovo ordine europeo 1939-1945* (Giunti 2002) e Richard Overy, *Sangue e rovine. La Grande guerra imperiale, 1931-1945* (traduzione di Luigi Giacone, Einaudi 2022).

La guerra civile

Tra le letture più aggiornate Monica Fioravanzo, *Mussolini e Hitler. La Repubblica sociale sotto il Terzo Reich* (Donzelli 2009) e Mimmo Franzinelli, *Storia della Repubblica Sociale*

Italiana 1943-1945 (Laterza 2021), che integrano Luigi Ganapini, *La Repubblica delle Camicie nere. I combattenti, i politici, gli amministratori, i socializzatori* (Garzanti 1999). Ricordo inoltre Marco Cuzzi, *Seicento giorni di terrore a Milano. Vita quotidiana ai tempi di Salò* (Neri Pozza 2022). Mi sono avvalso anche di Carlo Gentile, *I crimini di guerra tedeschi in Italia 1943-1945* (Einaudi 2015) e di Lutz Klinkhammer, *L'occupazione tedesca in Italia 1943-1954* (traduzione di Giuseppina Panzieri Saija, Bollati Boringhieri 1993).
Sulla Resistenza sarebbe auspicabile incrociare Claudio Pavone, *Una guerra civile. Saggio storico sulla moralità nella Resistenza* (Bollati Boringhieri 1991) con i più recenti Santo Peli, *Storia della Resistenza in Italia* (Einaudi 2006) e Simona Colarizi, *La resistenza lunga. Storia dell'antifascismo 1919-1945* (Laterza 2023).
Tra la vasta letteratura sulla morte di Mussolini, si è rivelato utile Pierre Milza, *Gli ultimi giorni di Mussolini* (traduzione di Marcella Uberti-Bona, Longanesi 2011); sul tema della sua «esibizione», Massimo Castoldi, *Piazzale Loreto. Milano, l'eccidio e il «contrappasso»* (Donzelli 2020). L'unica indagine sulle vicende legate alla salma e al mito del «cadavere senza pace» è Sergio Luzzatto, *Il corpo del Duce. Un cadavere tra immaginazione, storia e memoria* (Einaudi 1998).

Eredità lunga del fascismo

Per comprendere la lunga eco dei valori fascisti nell'Italia repubblicana, suggerisco Giuseppe Parlato, *Fascisti senza Mussolini. Le origini del neofascismo in Italia 1943-1948* (Il Mulino 2006); mentre per affrontare il tema dell'influenza e della persistenza di mitologie mussoliniane nell'immaginario degli italiani si vedano Cristina Baldassini, *L'ombra di Mussolini. L'Italia moderata e la memoria del fascismo 1945-1960* (Rubbettino 2008), e Andrea Martini, *Fascismo immaginario. Riscrivere il passato a destra* (Laterza 2024). Sulla controversa eredità delle guerre fasciste nella memoria pubblica italiana (e europea), Filippo Focardi, *Il cattivo tedesco e il bravo italiano. La rimozione delle colpe della seconda guerra mondiale* (Laterza 2013).

Sintesi divulgative

Segnalo: Francesco Filippi, *Mussolini ha fatto anche cose buone. Le idiozie che continuano a circolare sul fascismo* (Bollati Boringhieri 2019); Paolo Mieli, *Fascismo. Dalla nascita all'eredità politica* (Rizzoli 2021); Paul Corner, *Mussolini e il fascismo. Storia, memoria e amnesia* (traduzione di Teresa Bertilotti, Viella 2022); *Sempre lui. Perché Mussolini non muore mai* (a cura di Sara Lucaroni, Libreria Pienogiorno 2022).

INDICE DEI NOMI

INDICE

Finito di stampare nel mese di gennaio 2025 presso
Errestampa – Via Portico, 27 – Orio al serio (BG)
Printed in Italy